FORUM
ARBEITS- UND SOZIALRECHT

Herausgegeben von
Prof. Dr. Meinhard Heinze † und Prof. Dr. Horst Konzen

Band 18

Vom passiven zum aktiven Sozialplan

Vergleich zwischen dem
gesetzlichen Förderungsinstrument
der §§ 254 *ff*. SGB III
und dem Transfer-Sozialplan-Konzept des BAVC e.V.

Nina Kowalski

Centaurus Verlag & Media UG 2004

Nina Kowalski, geb. 1977, studierte Rechtswissenschaften an der Universität Münster und promovierte 2003 an der Universität Bonn zum Dr. jur. Sie ist derzeit Rechtsreferendarin im Bezirk des Oberlandesgerichts Köln.

Bibliographische Information der Deutschen Bibliothek

Kowalski, Nina:
Vom passiven zum aktiven Sozialplan : Vergleich zwischen dem gesetzlichen Förderungsinstrument der §§ 254 ff. SGB III und dem Transfer-Sozialplan-Konzept des BAVC e.V. / Nina Kowalski. - Herbolzheim : Centaurus-Verl., 2004
  (Forum Arbeits- und Sozialrecht; Bd. 18)
  Zugl.: Bonn, Univ., Diss., 2003
  ISBN 978-3-8255-0472-4   ISBN 978-3-86226-497-1 (eBook)
  DOI 10.1007/978-3-86226-497-1

ISSN 0936-028X

Alle Rechte, insbesondere das Recht der Vervielfältigung und Verbreitung sowie der Übersetzung, vorbehalten. Kein Teil des Werkes darf in irgendeiner Form (durch Fotokopie, Mikrofilm oder ein anderes Verfahren) ohne schriftliche Genehmigung des Verlages reproduziert oder unter Verwendung elektronischer Systeme verarbeitet, vervielfältigt oder verbreitet werden.

© *CENTAURUS Verlags-Gmbh & Co KG, Herbolzheim 2004*

Umschlaggestaltung: DTP-STUDIO, Antje Walter, Hinterzarten
Satz: Vorlage der Autorin

Vorwort

Die vorliegende Arbeit wurde im Wintersemester 2002/2003 von der Rechts- und Staatswissenschaftlichen Fakultät der Rheinischen Friedrich-Wilhelms-Universität Bonn als Dissertation angenommen. Rechtsprechung und Literatur sind für die Veröffentlichung bis Sommer 2003 berücksichtigt.

Allen Kolleginnen und Kollegen des Instituts für Arbeitsrecht und Recht der Sozialen Sicherheit der Universität Bonn danke ich für ihre ständige Diskussionsbereitschaft und die anregenden Vorschläge. Sie alle waren mir während meiner zweijährigen Tätigkeit als wissenschaftliche Hilfskraft am Institut bei der Erstellung dieser Arbeit eine wertvolle Hilfe.

Herzlicher Dank gilt meinen Eltern, Anka und Manfred Kowalski, die durch ihre finanzielle und moralische Unterstützung die Anfertigung dieser Dissertation erst ermöglichten.

Diese Arbeit widme ich meinem verehrten, im Juli 2003 verstorbenen, Doktorvater Herrn Prof. Dr. Meinhard Heinze, der mir durch seine wohlwollende Begleitung während der Entstehung dieser Dissertation immer den Rücken gestärkt und durch seine ansteckende Fröhlichkeit stets für Aufmunterung gesorgt hat.

Bonn, im November 2003 *Nina Kowalski*

Inhaltsverzeichnis

INHALTSVERZEICHNIS 7

EINLEITUNG 13

TEIL 1: DARSTELLUNG DER §§ 254 FF. SGB III 17

§ 1 Intention des Gesetzgebers bei Einführung des Instruments 17
   A. Gründe für die Einführung der Zuschüsse zu Sozialplanmaßnahmen 18
   B. Frühere Konzepte beschäftigungswirksamer Nutzung von Sozialplänen („Vorläuferregelungen") 21

§ 2 Gang des Gesetzgebungsverfahrens und bisher erfolgte Änderungen der Vorschriften 22

§ 3 Darstellung des Verfahrens der Förderung nach §§ 254 ff. SGB III 25
   A. Beratung, Vorabentscheidung, Antrag 25
     I. Beratung gemäß § 256 Abs.1 SGB III 25
       1. Zuständigkeit des Landesarbeitsamtes 26
         a) Instanzielle Zuständigkeit 27
         b) Örtliche Zuständigkeit 28
         aa) Einheitliche Zuständigkeit 29
         bb) Auseinanderfallen der Zuständigkeit 30
         cc) Stellungnahme 30
       2. Anspruch auf Beratung 31
         a) Beratungsanspruch der Betriebspartner 31
         b) Beratungsanspruch der Einigungsstelle 32
       3. Verfahren der Beratung 34
         a) Rechtsnatur der Beratung 34
         b) Zeitpunkt der Beratung 34
         c) Folgen einer unrichtigen Beratung 37
     II. Vorabentscheidung nach § 256 Abs.2 SGB III 37
       1. Inhalt und Rechtsnatur der Vorabentscheidung 37
         a) Inhalt der Vorabentscheidung 38
         aa) Keine vorweggenommene Entscheidung über die Förderungshöhe 38
         bb) Planungssicherheit durch Vorabentscheidung 39
         cc) Stellungnahme 40
         b) Rechtsnatur der Vorabentscheidung 42
       2. Vorabentscheidungsverfahren 43
         a) Zuständigkeit 43
         b) Antrag auf Vorabentscheidung 44
         c) Zeitpunkt der Antragstellung nach § 256 Abs.2 SGB III 44
         d) Antragsteller 45
         aa) Antragsrecht des Betriebsrats 45
         bb) Antragsrecht der Einigungsstelle 46
         cc) Antragsrecht der Einigungsstelle und Ermessensrichtlinie des § 112 Abs.5 Satz 2 Nr.2a BetrVG 47
       3. Durchsetzung der Vorabentscheidung 49
     III. Antrag auf Förderung 50

B. Voraussetzungen der Förderung nach §§ 254 ff. SGB III..................51
I. Allgemeine Voraussetzungen der Förderung nach § 254 SGB III 51
1. Vereinbarung eines Sozialplans..52
a) Eingliederungsmaßnahmen als Entschädigungsfunktion oder Vorsorge- und Überbrückungsaufgabe in einem Sozialplan?....................................54
b) Gehören die beschäftigungswirksamen Maßnahmen in den Interessenausgleich oder in den Sozialplan?..54
aa) Freiwillige Sozialplanvereinbarungen zwischen Betriebsrat und Arbeitgeber 55
bb) Vereinbarungen von Eingliederungsmaßnahmen ausschließlich im Interessenausgleich? 55
cc) Eingliederungsmaßnahmen als Bestandteil eines erzwingbaren Sozialplanes................58
dd) Stellungnahme 59
2. Förderungsfähige Eingliederungsmaßnahmen für die Arbeitnehmer 62
a) Flexibilität des arbeitsförderungsrechtlichen Instruments 63
b) Art der förderungsfähigen Eingliederungsmaßnahmen 63
aa) Beschäftigungswirksame Maßnahmen außerhalb des SGB III 64
bb) Eingliederungsmaßnahmen als Substitution des § 3 Abs.4 SGB III.............64
cc) Keine Beschränkung bezüglich der Art von Eingliederungsmaßnahmen 65
dd) Stellungnahme 66
c) Beispiele für förderungsfähige Eingliederungsmaßnahmen 67
II. Spezielle Voraussetzungen der Förderung nach §§ 254 ff. SGB III 68
1. Förderungsvoraussetzungen nach § 255 Abs.1 SGB III 69
a) Nr.1 – Drohende Arbeitslosigkeit der zu fördernden Arbeitnehmer.....69
aa) Drohende Arbeitslosigkeit 69
(1) Unmittelbarkeit der Bedrohung..70
(2) Einzelfallprüfung oder typisierende Betrachtung?..........................71
(3) Bereits arbeitslose Maßnahmeteilnehmer......................................72
(4) Zumutbarkeit angebotener Beschäftigungsmöglichkeiten 73
(5) Zwischenergebnis..74
bb) Folge einer geplanten Betriebsänderung...74
b) Nr.2 – Versuch eines Interessenausgleichs...76
aa) Sinn und Zweck des Versuchs 76
bb) Förderung von Eingliederungsmaßnahmen in einem Interessenausgleich? 78
cc) Begriff des Versuchs eines Interessenausgleichs.............................79
c) Nr.3 – Vereinbarung eines Sozialplans..80
aa) Verschiedene Arten von Sozialplänen 81
(1) Sozialpläne nach den §§ 112 ff. BetrVG...81
(2) Vereinbarte und erzwungene Sozialpläne 82
(3) Vorsorgliche Sozialpläne 83
(4) Anfechtbare Sozialpläne 84
(5) Nachgeholte und rückwirkende Sozialpläne 84
(6) Gekündigte Sozialpläne...85
bb) Teilnehmer an beschäftigungswirksamen Maßnahmen 85
cc) Sozialplanmaßnahmen für leitende Angestellte 86
d) Nr.4 – Arbeitsmarktliche Zweckmäßigkeit sowie Sparsamkeit und Wirtschaftlichkeit 88
aa) Arbeitsmarktliche Zweckmäßigkeit 88
bb) Grundsätze der Sparsamkeit und Wirtschaftlichkeit 90
(1) Inhalt der Grundsätze der Sparsamkeit und Wirtschaftlichkeit........90
(2) Ermittlung des Maßstabs von Sparsamkeit und Wirtschaftlichkeit...91
cc) Folgen des Fehlens der Voraussetzung des § 255 Abs.1 Nr.4 SGB III..............93
e) Nr.5 – Eigenbeteiligung des Unternehmers 93
aa) Sinn und Zweck der Eigenbeteiligung 94
bb) Bereitstellung eines Beitrages zur Finanzierung der Eingliederungsmaßnahmen 95
cc) Höhe der Beteiligung des Arbeitgebers 96
(1) Einsparung von Kosten der Arbeitsverwaltung................................96
(2) Verhältnis von Eigenbeteiligung und Förderung.............................96

(3) Berücksichtigung der wirtschaftlichen Leistungsfähigkeit 97
(4) Bestimmung nach dem Verhältnis von Maßnahmen und Abfindungen 97
(5) Zwischenergebnis 98
dd) Eigenbeteiligung durch die Bereitstellung von Sachmitteln 99
ee) Vorgehensweise bei der Ermittlung der Beteiligungshöhe 99
ff) Eigenbeteiligung des Unternehmers im Insolvenzfall 100
f) Nr.6 – Sicherung der Durchführung 101
aa) Notwendigkeit einer Sicherung der Durchführung 101
bb) Mögliche Sicherungsarten 102
(1) Sicherung bei interner Maßnahmedurchführung 102
(2) Sicherung bei externer Maßnahmedurchführung 103
(3) Sicherung der Maßnahmedurchführung in anderen Fällen 103
2. Ausschluss der Förderung nach § 255 Abs.2 SGB III 104
a) Nr.1 – Überwiegend betriebliche Interessen 104
aa) Ziel des Förderausschlusses nach § 255 Abs.2 Nr.1 SGB III 104
bb) Begriff des überwiegenden betrieblichen Interesses 106
(1) Problem der internen Qualifizierung 106
(2) Ausnahmeförderung bei innerbetrieblicher Qualifizierung 108
(3) Verpflichtung zur Durchführung von Eingliederungsmaßnahmen aus anderen Rechtsgründen .. 108
b) Nr.2 - Verstoß gegen Ziele der Arbeitsförderung 109
aa) Ziele der Arbeitsförderung im SGB III 109
bb) Problem der unerlaubten Prämienzahlung und zulässigen Einstellungszuschüsse .. 110
(1) Wettbewerbsverzerrung durch Prämienzahlung 110
(2) Einzelfallentscheidung 110
(3) Stellungnahme 111
cc) Existenzgründung und Scheinselbständigkeit 111
c) Weggefallener Ausschlussgrund Nr.3 – Wahlrecht zwischen Abfindung und
Sozialplanmaßnahme 111
III. Erweiterungen der Förderungsmöglichkeit auf sozialplanähnliche Vereinbarungen nach
§ 255 Abs.3 SGB III 112
1. Sinn und Zweck des § 255 Abs.3 SGB III 113
2. Sozialpläne außerhalb des Anwendungsbereichs des BetrVG 113
3. Sozialplanähnliche Vereinbarungen 114
a) Vereinbarungen in betriebsratsfähigen, aber betriebsratslosen Betrieben 114
b) Keine Sozialplanförderung in betriebsratsfähigen Betrieben ohne Betriebsrat 116
c) Stellungnahme 118
4. Zwischenergebnis 119
5. Probleme der entsprechenden Anwendung des § 255 Abs.1 und Abs.2 SGB III 119
C. Durchführung der Förderung nach §§ 254 ff. SGB III 120
I. Leistung des Zuschusses gemäß § 257 SGB III 122
1. Ratio legis einer Förderobergrenze 122
2. Berechnung des Förderhöchstbetrages 123
3. Berücksichtigung von Verbilligungen der Maßnahmen 124
4. Auszahlung des Zuschusses zu Sozialplanmaßnahmen 125
5. Auszahlung der Zuschüsse bei Sicherungsbedürfnis 126
6. Änderung des § 257 SGB III durch das Job-AQTIV-Gesetz 126
II: Verhältnis der Eingliederungsmaßnahmen zu anderen Leistungen der Arbeitsförderung nach
§ 258 SGB III 127
1. Grund für den Ausschluss von Leistungen mit gleichartiger Zielsetzung 127
a) Vermeidung einer Doppelförderung 128
b) Einsparungen der Arbeitsverwaltung 128
2. Sozialplanzuschüsse im Verhältnis zum Strukturkurzarbeitergeld gemäß § 175 SGB III ... 129
3. Maßnahmen mit gleichartiger Zielsetzung 130

4. Varianten der Nutzung von Sozialplanzuschüssen 131
   a) Sozialplanleistungen als Unterhaltsleistungen 131
   b) Sozialplanleistungen als Maßnahmefinanzierung 131
   c) Attraktivitätsverlust der Sozialplanmaßnahmen 132
   d) Weitere Kombinationsmöglichkeiten 133
5. Anknüpfungspunkt für den Ausschluss anderer Leistungen 133
III. Nähere Bestimmungen zu Voraussetzungen, Art, Umfang und Verfahren der Förderung durch Anordnung der Bundesanstalt für Arbeit 134
IV. Gesamtabrechnung gemäß § 326 SGB III 135

§ 4 Veränderte Billigkeitskontrolle; individualarbeitsrechtliche Probleme und Vereinbarkeit des Instruments mit europäischem Recht 136
A. Veränderte Billigkeitskontrolle von Sozialplänen durch die §§ 254 ff. SGB III 136
   I. Unbilligkeit von reinen Transfersozialplänen 136
   II. Veränderte Billigkeitskontrolle 137
   III. Stellungnahme 137
B. Individualarbeitsrechtliche Probleme bei der Umsetzung geförderter Sozialpläne 138
C. Vereinbarkeit des Instruments mit europäischem Recht 139
   I. Beispiel Frankreich 139
   II. Übertragbarkeit auf deutsches Arbeitsförderungsrecht 140

TEIL 2: DARSTELLUNG DES TRANSFER–SOZIALPLAN–KONZEPTS DES BAVC E.V. 141

§ 1 Zustandekommen der Transfer–Sozialplan–Vereinbarung – Gemeinsame Erklärung der Sozialpartner BAVC e. V. und IG BCE 141
A. Allgemeines 141
B. Intention und Ziele der Entwicklung des Konzepts durch den BAVC e.V. 142
C. Abkehr vom abfindungsorientierten Sozialplan 143
   I. Inhalt des Transfer-Sozialplan-Konzepts 143
   II. Auslöser der Erstellung eines Transfer-Sozialplan-Konzepts 143
   III. Gemeinsame Erklärung und ihre Rechtsnatur 144

§ 2 Vorstellung des „3–Phasen–Modells" 145
A. Anpassungsphase 146
   I. Verantwortung der Arbeitgeber 146
   II. Verantwortung der Arbeitnehmer und des Betriebsrats 147
   III. Vorbereitende Maßnahmen 148
   IV. Änderungen der Arbeitsbedingungen 149
   V. Tarifliche und gesetzliche Instrumente 149
      1. Tarifliche Instrumente 149
         a) Verteilzeiträume/ Arbeitszeitkorridor 150
         b) Verkürzung der wöchentlichen Arbeitszeit 151
         c) Flexibilität durch Freizeitausgleich bei Mehrarbeit 151
         d) Teilzeitarbeit und Altersteilzeit 152
         e) Entgeltkorridore 152
         f) Anpassung von tariflichen Einmalzahlungen 153
         g) Nutzung von Öffnungsklauseln 154
      2. Gesetzliche Instrumente 154
         a) Förderung der Berufsbildung gemäß §§ 81 Abs.4, 96 ff. BetrVG 155
         b) Förderung der beruflichen Weiterbildung gemäß §§ 77 ff. SGB III 156
         c) Konjunkturelles Kurzarbeitergeld gemäß §§ 169 ff. SGB III 158
         d) Strukturkurzarbeitergeld gemäß § 175 SGB III 159
   VI. Abschluss der Anpassungsphase 159

B. Transferphase 160
I. Grundsatz und Zielsetzung der Transferphase 160
  1. Grundsatz des Vermittlungsvorrangs 161
  2. Konzertierte Arbeitsvermittlung 161
  3. Transferketten-Modell 162
  4. Grundvoraussetzungen einer schnellen Vermittlung 163
II. Vorbereitung eines Transfer-Sozialplans 163
  1. Verhandlung über Interessenausgleich 164
  2. Verhandlungen über den Transfer-Sozialplan 164
    a) Ziel des Transfersozialplans 164
    b) Beratung durch Landesarbeitsamt und Transferberater 164
    c) Vorabentscheidung durch das Landesarbeitsamt 165
    d) Finanzierung der Transfermaßnahmen 166
      aa) Inanspruchnahme der Zuschüsse zu Sozialplanmaßnahmen gemäß §§ 254 ff. SGB III 166
      bb) Strukturelles Kurzarbeitergeld gemäß § 175 SGB III 167
      cc) Schlussfolgerung des BAVC e.V. 168
  3. Weiteres Vorgehen bzw. Ausspruch von Kündigungen und Abschluss von
  Aufhebungsverträgen 168
III. Aufbau und einzelne Maßnahmen der Transferkette (= Steigerung der Beschäftigungschancen
durch die konzertierte Arbeitsvermittlung) 168
  1. Erstellen von Mitarbeiterpotentialprofilen 169
  2. Auswahl der betroffenen Mitarbeiter 170
  3. Orientierungsberatung 172
  4. Bewerbertraining 172
  5. Qualifizierung für Anschlussbeschäftigung 173
  6. Qualifizierung für Existenzgründungen 174
  7. Weitere Beschleunigung des Transfers durch § 121 SGB III 176
  8. Entscheidungskriterien für die Auswahl von Personalentwicklungsgesellschaften (PEG) 177
C. Integrationsphase 177
I. Unterstützung für den neuen Arbeitgeber 178
  1. Eingliederungszuschüsse gemäß §§ 217 ff. SGB III 178
  2. Einstellungszuschüsse bei Neugründungen gemäß §§ 225 ff. SGB III 179
    a) Anschlussbeschäftigung bei einem Existenzgründer 180
    b) Arbeitnehmer als Existenzgründer 180
  3. Weitere Unterstützung für den neuen Arbeitgeber 181
II. Unterstützung für den Arbeitnehmer 182
  1. Ausgleichszahlungen 182
  2. Integrationsförderung durch das SGB III 182
    a) Mobilitätshilfen 182
    b) Erstattung der Bewerbungskosten 183
    c) Überbrückungsgeld für Existenzgründer 184
    d) Trainingsmaßnahmen für Arbeitnehmer 184

TEIL 3: GEGENÜBERSTELLUNG DES GESETZLICHEN INSTRUMENT-ARIUMS DER §§ 254 FF. SGB III UND DER VOM BAVC E. V. VORGESEHENEN VORGEHENSWEISE 186

§ 1 Situation im Betrieb: Versuch der Vermeidung von Personalabbau 186
  A. Sozialplanzuschüsse ohne Relevanz 187
  B. „Anpassungsphase" BAVC e. V.-Konzept 187
  C. Zwischenergebnis 188

§ 2 Situation im Betrieb: Personalabbau unvermeidbar ... 189
   A. Förderungsfähige Sozialpläne – Instrument der §§ 254 ff. SGB III ... 189
   B. „Transferphase" BAVC e. V.–Konzept ... 191
   C. Zwischenergebnis ... 192
      I. Konkretisierung des gesetzlichen Förderinstruments ... 193
      II. Erweiterung des gesetzlichen Förderinstruments ... 194
      III. Doppelfunktion des Transfer-Sozialplan-Konzepts ... 194

§ 3 Situation im Betrieb: Durchführung geförderter Sozialpläne ... 195
   A. Durchführung nach §§ 254 ff. SGB III ... 195
   B. „Integrationsphase" BAVC e. V.-Konzept ... 195
   C. Zwischenergebnis ... 196

§ 4 Ergebnis des Vergleichs von gesetzlichem Förderungsinstrument und dem Transfer-Sozialplan-Konzept des BAVC e.V. ... 197
   A. Vergleich der einzelnen Phasen ... 198
   B. Konkretisierung oder Erweiterung? ... 199
   C. Zielerreichung durch das Transfer-Sozialplan-Konzept ... 199

TEIL 4: ZUSAMMENFASSUNG UND AUSBLICK ... 201

§ 1 Beschäftigungsfördernde Wirkung des Transfer-Sozialplan-Konzepts ... 201

§ 2 Übertragbarkeit des Transfer-Sozialplan-Konzepts ... 202

§ 3 Alternativen ... 202

§ 4 Ausblick und Thesen ... 203

LITERATURVERZEICHNIS ... 205

Einleitung

„Vom passivem zum aktiven Sozialplan" lautet der Leitsatz, der in jüngerer Zeit im Zusammenhang mit strukturbedingtem Personalabbau immer häufiger fällt. Die Erkenntnis, dass in Zeiten der Massenarbeitslosigkeit die in Sozialplänen vereinbarten Abfindungen nicht mehr den Anforderungen eines möglichst beschäftigungsfördernden Strukturwandels entsprechen, hat sich im Laufe der Zeit mehr und mehr durchgesetzt[1]. Der Anfang eines Umdenkens wurde nach verbreiteter Ansicht mit dem Abschluss eines „Beschäftigungsplans" beim Unternehmen Grundig bereits im Jahre 1985 gemacht[2].

Was ist mit dem Ausdruck „Vom passivem zum aktiven Sozialplan" gemeint? Unter „passiven Sozialplänen" werden allgemein Sozialpläne verstanden, die ausschließlich Ausgleichsleistungen und Abfindungszahlungen für die vom Personalabbau betroffenen Arbeitnehmer vorsehen[3]. Der Ausdruck „passiv" bedeutet in diesem Zusammenhang, dass die finanziellen Mittel die in diesen Abfindungssozialplänen aufgewandt werden, im Hinblick auf eine beschäftigungsfördernde Wirkung „totes Kapital" darstellen. Die betroffenen Arbeitnehmer verwenden die ihnen gezahlte Abfindung zumeist nicht für eine Investition in das eigene Arbeitspotential, wie es die Teilnahme an Qualifikationen oder Weiterbildungen darstellen würde, sondern verlassen sich insofern auf die Arbeitsverwaltung, die im Fall einer eintretenden Arbeitslosigkeit „das Problem schon richten werde". Vielmehr werden die geleisteten Abfindungszahlungen in die Anschaffung von Konsumgütern investiert, da sich die Arbeitnehmer durch die Abfindungszahlung finanziell gesichert fühlen[4]. Außerdem neigen die betroffenen Arbeitnehmer in dieser Situation dazu, angebotene zumutbare Anschlussarbeitsplätze aus den verschiedensten Gründen abzulehnen[5]. Passiv sind diese Sozialplanleistungen mithin, weil sie einmal ausgezahlt keine positive Wirkung mehr auf die Beschäftigung der betroffenen Arbeitnehmer haben. Dass dies selbst die Arbeitnehmer so sehen, hat eine Studie der Projektgruppe videocolor des soziologischen Instituts der Universität Münster gezeigt, in dem ein vom Personalabbau betroffener Arbeitnehmer mit den Worten: „Der Sozialplan ersetzt mir ja nicht den Arbeitsplatz" zitiert wird[6].

„Aktive Sozialpläne" hingegen stellen eine neue Form von Sozialplänen dar, die durch ihren Inhalt eine beschäftigungsfördernde Wirkung entfalten. „Aktiv" bedeutet in diesem Zusammenhang, dass die Sozialpläne statt bloßer Abfindungen entweder auch oder ausschließlich beschäftigungswirksame Maßnahmen für die betroffenen Arbeitnehmer beinhalten[7]. Welcher Art diese beschäftigungswirksamen Maßnahmen sein können, darauf wird später noch einzugehen sein. Diese Sozialplanleistungen sind als „aktiv" zu bewerten, so-

---

[1] So auch Däubler, in: Däubler/Kittner/Klebe, BetrVG, §§ 112, 112a Rn.155.
[2] Siehe dazu: Klebe/Roth, DB 1989, 1518; Appelt/Lobodda/Neumann, S.102 ff.
[3] Vgl. Worzalla/Will, Rn.553.
[4] Blatt/Kriegesmann/Kottmann, PersF 2002, S.60 (61).
[5] Pröbsting, Die Konversion der Sozialpläne, S.111 ff.; auch Klös, Öffentliche Arbeitsmarktpolitik und betriebliche Personalpolitik, S.132 (133 ff.).
[6] Projektgruppe videocolor, S.144 ff.
[7] Zur steuerrechtlichen Behandlung von Abfindungen siehe: Pröpper, DB 2001, 2170 ff.; Pitterle, DB 2002, 762 ff.

weit sie das in den Sozialplan investierte Kapital dazu nutzen, die betroffenen Arbeitnehmer möglichst schnell in ein Anschlussarbeitsverhältnis zu vermitteln. Insofern besteht die Möglichkeit Sozialplanmittel zweckgebunden für eine Beschäftigungsförderung einzusetzen, die bei einer bloßen Zahlung von Abfindungen nicht denkbar gewesen wäre[8]. Anders formuliert bedeutet der Ausdruck „Vom passiven zum aktiven Sozialplan", dass der Sozialplan von einem ausschließlichen „Abfindungsinstrument" in Teilen zu einem Instrument der Beschäftigungsförderung umgestaltet werden soll[9]. Hellmut Wißmann bezeichnet die oben erwähnte Umwidmung der Sozialplanmittel mit dem Schlagwort „Zuversicht statt Resignation"[10].

Ansätze zur Umgestaltung von Abfindungssozialplänen zu beschäftigungswirksamen Transfersozialplänen finden sich sowohl in der Arbeit des Gesetzgebers als auch in Konzepten der Wirtschaft wieder. So hat der Gesetzgeber im Arbeitsförderungsrecht das Instrument der Zuschüsse zu Sozialplanmaßnahmen gemäß §§ 254 ff. SGB III eingeführt, wonach beschäftigungswirksame Sozialpläne unter bestimmten Voraussetzungen gefördert werden können[11]. Damit soll für die Betriebspartner ein Anreiz geschaffen werden, statt Abfindungen beschäftigungswirksame Maßnahmen in Sozialplänen zu vereinbaren. Im Unterschied zur Rechtslage vor der Einführung des Instruments der Sozialplanzuschüsse nach §§ 254 ff. SGB III ist nun eine pauschale Förderung von Sozialplänen möglich, während zuvor lediglich eine Individualförderung von Arbeitnehmern in Betracht kam[12]. Unter Transfersozialplänen sind jedoch nicht die an die Förderungsmöglichkeit durch §§ 254 ff. SGB III angepassten Sozialpläne zu verstehen, sondern im allgemeinen beschäftigungswirksame Sozialpläne[13]. Das können auch Sozialpläne mit Eingliederungsmaßnahmen während des Bezugs von Strukturkurzarbeitergeld gem. §§ 175 ff. SGB III sein. Aber nicht nur der Gesetzgeber hat sich mit der Konzeption von Sozialplänen, die eine Beschäftigung fördern sollen, auseinandergesetzt. So hat zum Beispiel auch der Bundesarbeitgeberverband der Chemieindustrie ein Transfer-Sozialplan-Konzept entwickelt, dessen Ziel es ist, den Transfer von Arbeitnehmern in Anschlussarbeitsverhältnisse im Fall des Personalabbaus zu beschleunigen[14]. Unter anderem sieht der BAVC e.V. als Instrument zur Errei-

---

[8] Vgl. auch Verch, Personalabbau und Betriebsverfassung, S.206 f.

[9] Fitting/Kaiser/Heither/Engels, BetrVG, §§ 112, 112a Rn.235, wobei der dort gewählte Ausdruck „Beschäftigungssicherung" nicht recht passt, denn durch Transfersozialpläne werden keine Arbeitsplätze gesichert, sondern nur der Transfer vom alten Arbeitsplatz in ein Anschlussarbeitsverhältnis beschleunigt.

[10] Wissmann, Der Sozialplan, S.81f.

[11] Siehe dazu unten Teil 1; auch Worzalla/Will, Rn.554; Gitter, Sozialrecht, § 30 Rn.89 ff.; Rolfs, AR-Blattei SD, Rn.283; Ost/Mohr/Estelmann, Sozialrechts, S.349; Clever, Neue Wege der gesetzlichen Beschäftigungsförderung, S.29 ff.(35 f.); Hase/Neumann-Cosel/Rupp, S.85 ff.; Stege/Weinspach, BetrVG, §§ 111-113 Rn.91a ff.; Schwalb, NZA 1998, 412 (413 f.); Thannheiser, AiB 1999, 89 (97ff.); Marburger, BB 1998, 266 (268), der allerdings von „Spezialplanmaßnahmen" anstelle von Sozialplanmaßnahmen spricht.

[12] So zumindest Kopp, NZS 1997, 456 (457); Däubler, in: Däubler/Kittner/Klebe, §§ 112, 112a Rn.159.

[13] A.A. wohl Wissmann, Der Sozialplan, S.81, 82.

[14] Siehe dazu unten Teil 2.

chung dieses Zieles auch die Vereinbarung von beschäftigungswirksamen Sozialplänen vor.

Mithin liegen sowohl ein gesetzliches Instrument zur Förderung von beschäftigungswirksamen Sozialplänen in den §§ 254 ff. SGB III, als auch zumindest ein Konzept der Wirtschaft für eine beschäftigungswirksame Betriebsänderung mit einhergehendem Personalabbau, nämlich das Transfer-Sozialplan-Konzept des BAVC e.V. vor. Fraglich erscheint, inwiefern diese beiden Konzeptionen einander bedingen, ob sie aufeinander aufbauen oder von einander unabhängig gestaltet worden sind. Das führt zu den Fragestellungen der vorliegenden Vergleichsanalyse:

Was ist gesetzlich in den §§ 254 ff. SGB III vorgesehen und wie hat der BAVC e.V. in seinem Transfer-Sozialplan-Konzept das gesetzliche Instrument aufgegriffen? Ist das Transfer-Sozialplan-Konzept des BAVC e.V. eine konsequente Umsetzung des gesetzlichen Förderungsinstruments der Sozialplanzuschüsse gemäß §§ 254 ff. SGB III? Oder geht es sogar über eine bloße Umsetzung hinaus und entwickelt eigene Ansätze?

Um die oben aufgeworfenen Fragestellungen zu untersuchen, bedarf es eines Vergleichs zwischen dem gesetzlichen Förderungsinstrument der Sozialplanzuschüsse nach §§ 254 ff. SGB III und dem Transfer-Sozialplan-Konzept des BAVC e.V.. Mit dem Ziel die beiden Instrumente im einzelnen vorzustellen, soll in dieser Arbeit zunächst das gesetzliche Instrument der Zuschüsse zu Sozialplanmaßnahmen gemäß §§ 254 ff. SGB III näher erläutert werden (Teil 1, Darstellung der §§ 254 ff. SGB III). Dazu gehört sowohl die Darstellung der Intention des Gesetzgebers bei der Einführung des Instruments (Teil 1, § 1 Intention des Gesetzgebers bei der Einführung des Instruments), als auch eine Betrachtung des Gesetzgebungsverfahrens und der bisher erfolgten Gesetzesänderungen der §§ 254 ff. SGB III (Teil 1, § 2 Gang des Gesetzgebungsverfahrens und bisherige erfolgte Änderungen der Vorschriften). Neben der Darstellung des eigentlichen Förderungsverfahrens (Teil 1, § 3 Darstellung des Verfahrens der Förderung nach §§ 254 ff. SGB III), gehört auch eine Erläuterung der Probleme einer Sozialplanförderung (Teil 1, § 4 Probleme, die sich aus der Förderung von Sozialplänen ergeben und Vereinbarkeit des Instruments mit Europäischem Recht) zur Erläuterung des arbeitsförderungsrechtlichen Instruments dazu.

Nach der Darstellung des gesetzlichen Instruments der Zuschüsse zu Sozialplanmaßnahmen wird in einem zweiten Teil das Transfer-Sozialplan-Konzept des BAVC e.V. vorgestellt (Teil 2, Darstellung des Transfer-Sozialplan-Konzepts des BAVC e.V.). Dazu gehören sowohl die Erläuterung des Zustandekommens des Transfer-Sozialplan-Konzepts des Bundesarbeitgeberverbandes (Teil 2, § 1 Zustandekommen der Transfer-Sozialplan-Vereinbarung – Gemeinsame Erklärung der Sozialpartner BAVC e.V. und IG BCE), als auch die Vorstellung des Konzeptes und seiner drei Phasen (Teil 2, § 2 Vorstellung des „3-Phasen-Modells").

Nach der Vorstellung sowohl des gesetzlichen Förderungsinstrumentes der Sozialplanzuschüsse nach §§ 254 ff. SGB III als auch des Transfer-Sozialplan-Konzeptes wird im nächsten Teil zu einer Gegenüberstellung beider Konzepte übergegangen (Teil 3, Gegenüberstellung des gesetzlichen Instrumentariums der §§ 254 ff. SGB III und der vom BAVC e.V. vorgesehenen Vorgehensweise). Diese Gegenüberstellung soll verdeutlichen, inwiefern das Transfer-Sozialplan-Konzept möglicherweise auf dem gesetzlichen Instrument der Zuschüsse zu Sozialplanmaßnahmen beruht oder inwieweit das Konzept des BAVC e.V. vielleicht sogar über die bloße Beschreibung einer Inanspruchnahme des arbeitsförderungsrechtlichen Instruments hinausgeht. Um einen Vergleich der beiden Entwürfe eines beschäftigungswirksamen Personalabbaus übersichtlicher zu gestalten, wird die Gegenüberstellung in chronologischer Abfolge dreigeteilt. So wird der Vergleich zuerst nur im Hinblick auf die Phase des Versuches einer Vermeidung von Entlassungen durchgeführt (Teil 3, § 1 Situation im Betrieb: Versuch der Vermeidung von Personalabbau). Danach werden die Konzepte von Gesetz und BAVC e.V. hinsichtlich der Planungsphase eines schonenden Personalabbaus verglichen (Teil 3, § 2 Situation im Betrieb: Personalabbau unvermeidbar). In der dritten Phase des Vergleichs werden die §§ 54 ff. SGB III und das Transfer-Sozialplan-Konzept des BAVC e.V. bezüglich der Durchführung von beschäftigungswirksamen Betriebsänderungen gegenübergestellt (Teil 3, § 3 Situation im Betrieb: Durchführung geförderter Sozialpläne) und im Anschluss daran wird ein Gesamtergebnis der Gegenüberstellung von gesetzlichem Förderungsinstrument der §§ 254 ff. SGB III und dem Transfer-Sozialplan-Konzept des BAVC e.V. (Teil 3, § 4 Ergebnis des Vergleichs von gesetzlichem Förderungsinstrument und der Umsetzung durch den BAVC e.V.) gezogen.

Im letzten Abschnitt werden die Ergebnisse der Vergleichsanalyse zusammengefasst und ein Ausblick auf die Zukunft von beschäftigungswirksamen Sozialplänen gegeben (Teil 4, Zusammenfassung und Ausblick).

Teil 1: Darstellung der §§ 254 ff. SGB III

Mit Inkrafttreten des SGB III am 01.01.1998[15], welches das alte Arbeitsförderungsgesetz[16] (AFG) von 1969 ablöste, hat der Gesetzgeber eine neue Förderungsart in das Arbeitsförderungsrecht eingeführt. Mit den Zuschüssen zu Sozialplanmaßnahmen, die in den 4. Abschnitt des Sechsten Kapitels (Leistungen an Träger) des SGB III eingegliedert sind, wurde ein neues Instrument der aktiven Arbeitsförderung im Sinne von § 3 Abs. 4 SGB III geschaffen[17]. Danach sind beschäftigungswirksame Maßnahmen, die der Eingliederung von Arbeitnehmern in den Arbeitsmarkt dienen und in Sozialplänen vereinbart wurden, unter bestimmten Voraussetzungen förderungsfähig[18]. Die Zuschüsse zu Sozialplanmaßnahmen stellen nach § 3 Abs. 5 SGB III eine Ermessensleistung der aktiven Arbeitsförderung dar[19]. Welche Maßnahmen in Sozialplänen durch die Bundesanstalt für Arbeit bezuschusst werden, regeln die Vorschriften der § 3 Abs. 3 Nr. 4 iVm. §§ 254 ff. SGB III.

§ 1 Intention des Gesetzgebers bei Einführung des Instruments

Durch eine Bezuschussung von beschäftigungswirksamen Sozialplänen versucht der Gesetzgeber Einfluss auf die Ausgestaltung von Sozialplänen zu nehmen[20]. Der Gesetzentwurf des AFRG erkennt an, dass die Gestaltung von Sozialplänen nach dem BetrVG grundsätzlich den Sozialpartnern auf betrieblicher Ebene obliegt[21]. Teilweise wird dies von der Literatur durch die Behauptung kritisch in Frage gestellt, dass durch die Einführung der §§ 254 ff. SGB III die Sozialpläne an den Belangen des Gemeinwohls gemessen würden[22]. Allerdings ist festzustellen, dass eine Inanspruchnahme der Sozialplanförderung der Arbeitsverwaltung freiwillig ist und dadurch kein Unternehmen zum Abschluss eines förderungsfähigen Sozialplans verpflichtet wird. Somit bleibt es grundsätzlich bei einer autonomen Gestaltung der Sozialpläne auf Betriebsebene durch die Betriebspartner[23].

Ziel einer Förderungsfähigkeit von Sozialplänen soll die Schaffung von Anreizen für Unternehmer und Betriebsräte sein. Diese sollen statt sogenannter „passiver Sozialpläne", die vor allem Abfindungen für ausscheidende Arbeitnehmer vorsehen, sogenannte „aktive Sozialpläne", die beschäftigungswirksame Maßnahmen anstelle von Abfindungen für Ar-

---

[15] Verkündet als Art. 1 des Gesetzes zur Reform der Arbeitsförderung (Arbeitsförderungs-Reform-Gesetz – AFRG) v. 24.03.1997 (BGBl. I S.594).
[16] Arbeitsförderungsgesetz v. 25.06.1969 (BGBl. I S. 582).
[17] Allgemein zu den Leistungen an Träger siehe auch Waltermann, Sozialrecht, Rn.409.
[18] Vgl. auch Merkel, AiB 2002, 499 f.
[19] Vgl. Theuerkauf, in: Hennig, SGB III, Vor §§ 254 – 259, Rn.1; zur Ermessensleistung siehe Waltermann, Sozialrecht, Rn.392.
[20] Worzalla/Will, Rn.555.
[21] Gesetzentwurf AFRG (BT-Dr. 13/4941, S.197).
[22] Vgl. hierzu Wissmann, Der Sozialplan, S.81, 89f.
[23] So im Ergebnis auch Wissmann, Der Sozialplan, S.81, 90.

beitnehmer einführen, vereinbaren²⁴. Die bisherige Dominanz von Abfindungen, die mit rund 85,2 % den überwiegenden Teil der Sozialplanvolumina einnehmen²⁵, soll durchbrochen werden, in dem bei Arbeitgebern und Arbeitnehmern ein Umdenken gefördert wird. Eine bisherige Zurückhaltung der Unternehmer bei der Vereinbarung von Eingliederungsmaßnahmen in Sozialplänen mag auch daran gelegen haben, dass solche Leistungen bereits durch die Bundesanstalt für Arbeit gewährt wurden und sich die Arbeitgeber somit keine Verantwortung bewusst waren²⁶.

A. Gründe für die Einführung der Zuschüsse zu Sozialplanmaßnahmen

Als Auslöser dieser veränderten Zwecksetzung von Sozialplänen werden verschiedene Gründe angeführt. Zum einen wird darauf abgestellt, dass mit der Reform des Arbeitsförderungsrechts auch eine Änderung der „Philosophie der Arbeitsförderung" eingetreten ist²⁷. Besonders deutlich trete dies in § 2 SGB III zu Tage, der die besondere Verantwortung von Arbeitgebern und Arbeitnehmern in arbeitsförderungsrechtlicher Hinsicht festlegt²⁸. Unabhängig davon, welche Wirkungen § 2 SGB III im Arbeitsrecht und Arbeitsförderungsrecht entfaltet²⁹, so ist jedenfalls festzustellen, dass das Instrument der Zuschüsse zu Sozialplanmaßnahmen nach §§ 254 ff. SGB III eine konsequente Umsetzung des Gedankens aus § 2 SGB III ist³⁰. Dies ist vor allem deshalb der Fall, weil die bisherige Sozialplanpraxis mit der Zahlung von Abfindungen als Entschädigung für den Verlust des Arbeitsplatzes den neuen Vorgaben des § 2 SGB III nur unzureichend Rechnung trägt. Statt durch Abschluss des Sozialplans eine besondere Verantwortung für die Beschäftigung zu übernehmen, schaffen Arbeitgeber und Arbeitnehmer durch die „Abfindungspraxis" Probleme für die Vermittlung des auf diesem Weg arbeitslos gewordenen Arbeitnehmers³¹. Die vom Personalabbau betroffenen Arbeitnehmer sind nach dem Verlust ihres Arbeitsplatzes durch die Abfindungszahlung finanziell zunächst gesichert. Diese vermeintliche finanzielle Sicherheit verleitet sie dazu, Beschäftigungsangebote abzulehnen³². Erst nach Verbrauch der Abfindung sind sie leichter zur Aufnahme einer neuen Beschäftigung zu bewegen. Dann jedoch gelten sie als Langzeitarbeitslose, sind demnach schwer vermittelbar und bedürfen

---

²⁴ Gesetzentwurf AFRG (BT-Dr. 13/4941, S.149 und S.197).
²⁵ So Hemmer, Sozialpläne, S.109; vgl. auch Heither, Sozialplan und Sozialrecht, S.73 ff., mit weiteren Nachweisen; Hoffmann, Die Förderung von Transfer-Sozialplänen, S.4.
²⁶ So bereits Ohl, Der Sozialplan, S.104, zur Vereinbarung von Umschulungsbeihilfen in Sozialplänen.
²⁷ Vgl. Feckler, in: GK – SGB III, § 254 Rn.1.
²⁸ Vgl. Eichenhofer, in: Wannagat, SGB III, § 2 Rn.4 ff.; Theuerkauf, in: Hennig, SGB III, Vor §§ 254 – 259, Rn.1; Wolf, AuA 1998, S.7 ff.; Bieback, ArbuR 1999, 209 (211f.); Beckschulze, BB 1998, 791 ff.; Eichenhofer, SGB 2000, 289 (291f.); Schönefelder/Kranz/Wanka, SGB III, § 2 Rn.1 ff.
²⁹ Sehr umstritten: vgl. Schaub, NZA 1997, 810 ff.; Sell, AuB 1999, 101f.; Wolff, NZA 1999, 622 (625); Gagel, FS Dieterich, S.169 ff.; Preis, Die Verantwortung des Arbeitgebers, S.55 ff., auch in: NZA 1998, 449 ff.; Löwisch, NZA 1998, 729 ff.
³⁰ Petzold, in: Hauck/Noftz, SGB III, K § 254 Rn.5; ähnlich: Bepler, in: Gagel, SGB III, § 254 Rn.20.
³¹ Fitting/Kaiser/Heither/Engels, BetrVG, § 112, 112a, Rn.111; Hoffmann, Die Förderung von Transfer-Sozialplänen, S.5; Merkel, AiB 2002, 499 f.
³² Pröbsting, Die Konversion der Sozialpläne, S.111ff.

dann kostspieliger Eingliederungsmaßnahmen[33]. Aufgrund dieser Begebenheiten wurde der Gedanke entwickelt, die für die Abfindungen zur Verfügung stehenden Mittel für die Arbeitsförderung zu gewinnen[34].

Zum anderen wird ein weiterer möglicher Zweck der Implementation des neuen Förderungsinstruments angeführt. So soll durch die pauschale Förderung von beschäftigungswirksamen Sozialplänen der bei sozialplanpflichtigen Massenentlassungen regelmäßig entstehende erhebliche Verwaltungsaufwand für Maßnahmen der individuellen aktiven Arbeitsförderung eingespart werden[35].

Insgesamt stellt die Eingliederung der Zuschüsse zu Sozialplanmaßnahmen als neues Instrument der aktiven Arbeitsförderung des SGB III die Umsetzung von zwei Hauptzielen der Reform des Arbeitsförderungsrechts dar[36]. Laut dem Gesetzentwurf sollte die Reform sowohl die Erwerbschancen von Arbeitslosen verbessern und Arbeitslosigkeit vermeiden helfen, das Arbeitsförderungsrecht weiterentwickeln und in der Anwendbarkeit verbessern, Effektivität und Effizienz der Bundesanstalt erhöhen, Leistungsmissbrauch besser feststellbar machen und die illegale Beschäftigung wirksamer bekämpfen, als auch die Beitragszahler entlasten[37]. Die Förderung von beschäftigungswirksamen Sozialplänen gemäß §§ 254 ff. SGB III kann dazu beitragen, Arbeitslosigkeit zu vermeiden und durch die Umwidmung von Sozialplanmitteln von Abfindungen zu Eingliederungsmaßnahmen Aufwendungen der Arbeitsförderung zu ersparen und somit den Beitragszahler zu entlasten[38].

Unterstützt wird der Versuch einer neuen Ausrichtung der Zwecksetzung von Sozialplänen auch von der neueren Rechtssprechung des Bundesarbeitsgericht. Wenn das BAG in seiner Entscheidung vom 09. November 1994 von einer „Ausgleichs- und Überbrückungsfunktion" der Sozialpläne spricht, dann bezieht es diese Funktionen nicht nur auf die Zahlung von Abfindungen, sondern auch auf Maßnahmen der Wiedereingliederung[39]. Schutzzweck von Sozialplanleistungen soll demnach weniger die Entschädigungsfunktion, sondern vielmehr Vorsorge- und Überbrückung im Hinblick auf den Verlust des Arbeitsplatzes sein[40]. Dies ist als ein Schritt weg von konsumptiven hin zu beschäftigungswirksamen Sozialplänen zu verstehen. Wenn der Gesetzgeber nun die Förderung von Eingliederungsmaßnahmen in Sozialplänen durch die §§ 254 ff. SGB III ermöglicht, so ist dies auch eine Bestätigung des Weges der Rechtsprechung. Die Rechtsprechung des BAG lässt es zu, dass ein Sozialplan Arbeitnehmer von einer Abfindungszahlung ausschließt, wenn sie durch „Vermittlung" des Arbeitgebers einen neuen Arbeitsplatz erhalten[41]. Unter „Vermittlung" ist nach BAG dabei jeder Beitrag des Arbeitgebers zu verstehen, der den Übergang

---

[33] Vgl. Ammermüller, AuB 1997, Heft 7 – 8, S.7 (11); Bepler, in: Gagel: SGB III, § 254, Rn.1.
[34] Vgl. Henkes/Baur/Kopp/Polduwe, Hdb. SGB III, S.494.
[35] Vgl. Bepler, in: Gagel: SGB III, § 254, Rn.2.
[36] Vgl. Kirsch u.a., Zuschüsse zu Sozialplanmaßnahmen, S.9.
[37] Vgl. BT-Dr. 13/4941 S.140.
[38] Vgl. Feckler, in: GK – SGB III, § 254, Rn.1; Kirsch u.a., Zuschüsse zu Sozialplanmaßnahmen, S.10; Rolfs, AR-Blattei SD, Rn.284.
[39] BAG v. 09.11.1994 (10 AZR 281/94), AP Nr.85 zu § 112 BetrVG 1972.
[40] Vgl. Meyer, NZA 1998, S.403, 405; zur Kritik an der Entschädigungstheorie siehe auch: Reuter, Der Sozialplan, S.9 ff.
[41] BAG v. 19.06.1996 (10 AZR 23/96), NZA 1997, 562 f.; Etzel, HzA, Rn.1037; Hauck, AuA 1998, 69 (71).

in das neue Arbeitsverhältnis ermöglicht hat, also auch Eingliederungsmaßnahmen in einem Sozialplan[42]. Der Arbeitgeber kann folglich unter Umständen bei der Vereinbarung von beschäftigungswirksamen Maßnahmen im Sozialplan bei der Zahlung von Abfindungen sparen, wenn durch diese betroffene Arbeitnehmer in Anschlussarbeitsverhältnisse vermittelt werden, so dass aktive Sozialpläne auch für ihn von Vorteil sein können. Eine Verpflichtung der Betriebsparteien beschäftigungswirksame Sozialpläne zu vereinbaren, ist jedoch weder aus den §§ 254 ff. SGB III noch aus § 2 Abs.1 SGB III herzuleiten[43].

Nicht in der Begründung zum 1. AFRG – Entwurf erwähnt wird dagegen ein weiteres mögliches Argument für die Einführung der §§ 254 ff. SGB III. Im Abschlußbericht der Begleitforschung zu den Zuschüssen zu Sozialplanmaßnahmen durch das Institut für Arbeitsmarkt- und Berufsforschung der Bundesanstalt für Arbeit wird herausgestellt, dass die Einführung des neuen Instrument auch vor dem Hintergrund der Erstellung einer Strategie gegen Frühverrentung geschehen ist[44]. Die §§ 254 ff. SGB III geben selbst keine Handhabe gegen die Praxis des vorzeitigen Altersübergangs, jedoch waren die mit ihnen im Zusammenhang geplanten Änderungen des Arbeitsförderungsrechts zur Unterbindung solcher Maßnahmen gedacht. So sollte zum Beispiel die damals geplante Anrechnung von Entlassungsentschädigungen auf das Arbeitslosengeld gemäß § 140 SGB III den Eintritt in die Arbeitslosigkeit wegen Alters verhindern[45].

Im weiteren stellt der Abschlußbericht des Institus für Arbeitsmarkt- und Berufsforschung zur Begleitforschung zu den Zuschüssen zu Sozialplanmaßnahmen heraus, dass sich durch Einführung des neuen Instruments im SGB III die Intervention der Arbeitsförderung auf ein weiteres Stadium ausgeweitet hat[46]. Generell sind im Prozess der Arbeitslosigkeit vier Stadien zu unterscheiden. Im ersten Stadium ist der Arbeitsplatz noch nicht akut bedroht, aber tendenziell gefährdet (Stadium 1 = präventiv); im zweiten Stadium ist der Verlust des Arbeitsplatzes bereits absehbar, aber noch nicht geschehen (Stadium 2 = proaktiv); während das dritte Stadium unmittelbar nach Eintritt der Arbeitslosigkeit beginnt (Stadium 3 = frühzeitig) und das vierte Stadium den Zustand nach Verfestigung der Arbeitslosigkeit beschreibt (Stadium 4 = nachsorgend)[47]. Ursprünglich war Arbeitsförderung nach dem AFR schwerpunktmäßig im Stadium 4 angelegt. Mit dem Instrument der Zuschüsse zu Sozialplanmaßnahmen verschiebt sich die arbeitsmarktpolitische Intervention in das Stadium 2, der proaktiven Förderung. Bei der Förderung der Sozialplanmaßnahmen ist in den meisten Fällen eine Arbeitslosigkeit noch nicht eingetreten, aber der Verlust des Beschäftigungsverhältnisses ist nicht mehr abzuwenden. Während zuvor Entlassungs- und Vermittlungsphase zeitlich hintereinander geschaltet waren, sollen die Sozialplanzuschüsse dafür Sorge tragen, dass in Zukunft diese Zeitabschnitte übereinander geschoben

---

[42] Henkes/Baur/Kopp/Polduwe, Hdb. SGB III, S.500.
[43] Hoffman, Die Förderung von Transfer-Sozialplänen, S.54ff.
[44] Vgl. Kirsch u.a., Zuschüsse zu Sozialplanmaßnahmen, S.10 ff.
[45] Zu dem Problem des Wegfalls der Anrechnungsbestimmung des § 140 SGB III siehe auch: Strobel, Die sozialrechtliche Flankierung des Transfer-Sozialplans, S.95 (106ff.); Schaub, BB 1999, 1059 (1061); Heither, Sozialplan und Sozialrecht, S.86 ff.; Bauer/Röder, BB 1997, 2588 ff.; Neef/Schrader, DB 1999, 281 ff.; Gaul, DB 1998, 2467 (2468 f.); Wolf, AuA 1998, 195 ff.; allgemein zu § 140 SGB III siehe: Hanau/Peters-Lange, NZA 1998, 785 (791); Hanau, RdA 1998, 296 ff.
[46] Vgl. Kirsch u.a., Zuschüsse zu Sozialplanmaßnahmen, S.5 ff.
[47] Vgl. Knuth, Ergänzender Projektbericht, S.11 ff.

werden⁴⁸. Insofern stellt das Instrument der Zuschüsse zu Sozialplanmaßnahmen auch eine Neuerung hinsichtlich des Zeitpunkts der arbeitsmarktpolitischen Intervention dar: Arbeitsförderungsmaßnahmen sollen nicht länger nur dann greifen, wenn „das Kind bereits in den Brunnen gefallen ist", sondern bereits vorher eine Arbeitslosigkeit verhindern.

In der Kommentarliteratur wird die Einführung des Instruments der Zuschüsse zu Sozialplanmaßnahmen zum Teil als „Experiment" bezeichnet⁴⁹. Begründet wird dies damit, dass zusammen mit der Einführung der §§ 254 ff. SGB III auch eine wissenschaftliche Begleitforschung durch das Institut für Arbeitsmarkt- und Berufsforschung begann, die auch schon in der Begründung zum 1. AFRG – Entwurf vorgesehen war⁵⁰. Meines Erachtens stellt aber gerade der Wortlaut des 1. AFRG – Entwurfs klar, dass das Instrument gar nicht in Frage gestellt wird, sondern nur, dass die Umsetzung der Regelungen in der Praxis durch die Begleitforschung beobachtet werden sollte. Wenn sich aus den Ergebnissen der Forschung Verbesserungsvorschläge ergeben, so könnten diese umgesetzt werden.

B. Frühere Konzepte beschäftigungswirksamer Nutzung von Sozialplänen („Vorläuferregelungen")

Während die Kommentierungen zu den §§ 254 ff. SGB III schreiben, dass der Gesetzgeber mit der Einführung der Zuschüsse zu Sozialplanmaßnahmen „Neuland betreten habe"⁵¹, „neue Wege gehe"⁵² oder eine „völlig neue Förderungsart" eingeführt habe⁵³, lassen sich in der Vergangenheit vergleichbare Konzepte einer Förderung von beschäftigungswirksamen Sozialplänen finden⁵⁴.

Zu nennen sind zum einen die durch die Treuhandanstalt in den neuen Bundesländern entwickelten Sozialplanrichtlinien zur Dotierung von Arbeitsförderungsmaßnahmen in den Interessenausgleichen und Sozialplänen der Beteiligungsunternehmen der Treuhandanstalt⁵⁵.

Auch der Entwurf der SPD-Fraktion eines Arbeits- und Strukturförderungsgesetzes (ASFG) von 1995 beinhaltete in § 89 ASFG-Entwurf die Möglichkeit der Förderungsleistung bei einem beschäftigungswirksamen Personalabbau⁵⁶. Dabei wurde in der Gesetzesentwurfsbegründung auf die seit dem 03.10.1990 in Ostdeutschland gemachten Erfahrungen mit dem Einsatz von kollektiven Förderungsmaßnahmen wie Beschäftigungsplan und

---

[48] Strobel, Die sozialrechtliche Flankierung des Transfer-Sozialplans, S.95, (104f.)
[49] Vgl. Theuerkauf, in: Hennig, SGB III, Vor §§ 254 – 259, Rn.6.
[50] Vgl. BT-Dr. 13/4941 S.198.
[51] Bepler, in: Gagel, SGB III, § 254 Rn.5; Stevens-Bartol, in: Frankfurter Kommentar zum SGB III, § 254 Rn.1.
[52] Feckler, in. GK-SGB III, § 254 Rn.1.
[53] Theuerkauf, in: Hennig, SGB III, vor §§ 254 – 259 Rn.1.
[54] Z.B. Klös, Öffentliche Arbeitsmarktpolitik und betriebliche Personalpolitik, S.132 ff.
[55] Vgl. dazu: Schaub, ArbRHdb, § 244 Rn.107; Meyer, NZA 1998, 403ff.; Sell, AuB 1999, 101 (102) Fn.8; Meyer, Die Sozialplanrichtlinien, S.51-90; ders., NZA 1995, 974 ff.; ders. NZS 2003, 578 (579); Hanau, Soziale Regulierung der Treuhandtätigkeit, S.444 ff. (461).
[56] ASFG-Entwurf, BT-Dr.13/1440.

Beschäftigungsgesellschaft verwiesen[57]. Ebenso gab es bereits vor der Wiedervereinigung im Jahre 1990 im westlichen Teil der Bundesrepublik Diskussionen über die Möglichkeit des Abschlusses von Beschäftigungsplänen statt Sozialplänen[58].
Insgesamt betrachtet ist das Instrument der Zuschüsse zu Sozialplanmaßnahmen zwar insoweit neu, als es im alten AFG vom 25.06.1969 noch nicht vorgesehen war[59]. Die Einführung der §§ 254 ff. SGB III in das Arbeitsförderungsrecht stellt jedoch „de facto" einen „Rechtstransfer" aus den neuen Bundesländern in die alten Bundesländer dar, der durch die gewandelte Rechtsprechung des BAG zur Funktion der Sozialpläne vom 09.11.1994[60] noch begünstigt wurde.

§ 2 Gang des Gesetzgebungsverfahrens und bisher erfolgte Änderungen der Vorschriften

Die Zuschüsse zu Sozialplanmaßnahmen nach §§ 254 ff. SGB III, wie sie heute im Gesetz enthalten sind, gehen auf den Gesetzesentwurf der Fraktionen der CDU/CSU und F.D.P. aus dem Frühsommer 1996 zurück[61]. Bereits in diesem Entwurf der Einführung des Arbeitsförderungsrechts in die Kodifikation des SGB, als drittes Buch des SGB, war im sechsten Kapitel unter „Leistungen an Träger" der Abschnitt „Zuschüsse zu Sozialplanmaßnahmen" vorgesehen[62]. Damals noch unter den §§ 252 ff. SGB III (a.F.), waren im 1. AFRG – Entwurf bereits Grundsatz, Voraussetzungen und Verfahren der Zuschüsse zu Sozialplanmaßnahmen geregelt.
Ein früherer Gesetzentwurf der SPD-Fraktion zur Reform des Arbeitsförderungsrecht, der in § 89 AFSG- Entwurf Zuschüsse der Arbeitsverwaltung bei einer beschäftigungswirksamen Durchführung eines Personalabbaus vorsah, war nicht umgesetzt worden[63].
Der Gesetzesentwurf der Fraktionen der CDU/CSU und der F.D.P. zur Reform der Arbeitsförderung ist im Herbst 1996 im Zusammenhang mit dem arbeitsrechtlichen Beschäftigungsförderungsgesetz durch die damalige Bundesregierung ins Gesetzgebungsverfahren eingebracht worden[64]. Nach der Verkündung des AFRG am 27.03.1997 ist ein Teil der Vorschriften bereits zum 01.04.1997 in Kraft getreten, während Zuschüsse zu Sozialplanmaßnahmen nach den §§ 254 ff. SGB III erst ab dem 01.01.1998 beantragt werden konnten[65].
Im Gegensatz zum 1. AFRG – Entwurf beginnen die Vorschriften über die Zuschüsse zu Sozialplanmaßnahmen nun nicht mehr mit § 252 SGB III, sondern erst in § 254

---

[57] ASFG-Entwurf, BT-Dr.13/1440, S.109.
[58] Siehe dazu Klebe/Roth, DB 1989, 1518 ff.
[59] AFG v. 25.06.1969, BGBl. I S.582.
[60] Siehe dazu oben unter 1.Teil A.
[61] BT-Dr. 13/4941.
[62] Vgl. BT – Dr.13/4941, S.69.
[63] BT- Dr. 13/1440, S.30.
[64] Vgl. zum Gesetzgebungsverfahren im einzelnen: Gaul, NJW 1997, 1465; Henkes, BABl. 1997, Heft 7-8, S.13ff.; Meyer, NZA 1997, 403 (404); Theuerkauf, in: Hennig, SGB III, Vor §§ 254 – 259, Rn.5f.
[65] BGBl. I 1997, S. 594; siehe zum AFRG allgemein auch: Niesel, NZA 1997, 580 ff.

SGB III. Während in § 254 SGB III der Grundsatz des neuen Instruments dargelegt wird, beschäftigt sich § 255 SGB III mit den näheren Voraussetzungen der Gewährung der Zuschüsse. § 256 SGB III regelt die Beratung und Vorabentscheidung hinsichtlich der Förderfähigkeit von Sozialplänen durch das Landesarbeitsamt, während sich § 257 SGB III auf die Höhe des möglichen Zuschusses bezieht. § 258 SGB III regelt das Verhältnis der Zuschüsse zu Sozialplanmaßnahmen zu anderen Leistungen der aktiven Arbeitsförderung und in § 259 SGB III ist eine Anordnungsermächtigung der Bundesanstalt für Arbeit vorgesehen.

Noch bevor das Instrument der Zuschüsse zu Sozialplanmaßnahmen gemäß §§ 254 ff. SGB III am 01.01.1998 in Kraft treten konnte, wurden durch das 1. SGB III–Änderungsgesetz vom 16.12.1997 bereits die ersten Änderungen in die Vorschriften eingefügt[66]. So wurde unter anderem dem § 255 SGB III ein dritter Absatz angefügt, nach dem auch sozialplanähnliche Vereinbarungen und Sozialpläne außerhalb des Anwendungsbereichs des BetrVG nach den §§ 254 ff. SGB III gefördert werden können[67].

Indirekte Änderungen im Bereich der Zuschüsse zu Sozialplanmaßnahmen erfolgten durch das Entlassungsentschädigungsänderungsgesetz vom 24.03.1999[68]. Zwar erfolgte insoweit keine Änderung der Vorschriften der §§ 254 ff. SGB III, jedoch hatte die Aufhebung der Vorschrift des § 140 SGB III Auswirkungen auf die Bereitschaft, statt Abfindungen in Sozialplänen Eingliederungsmaßnahmen vorzusehen[69].

Im Zuge der Reform des Betriebsverfassungsgesetzes wurde im Sommer 2001 der Wortlaut des § 256 Abs.2 SGB III verändert[70]. Aufgrund eines neu eingefügten Satzteils „...oder der Einigungsstelle nach § 112 des BetrVG..." kann nunmehr auch die Einigungsstelle eine Vorabentscheidung beantragen[71]. Gründe für die Änderung des § 256 Abs.2 SGB III hat der Gesetzgeber im Zuge der Änderung nicht genannt. Allerdings ist offensichtlich, dass die Veränderung des § 256 Abs.2 SGB III mit der Einfügung des § 112 Abs.5 Nr.2a BetrVG einherging, nach dem die Einigungsstelle nunmehr bei der Entscheidung über einen Sozialplan auch die Förderungsmöglichkeiten des Dritten Buches des Sozialgesetzbuches zur Vermeidung von Arbeitslosigkeit berücksichtigen soll[72]. Wenn aber die Einigungsstelle diese Förderungsmöglichkeiten berücksichtigen soll, so der Gedankengang des Gesetzgebers, dann muss sie auch die Möglichkeit bekommen, nach § 256 Abs.2 SGB III eine Vorabentscheidung des Landesarbeitsamtes über die Förderungsfähigkeit des Sozialplanes zu beantragen. Ob diese Änderung im Zuge der Einführung des § 112 Abs.5 Nr.2a SGB III wirklich zwingend war, dazu später im Text zu § 256 Abs.2 SGB III[73].

---

[66] 1.SGB III – Änderungsgesetz v. 16.12.1997 BGBl. I S.2970; siehe dazu auch: Gaul, NJW 1998, 644 (646).

[67] Vgl. BT-Dr. 13/8994, S.80; Theuerkauf, in: Hennig, SGB III – Kommentar, § 255 Rn.16.

[68] BGBl. 1999 I S.396.

[69] Siehe dazu auch ausführlich: Hoffmann, Die Förderung von Transfer-Sozialplänen, S.116 ff.; Knuth, Ergänzender Projektbericht, S.16 ff; Heither, Sozialplan und Sozialrecht, S.87.

[70] Siehe Gesetz zur Reform des Betriebsverfassungsgesetzes vom 23.07.2001, BGBl. I Nr.39, S.1852, 1863.

[71] Siehe auch Gesetzentwurf, BT-Dr.14/5741.

[72] Siehe dazu auch Heither, Sozialplan und Sozialrecht, S.64 f.; Hoffmann, Die Förderung von Transfer-Sozialplänen, S.71 ff.; Worzalla/Will, Rn.553.

[73] Siehe oben unter Teil 1, § 3 A. II. 2. c).

Weitere Änderungen erfolgten durch das JOB-AQTIV–Gesetz vom 30.11.2001, das zum 01.01.2002 in Kraft getreten ist[74]. Dieses geht zurück auf einen Gesetzentwurf der Fraktionen der SPD und der BÜNDNIS 90 / DIE GRÜNEN[75]. Modifiziert wurden durch dieses Gesetz nicht nur die Voraussetzungen der Förderung von Sozialplänen in den §§ 254, 255 SGB III, sondern auch die Festsetzung der möglichen Zuschusshöhe in § 257 SGB III. So wurde in § 254 SGB III durch Verkürzung des Gesetzeswortlauts versucht, die Rechtsanwendung zu vereinfachen und dadurch das Förderinstrument flexibler zu machen[76].

Eine weitere Änderung erfolgte in § 255 SGB III, wo in Abs. 2 der Punkt Nr. 3 gestrichen wurde. Nun ist eine Förderung nicht mehr ausgeschlossen, wenn ein Wahlrecht zwischen Abfindung und Eingliederungsmaßnahme für den Arbeitnehmer im Sozialplan vereinbart ist[77].

Die Änderung des § 257 SGB III erfolgte vor dem Hintergrund, eine Vereinfachung des Förderinstruments der Sozialplanzuschüsse zu erreichen[78]. Begründet wurde die Streichung des Abs. 1 auch damit, dass die darin bisher vorgesehene Beschränkung sich in der Praxis als nicht umsetzbar erwiesen hätte[79]. So wurde nun auf die Voraussetzung eines angemessenen Verhältnisses zwischen Zuschusshöhe und Gesamtkosten der Maßnahme verzichtet. Die verbleibende absolute Beschränkung der Förderhöhe soll zur Vorbeugung von Missbräuchen ausreichen.

Zuschüsse zu Sozialplanmaßnahmen

§ 254 Grundsatz
Die in einem Sozialplan vorgesehenen Maßnahmen zur Eingliederung von Arbeitnehmern in den Arbeitsmarkt können durch Zuschüsse gefördert werden.

§ 255 SGB III
Eine Maßnahme ist förderungsfähig, wenn die in der Maßnahme zu fördernden Arbeitnehmer infolge einer geplanten Betriebsänderung von Arbeitslosigkeit bedroht sind, über die Betriebsänderung ein Interessenausgleich nach § 112 des Betriebsverfassungsgesetzes versucht worden ist, für die zu fördernden Arbeitnehmer ein Sozialplan mit dem Betriebsrat vereinbart worden ist, die im Sozialplan vorgesehene Maßnahme nach Art, Umfang und Inhalt zur Eingliederung der Arbeitnehmer arbeitsmarktlich zweckmäßig ist und nach den Grundsätzen der Sparsamkeit und Wirtschaftlichkeit geplant ist, der Unternehmer im Rahmen des Sozialplans in angemessenen Umfang Mittel zur Finanzierung zur Verfügung stellt und die Durchführung gesichert ist.
Eine Förderung ist ausgeschlossen, wenn die Maßnahme überwiegend betrieblichen Interessen dient oder die Maßnahme den gesetzlichen Zielen der Arbeitsförderung zuwiderläuft.
Für Maßnahmen, die in einem außerhalb des Anwendungsbereichs des Betriebsverfassungsgesetzes vereinbarten Sozialplan oder in einer sozialplanähnlichen Vereinbarung vorgesehen sind, gelten die Absätze 1 und 2 entsprechend.

---

[74] BGBl. I vom 14.12.2001 (Nr.66), S.3443 ff.; vgl. Luthe, SGb 2002, 136 (141, 142).
[75] Vgl. BT – Dr. 14/6944.
[76] Vgl. Entwurfsbegründung, BT – Dr. 14/6944, S.42.
[77] Vgl. Entwurfsbegründung, BT – Dr. 14/6944, S.42.
[78] Vgl. Entwurfsbegründung, BT – Dr. 14/6944, S.42.
[79] Vgl. Entwurfsbegründung, BT – Dr. 14/6944, S.42.

§ 256 SGB III Beratung und Vorabentscheidung
Das Landesarbeitsamt berät den Unternehmer und den Betriebsrat auf Verlangen über die Förderungsmöglichkeiten von Eingliederungsmaßnahmen im Rahmen der Sozialplanverhandlungen.
Auf Antrag des Unternehmers oder der Einigungsstelle nach § 112 des Betriebsverfassungsgesetzes entscheidet das Landesarbeitsamt im voraus, ob und unter welchen Voraussetzungen eine Maßnahme gefördert werden kann.

§ 257 SGB III Zuschuß
Als Zuschuß kann höchstens ein Betrag geleistet werden, der sich errechnet, indem die Zahl der Teilnehmer zu Beginn der Maßnahme mit den durchschnittlichen jährlichen Aufwendungen an Arbeitslosengeld je Bezieher von Arbeitslosengeld des Kalenderjahres, in dem die Maßnahme beginnt, vervielfacht wird.

§ 258 SGB III Verhältnis zu anderen Leistungen der aktiven Arbeitsförderung
Während der Eingliederungsmaßnahme sind für die Teilnehmer andere Leistungen der aktiven Arbeitsförderung mit gleichartiger Zielsetzung ausgeschlossen.

§ 259 SGB III Anordnungsermächtigung
Die Bundesanstalt wird ermächtigt, durch Anordnung das Nähere über Voraussetzungen, Art, Umfang und Verfahren der Förderung zu bestimmen.

§ 3 Darstellung des Verfahrens der Förderung nach §§ 254 ff. SGB III

Der folgende Abschnitt soll dazu dienen, die Verfahrensweise bei der Förderung von Sozialplanmaßnahmen durch die §§ 254 ff. SGB III näher darzustellen. Sinnvoll ist es, dabei dem tatsächlichen Ablauf des Zustandekommens einer Förderung von Sozialplanmaßnahmen zu folgen und den Weg von der Beratung bis hin zur Gesamtabrechnung der Förderung nachzugehen.

A. Beratung, Vorabentscheidung, Antrag

Bevor es überhaupt zu einer Förderung von beschäftigungswirksamen Maßnahmen in Sozialplänen durch Zuschüsse der Arbeitsverwaltung kommt, muss im Dreieck Arbeitgeber, Betriebsrat und Arbeitsverwaltung informiert und beraten werden. Erst wenn diese Phase erfolgreich verlaufen und ein beschäftigungswirksamer Sozialplan zwischen Arbeitgeber und Arbeitnehmervertretung zustande gekommen ist, kann ein Antrag auf Förderung der Sozialplanmaßnahmen gemäß §§ 254 ff. SGB III gestellt werden.

I. Beratung gemäß § 256 Abs.1 SGB III

Bereits im Vorfeld, also bei den Sozialplanverhandlungen, beziehungsweise sogar davor, sieht § 256 Abs.1 SGB III für die Sozialpartner des Betriebes die Möglichkeit vor, sich über eine eventuelle Förderung von Eingliederungsmaßnahmen durch das zuständige Landesarbeitsamt beraten zu lassen[80]. Die im Gesetz vorgesehene Beratungsmöglichkeit durch das Landesarbeitsamt hat das Ziel, Eingliederungsmaßnahmen frühzeitig unter kompetenter Aufsicht zielgerichtet zu konzipieren[81]. Der Rahmen der Beratung umfasst das gesamte relevante Förderungsrecht und ist darauf ausgerichtet, die Sozialpartner in die Lage zu versetzen, Sozialpläne so abzuschließen, dass die Wiedereingliederung der Arbeitnehmer über die beschäftigungsfördernden Maßnahmen in den Arbeitsmarkt beschleunigt wird[82]. Die Landesarbeitsämter sollen die Eingliederungsmaßnahmen bereits im Entstehungsprozess durch ihre Beratung und Information positiv beeinflussen[83]. Bereits während der Verhandlungen über den Sozialplan kann das Landesarbeitsamt bei der Beurteilung des Arbeitsmarktes längerfristige Bewertungen von Berufs- und Beschäftigungschancen, z. B. des Instituts für Arbeitmarkt- und Berufsforschung der Bundesanstalt für Arbeit heranziehen[84]. Dabei ist von Vorteil, dass die Bundesanstalt für Arbeit, die gemäß §§ 280 ff. SGB III zur Beobachtung des Arbeitsmarktes gesetzlich verpflichtet ist, die Arbeitsmarktentwicklung bundesweit untersucht und somit das zuständige Landesarbeitsamt bei der Beratung auch Entwicklungen außerhalb der Grenzen seines Zuständigkeitsbereiches berücksichtigen kann[85]. Des weiteren ist die Situation aller Arbeitnehmer, deren Arbeitsplatz aufgrund der Betriebsänderung entfällt, bei der Beratung zu berücksichtigen[86]. Eine unmittelbare drohende Arbeitslosigkeit der in die Beratung einbezogenen Arbeitnehmer ist nicht erforderlich. Auch bereits arbeitslos gewordene Arbeitnehmer sind von der Förderung nicht ausgenommen[87].

1. Zuständigkeit des Landesarbeitsamtes

Nach § 256 Abs.1 SGB III fällt die Beratung über die Nutzung der Förderungsmöglichkeit nach §§ 254 ff. SGB III in die Zuständigkeit der Landesarbeitsämter[88].

---

[80] Theuerkauf, in: Hennig, SGB III, § 256 Rn.1; Henkes/Baur/Kopp/Polduwe, Hdb. SGB III, S.501; Meyer, NZA 1998, S.403 (408); Petzold, in: Hauck/Noftz, SGB III, K § 256 Rn.4 ff.; Hoffmann, Die Förderung von Transfer-Sozialplänen, S.135 ff.

[81] Vgl. die Gesetzesbegründung zum AFRG, BT-Dr. 13/4941, S.199, zu § 254 a.F.; Feckler, in: GK-SGB III, § 256 Rn.3; Roeder, in: Niesel, SGB III, § 256 Rn.6, teilt die Beratung in die Abschnitte „Unterrichtung" über die Möglichkeiten und „Empfehlung" über die Inanspruchnahme der Förderung ein.

[82] Feckler, in: GK-SGB III, § 256 Rn.3; Theuerkauf, in: Hennig, SGB III, § 256 Rn.5; Bepler, in: Gagel, SGB III, § 256 Rn.10.

[83] Vgl. die Gesetzesbegründung zum AFRG, BT-Dr. 13/4941, S.199, zu § 254 a.F.; sowie: BA-Runderlass v. 31.10.1997 zu §§ 254 ff. SGB III, 256.1.1., (2).

[84] Feckler, in: GK-SGB III, § 256 Rn.4.

[85] Feckler, in: GK-SGB III, § 256 Rn.4.

[86] Feckler, in: GK-SGB III, § 256 Rn.4b.

[87] Feckler, in: GK-SGB III, § 256 Rn.4b.

[88] Das steht ganz im Gegensatz der Zielrichtung des SGB III, die eine Dezentralisierung der Aufgaben vorsah, so: Theuerkauf, in: Hennig, SGB III, § 256 Rn.2; ähnlich: Bepler, in: Gagel, SGB III, § 256 Rn.2; Meyer, NZA 1998, 403, (407f.); Petzold, in: Hauck/Noftz, SGB III, K § 256 Rn.6; Hoffmann, Die Förderung von Transfer-Sozialplänen, S.133 ff.

a) Instanzielle Zuständigkeit

Dass statt der regionalen Arbeitsämter oder der Hauptstelle der Bundesanstalt für Arbeit den Landesarbeitsämtern die Beratung zugeteilt wurde, steht zum einen im Zusammenhang mit der Rolle der Landesarbeitsämter nach dem BetrVG[89]. Danach kann im Fall einer Betriebsänderung nach § 111 BetrVG, wenn ein Interessenausgleich oder eine Einigung über den Ausgleich der wirtschaftlichen Nachteile in einem Sozialplan nicht zustande kommen, nach § 112 Abs.2 Satz 1 BetrVG der Präsident des Landesarbeitsamtes um eine Vermittlung ersucht werden[90]. Führt diese Vermittlung zu keinem Ergebnis, oder findet sie gar nicht erst statt, kann nach § 112 Abs.2 Satz 2 BetrVG die Einigungsstelle angerufen werden[91]. Dann kann wiederum der Vorsitzende der Einigungsstelle gemäß § 112 Abs.2 Satz 3 BetrVG die Teilnahme des Präsidenten des Landesarbeitsamtes an den Sozialplanverhandlungen erbeten[92]. Sinn und Zweck der Hinzuziehung des Präsidenten des Landesarbeitsamtes ist dessen besondere Kenntnis des Arbeitsmarktes und seiner Entwicklungen, sowie die Kenntnis der Förderungsmöglichkeiten durch das SGB III[93]. Der Präsident des Landesarbeitsamtes ist somit ohnehin in vielen Fällen der Betriebsänderung mit einhergehendem Personalabbau mit den Fällen, in denen eine Beratung nach § 256 Abs.1 SGB III in Frage kommt, vertraut[94]. Demnach ist es sinnvoll, auch die Aufgabe der Beratung hinsichtlich Förderungsmöglichkeiten nach §§ 254 ff. SGB III in seine Zuständigkeit fallen zu lassen[95].

Im weiteren lassen sich auch finanzielle und haushaltsrechtliche Gründe für die Betrauung der Landesarbeitsämter mit der Aufgabe nach § 256 Abs.1 SGB III anführen[96]. Eine Entscheidungszuständigkeit gepaart mit der Beratungszuständigkeit des Landesarbeitsamtes ist wegen möglicher großer Förderungssummen aufgrund der übersichtlicheren Planungsmöglichkeiten der übergeordneten Behörden sinnvoller, als eine Zuständigkeit der

---

[89] Feckler, in: GK-SGB III, § 256 Rn.1; Theuerkauf, in: Hennig, SGB III, § 256 Rn.2; Roeder, in: Niesel, SGB III, § 256 Rn.4; Bepler, in: Gagel, SGB III, § 256 Rn.5, der weiterhin anführt, dass eine Beteiligung der Arbeitsverwaltung auch im Hinblick auf die Anzeige von Massenentlassungen nach § 17 KSchG vorgesehen ist. („In Zukunft wird sich unter Geltung des § 2 SGB III die Einbeziehung der Arbeitsverwaltung bei Betriebsänderungen verstärken."); Petzold, in: Hauck/Noftz, SGB III, K § 256 Rn.7.

[90] Fitting/Kaiser/Heither/Engels, BetrVG, §§ 112, 112a Rn.27; Annuß, in: Richardi, BetrVG, § 112 Rn.215 ff.

[91] Fitting/Kaiser/Heither/Engels, BetrVG, §§ 112, 112a Rn.32; Annuß, in: Richardi, BetrVG, § 112 Rn.255.

[92] Fitting/Kaiser/Heither/Engels, BetrVG, §§ 112, 112a Rn.38; Annuß, in: Richardi, BetrVG, § 112 Rn.233.

[93] Feckler, in: GK-SGB III, § 256 Rn.2; vgl. auch Hoffmann, Die Förderung von Transfer-Sozialplänen, S.136 f.

[94] Siehe zur Einbeziehung des Präsidenten des Landesarbeitsamtes auch: Gagel, FS Dieterich, S.169 (177).

[95] So auch: Bepler, in: Gagel, SGB III, § 256 Rn.6, der durch die Einbindung des LAA nach § 256 SGB III davon ausgeht, dass von den seiner Ansicht nach bisher selten genutzten Möglichkeiten einer Beratung durch die Arbeitsverwaltung auch im BetrVG, nun eher Gebrauch gemacht wird.

[96] Theuerkauf, in: Hennig, SGB III, § 256 Rn.2.

regionalen Arbeitsämter[97]. Einer Ansicht nach könnten umfangreiche Eingliederungsmaßnahmen einzelne Arbeitsämter unter Umständen finanziell überfordern[98].

Als weiterer Grund für eine Zuweisung der Zuständigkeit an die Landesarbeitsämter wird angeführt, dass es sich bei den Zuschüssen zu Sozialplanmaßnahmen nach §§ 254 ff. SGB III um ein neues Instrument der Arbeitsförderung handelt[99]. Zur Vermeidung von Entscheidungsdivergenzen soll dabei die Handhabung des Instruments bei den Landesarbeitsämtern gebündelt werden, um damit die Entscheidungspraxis zu erleichtern[100].

Ein weiteres Argument für die Zuständigkeit der Landesarbeitsämter ist, dass letztere die Verhältnisse des überregionalen Arbeitsmarktes besser überblicken können als die einzelnen Arbeitsämter. Das könnte den von der Entlassung betroffenen Arbeitnehmern zugute kommen, wenn insbesondere in Ballungsräumen die Beschäftigten des betroffenen Unternehmens in unterschiedlichen Arbeitsamtsbezirken wohnen[101].

b) Örtliche Zuständigkeit

Fraglich bleibt insoweit jedoch, welches Landesarbeitsamt für die Beratung von Unternehmer und/oder Betriebsrat hinsichtlich der Zuschüsse zu Sozialplanmaßnahmen zuständig ist[102]. Vom Wortlaut des Gesetzes gesehen ist nach § 327 Abs.4 iVm § 256 Abs.1 SGB III das Landesarbeitsamt für die Beratung zuständig, in dessen Bezirk der Unternehmer seinen Sitz hat[103]. Davon zu unterscheiden ist allerdings die Zuständigkeit für die Gewährung der Zuschüsse, die nach § 327 Abs.6 Satz 2 SGB III dem Landesarbeitsamt obliegt, in dessen Bezirk die Maßnahme durchgeführt wird[104]. Hintergrund des § 327 Abs.6 Satz 2 SGB III ist ein finanzieller. So sollen einem Landesarbeitsamt nur diejenigen Arbeitnehmer zugerechnet werden, in dessen Bezirk diese Arbeitnehmer auch Arbeitslosengeld beziehen würden[105]. Sofern Arbeitnehmer also in einem anderen Bezirk als dem des Unternehmenssitzes wohnen und in ihrem Wohnbezirk an einer beschäftigungswirksamen Maßnahmen teilnehmen, würden sie letztendlich eine zweite Zuständigkeit des Landesarbeitsamtes ihres Wohnbezirks auslösen[106]. Ebenfalls könnte es somit zu einem Auseinanderfal-

---

[97] Bepler, in: Gagel, SGB III, § 256 Rn.2; Theuerkauf, in: Hennig, SGB III, § 256 Rn.2; so auch die Gesetzesbegründung zum AFRG, BT-Dr. 13/4941, S.199, zu § 254 SGB III a.F.

[98] Schönefelder/Kranz/Wanka, SGB III § 21 Rn.14; Clever, Neue Wege der gesetzlichen Beschäftigungsförderung, S.29 ff.(36); Roeder, in: Niesel, SGB III, § 256 Rn.4; eine finanzielle Überforderung hat sich nach den Materialien der Begleitforschung zu den §§ 254 ff. SGB III durch das IAB als nicht richtig herausgestellt, siehe Knuth, 2. Zwischenbericht, S.10 ff.

[99] Theuerkauf, in: Hennig, SGB III, § 256 Rn.2.

[100] Theuerkauf, in: Hennig, SGB III, § 256 Rn.2.

[101] Roeder, in: Niesel, SGB III, § 256 Rn.4; vgl. die Gesetzesbegründung zum AFRG, BT-Dr. 13/4941, S.199, zu § 254 SGB III a.F

[102] Zuständigkeiten sind in § 327 SGB III geregelt. § 327 SGB III spricht dabei von Zuständigkeiten für Leistungen. Darunter sind jedoch nicht nur Leistung iSv. Zuschussgewährungen zu verstehen, sondern auch Beratung ist eine Leistung im Sinne dieser Norm.

[103] Bepler, in: Gagel, SGB III, § 256 Rn.4; Feckler, in: GK-SGB III, § 256 Rn.1.

[104] Feckler, in: GK-SGB III, § 256 Rn.1; Hoffmann, Die Förderung von Transfer-Sozialplänen, S.133f.; Merkel, AiB 2002, 499 (500).

[105] Petzold, in: Hauck/Noftz, SGB III, K § 256 Rn.6.

[106] Petzold, in: Hauck/Noftz, SGB III, K § 256 Rn.6.

len der Zuständigkeiten für die Beratung und der Gewährung der Sozialplanzuschüsse kommen, wenn die beschäftigungswirksamen Maßnahmen von einem Träger außerhalb des Bezirks des Betriebssitzes vorgenommen werden[107].

aa) Einheitliche Zuständigkeit

Die Bundesanstalt für Arbeit hat diese Fallkonstellation auch gesehen und schlägt in ihrem Runderlass – Durchführungsanweisungen zu den Zuschüssen zu Sozialplanmaßnahmen – vom 26.02.2002 vor, dass sofern für die Maßnahmen und den Betriebssitz verschiedene Landesarbeitsämter zuständig seien, eine erste Beratung auch in dem für den Betriebssitz zuständigen Landesarbeitsamt erfolgen kann[108].

Zumeist wird von einer einheitlichen Zuständigkeit sowohl für die Beratung als auch für die Gewährung der Leistungen nach §§ 254 ff. SGB ausgegangen[109]. Dabei wird das Landesarbeitsamt als zuständig angesehen, in dessen Bezirk der Betrieb des Arbeitgebers liegt[110]. Begründet wird die Zuständigkeit des Landesarbeitsamtes, in dessen Bezirk das Unternehmen seinen Sitz hat, zum Teil mit einer vom Wortlaut des § 327 Abs.6 Satz 2 SGB III noch erfassten Auslegung des Begriffs der Maßnahme[111]. Dabei soll unter Maßnahme i.S.d. § 327 Abs.6 Satz 2 SGB III nicht eine bestimmte einzelne Maßnahme an sich verstanden werden, sondern die Gesamtheit aller beschäftigungswirksamen Maßnahmen, die sich aus dem konkreten Sozialplan ergeben[112], so dass es nicht darauf ankommt, wo einzelne Maßnahmen durchgeführt werden, sondern immer der Betriebssitz maßgebend ist.

Eine andere Begründung einer einheitlichen Zuständigkeit geht von dem Begriff des „Trägers der Maßnahme" aus[113]. Die Zuschüsse zu Sozialplanmaßnahmen gemäß §§ 254 ff. SGB III seien Leistungen an Träger (§ 21 SGB III). Träger in diesem Sinne ist aber der Arbeitgeber, der mit der Arbeitnehmervertretung den Sozialplan abgeschlossen hat[114]. Er ist nach § 77 Abs.1 Satz 1 BetrVG verpflichtet, die Forderungen aus dem Sozialplan zu erfüllen[115]. Wenn der Unternehmer zur Durchführung der beschäftigungswirksamen Maßnahmen externe Einrichtungen beauftragt, so seien diese Dritte im Sinne von § 21

---

[107] Petzold, in: Hauck/Noftz, SGB III, K § 256 Rn.6.
[108] Vgl. BA-Runderlass v. 31.10.1997;(Ib – 5507) i.d.F. vom 26.02.2002; 256.1.1., Demnach geht auch die Bundesanstalt für Arbeit grundsätzlich davon aus, dass die Zuständigkeit für Beratung (§ 327 Abs.4 SGB III) und Gewährung (§ 327 Abs.6 Satz 2 SGB III) der Zuschüsse zu Sozialplanmaßnahmen nach §§ 254 ff. SGB III auseinanderfallen kann. Allerdings ist der Durchführungsanweisung im Runderlass der Bundesanstalt für Arbeit auch zu entnehmen, dass sie es für sinnvoll und geboten hält, eine einheitliche Zuständigkeit des Landesarbeitsamtes sowohl für Beratung als auch für Leistungsgewährung zu begründen. Merkwürdig ist nur, warum sie sagt, dass „eine erste Beratung auch in dem für den Betriebssitz zuständigen LAA erfolgen kann", wo doch nach § 327 Abs.4 SGB III sowieso grundsätzlich bei der Beratung der Betriebssitz ausschlaggebend für die Zuständigkeit ist.
[109] Theuerkauf, in: Hennig, SGB III, § 256 Rn.3; Bepler, in: Gagel, SGB III, § 256 Rn.3.
[110] Theuerkauf, in: Hennig, SGB III, § 256 Rn.3; Bepler, in: Gagel, SGB III, § 256 Rn.3.
[111] Theuerkauf, in: Hennig, SGB III, § 256 Rn.3.
[112] Theuerkauf, in: Hennig, SGB III, § 256 Rn.3.
[113] Bepler, in: Gagel, SGB III, § 256 Rn.4.
[114] So auch Hoffmann, Die Förderung von Transfer-Sozialplänen, S.18 ff.
[115] Berg, in: Däubler/Kittner/Klebe, BetrVG, § 77 Rn.5; Richardi, in: Richardi, BetrVG, § 77 Rn.3 ff.

SGB III[116]. Die Durchführung der Maßnahmen obliege aber dem Träger, der aus dem Sozialplan dazu verpflichtet sei, und nicht dem Dritten, der sie im Auftrag des Trägers leite. Somit würden Sozialplanmaßnahmen immer in dem Bezirk durchgeführt, in dem der Betrieb des Arbeitgebers liege[117]. Die Zuständigkeit des Landesarbeitesamtes statt einer Zuständigkeit der regionalen Arbeitsämter hat der Gesetzgeber aufgrund der Gewährleistung einer einheitlichen Handhabung des Instrument geregelt[118]. Demnach wäre es widersprüchlich im nachhinein dennoch ein Auseinanderfallen der Zuständigkeit zu befürworten.

bb) Auseinanderfallen der Zuständigkeit

Nur vereinzelt wird eine einheitliche Zuständigkeit des Landesarbeitsamtes, in dessen Bezirk der Betrieb des Arbeitgebers liegt, für die Beratung, Vorabentscheidung und Leistungsgewährung der Zuschüsse nach §§ 254 ff. SGB III abgelehnt[119]. Danach soll gemäß § 327 Abs.4 iVm. § 256 Abs.1 SGB III für die Beratung nach § 256 Abs.1 SGB III das Landesarbeitsamt zuständig sein, in dessen Bezirk der Sitz des Betriebes liegt[120]. Für den Zuschuss dagegen sei nach § 327 Abs.6 SGB III unabhängig vom Unternehmenssitz das Landesarbeitsamt zuständig, in dessen Bezirk die Maßnahme durchgeführt wird[121].

cc) Stellungnahme

Ein Auseinanderfallen der Zuständigkeiten des Landesarbeitsamtes für Beratung und Gewährung der Leistungen nach §§ 254 ff. SGB III ist nach dem Sinn und Zweck des Gesetzes nicht anzunehmen. Die Zuschüsse zu Sozialplanmaßnahmen sollen dazu dienen, die in Betrieben verabschiedeten Sozialpläne beschäftigungswirksam zu nutzen, um den entlassenen Arbeitnehmer schnell eine Anschlussbeschäftigung zu ermöglichen und damit das Sozialversicherungssystem zu entlasten[122]. Wären für die Beratung und die Gewährung der Förderung zwei verschiedene Landesarbeitsämter zuständig, dann würden sich die Zeiträume zwischen Beratung und Gewährung der Zuschüsse um ein vielfaches vergrößern. Viele Fragen der Erfüllung von Voraussetzungen können schon im Rahmen der Beratung geklärt werden. Der Informationsweg von einem LAA in ein anderes LAA würde den Arbeitnehmern und den Unternehmern Zeit kosten. Dann bestünde die Gefahr, dass viele von einer Inanspruchnahme der Zuschüsse zu Sozialplanmaßnahmen absehen und lieber „klassische" Abfindungssozialpläne vereinbaren würden.

---

[116] Bepler, in: Gagel, SGB III, § 256 Rn.4; Eichenhofer, in: Wannagat, SGB III, § 21 SGB III; so auch Löwisch, RdA 1997, 287 (288), der die Trägerschaft des Unternehmers aus § 255Abs.1 Nr.5 und § 256 Abs.2 SGB III und dem Zweck der §§ 254 ff. SGB III herleitet, denn wenn ausschließlich Kosten, die bei externen Trägern anfallen zuschussfähig wären, dann wäre die Sozialplanförderung auf diese Maßnahmen beschränkt. Außerdem schließt sich nach Löwisch (a.a.O.) die Eigenschaft als Arbeitgeber und als Träger nicht gegenseitig aus.

[117] Bepler, in: Gagel, SGB III, § 256 Rn.4; Hoffmann, Die Förderung von Transfer-Sozialplänen, S.133 f.

[118] Petzold, in: Hauck/Noftz, SGB III, K § 256 Rn.6.

[119] Feckler, in: GK-SGB III, § 256 Rn.1; Roeder, in: Niesel, SGB III, § 256 Rn.4.

[120] Roeder, in: Niesel, SGB III, § 256 Rn.4.

[121] Feckler, in: GK-SGB III, § 256 Rn.1.

[122] Siehe Teil 1 § 1 A.

Auch die Gesetzesbegründung zum damaligen § 328 Abs.6 Satz 2 SGB III a.F. lässt keine Rückschlüsse auf eine bestimmte Zuständigkeit beim Auseinanderfallen des Bezirks der Durchführung der Maßnahme und des Bezirks des Betriebssitz zu[123]. Meines Erachtens ist die Diskussion, welches Landesarbeitsamt für die Beratung beim Auseinanderfallen von Betriebssitz und Durchführung der Maßnahme in zwei verschiedene Landesarbeitsamtbezirke zuständig sein soll, keine Frage einer unglücklichen Formulierung des § 327 Abs.6 Satz 2 SGB III[124]. Vielmehr stellt sich bereits die Frage, warum die Zuständigkeit einer Beratung der Unternehmer sich aus § 327 Abs.4 SGB III ergeben sollte. Zum einen wird hier nur über die Zuständigkeit der Arbeitsämter entschieden und nicht über die Zuständigkeiten der Landesarbeitsämter. Zum anderen stehen die §§ 254 ff. SGB III im sechsten Kapitel des SGB III unter der Überschrift „Leistungen an Träger". Leistungen an Träger wiederum sind in § 327 SGB III ausschließlich in Abs.6 geregelt, wobei in Abs.6 wiederum Satz 2 für die Zuschüsse zu Sozialplanmaßnahmen eine Ausnahme zu Satz 1 bildet. Mithin ist sowohl für die Beratung, die Vorabentscheidung, die Gewährung, als auch für die Gesamtabrechnung der Zuschüsse zu Sozialplanmaßnahmen nach § 327 Abs.6 Satz 2 SGB III immer das Landesarbeitsamt zuständig, in dessen Bezirk die Maßnahme durchgeführt wird[125]. Insoweit ist der oben erörterten Ansicht zuzustimmen, die besagt, dass Träger der Eingliederungsmaßnahmen immer der Arbeitgeber ist, der durch den Sozialplan verpflichtet ist[126]. Demnach ist nach § 327 Abs.6 Satz 2 SGB III auch beim Auseinanderfallen von Betriebssitz und Durchführung der Maßnahme das Landesarbeitsamt zuständig, in dessen Bezirk der Betrieb des Arbeitgebers seinen Sitz hat. Auch wenn die Beratung gemäß § 256 Abs.1 SGB III mithin vom Landesarbeitsamt durchgeführt wird, so soll letzteres jedoch auch die regionalen Arbeitsämter in die Beratung einbinden[127]. Diese haben aufgrund ihrer Tätigkeit Kenntnisse über die regionalen Arbeitsmarktverhältnisse, die bei einer Beratung über die Förderungsfähigkeit notwendig werden können.

2. Anspruch auf Beratung

Die Beratung nach § 256 Abs.1 SGB III findet nur auf Wunsch des Unternehmers und/oder des Betriebsrats statt[128].

a) Beratungsanspruch der Betriebspartner

Ist einer oder sind beide Betriebspartner mit dem Wunsch nach einer Beratung an das zuständige Landesarbeitsamt herangetreten, dann hat die Behörde kein Ermessen, ob sie dieser Forderung nachkommen möchte[129]. Insoweit besteht eine Beratungspflicht des Landes-

---

[123] Vgl. BT-Dr. 13/4941, S.212 zu § 328 SGB III.
[124] So aber: Bepler, in: Gagel, SGB III, § 256 Rn.4.
[125] So auch: Gagel, in: Gagel, SGB III, Band 2, § 327 Rn.46 u.47.
[126] Bepler, in: Gagel, SGB III , § 256 Rn.4.
[127] Strobel, Die sozialrechtliche Flankierung des Transfer-Sozialplans, S.95 (104).
[128] Vgl. BA-Runderlass zu den §§ 254 ff. SGB III, 256.1.1, (1); Roeder, in: Niesel, SGB III, § 256 Rn.5; Feckler, in: GK-SGB III, § 256 Rn.3.
[129] Theuerkauf, in: Hennig, SGB III, § 256 Rn.4; Feckler, in: GK-SGB III, § 256 Rn.3.

arbeitsamtes[130]. Unternehmer und Betriebsrat haben mithin einen Rechtsanspruch auf eine Beratung durch das zuständige Landesarbeitsamt[131]. Soweit bei sonstigen sozialplanähnlichen Vereinbarungen ein Betriebsrat nicht vorhanden ist, fällt der Beratungsanspruch den sonstigen Arbeitnehmervertretungen zu[132]. Allerdings steht ein Beratungsanspruch nur den Betriebspartnern als solchen zu und nicht dagegen einzelnen Arbeitnehmern[133]. Auch wenn sowohl der Unternehmer als auch der Betriebsrat oder die sonstige Arbeitnehmervertretung einen Beratungswunsch äußern, kann es im Interesse zielgerichteter Verhandlungen sinnvoll voll sein, die Beratungsgespräche mit den jeweiligen Betriebsparteien getrennt vorzunehmen[134]. „Im Rahmen der Sozialplanverhandlungen" nach § 256 Abs.1 SGB III bedeutet demnach nicht, im selben Raum anlässlich der Sozialplanverhandlungen, sondern weist nur auf die zeitliche Übereinstimmung mit dem Beginn der Sozialplanverhandlungen hin[135].

b) Beratungsanspruch der Einigungsstelle

Fraglich ist jedoch, ob auch die Einigungsstelle (§ 76 BetrVG) einen Antrag nach § 256 Abs.1 SGB III auf eine Beratung durch das Landesarbeitsamt zu den Förderungsmöglichkeiten nach §§ 254 ff. SGB III stellen kann.

Der Wortlaut des § 256 Abs.1 SGB III sieht eine Beratung auf Wunsch der Einigungsstelle nicht vor. In Betracht könnte jedoch eine analoge Anwendung des § 256 Abs.1 SGB III auf die Einigungsstelle kommen. Voraussetzungen einer analogen Anwendung sind das Bestehen einer planwidrigen Regelungslücke und eine vergleichbare Interessenlage der Fallsituationen[136]. § 256 Abs.1 SGB III regelt eine Beratung der Einigungsstelle durch die Arbeitsverwaltung im Hinblick auf die Förderungsmöglichkeiten nach §§ 254 ff. SGB III nicht, so eine Regelungslücke besteht. Diese Regelungslücke müsste des weiteren planwidrig sein; d.h. der Gesetzgeber dürfte bei Verabschiedung des Gesetzes den Fall einer Beratung der Einigungsstelle nicht bedacht haben. In der Gesetzesbegründung der CDU/CSU- und FDP-Fraktion zu § 254 SGB III a.F. (heute § 256 SGB III), ist die Einigungsstelle als möglicher Beratungspartner nicht erwähnt[137]. Nach der Begründung soll § 256 Abs.1 SGB III die Beratungsmöglichkeit „für die an den Sozialplanverhandlungen

---

[130] Feckler, in: GK-SGB III, § 256 Rn.3.
[131] Henkes/Baur/Kopp/Polduwe, Hdb. SGB III, S.501; Feckler, in: GK-SGB III, § 256 Rn.3; Meyer, NZA 1998, 403 (408), führt an dieser Stelle noch an, dass dahinstehen kann, ob die Betriebsparteien eine Pflicht zur Inanspruchnahme der Beratungsmöglichkeit besteht; jedenfalls besteht aber ein Einlassungszwang für den anderen Betriebspartner ähnlich wie im BetrVG, wenn einer von beiden den Beratungswunsch äußert; so auch: Schaub, ArbRHdb., § 244 Rn.130 und Löwisch, RdA 1997, 287 (292), zumindest, wenn die Beratung im Rahmen der Sozialplanverhandlungen stattfindet.
[132] Theuerkauf, in: Hennig, SGB III, § 256 Rn.4; Feckler, in: GK-SGB III, § 256 Rn.3; Roeder, in: Niesel, SGB III, § 256 Rn.2; Bepler, in: Gagel, SGB III, § 256 Rn.6; Petzold, in: Hauck/Noftz, SGB III, K § 256 Rn.4.
[133] Bepler, in: Gagel, SGB III, § 256 Rn.6; Feckler, in: GK-SGB III, § 256 Rn.4a; Roeder, in: Niesel, SGB III, § 256 Rn.2; Petzold, in: Hauck/Noftz, SGB III, K § 256 Rn.4.
[134] So Bepler, in: Gagel, SGB III, § 256 Rn.7.
[135] Bepler, in: Gagel, SGB III, § 256 Rn.7.
[136] Larenz/Canaris, Methodenlehre, S.202 ff.
[137] Vgl. Gesetzesbegründung BT-Dr.13/4941, S.199 zu § 254 SGB III (a.F.).

beteiligten Parteien" eröffnen[138]. Die Einigungsstelle ist zwar an den Sozialplanverhandlungen beteiligt. Sie stellt jedoch keine „Partei" der Verhandlungen über den Sozialplan dar, sondern spielt eine Mittlerrolle[139]. Somit hat der Gesetzgeber eine Regelung der Beratungsmöglichkeit der Einigungsstelle im Rahmen der Sozialplanverhandlungen nicht getroffen, so dass eine unbewusste Regelungslücke vorliegt. Um aus dem § 256 Abs.1 SGB III jedoch analog einen Beratungsanspruch für die Einigungsstelle herzuleiten, bedürfte es im weiteren einer vergleichbaren Interessenlage zwischen dem Beratungsbedürfnis von Unternehmer oder Betriebsrat und der Einigungsstelle. Im Zuge der Sozialplanverhandlungen wird die Einigungsstelle nach § 112 Abs.2 Satz 2 BetrVG auf Anrufung des Unternehmers oder des Betriebsrats tätig[140]. Nach § 76 Abs.2 Satz 1 BetrVG ist die Einigungsstelle von beiden Betriebsparteien zu gleichen Teilen besetzt[141]. Während der Verhandlungen können sowohl der Unternehmer als auch der Betriebsrat unabhängig voneinander eine Beratung durch die Arbeitsverwaltung gemäß § 256 Abs.1 SGB III anfordern. Die Einigungsstelle ist nur ein weiteres Organ, das Teile beider Betriebsparteien vereint. Die Beisitzer der Einigungsstelle repräsentieren nicht notwendigerweise Arbeitgeber und Betriebsrat, jedoch übernehmen sie im Rahmen des BetrVG die Befugnisse der Betriebsparteien[142]. Zwar kann die Einigungsstelle gemäß § 112 Abs.2 BetrVG den Präsidenten des Landesarbeitsamtes ohnehin an der Verhandlungen beteiligen[143], diese Tatsache steht aber einem separaten Beratungsanspruch aus § 256 Abs.1 SGB III nicht entgegen. Wenn aber sowohl Arbeitgeber als auch Arbeitnehmervertretung bereits einzeln eine Beratung auslösen können, besteht kein Grund, warum nicht auch die Einigungsstelle nach § 256 Abs.1 SGB III einen Anspruch auf Beratung haben sollte. Auch die Einigungsstelle kann im Laufe der Sozialplanverhandlungen einen wichtigen Anteil an der Gestaltung eines Sozialplans haben. Deshalb hat sie ein ebenso großes Bedürfnis über die Möglichkeiten einer Förderung von beschäftigungswirksamen Maßnahmen durch §§ 254 ff. SGB III beraten zu werden, wie der Arbeitgeber oder der Betriebsrat. Ein weiteres Argument für eine Beratungsmöglichkeit der Einigungsstelle (§ 76 BetrVG) ist, dass eine Beratung durch die Arbeitsverwaltung nach § 256 Abs.1 SGB III noch keine rechtsverbindlichen Folgen für Unternehmer oder den Verlauf der Verhandlungen hat. Mithin besteht eine vergleichbare Interessenlage im Hinblick des Beratungsbedürfnissen von Arbeitgeber und Betriebsrat einerseits und der Einigungsstelle andererseits. Somit hat die Einigungsstelle analog § 256 Abs.1 SGB III einen Anspruch auf eine Beratung im Hinblick auf die Förderungsmöglichkeiten nach §§ 254 ff. SGB III[144].

---

[138] Gesetzesbegründung BT-Dr.13/4941, S.199 zu § 254 SGB III (a.F.).
[139] Annuß, in: Richardi, BetrVG, § 112 Rn.233 ff.
[140] Interessant ist insofern, dass Heither, Sozialplan und Sozialrecht, S.148, die Beratung nach § 256 Abs.1 SGB III nur als eine Ergänzung zu den betriebsverfassungsrechtlichen Voraussetzungen einer Zusammenarbeit gemäß § 112 Abs.2 BetrVG sieht; Fitting/Kaiser/Heither/Engels, BetrVG, §§ 112, 112a Rn.32.
[141] Berg, in: Däubler/Kittner/Klebe, BetrVG, § 76 Rn.22.
[142] Stevens-Bartol, in: Frankfurter Kommentar zum SGB III, § 256 Rn.2.
[143] So auch das Argument der Ansicht, die gegen einen Beratungsanspruch der Einigungsstelle aus § 256 Abs.1 SGB III ist, vgl. Hoffmann, Die Förderung von Transfer-Sozialplänen, S.137 f.
[144] Ebenso: Däubler, in: Däubler/Kittner/Klebe, BetrVG, §§ 112, 112a Rn.175; Stevens-Bartol, in: Frankfurter Kommentar zum SGB III, § 265 Rn.2.

3. Verfahren der Beratung

Das Verfahren der Beratung richtet sich ebenfalls nach § 256 Abs.1 SGB III und zusätzlich zur Konkretisierung heranzuziehenden Vorschriften des Sozialrechts.

a) Rechtsnatur der Beratung

Eine Beratung hinsichtlich der Möglichkeit einer Förderung gemäß §§ 254 ff. SGB III durch das Landesarbeitsamt ist schlicht-hoheitliches Handeln[145]. Eine bestimmte Form ist für die Beratung nicht vorgesehen; sie kann mündlich, schriftlich oder telefonisch erfolgen[146]. Sie kann gegenüber dem einzelnen Unternehmer separat erfolgen oder zusammen mit der Arbeitnehmervertretung wahrgenommen werden[147]. Die Beratungsmöglichkeit aus § 256 Abs.1 SGB III verdrängt als speziellere Regelung den allgemeinen sozialrechtlichen Beratungsanspruch aus § 14 SGB I[148]. Die Möglichkeit einer Beratung nach § 256 Abs.1 SGB III stellt mithin eine Konkretisierung des Aufklärungsprinzips, der umfassenden Information und Beratung aus §§ 13 ff., 17 Abs.1 Nr.1 SGB III, ebenso wie eine Konkretisierung der Kooperationsmaxime nach § 17 Nr.1 und Nr.2 SGB III dar[149]. Lehnt das Landesarbeitsamt eine Beratung nach § 256 Abs.1 SGB III ab, dann ist diese Ablehnungsentscheidung ein Verwaltungsakt[150]. Die Inanspruchnahme der Beratungsmöglichkeit nach § 256 Abs.1 SGB III ist für den Unternehmer und den Betriebsrat aber nicht die einzige Möglichkeit, mehr über die Förderungsoptionen zu erfahren. Neben einer Beratung durch das zuständige Landesarbeitsamt können Informationsmöglichkeiten durch externe Personalberater, Gewerkschaften, Arbeitgeberverbände[151] oder Industrie- und Handwerkskammern in Anspruch genommen werden[152].

b) Zeitpunkt der Beratung

Fraglich ist jedoch, ob auch eine Beratung über die Möglichkeit der Nutzung der Zuschüsse zu Sozialplanmaßnahmen nach § 256 Abs.1 SGB III im Vorfeld von Sozialplanverhandlungen möglich ist[153]. Dabei geht es weniger darum, ob die Arbeitsverwaltung die Möglichkeit hat, bereits vor Beginn der Sozialplanverhandlungen die Betriebsparteien zu

---

[145] Bepler, in: Gagel, SGB III, § 256 Rn.11; Feckler, in: GK-SGB III, § 256 Rn.3; Roeder, in: Niesel, SGB III, § 256 Rn.1; Petzold, in: Hauck/Noftz, SGB III, K § 256 Rn.5.
[146] Feckler, in: GK-SGB III, § 256 Rn.4a; Bepler, in: Gagel, SGB III, § 256 Rn.7.
[147] Theuerkauf, in: Hennig, SGB III, § 256 Rn.4; Feckler, in: GK-SGB III, § 256 Rn.4a.
[148] Bepler, in: Gagel, SGB III, § 256 Rn.6; Roeder, in: Niesel, SGB III, § 256 Rn.1; Petzold, in: Hauck/Noftz, SGB III, K § 256 Rn.4.
[149] Heither, Sozialplan und Sozialrecht, S.148.
[150] Roeder, in: Niesel, SGB III, § 256 Rn.1; auch Heither, Sozialplan und Sozialrecht, S.148, Fn.555.
[151] Siehe BAVC e.V., Transfer-Sozialplan 2001.
[152] Feckler, in: GK-SGB III, § 256 Rn.3; siehe dazu auch Heither, Sozialplan und Sozialrecht, S.148 f.
[153] Bepler, in: Gagel, SGB III, § 256 Rn.8 u.9, hält diese Frage zwar eher für theoretisch und schätzt die praktische Bedeutung gering ein, lässt sich aber dennoch auf eine Diskussion darüber ein.

beraten[154], sondern um die Frage, ob das Landesarbeitsamt zu diesem früheren Zeitpunkt schon zu einer Beratung verpflichtet ist.

Nach dem Wortlaut des § 256 Abs.1 SGB III besteht ein Anspruch auf Beratung zu den Förderungsmöglichkeiten „im Rahmen der Sozialplanverhandlungen". Es könnte jedoch eine analoge Anwendung des § 256 Abs.1 SGB III auf den Zeitraum vor Beginn der Sozialplanverhandlungen in Betracht kommen. Für die Annahme einer Analogie müsste sowohl eine planwidrigen Regelungslücke vorliegen, als auch die Interessenlage in beiden Fallsituationen vergleichbar sein[155].

Wie oben bereits gesagt, regelt § 256 Abs.1 SGB III nur die Möglichkeit einer Beratung zum Zeitpunkt der Sozialplanverhandlungen zwischen den Betriebsparteien. Eine davor eingreifende Information durch die Arbeitsverwaltung wird nicht geregelt, so dass mithin das Gesetz insoweit lückenhaft ist.

Diese Gesetzeslücke müsste des weiteren unbewusst entstanden sein. Im Gesetzentwurf der CDU/CSU-Fraktion und der FDP-Fraktion zum Arbeitsförderungsrecht wird nicht auf eine Ausweitung des Zeitraums der Beratung auch für die Zeit vor Beginn der Sozialplanverhandlungen eingegangen[156]. Dies steht im Gegensatz zum konkurrierenden SPD-Gesetzentwurf, der wie oben bereits erläutert, in § 89 ASFG–Entwurf eine Förderung von Interessenausgleichen vorgesehen hatte[157]. Der Gesetzgeber hat somit bei Abschluss des § 256 Abs.1 SGB III nicht bewusst die Möglichkeit einer Beratung auch schon vor den Sozialplanverhandlungen ausschließen wollen[158]. Vielmehr war eine lückenhafte Regelung nicht vorgesehen und ist mithin planwidrig.

Im weiteren müsste die Interessenlage hinsichtlich des Zeitpunkts des Vorliegens eines Beratungsbedürfnisses vor Beginn der Sozialplanverhandlungen vergleichbar sein mit dem Bedürfnis nach Information während der Verhandlungen. Ein Argument für die Ausdehnung der Beratungsmöglichkeit auch auf die Verhandlungen zum Interessenausgleich ist die Möglichkeit, durch das Angebot von geförderten Eingliederungsmaßnahmen doch zum Abschluss eines Interessenausgleichs zu kommen[159]. Ein wirksamer Nutzen des Instruments der Förderung ist nach einer Ansicht nur dann zu erreichen, wenn die Beratungspflicht bereits vor dem Versuch eines Interessenausgleichs besteht[160], zumal Interessenausgleichs- und Sozialplanverhandlungen häufig parallel geführt werden[161]. Auch sind beschäftigungsfördernde Maßnahmen in großen Ausschnitten bereits Teil der Umsetzung der Betriebsän-

---

[154] Die Möglichkeiten einer früheren Beratung durch das Landesarbeitsamt ergibt sich nach Bepler, in: Gagel, SGB III, § 256 Rn.9, bereits aus der Kehrseite des § 2 SGB III, die besagt, dass der Arbeitsverwaltung die Pflicht zukommt, die Betriebsparteien möglichst frühzeitig darüber zu beraten, wie diese ihrer besonderen Verantwortung aus § 2 SGB III gerecht werden können.

[155] Larenz/Canaris, Methodenlehre, S.202 ff.

[156] Vgl. AFRG – Gesetzentwurf, BT-Dr.13/4941, S.199.

[157] Siehe SPD-Gesetzentwurf, BT-Dr. 1371440, S.110; Meyer, NZA 1998, S.403 (408).

[158] A.A. insoweit scheinbar Bepler, in: Gagel, SGB III, § 256 Rn.8.

[159] Vgl. Meyer, NZA 1998, S.403 (408), der eine Erweiterung der Beratungsmöglichkeit nach § 256 Abs.1 SGB III de lege ferenda durch Anordnungserlass gemäß § 259 SGB III durch die BA vorschlägt; dazu: Bepler, in: Gagel, SGB III, § 256 Rn.9, der eine ergänzende Anordnung nach § 259 SGB III für überflüssig hält.

[160] Roeder, in: Niesel, SGB III, § 256 Rn.5.

[161] Bepler, in: Gagel, SGB III, § 256 Rn.9.

derung und spielen somit bereits bei den Verhandlungen zu einem Interessenausgleich eine gewichtige Rolle[162]. Als Vergleich war im Gesetzentwurf der SPD–Fraktion zu einem Arbeits- und Strukturförderungsgesetz (ASFG) in § 89 vorgesehen, Zuschüsse zum Personal-Abbau nur zu gewähren, wenn ein Interessenausgleich vereinbart war[163]. Auf den Abschluss eines Sozialplans kam es danach nicht an, denn Ziel war die Vermeidung wirtschaftlicher Nachteile für die betroffenen Arbeitnehmer. Vermeidung war allerdings Teil des Interessenausgleichs, während der Sozialplan bereits entstandene Nachteile nur im nachhinein ausgleichen sollte. Die Zuschüsse zu Sozialplanmaßnahmen nach §§ 254 ff. SGB III hängen hingegen vom Abschluss eines Sozialplans ab. Das bedeutet jedoch nicht, dass auch die Beratung auf die Sozialplanverhandlungen beschränkt sein muss. Aus dem Wortlaut ist kein Verbot der Ansiedelung der Beratungspflicht bereits vor Beginn der eigentlichen Sozialplanverhandlungen zu ersehen[164].

Eine Beratung durch die Arbeitsverwaltung bereits während der Interessenausgleichsverhandlungen verstößt auch nicht gegen die verfassungsrechtlich verbürgte unternehmerische Entscheidungsfreiheit über die Betriebsänderung gemäß Art.14, 12, 2 GG[165]. Selbst eine alleinige Beratung des Betriebsrats durch die Arbeitsverwaltung greift nicht in die unternehmerische Entscheidungsfreiheit ein. Im Gegensatz zu den Sozialplänen ist ein Interessenausgleich nach § 112 Abs.4 BetrVG nicht erzwingbar, sondern muss vom Unternehmer gemäß § 113 Abs.3 BetrVG lediglich versucht werden[166]. Die unternehmerische Entscheidungsfreiheit des Arbeitgebers würde durch eine Beratung der Arbeitsverwaltung bereits im Vorfeld der Sozialplanverhandlungen nicht tangiert.

Das Bedürfnis nach einer kompetenten Beratung durch die Landesarbeitsämter besteht folglich sowohl während der Sozialplanverhandlungen als auch bereits davor, z.B. während der Verhandlungen zum Interessenausgleich, so dass mithin auch eine vergleichbare Interessenlage vorliegt. Die Voraussetzungen einer Analogie liegen danach vor[167].

Meines Erachtens hat die Arbeitsverwaltung somit analog § 256 Abs.1 SGB III die Pflicht, auf Wunsch des Arbeitgebers oder der Arbeitnehmervertretung auch vor Beginn der Sozialplanverhandlungen den Betriebsparteien beratend zur Seite zu stehen[168].

---

[162] Meyer, NZA 1998, 403 (408); so im Ergebnis auch: Petzold, in: Hauck/Noftz, SGB III, K § 256 Rn.4.

[163] Siehe SPD-Gesetzentwurf, BT-Dr.13/1440, S.110.

[164] Theuerkauf, in: Hennig, SGB III, § 256 Rn.4, soweit er behauptet, dass Meyer in NZA 1998, 403 (408) insoweit eine andere Ansicht vertrete, ist dem nicht zu folgen.

[165] Meyer, NZA 1998, 403 (408).

[166] Römer, S.191 f.

[167] Zum selben Ergebnis kommt auch Heither, Sozialplan und Sozialrecht, S.149, der allerdings vor allem deshalb eine Beratungspflicht auch schon bei Interessenausgleichsverhandlungen annimmt, weil nach seiner Auffassung förderungsfähige Eingliederungsmaßnahmen auch in einem Interessenausgleich vereinbart werden können.

[168] Im Ergebnis so auch: Bepler, in: Gagel, SGB III, § 256 Rn.9, der die Beratungspflicht des Landesarbeitsamtes insoweit aber nicht über eine Analogie zu § 256 Abs.1 SGB III bilden möchte, sondern eine Pflicht zur frühzeitigen Beratung über eine Kehrseitentheorie zu § 2 SGB III konstruiert; a.A. Hoffmann, Die Förderung von Transfer-Sozialplänen, S.137, der sich auf den eindeutigen Wortlaut der Vorschrift beruft.

c) Folgen einer unrichtigen Beratung

Die Folgen einer unrichtigen Beratung, sei es aufgrund fehlerhafter Information oder fehlerhaften Empfehlungen, sind im allgemeinen Verwaltungsrecht und Sozialrecht zu finden. So kommt bei einem Schaden durch eine falsche Beratung ein Amtshaftungsanspruch vor den Zivilgerichten nach § 839 BGB iVm Art. 34 GG in Betracht[169]. Dagegen hat ein sozialrechtlicher Herstellungsanspruch[170] vor den Sozialgerichten keine Aussicht auf Erfolg. Sozialplanvereinbarungen können nicht durch eine Amtshandlung ersetzt werden. Die „richtige" Amtshandlung wäre in diesen Fällen jeweils eine korrekte Beratung durch das Landesarbeitsamt. Auch in diesen Fällen stünde die Zuschussgewährung immer noch im Ermessen der Behörde[171]. Ein sozialrechtlicher Herstellungsanspruch würde nicht zum gewünschten Ziel führen.

II. Vorabentscheidung nach § 256 Abs.2 SGB III

§ 256 Abs.2 SGB III gibt sowohl dem Unternehmer als auch der Einigungsstelle nach § 112 BetrVG die Möglichkeit, beim zuständigen Landesarbeitsamt eine Vorabentscheidung über eine etwaige Förderung von beschäftigungswirksamen Maßnahmen zu beantragen[172]. Soweit ein Antrag auf Vorabentscheidung gestellt worden ist, trifft das zuständige Landesarbeitsamt eine Pflicht zur Bescheidung des Antrags[173]. Insoweit besteht kein Ermessen der Arbeitsverwaltung[174].

1. Inhalt und Rechtsnatur der Vorabentscheidung

Ziel des Gesetzgebers war es, durch die Regelung einer Vorabentscheidungsmöglichkeit in § 256 Abs.2 SGB III eine größere Planungssicherheit für die am Sozialplan beteiligten Parteien zu schaffen[175]. So soll nach dem Runderlass der Bundesanstalt für Arbeit zu den §§ 254 ff. SGB III für den Unternehmer oder die Einigungsstelle nach § 112 BetrVG die Möglichkeit bestehen, noch während der Verhandlungen zum Sozialplan durch das zuständige Landesarbeitsamt verbindlich klären zu lassen, ob und unter welchen Bedingungen

---

[169] Bepler, in: Gagel, SGB III, § 256 Rn.11; Roeder, in: Niesel, SGB III, § 256 Rn.7; Petzold, in: Hauck/Noftz, SGB III, K § 256 Rn.5.

[170] Niesel, in: Niesel, SGB III, Anhang zu § 323 Rn.28 ff.

[171] Roeder, in: Niesel, SGB III, § 256 Rn.7; Bepler, in: Gagel, SGB III, § 256 Rn.11; Petzold, in: Hauck/Noftz, SGB III, K § 256 Rn.5.

[172] Stevens-Bartol, in: Frankfurter Kommentar zum SGB III, § 256 Rn.3; Roeder, in: Niesel, SGB III, § 256 Rn.1; Henkes/Baur/Kopp/Polduwe, Hdb. SGB III, S.501; Theuerkauf, in: Hennig, SGB III, § 256 R.1, der von einer Ergänzung zum Beratungsanspruch aus § 256 Abs.1 SGB III spricht; Löwisch, RdA 1997, 287 (292); Petzold, in: Hauck/Noftz, SGB III, K § 256 Rn.8 ff.; Hoffmann, Die Förderung von Transfer-Sozialplänen, S.138 ff.

[173] Siehe BA-Runderlass v. 26.02.2002, 256.2.1.(2).

[174] Löwisch, RdA 1997, 287 (293); Roeder, in: Niesel, SGB III, § 256 Rn.8, der von einem Rechtsanspruch auf Vorabentscheidung spricht.

[175] Vgl. Gesetzentwurf des AFRG, BT-Dr. 13 /4941, S.199, zu § 254 SGB III a.F.; Roeder, in: Niesel, SGB III, § 256 Rn.8; Bepler, in: Gagel, SGB III, § 256 Rn.1; Feckler, in: GK-SGB III, § 256 Rn.5; Henkes/Baur/Kopp/Polduwe, Hdb. SGB III, S.501.

eine Förderung der geplanten beschäftigungswirksamen Maßnahmen in Betracht kommen könnte[176]. Dabei besteht die Vorstellung des Gesetzgebers, dass das Ergebnis einer nach § 256 Abs.2 SGB III beantragten Vorabentscheidung von den beteiligten Parteien als Grundlage für die weiteren Sozialplanverhandlungen benutzt wird[177]. Im Ergebnis soll durch die Vorabentscheidung gesichert werden, dass die Voraussetzungen des § 255 Abs.1 SGB III erfüllt und die ausschließenden Tatbestände des § 255 Abs.2 SGB III umgangen werden, um die Bewilligung der Zuschüsse im endgültigen Bewilligungsverfahren leichter abwickeln zu können[178].

a) Inhalt der Vorabentscheidung

Die Vorabentscheidung des zuständigen Landesarbeitsamtes beinhaltet nach dem Wortlaut des § 256 Abs.2 SGB III eine Entscheidung, ob und unter welchen Voraussetzungen Eingliederungsmaßnahmen gefördert werden können[179]. Fraglich ist jedoch, ob in der Vorabentscheidung bereits Verfügungen hinsichtlich der Förderung dem Grunde nach und der Höhe der Förderung enthalten sein können oder sogar müssen[180].

aa) Keine vorweggenommene Entscheidung über die Förderungshöhe

Vom Wortlaut des Gesetzes ausgehend, sieht § 256 Abs.2 SGB III eine Entscheidung über eine tatsächliche Förderung und die Höhe der Zuschüsse zu den Sozialplanmaßnahmen nicht vor[181]. Bereits aus der systematischen Stellung des § 256 Abs.2 SGB III zwischen dem § 255 und § 257 SGB III wird zum Teil gefolgert, das die Vorabentscheidung des Landesarbeitsamtes noch keine Angaben darüber enthalten solle, ob tatsächlich und in welcher Höhe gefördert würde[182]. Dies sei auch nach dem Wortlaut der Begründung des Gesetzentwurfs der endgültigen Entscheidung über Gewährung eines Zuschusses (§ 257 SGB III) vorbehalten[183]. Auch ist eine verbindliche Festlegung der Höhe einer mutmaßlichen Förderung von beschäftigungswirksamen Sozialplänen im Hinblick auf haushalts-

---

[176] Siehe BA-Runderlass vom 26.02.2002, 256.2.1. (1).
[177] Gesetzentwurf des AFRG, BT-Dr. 13/4941, S.199, zu § 254 SGB III a.F.; so auch: Roeder, in: Niesel, SGB III § 256 Rn.8; Feckler, in: GK-SGB III, § 256 Rn.5; Henkes/Baur/Kopp/Polduwe, Hdb. SGB III, S.501.
[178] Feckler, in: GK-SGB III, § 256 Rn.5.
[179] Theuerkauf, in: Hennig, SGB III, § 256 Rn.8; Hoffmann, Die Förderung von Transfer-Sozialplänen, S.139 f.
[180] Bepler, in: Gagel, SGB III, § 256 Rn.19 ff.; Meyer, NZA 1998, 403 (408); Heither, Sozialplan und Sozialrecht, S.150f.
[181] Löwisch, RdA 1997, 287 (292); Theuerkauf, in: Hennig, SGB III, § 256 Rn.8; Bepler, in: Gagel, SGB III, § 256 Rn.19.
[182] Bepler, in: Gagel, SGB III, § 256 Rn.19; Löwisch, RdA 1997, 287 (292); Rolfs, AR-Blattei SD, Rn.307.
[183] Bepler, in: Gagel, SGB III, § 256 Rn.19; so im Ergebnis auch Rolfs, NZA 1998, 17 (22) und Löwisch, RdA 1997, 287 (292).

rechtliche Bindungen, die durch den Eingliederungstitel nach § 71 b SGB IV eingegangen werden, problematisch[184].

bb) Planungssicherheit durch Vorabentscheidung

Um jedoch dem oben genannten Ziel der Planungssicherheit für den Arbeitgeber möglichst gerecht zu werden, wäre es nach der Gegenauffassung sinnvoll, bereits in der Vorabentscheidung nach § 256 Abs.2 SGB III auch eine Entscheidung über die Höhe einer mutmaßlichen Förderung des Sozialplans zu treffen[185].

Eine Ansicht schlägt vor, de lege ferenda in einer Anordnung nach § 259 SGB III festzusetzen, dass in einem Vorabentscheid nach § 256 Abs.2 SGB III auch über die Höhe der möglichen Förderleistungen zu entscheiden ist[186]. Eine Anordnung der Bundesanstalt für Arbeit nach § 259 SGB III ist jedoch noch nicht erlassen worden, so dass bis zum Erlass einer Regelung nach einer anderen Lösung gesucht werden muss, um auch eine Vorabentscheidung über die Höhe der eventuellen Förderung durch die Arbeitsverwaltung zu ermöglichen. So ist es zum Beispiel für den Arbeitgeber sinnvoll, solange eine Regelung in einer Anordnung nach § 259 SGB III nicht getroffen ist, die Eingliederungsmaßnahmen im Sozialplan gemäß § 158 BGB von der Bedingung der Förderung durch die Arbeitsverwaltung abhängig zu machen[187]. Außerdem hält Meyer einen einvernehmlichen Anpassungsvorbehalt für den Fall des Zurückbleibens der bewilligten hinter der erwarteten Bezuschussung für sinnvoll[188].

Alternativ wird vorgeschlagen, den § 256 Abs.2 SGB III im Rahmen ergänzender Auslegung dahingehend zu interpretieren, dass unter Umständen in der Vorabentscheidung bereits eine Entscheidung über die Höhe einer etwaigen Bezuschussung des Sozialplans durch die Arbeitsverwaltung getroffen werden kann[189]. Voraussetzung dafür sei, dass der Unternehmer bereits bei Antragsstellung nach § 256 Abs.2 SGB III alle erforderlichen Angaben, wie den Teilnehmerkreis, den Umfang und seine Eigenbeteiligung an der Maßnahme, bei der Behörde vorläge[190]. Diese Lösung sei in dem Verfahren nach den Vorstellungen

---

[184] Theuerkauf, in: Hennig, SGB III, § 256 Rn.8; vgl. auch Hoffmann, Die Förderung von Transfer-Sozialplänen, S.142 ff.

[185] Gaul, AuA 1998, 336 (339); Heither, Sozialplan und Sozialrecht, S.150f.; Hoffmann, Die Förderung von Transfer-Sozialplänen, S.140 ff., der aber keinen Anspruch auf Förderung in einer bestimmten Höhe annimmt; Theuerkauf, in: Hennig, SGB III, § 256 Rn.8; Meyer, NZA 1998, 403 (408 f.), der ansonsten die Gefahr sieht, dass ein Sozialplan nach den Grundsätzen des Wegfalls der Geschäftsgrundlage (jetzt § 313 BGB n. F.) anzupassen wäre, wenn die erwartete Förderung nicht oder nicht in geplanter Höhe geleistet wird; so auch Wissmann, Der Sozialplan, S.81 (93f.).

[186] Meyer, NZA 1998, 403 (409).

[187] Gaul, AuA 1998, 336 (339), hält dies für eine ausreichende Absicherung der Verwaltung; Meyer, NZA 1998, 403 (409).

[188] Insoweit verweist Meyer, NZA 1998, 403 (409), in Fn.70 auf seinen Beitrag in NZA 1995, 974 hinsichtlich der Abhängigkeit von Sozialplanleistungen von bewilligten Drittmitteln der Treuhandanstalt.

[189] Theuerkauf, in: Hennig, SGB III, § 256 Rn.8, so im Ergebnis auch: Petzold, in: Hauck/Noftz, SGB III, K § 256 Rn.8.

[190] Roeder, in: Niesel, SGB III, § 256 Rn.9, der eine detaillierte Aufschlüsselung der Angaben fordert; Theuerkauf, in: Hennig, SGB III, § 256 Rn.8.

der Bundesanstalt für Arbeit auch bereits angelegt, die nämlich schon beim Antrag auf Vorabentscheidung vom Unternehmer eine Darlegung des finanziellen Umfangs der Maßnahmen und des Zahlenverhältnis zwischen Abfindungen und Maßnahmen fordert[191]. Lägen alle diese Informationen über den Sozialplan und die Situation vor, dann könnte das Landesarbeitsamt auch in seiner Vorabentscheidung eine verbindliche Aussage zu der voraussichtlichen Höhe der Förderleistungen machen[192].

cc) Stellungnahme

Richtigerweise kann im Hinblick auf eine Erweiterung des Wortlautes des § 256 Abs.2 SGB III nicht von einer ergänzenden Auslegung gesprochen werden. Diese findet nur Anwendung, wenn es sich um die Lückenfüllung im Vertragsrecht handelt[193]. Hinsichtlich der Lückenschließung von Gesetzen ist jedoch entweder eine Auslegung möglich, wenn der Wortlaut den Fall noch erfasst, oder es bedarf einer Analogie, wenn der Wortlaut des Gesetzes nicht mehr eingreift. Sobald aber der betreffende Fall nicht mehr unter den weitest möglichen Wortlaut zu fassen ist, kann es sich nur noch um einen Analogie handeln[194]. Eine ergänzende Auslegung von Gesetzeslücken ist somit nicht möglich.

Unter den Wortlaut des § 256 Abs.2 SGB III, der nur das „ob" und das „unter welchen Voraussetzungen" erfasst, lässt sich die Entscheidung über die Höhe des Zuschusses nicht einordnen. Auch eine Verfügung darüber, ob eine Förderung tatsächlich stattfindet, ist in § 256 Abs.2 SGB III nicht vorgesehen, so dass eine Auslegung des Gesetzes nicht greift.

Vielmehr könnte im Hinblick auf eine Vorabentscheidung über die Förderung dem Grunde nach und hinsichtlich der Höhe von Zuschüssen nach §§ 254 ff. SGB III eine Analogie zu § 256 Abs.2 SGB III in Betracht kommen[195]. Dazu müsste eine planwidrige Gesetzeslücke hinsichtlich der Nichtregelung einer Vorabentscheidung über die Zuschusshöhe und eine vergleichbare Interessenlage im Hinblick auf die Regelung in § 256 Abs.2 SGB III vorliegen. Wie oben erläutert, sieht der Wortlaut des § 256 Abs.2 SGB III eine Vorabentscheidung über die mögliche Höhe einer Förderung nach §§ 254 ff. SGB III nicht vor. Auch bezieht sich § 256 Abs.2 SGB III nicht auf die tatsächliche Förderung des Sozialplans, sondern nur auf ein „kann", so dass hinsichtlich beider fraglichen Punkten eine Gesetzeslücke vorliegt.

Der Gesetzgeber selber ist in seiner Begründung zum AFRG-Entwurf weder positiv noch negativ auf das Fehlen einer Möglichkeit der Vorabentscheidung über die Förderungshöhe oder der Förderung dem Grunde nach eingegangen, so dass mithin auch von einer Planwidrigkeit der vorhandenen Lücke ausgegangen werden kann[196].

---

[191] Theuerkauf, in: Hennig, SGB III, § 256 Rn.8.
[192] Theuerkauf, in: Hennig, SGB III, § 256 Rn.8; Roeder, in: Niesel, SGB III, § 256 Rn.9, der, wenn alle Anspruchsvoraussetzungen vorgegeben werden, eine Ermessensausübung sowohl zur Zuschusshöhe, als auch eine Förderung dem Grunde nach annimmt; im Ergebnis so auch: Stevens-Bartol, in: Frankfurter Kommentar zum SGB III, § 256 Rn.3, ohne nähere Begründung.
[193] Larenz/Canaris, Methodenlehre, S.120 f.
[194] Schmalz, Methodenlehre, Rn.378.
[195] So auch: Bepler, in: Gagel, SGB III, § 256 Rn.20, der insoweit von einer teleologischen Extension des § 256 Abs.2 SGB III spricht.
[196] Vgl. Gesetzentwurf zum AFRG, BT-Dr. 13/4941, S.199, zu § 254 SGB III a.F.

Im weiteren müsste folglich noch eine vergleichbare Interessenlage zwischen einer Vorabentscheidung über das „ob" und einer Vorabentscheidung über die „Bedingungen der Förderung" festgestellt werden. Wie oben ausführlich erläutert, ist Sinn und Zweck einer solchen Vorabentscheidung die Ermöglichung von Planungssicherheit für die Betriebsparteien hinsichtlich der Aufstellung eines beschäftigungswirksamen Sozialplans. Zur Planung eines beschäftigungsfördernden Sozialplans gehört aber auch die Berücksichtigung der Höhe eines möglichen Zuschusses durch die Arbeitsverwaltung. Der Unternehmer ist nach Abschluss des Sozialplans an diesen gebunden und aus ihm zur Leistung verpflichtet. Er trägt das Risiko der Finanzierung der vereinbarten Leistungen aus dem Sozialplan. Damit hat der Unternehmer nicht nur ein berechtigtes Interesse zu erfahren, ob generell eine Förderung möglich ist und welche Voraussetzungen die Eingliederungsmaßnahmen zu erfüllen haben, wenn bezuschusst werden soll. Vielmehr reicht das Informationsbedürfnis des Unternehmers weiter, denn für ihn ist es insbesondere wichtig zu erfahren, ob der konkrete Sozialplan tatsächlich gefördert werden wird und in welcher Höhe eine Förderung durch die Arbeitsverwaltung in Betracht kommt. Dieses berechtigte Interesse besteht im übrigen nicht nur in der Person des Unternehmers, sondern auch für die Arbeitnehmervertretung. Letztere wird einem beschäftigungswirksamen Sozialplan nur dann zustimmen, wenn seine Finanzierung gesichert ist. Ein moderner Sozialplan mit Eingliederungsmaßnahmen ist zwecklos, wenn er aufgrund der Nichtbezuschussung durch das Landesarbeitsamt vom Unternehmer mangels finanzieller Möglichkeiten nicht umgesetzt werden kann. In einem solchen Fall vereinbaren auch Betriebsräte und sonstige Arbeitnehmervertretungen lieber einen „klassischen" Abfindungssozialplan ohne eine Förderung durch die Arbeitsverwaltung, bei dem sie sicher sein können, dass dem Unternehmer die Mittel zur Erfüllung des Sozialplans zur Verfügung stehen.

Zumindest dann, wenn der Unternehmer oder die Einigungsstelle nach § 256 Abs.2 SGB III einen Antrag auf Vorabentscheidung stellen und gleichzeitig alle notwendigen Fakten und Daten für eine Entscheidung über die Förderung beim Landesarbeitsamt darlegen, besteht ein berechtigtes Interesse an einer Vorabentscheidung auch bezüglich der Förderung dem Grunde nach und der Höhe eines möglichen Zuschusses zu den Eingliederungsmaßnahmen. Demnach liegt hinsichtlich einer Vorabentscheidung auch über die Förderungsfähigkeit des tatsächlichen Sozialplans und der Förderungshöhe eine vergleichbare Interessenlage vor.

§ 256 Abs.2 SGB III ist mithin analog auch bei einer Vorabentscheidung über die Höhe des Zuschusses und einer tatsächlichen Förderung anwendbar, wenn dem Landesarbeitsamt beim Antrag auf Vorabentscheidung alle zur Entscheidung notwendigen Angaben dargelegt werden[197].

Selbst die Bundesanstalt für Arbeit geht in dem von ihr herausgegebenen Runderlass zu den Zuschüssen zu Sozialplanmaßnahmen davon aus, dass im Vorabentscheid nach § 256 Abs.2 SGB III auch eine Entscheidung über die Höhe der möglichen Förderung gefällt

---

[197] So im Ergebnis auch: Bepler, in: Gagel, SGB III, § 256 Rn.20, der insoweit von einer teleologischen Extension des § 256 Abs.2 SGB III spricht; a.A. Löwisch, RdA 1997, 287 (292).

wird[198]. Wenn folglich alle Angaben, die zur Entscheidung über die Förderung notwendig sind, der Behörde vollständig vorgelegt werden, liegen alle Voraussetzungen einer Analogie zu § 256 Abs.2 SGB III vor und das Landesarbeitsamt hat nicht nur über das „ob" und das „wie" der Förderung zu entscheiden, sondern auch über die Höhe der möglichen Bezuschussung eines beschäftigungswirksamen Sozialplans.

b) Rechtsnatur der Vorabentscheidung

Die Vorabentscheidung nach § 256 Abs.2 SGB III ist ein Verwaltungsakt iSd § 31 SGB X[199]. Auch eine negative Vorabentscheidung des Landesarbeitsamtes ist ein anfechtbarer Verwaltungsakt, da durch eine negative Vorabentscheidung bereits eine Präjudizierung der endgültigen Entscheidung einer Förderung nach §§ 254 ff. SGB III erfolgt[200]. Die Vorabentscheidung des zuständigen Landesarbeitsamtes entfaltet nach § 39 SGB X Bestandskraft zugunsten des Unternehmers, wenn die Sozialplanmaßnahme auch tatsächlich wie abgesprochen vereinbart wird[201]. Die Vorabentscheidung könnte eine Zusicherung iSd § 34 Abs.1 SGB X, also eine von der zuständigen Behörde erteilte Zusage einen bestimmten Verwaltungsakt später zu erlassen, sein[202]. Die Vorabentscheidung nach § 256 Abs.2 SGB III ist auf die zukünftige Bewilligung der Förderung nach §§ 254 ff. SGB III gerichtet. Die endgültige Verfügung des Landesarbeitsamtes über die Bezuschussung zu den Sozialplanmaßnahmen ist ein Verwaltungsakt nach § 31 SGB X. Somit ist die Vorabentscheidung des Landesarbeitsamtes eine Zusage der zuständigen Behörde über den Erlass eines bestimmten Verwaltungsaktes, nämlich der Bewilligung einer Förderung nach §§ 254 ff. SGB III, zu einem späteren Zeitpunkt. Die Vorabentscheidung soll dem Unternehmer die Sicherheit geben, dass ein Abweichen von der Feststellung der Förderungsfähigkeit nach Antragstellung (§§ 323 Abs.1, 324 Abs.1 SGB III) bei Vorliegen der Voraussetzungen nicht möglich ist[203]. Ziel soll es sein, dem Unternehmer zuzusichern, dass er die geplanten Sozialplan-

---

[198] BA-Runderlass vom 26.02.2002, 256.2.1. (3), „Bestandteil des Bescheides muss der sog. Verfügungssatz sein, aus dem hervorgeht, was zu regeln ist. Die Leistung als solche ist zu verzeichnen, ebenso die Höhe (bis zu...).".

[199] Vgl. BA-Runderlass vom 26.02.2002, 256.2.1. (3); Heither, Sozialplan und Sozialrecht, S.151 f.; Petzold, in: Hauck/Noftz, SGB III, K § 256 Rn.4; Feckler, in: GK-SGB III, § 256 Rn.6; Bepler, in: Gagel, SGB III, § 256 Rn.17; Henkes/Baur/Kopp/Polduwe, Hdb. SGB III, S.501, die aber der Vorabentscheidung nach § 256 Abs.2 SGB III nur die Wirkung eines Verwaltungsaktes zukommen lassen wollen.

[200] Roeder, in: Niesel, SGB III, § 256 Rn.9; Feckler, in: GK-SGB III, § 256 Rn.9, der in der positiven Vorabentscheidung einen Verwaltungsakt sieht, in dem die Voraussetzungen einer Bezuschussung von Eingliederungsmaßnahmen dem Grunde nach geregelt werden.

[201] Theuerkauf, in: Hennig, SGB III, Heither, Sozialplan und Sozialrecht, S.151f.; § 256 Rn.6; Bepler, in: Gagel, SGB III, § 256 Rn.17; Löwisch, RdA 1997, 287 (293); anders: Roeder, in: Niesel, SGB III, § 256 Rn.8, der eine Bestandskraft der Vorabentscheidung aus § 77 SGG herleitet.

[202] Engelmann, in: von Wulffen, SGB X, § 34 Rn.3.

[203] Gaul, AuA 1998, 336, 339; Bepler, in: Gagel, SGB III, § 256 Rn.17; ähnlich: Theuerkauf, in: Hennig, SGB III, § 256 Rn.6, der daraus auch einen Schutz des Unternehmers vor Änderungen der Tatbestandsvoraussetzungen (z.B. § 255 Nr.4 und Nr.5 SGB III) während der Sozialplanverhandlungen will, wobei aber fraglich erscheint, ob sich die Tatbestandsvoraussetzungen ändern, oder nicht

maßnahmen nicht alleine tragen muss[204]. Die Vorabentscheidung nach § 256 Abs.2 SGB III ist mithin eine gesetzlich konkretisierte Zusicherung im Sinne des § 34 SGB X[205]. Damit ist die Vorabentscheidung auch ohne Aufhebung nach § 34 Abs.3 SGB X gegenstandlos, wenn die Sozialplanmaßnahmen nicht so vereinbart werden, wie sie im Antrag auf Vorabentscheidung vorgelegt wurden[206]. Nach § 34 Abs.2 SGB III bleiben jedoch auch die Rücknahme nach § 45 SGB X und der Widerruf nach § 47 SGB X weiterhin möglich[207]. Die Vorabentscheidung ist nur dann bindend, wenn sie schriftlich erfolgt ist und die Tatsachengrundlage im weiteren unverändert bestehen bleibt[208]. Bei nachträglicher Änderung der Sach- oder Rechtslage ist das Landesarbeitsamt nach § 34 Abs.3 SGB X nicht mehr an die Vorabentscheidung gebunden[209]. Zudem ist auch eine Rücknahme der Vorabentscheidung nach § 45 SGB X iVm § 330 Abs.2 SGB III möglich, wenn die Zusicherung, also in diesen Fällen die Vorabentscheidung, rechtswidrig erfolgt ist[210].

2. Vorabentscheidungsverfahren

Nach § 256 Abs.2 SGB III erfolgt eine Vorabentscheidung über die Förderungsmöglichkeiten von Sozialplänen durch die Arbeitsverwaltung auf Antrag beim zuständigen Landesarbeitsamt[211].

a) Zuständigkeit

Zuständig für die Vorabentscheidung nach § 256 Abs.2 SGB III ist das Landesarbeitsamt, das nach Abs.1 bereits die Beratung hinsichtlich der Förderungsmöglichkeiten durchgeführt hat[212]. Dafür, dass im Widerspruch zum Dezentralisierungsgedanken des SGB III die Landesarbeitsämter für die Vorabentscheidung nach § 256 Abs.2 SGB III zuständig sind,

---

vielmehr nur die tatsächlichen Gegebenheiten abweichen werden; Roeder, in: Niesel, SGB III, § 256 Rn.9, der eine Bestandskraft der Zusicherung aus § 77 SGG herleitet.

[204] Roeder, in: Niesel, SGB III, § 256 Rn.9; falls es dennoch zum Ausbleiben der Zuschüsse nach §§ 254 ff. SGB III kommt, siehe zur Anpassung des Sozialplanes Hoffmann, Die Förderung von Transfer-Sozialplänen, S.144 ff.

[205] Roeder, in: Niesel, SGB III, § 256 Rn.9, Petzold, in: Hauck/Noftz, SGB III, K § 256 Rn.8; a.A. Henkes/Baur/Kopp/Polduwe, Hdb. SGB III, S.501; Feckler, in: GK-SGB III, § 256 Rn.9.

[206] Bepler, in: Gagel, SGB III, § 256 Rn.17; Roeder, in: Niesel, SGB III, § 256 Rn.10; a.A. siehe Löwisch, RdA 1997, 287 (293).

[207] Roeder, in: Niesel, SGB III, § 256 Rn.10; Heither, Sozialplan und Sozialrecht, S.151f.; Engelmann, in: von Wulffen, SGB X, § 34 Rn.14.

[208] Petzold, in: Hauck/Noftz, SGB III, K § 256 Rn.10.

[209] Petzold, in: Hauck/Noftz, SGB III, K § 256 Rn.10.

[210] Petzold, in: Hauck/Noftz, SGB III, K § 256 Rn.10; ob eine Rücknahme wegen des Vertrauensschutzes ausgeschlossen ist, muss in jedem Einzelfall individuell entschieden werden und kann nicht allgemeingültig beantwortet werden.

[211] Bepler, in: Gagel, SGB III, § 256 Rn.12, weist darauf hin, dass gewisse Parallelen zwischen dem Antragsrecht des Arbeitgebers auf Vorabentscheidung nach § 256 Abs.2 SGB III und der Bauanfrage des Bau- und Anrufungsauskunft des Steuerrechts bestehen.

[212] Siehe oben unter Teil 1 § 3 A. I. 1., Zuständigkeit des Landesarbeitsamtes; so auch: Bepler, in: Gagel, SGB III, § 256 Rn.16.

sprechen dieselben Gründe, die auch bereits hinsichtlich der Beratungszuständigkeit der Landesarbeitsämter angeführt wurden[213].

b) Antrag auf Vorabentscheidung

Nach § 256 Abs.2 SGB III erfolgt eine Vorabentscheidung des zuständigen Landesarbeitsamtes nur auf einen Antrag hin. Dies entspricht auch dem in § 323 Abs.1 Satz 1 SGB III normierten Antragserfordernis im Arbeitsförderungsrecht[214].

Im Fall einer ablehnenden Vorabentscheidung nach § 256 Abs.2 SGB III, soll das Landesarbeitsamt mit der Ablehnung zwingend eine Beratung nach § 256 Abs.1 SGB III verbinden, falls zuvor keine Beratung der Verhandlungsparteien stattgefunden hat[215]. Der Antrag auf Vorabentscheidung soll demnach auch immer inzident einen Antrag auf Beratung nach Abs.1 beinhalten. Nicht zu verlangen ist jedoch in diesen Fällen, dass die Verhandlungspartner ausdrücklich erstmals oder nochmals eine Beratung nach Abs.1 verlangen, denn dies wäre ein Widerspruch zum Grundsatz des einfachen Verwaltungsverfahrens[216].

c) Zeitpunkt der Antragstellung nach § 256 Abs.2 SGB III

Nach § 324 Abs.1 Satz 1 SGB III ist der Antrag auf Förderung noch vor Eintritt des leistungsbegründenden Ereignisses zu stellen. Die Regelung des § 324 Abs.1 SGB III betrifft nach ihrem Wortlaut nur „Leistungen der Arbeitsförderung". Zu Bedenken wäre also, ob auch die Vorabentscheidung als solche bereits eine Leistung der Arbeitsförderung darstellt, oder ob nur die endgültige Bewilligung der Sozialplanförderung unter § 324 Abs.1 SGB III zu fassen ist. Zumindest muss aber der Zeitpunkt der letztmöglichen Antragsstellung auf Vorabentscheidung noch vor dem Zeitpunkt des Antrags auf endgültige Bezuschussung des Sozialplanes liegen. Dazu ist festzustellen, wann im Fall des Antrags auf Förderung der Zeitpunkt der Antragstellung nach § 324 Abs.1 SGB III erfolgen muss. Leistungsbegründendes Ereignis könnte im Fall einer Bezuschussung nach §§ 254 ff. SGB III der Abschluss des Sozialplanes, der Eingliederungsmaßnahmen enthält, sein. Das wäre jedoch unter Umständen zu kurz gedacht, weil auch bereits vereinbarte Sozialpläne noch gefördert werden können. Eher in Betracht kommt der Zeitpunkt des Beginns der im Sozialplans vereinbarten Maßnahmen oder die Fälligkeit der vereinbarten Abfindungen als leistungsbegründendes Ereignis. Wenn ein Sozialplan sich bereits in Umsetzung befindet, steht der finanzielle Umfang des Sozialplans fest und ist zum Teil bereits ausgezahlt. Dann ist es für eine Förderung des Sozialplans durch die Arbeitsverwaltung zu spät, weil die Ziele, die mit den §§ 254 ff. SGB III angestrebt werden, nicht mehr erreicht werden können, zumindest aber die Landesarbeitsämter keinen Einfluss mehr auf die Gestaltung des Sozialplans haben. Der Sozialplan kann zwar ein beschäftigungswirksames Ziel verfolgen, jedoch ist es

---

[213] Feckler, in: GK-SGB III, § 256 Rn.6, der auch bei der Vorabentscheidung für die Zuständigkeit der Landesarbeitsämter den Grund der finanziellen Überforderung der einzelnen Arbeitsämter anführt, die eintreten soll, wenn die zur Verfügung stehenden Mittel durch den Präsidenten des LAA, der diese allein verantwortlich einsetzt, bereits für andere Leistungen verplant sind.
[214] Siehe dazu Wagner, in: GK-SGB III, § 325 Rn.2 ff.
[215] Petzold, in: Hauck/Noftz, SGB III, K § 256 Rn.9.
[216] Petzold, in: Hauck/Noftz, SGB III, K § 256 Rn.9.

zu diesem Zeitpunkt für eine Beurteilung der Voraussetzungen der §§ 254, 255 SGB III regelmäßig zu spät.

Die Festsetzung des Beginns der Umsetzung des Sozialplans als leistungsbegründendes Ereignis iSd § 324 Abs.1 Satz 1 SGB III stellt gegenüber den beteiligten Parteien keine unangemessene Benachteiligung dar. Nach § 324 Abs.1 Satz 2 SGB III besteht zur Vermeidung unbilliger Härten noch die Möglichkeit der Zulassung einer verspäteten Antragsstellung. Danach können unter bestimmten Voraussetzungen auch beschäftigungswirksame Sozialpläne, mit deren Umsetzung bereits begonnen wurde, noch in den „Genuss" einer Förderung durch die Arbeitsverwaltung kommen. Folglich soll die Antragsstellung im Hinblick auf eine Bezuschussung nach §§ 254 ff. SGB III bis spätestens zu Beginn der Umsetzung des Sozialplans geschehen. Demnach muss auch der Antrag auf Vorabentscheidung über diese Förderung zu einem noch früheren Zeitpunkt, spätestens aber dann, wenn das Ergebnis der Vorabentscheidung noch bei den Verhandlungen zum Sozialplan berücksichtigt werden kann, gestellt werden[217].

d) Antragsteller

Seit dem 23.07.2001 können sowohl der Unternehmer als auch die Einigungsstelle nach § 112 BetrVG gemäß § 256 Abs.2 SGB III einen Vorabentscheidungsantrag beim zuständigen Landesarbeitsamt stellen[218].

aa) Antragsrecht des Betriebsrats

Ein Antragsrecht des Betriebsrates ist nach § 256 Abs.2 SGB III regelmäßig ausgeschlossen[219]. Als Grund für einen Ausschluss des Betriebsrats vom Antragsrecht der Vorabentscheidung wird angeführt, dass nur der Unternehmer, als Träger der Maßnahmen aus dem Sozialplan, Empfänger der Förderleistungen ist[220]. Weiter wird für den Ausschluss des Betriebsrats oder der sonstigen Arbeitnehmervertretung vom Antragsrecht auf Vorabentscheidung argumentiert, dass lediglich der Unternehmer nach § 255 Abs.1 Nr.5 SGB III zur Mitfinanzierung der beschäftigungswirksamen Maßnahmen herangezogen wird[221]. Somit trägt nur der Arbeitgeber, nicht aber die Arbeitnehmervertretungen das Risiko, ob der

---

[217] Eine engere Auffassung vertritt Hoffmann, Die Förderung von Transfer-Sozialplänen, S.139, nach dem erst die Sozialplanverhandlungen den Rahmen für die Vorabentscheidung bilden.

[218] Eingefügt wurde die Änderung des § 256 Abs.2 SGB III durch Art.4 des Gesetzes zur Reform des Betriebsverfassungsgesetzes (BetrVG-ReformG) vom 23.07.2001, BGBl. I S.1852; Gesetzesbegründung in BT-Drs.14/5741, S.54 und Ausschussbericht BT-Dr. 14/6352; siehe auch: Annuß, in: Richardi, BetrVG, § 112 Rn.132; Däubler, in: Däubler/Kittner/Klebe, BetrVG, §§ 112, 112a Rn.176; Petzold, in: Hauck/Noftz, SGB III, K § 256 Rn.1, mit dem Hinweis das die Einfügung einer Möglichkeit eines Antrags der Planungssicherheit der Einigungsstelle dienen sollte; Bauer, NZA 2001, 375 (377 ff.).

[219] Theuerkauf, in: Hennig, SGB III, § 256 Rn.7; Roeder, in: Niesel, SGB III, § 256 Rn.8; Stevens-Bartol, in: Frankfurter Kommentar zum SGB III, § 256 Rn.3; Bepler, in: Gagel, SGB III, § 256 Rn.13.

[220] Theuerkauf, in: Hennig, SGB III, § 256 Rn.7; Bepler, in: Gagel, SGB III, § 256 Rn.13.

[221] Roeder, in: Niesel, SGB III, § 256 Rn.8.

Sozialplan bezuschusst wird oder nicht[222]. Stevens-Bartol führt im weiteren an, dass der Ausschluss des Betriebsrats seiner Ansicht nach vor allem „praktische Gründe" hat[223]. Danach soll der Betriebsrat aufgrund seiner mangelnden Rechtsfähigkeit außerhalb des Betriebsverfassungsgesetzes keine Möglichkeit haben, bei Unstimmigkeiten mit der Arbeitsverwaltung über den Inhalt des Vorabentscheides, diesen in einem Verfahren anzufechten[224]. Somit wurde auch schon nach alter Rechtslage vor dem 23.07.2001 der Betriebsrat oder die sonstige Arbeitnehmervertretung vom Antragsrecht nach § 256 Abs.2 SGB III unstreitig ausgeschlossen[225].

bb) Antragsrecht der Einigungsstelle

In der vorherigen Fassung des SGB III war ausschließlich ein Antragsrecht des Unternehmers in § 256 Abs.2 SGB III vorgesehen[226]. Keine Einigung konnte darüber erzielt werden, ob nach dem § 256 Abs.2 SGB III a.F. der Einigungsstelle nach §§ 76, 112 BetrVG ein Recht auf Antragsstellung auf Vorabentscheidung durch das zuständige Landesarbeitsamt zugesprochen werden konnte[227]. Ein Problem trat in dieser Konstellation vor allem dann auf, wenn zwischen dem Unternehmer und dem Betriebsrat umstritten war, ob ein bloßer Abfindungssozialplan oder ein beschäftigungswirksamer Sozialplan abgeschlossen werden sollte und aufgrund dessen die Einigungsstelle angerufen wurde[228].
Während zum Teil der Einigungsstelle in einer analogen Anwendung des § 256 Abs.2 SGB III ein eigenes Antragsrecht zugesprochen wurde[229], lehnte die Gegenauffassung angesichts des klaren Wortlauts des § 256 Abs.2 SGB III ein solches Antragsrecht ab[230].
Eine Entscheidung dieser Streitfrage ist mit der Gesetzesänderung vom 23.07.2001 im Zuge der Reform des Betriebsverfassungsgesetzes hinfällig geworden[231]. Nunmehr sind

---

[222] Bepler, in: Gagel, SGB III, § 256 Rn.13.
[223] Stevens-Bartol, in: Frankfurter Kommentar zum SGB III, § 256 Rn.3.
[224] Stevens-Bartol, in: Frankfurter Kommentar zum SGB III, § 256 Rn.3, spricht allerdings auch davon, dass es unproblematisch sei, den Arbeitgeber im Rahmen der Sozialplanverhandlungen zur Stellung eines Antrags nach § 256 Abs.2 SGB III zu veranlassen.
[225] So im Ergebnis auch: Hoffmann, Die Förderung von Transfer-Sozialplänen, S.150 ff. (157), nach dem der Betriebsrat den Unternehmer überzeugen muss, einen Antrag nach § 256 Abs.2 SGB III zu stellen; kritisch zur mangelnden Möglichkeiten des Betriebsrates äußert sich Nielebock, ArbuR 1999, 329 (332).
[226] Siehe frühere Fassung des § 256 Abs.2 SGB III, in AFRG v. 24.03.1997, BGBl. I S.594.
[227] Theuerkauf, in: Hennig, SGB III, § 256 Rn.7; Roeder, in: Niesel, SGB III, § 256 Rn.8; Stevens-Bartol, in: Frankfurter Kommentar zum SGB III, § 256 Rn.2; Bepler, in: Gagel, SGB III, § 256 Rn.12 ff.
[228] Bepler, in: Gagel, SGB III, § 256 Rn.14; zum Einigungsstellenverfahren an sich siehe: Bauer, DB 1994, 274f.
[229] Theuerkauf, in: Henning, SGB III, § 256 Rn.7; Stevens-Bartol, in: Frankfurter Kommentar zum SGB III, § 256 Rn.2; der sich jedoch widerspricht, indem er zum einen in Rn.2 der Einigungsstelle ein eigenes Antragsrecht nach § 256 Abs.2 SGB III zugesteht, in Rn.3 jedoch die Möglichkeit der Einigungsstelle anspricht, den Arbeitgeber während des Einigungsstellenverfahren zu einer Antragsstellung nach § 256 Abs.2 SGB III zu veranlassen; vgl. Hoffmann, Die Förderung von Sozialplänen, S.158 f., der von einer teleologischen Extension des § 256 Abs.2 SGB III ausgeht.
[230] Heinze, SGB 2000, 241 (244).

nach § 256 Abs.2 SGB III sowohl der Unternehmer als auch die Einigungsstelle zum Antrag auf Vorabentscheidung berechtigt[232]. Geändert wurde die Vorschrift in einem Zuge mit der Einführung des § 112 Abs.5 Satz 2 Nr.2a BetrVG, wonach die Einigungsstelle bei der Entscheidung über den Abschluss eines Sozialplans nach § 112 Abs.4 BetrVG nun insbesondere auch die im Dritten Buch des Sozialgesetzbuches vorgesehenen Förderungsmöglichkeiten zur Vermeidung von Arbeitslosigkeit berücksichtigen soll[233].

cc) Antragsrecht der Einigungsstelle und Ermessensrichtlinie des § 112 Abs.5 Satz 2 Nr.2a BetrVG

Absicht der Einfügung des § 112 Abs.5 Satz 2 Nr.2a BetrVG ist die Verwebung der Vorschrift des § 112 BetrVG mit den §§ 254 ff. SGB III[234]. Der Einigungsstelle und den Betriebspartnern soll durch § 112 Abs.5 Nr.2a BetrVG die vorrangige Aufgabe des Sozialplans als Nachteilsausgleichs und Nachteilsmilderung durch die Schaffung von neuen Beschäftigungsperspektiven näher gebracht werden[235]. Damit soll in § 112 BetrVG das Ziel der Beschäftigungssicherung in der Betriebsverfassung hervorgehoben und auch die Einigungsstelle bei Abschluss eines Sozialplans den Zielen des § 2 SGB III verpflichtet werden[236]. Dazu hätte es allerdings keines § 112 Abs.5 Satz 2 Nr.2a BetrVG bedurft, denn bereits vor dessen Einführung war die Einigungsstelle dazu verpflichtet, sich an § 2 SGB III

---

[231] Vgl. Gesetz zur Reform des Betriebsverfassungsgesetzes (BtrV-Reformgesetz) v. 23.07.2001 (BGBl. I Nr.39, S.1852, 1863); Petzold, in: Hauck/Noftz, SGB III, K § 256 Rn.1 und Rn.8; bereits im Vorfeld der Gesetzesänderung: Richardi, NZA 2000, 161 ff.

[232] Fitting/Kaiser/Heither/Engels, BetrVG, §§ 112, 112a Rn.238, nach dem die arbeitsrechtlichen Vorschriften über die Befugnisse der Einigungsstelle zu einer Korrektur der sozialrechtlichen Vorschriften zwangen.

[233] Bauer, NZA 2001, 375 (377); Engels/Trebinger/Löhr-Steinhaus, DB 2001, 532, 539; Hoffmann, Die Förderung von Transfer-Sozialplänen, S.71 ff., der aus der Einführung des § 112 Abs.5 Satz 2 Nr.2a BetrVG eine Verpflichtung der Einigungsstelle zum Abschluss von beschäftigungswirksamen und damit auch förderungsfähigen Sozialplänen herleitet. Das kann m.E. nicht richtig sein, da § 112 Abs.5 BetrVG nur Ermessenkriterien beinhaltet, aus denen sich keine Verpflichtung im Regelfall ergeben kann, nur im Ausnahmefall bei einer Ermessensreduktion auf Null könnte eine Pflicht zum Abschluss eines beschäftigungswirksamen Sozialplanes gegeben sein.

[234] Hadeler/Podewin/Prinz/Schöne/Wienke/Wolf, Das neue Betriebsverfassungsrecht, S.125; die Gesetzesbegründung zum BetrV-Reformgesetz, BT-Dr. 14/5741, S.52, führt dazu aus, dass eine Verknüpfung der im SGB III vorgesehenen Instrumentarien zur Vermeidung von Arbeitslosigkeit mit den Vorschriften über Sozialpläne im BetrVG hergestellt werden sollte; Annuß, in: Richardi, BetrVG, § 112 Rn.162, der klarstellt, dass es sich rechtstechnisch nicht nur um Sozialplanmaßnahmen handelt, sondern die Maßnahmen des SGB III teilweise auch dem nicht erzwingbaren Interessenausgleich zuzuordnen sind; der Gesetzeswortlaut des § 112 Abs.5 Satz 2 Nr.2a BetrVG ist insofern sehr undifferenziert; vgl. dazu auch Meyer, DB 2003, 206 ff..

[235] Engels/Trebinger/Löhr-Steinhaus, DB 2001, 532 (539); Annuß, NZA 2001, 367 (369), der bezweifelt, dass sich diese Vorschrift in der Praxis angesichts der Komplexität von Transfer-Sozialplänen durchsetzen lässt.

[236] Siehe auch Gesetzesbegründung zum BetrV-Reformgesetz, BT-Dr.14/5741, S.52; Hadeler/Podewin/Prinz/Schöne/Wienke/Wolf, Das neue Betriebsverfassungsrecht, S.125.

zu orientieren[237]. Laut Gesetzesbegründung zum neuen § 112 Abs.5 Satz 2 Nr.2a BetrVG soll mit der Einfügung in § 112 Abs.5 BetrVG zum Ausdruck gebracht werden, dass Sozialpläne so weit es geht beschäftigungswirksam zu nutzen sind und nicht wie bisher, zum großen Teil als reine Abfindungssozialpläne vereinbart werden[238].

Die in § 112 Abs.5 Nr.2a BetrVG vorgesehene Berücksichtigungspflicht bedeutet zunächst, dass die Einigungsstelle gezwungen ist, mit dem zuständigen Landesarbeitsamt Kontakt aufzunehmen, um sich dann über konkrete Förderungsmöglichkeiten zu informieren[239]. Die in Frage kommenden Förderungsmodelle muss die Einigungsstelle im Folgenden in ihre Beratungen über einen Sozialplan einbeziehen[240]. Durch § 112 Abs.5 Nr.2a SGB III wurde aber keine Verpflichtung der Einigungsstelle eingeführt, vorrangig Eingliederungsmaßnahmen zu beschließen, vielmehr handelt es sich lediglich um eine Ermessenserweiterung[241].

Die Einführung des § 112 Abs.5 Satz 2 Nr.2a BetrVG durch das Betriebsverfassungs-Reformgesetz hat die Änderung des § 256 Abs.2 SGB III nicht zwingend bedingt, war aber Auslöser für die Einführung eines Antragsrecht der Einigungsstelle auf Vorabentscheidung[242]. Durch die Möglichkeit, einen Antrag auf Vorabentscheidung zu stellen, wird der Einigungsstelle zugestanden, einen mittelbaren Druck auf den Arbeitgeber dahingehend auszuüben, dass dieser zur Antragsstellung nach §§ 254 ff. SGB III beim zuständigen Landesarbeitsamt gezwungen ist. Insoweit wurde kritisiert, dass die Einführung des § 112 Abs.5 S.2 Nr.2a BetrVG und die einhergehende Änderung des § 256 Abs.2 SGB III Verstöße gegen die nach Art.14 Abs.1 GG geschützte Unternehmerfreiheit hervorrufe, wenn durch den Abschluss eines förderungsfähigen Sozialplans durch die Einigungsstelle der Arbeitgeber quasi zur Beantragung der Förderung nach §§ 254 ff. SGB III gezwungen wird[243]. Damit jedoch dieses Antragsrecht der Einigungsstelle nicht in rechtswidriger Weise gegen die unternehmerische Entscheidungsfreiheit verstößt, steht der von der Einigungsstelle nach § 112 Abs.4 BetrVG beschlossene Sozialplan quasi „per Gesetz" unter dem Vorbehalt der tatsächlichen Förderung durch die Arbeitsverwaltung. Entfällt diese Förde-

---

[237] Gagel, BB 2001, 358 (361), der noch vor der Einführung des neuen § 112 Abs.5 Satz 2 Nr.2a BetrVG in § 2 SGB III eine Ergänzung des Kriterienkatalogs des § 112 Abs.5 Satz 2 Nr.2a BetrVG sah; auch Wissmann, Der Sozialplan, S.81 (92f.); Hanau, RdA 2001, 65 (72), nach dessen Ansicht der Gesetzgeber bei der Einfügung des § 112 Abs.5 Satz 2 Nr.2a BetrVG an das Transfer-Sozialplankonzept des BAVC e.V. angeknüpft hat.

[238] Gesetzesbegründung zum BetrV-Reformgesetz, BT-Dr.14/5741, S.52; Annuß, in: Richardi, BetrVG, § 112 Rn.161; Löwisch/Kaiser, BetrVG, § 112 Rn.44, nach denen § 2 SGB III jetzt eine zusätzliche Ermessensrichtlinie für den Katalog des § 112 Abs.5 BetrVG darstellt; Löwisch, BB 2001, 1790 (1798).

[239] Löwisch, BB 2001, 1790 (1798).

[240] Löwisch, BB 2001, 1790 (1798).

[241] Heither, Sozialplan und Sozialrecht, S.65; a.A. Hoffmann, Die Förderung von Transfer-Sozialplänen, S.71 ff.

[242] „Berücksichtigen" iSd § 112 Abs.5 S.2 Nr.2a BetrVG beinhaltet nicht zwangsläufig auch eine Antragsstellung auf Vorabentscheidung. Vgl. auch Löwisch/Kaiser, BetrVG, § 112 Rn.43; Löwisch, BB 2001, 1790 (1798).

[243] Bauer, NZA 2001, 375 (378); Hadeler/Poldewin/Prinz/Schöne/Wienke/Wolf, Das neue Betriebsverfassungsrecht, S.126; allgemein zum Stellenabbau als unternehmerische Entscheidung siehe: Preis, DB 2000, 1122 ff.

rung bzw. beantragt der Arbeitgeber sie nicht, dann entfällt nach § 313 Abs.1 und Abs.2 BGB die Geschäftsgrundlage für den Sozialplan[244]. In einem solchen Fall kann der Arbeitgeber, der als Verpflichteter aus dem Sozialplan der Benachteiligte iSd § 313 Abs.3 BGB ist, gemäß § 313 Abs.3 BGB vom Sozialplan zurücktreten[245]. Um eine Lösung des Problems über einen Wegfall der Geschäftsgrundlage zu vermeiden, kann die Einigungsstelle den Sozialplan gemäß § 158 BGB unter die Bedingung der Förderung durch das Landesarbeitsamt stellen.

Wenn die Einigungsstelle es versäumt ihrer Berücksichtigungspflicht von Förderungsmöglichkeiten durch die Arbeitsverwaltung, die ihr gemäß § 112 Abs.5 Satz 2 Nr.2a BetrVG obliegt, nachzukommen, indem sie die Information und Beratung durch das zuständige Landesarbeitsamt nicht wahrnimmt, dann ist ihr Handeln ermessensfehlerhaft[246]. Ein Einigungsstellenspruch, der ohne Wahrnehmung dieser Informations- und Beratungsmöglichkeiten durch die Einigungsstelle ergeht, ist mithin unwirksam[247].

Wenn Information und Beratung durch die Einigungsstelle genutzt wurden und die Beratung des Landesarbeitsamtes ergeben hat, dass eine Fördermöglichkeit des Sozialplans durch Zuschüsse zu Sozialplanmaßnahmen besteht, dann entspricht ein Einigungsstellenspruch nur dann billigem Ermessen, wenn der Sozialplan statt Abfindungen beschäftigungswirksame Maßnahmen enthält[248].

3. Durchsetzung der Vorabentscheidung

Der Unternehmer und die Einigungsstelle haben einen Rechtsanspruch auf Vorabentscheidung über die mögliche Förderung des beschäftigungswirksamen Sozialplans durch das zuständige Landesarbeitsamt nach § 256 Abs.2 SGB III[249]. Die Vorabentscheidung ist nach einer Anhörung durch das zuständige Landesarbeitsamt unverzüglich, also ohne schuldhaftes Zögern (§ 121 BGB), dem Arbeitgeber und der Arbeitnehmervertretung bekanntzugeben[250]. Damit soll gewährleistet werden, dass beide Parteien die Erkenntnisse aus dem Vorabentscheidungsverfahren bei den Sozialplanverhandlungen berücksichtigen können[251]. Wenn das zuständige Landesarbeitsamt sich weigert, eine Vorabentscheidung gemäß § 256 Abs.2 SGB III zu treffen, dann steht dem Unternehmer oder der Einigungsstelle der sozialgerichtliche Rechtsschutz offen[252].

---

[244] Zu § 313 BGB siehe Heinrichs, in: Palandt, Ergänzungsband, § 313 Rn.1 ff.
[245] Die Korrektur über § 313 BGB ist zwar umständlich, aber die einzige Möglichkeit, dass das Antragsrecht der Einigungsstelle nach § 256 Abs.2 SGB III keinen Verstoß in unternehmerische Entscheidungsfreiheit darstellt.
[246] Löwisch, BB 2001, 1790 (1798).
[247] Löwisch, BB 2001, 1790 (1798).
[248] Löwisch, BB 2001, 1790 (1798).
[249] Siehe oben unter B. III. 1. b) aa) (2).
[250] Roeder, in: Niesel, SGB III, § 256 Rn.9.
[251] Roeder, in: Niesel, SGB III, § 256 Rn.9.
[252] Stevens-Bartol, in: Frankfurter-Kommentar zum SGB III, § 256 Rn.4; Bepler, in: Gagel, SGB III, § 256 Rn.21, weist jedoch darauf hin, dass der Hinweis auf den sozialgerichtlichen Rechtsschutz den Anspruchsinhabern, die auf eine schnelle Regelung der Betriebsänderung hoffen, nicht weiterhilft, wenn das Landesarbeitsamt eine Entscheidung nach § 256 Abs.2 SGB III verweigert. Dem Ar-

Hat das Landesarbeitsamt nach § 256 Abs.2 SGB III eine Vorabentscheidung getroffen, kann diese selbständig nach Durchführung eines Widerspruchverfahrens vor dem zuständigen Sozialgericht angefochten werden[253]. Der Widerspruch wird zunächst durch das Landesarbeitsamt gemäß § 62 SGB X iVm. § 85 Abs.2 Nr.1 SGG beschieden[254]. Im Fall der Zurückweisung des Widerspruchs ist dann eine Anfechtung der Vorabentscheidung beim zuständigen Sozialgericht möglich[255]. Es besteht sogar die Möglichkeit einer einstweiligen Anordnung durch das Sozialgericht, wenn sowohl ein Anordnungsgrund und eine Ermessensreduktion des Landesarbeitsamtes vorliegen[256].

III. Antrag auf Förderung

Sozialplanzuschüsse nach §§ 254 ff. SGB III werden, als Leistungen der aktiven Arbeitsförderung, von der Arbeitsverwaltung nach § 323 Abs.1 Satz 1 SGB III grundsätzlich nur auf Antrag erbracht[257].

Der Antrag auf eine Bezuschussung von im Sozialplan vereinbarten Eingliederungsmaßnahmen nach §§ 254 ff. SGB III ist gemäß §§ 323 Abs.1 Satz 1, 324 Abs.1 Satz 1 SGB III beim dafür zuständigen Landesarbeitsamt zu stellen[258]. Eine Antragsstellung muss nach § 324 Abs.1 Satz 1 SGB III spätestens bis zum Eintritt des leistungsbegründenden Ereignisses erfolgen. Wie oben erläutert stellt bei den Zuschüssen zu Sozialplanmaßnahmen der Beginn der Umsetzung des beschäftigungsfördernden Sozialplans das leistungsbegründende Ereignis dar[259]. Unter besonderen Voraussetzungen können nach § 324 Abs.1 Satz 2 SGB III zur Vermeidung unbilliger Härten auch bereits vereinbarte und zum Teil schon umgesetzte beschäftigungswirksame Sozialpläne gefördert werden[260].

Nach § 327 Abs.6 Satz 2 SGB III ist für die Förderung nach §§ 254 ff. SGB III das Landesarbeitsamt zuständig, in dessen Bezirk die Eingliederungsmaßnahmen durchgeführt werden[261]. Hervorzuheben ist dabei, dass es sich, ebenso wie bei der Zuständigkeit des Landesarbeitsamtes für die Beratung und Vorabentscheidung, um eine einheitliche Zuständigkeit eines Landesarbeitsamtes handelt[262]. Dabei wird die Durchführung der Maßnahmen dem Träger der Eingliederungsmaßnahmen zugerechnet. Träger ist immer der aus dem Sozialplan verpflichtete Arbeitgeber. Die Gesamtheit der Sozialplanmaßnahmen, auf die

---

beitgeber und der Einigungsstelle bleibt nach dieser Auffassung in einer solchen Situation nichts anderes übrig, als eine fiktive Zuschussgewährung in die Finanzierung des Sozialplans einzuplanen, aber gleichzeitig den Sozialplan nur unter dem Vorbehalt abzuschließen, dass die Förderung wie geplant gewährt wird.

[253] Roeder, in: Niesel, SGB III, § 256 Rn.10; Stevens-Bartol, in: Frankfurter Kommentar zum SGB III, § 256 Rn.4; Bepler, in: Gagel, SGB III, § 256 Rn.18.
[254] Roos, in: von Wulffen, SGB X, § 62 Rn.1 ff.
[255] Vgl. Heiter, Sozialplan und Sozialrecht, S.152.
[256] Stevens-Bartol, in: Frankfurter Kommentar zum SGB III, § 256 Rn.4.
[257] Niesel, in: Niesel, SGB III, § 323 Rn.15.
[258] Hoffmann, Die Förderung von Transfer-Sozialplänen, S.134 f.
[259] Siehe oben unter Teil 1 § 3 A. II. 2. c)
[260] Siehe Hoffmann, Die Förderung von Transfer-Sozialplänen, S.134 f.
[261] So auch der BA-Runderlass vom 26.02.2002, Verfahren A (2).
[262] Siehe Ausführungen zur Zuständigkeit des Landesarbeitsamtes unter Teil 1 § 3 A. I. 1.

nach dem BA-Runderlass abzustellen ist²⁶³, wird als solche im Bezirk des Landesarbeitsamtes durchgeführt, in dem der Betrieb seinen Sitz hat. Der Antrag auf Förderung ist folglich bei dem Landesarbeitsamt zu stellen, in dessen Bezirk der Betrieb des Arbeitgebers seinen Sitz hat.

Eine bestimmte Form des Antrags wurde durch den Gesetzgeber nicht bestimmt. Auch die Bundesanstalt für Arbeit hat weder in einer Anordnung nach § 259 SGB III, noch in dem von ihr herausgegebenen Runderlass zu den §§ 254 ff. SGB III eine bestimmte Form der Antragstellung vorgesehen²⁶⁴. Der Antrag auf eine Förderung nach §§ 254 ff. SGB III kann mithin formlos gestellt werden.

Damit das Landesarbeitsamt seine Entscheidung über eine Förderung der vorgesehenen Eingliederungsmaßnahmen treffen kann, hat der Arbeitgeber als Träger der Maßnahmen dem Antrag alle Unterlagen beizufügen, die entscheidungsrelevant sind. Dazu gehören unter anderem der vereinbarte Sozialplan und eventuell Belege für die finanzielle Absicherung des Gesamtvorhabens²⁶⁵.

B. Voraussetzungen der Förderung nach §§ 254 ff. SGB III

Nachdem der Unternehmer den Antrag auf Förderung der im Sozialplan vereinbarten Eingliederungsmaßnahmen gestellt hat, überprüft das zuständige Landesarbeitsamt das Vorliegen der Förderungsvoraussetzungen nach den §§ 254 ff. SGB III²⁶⁶. Während in § 254 SGB III die Grundsätze der Förderung und die allgemeinen Tatbestandsmerkmale für die Bezuschussung durch die Arbeitsverwaltung normiert sind, regelt § 255 SGB III die besonderen Voraussetzungen der Zuschüsse zu Sozialplanmaßnahmen²⁶⁷.

I. Allgemeine Voraussetzungen der Förderung nach § 254 SGB III

Nach § 254 SGB III können die in einem Sozialplan vorgesehenen Maßnahmen zur Eingliederung von Arbeitnehmern in den Arbeitsmarkt durch Zuschüsse gefördert werden. Durch das Job-AQTIV-Gesetz ist der § 254 SGB III zum 01.01.2002 geändert worden²⁶⁸. Der Gesetzgeber wollte dadurch die Rechtsanwendung des § 254 SGB III vereinfachen und zur Flexibilisierung der Zuschüsse zu Sozialplanmaßnahmen beitragen²⁶⁹. Die in § 254 SGB III a.F. vorgesehene Prüfung einer vorrangigen Vermittlung der Arbeitnehmer taucht nun im Wortlaut der veränderten Fassung nicht mehr auf²⁷⁰. Nach § 4 Abs.2 SGB III hat das

---

²⁶³ BA-Runderlass vom 26.02.2002, Verfahren A (2).
²⁶⁴ BA-Runderlass vom 26.02.2002, Verfahren A (2).
²⁶⁵ Vgl. BA-Runderlass vom 26.02.2002, Verfahren A (2).
²⁶⁶ BA-Runderlass vom 26.02.2002, § 254, 254.1.ff.
²⁶⁷ Theuerkauf, in: Hennig, SGB III, Vor §§ 254 – 259 Rn.2; ebenso § 254 Rn.2; Roeder, in: Niesel, § 254 Rn.4; Bepler, in: Gagel, SGB III, § 254 Rn.4.
²⁶⁸ Job-AQTIV-Gesetz v. 14.12.2001, BGBl. I S.3443 ff.; Annuß, in: Richardi, BetrVG, § 112 Rn.117.
²⁶⁹ Vgl. Gesetzesbegründung zum Job-AQTIV-Gesetz, BT-Dr. 14/6944, S.42.
²⁷⁰ Vgl. zu dieser Voraussetzung: Roeder, in: Niesel, SGB III, § 254 Rn.9; Bepler, in: Gagel, SGB III, § 254 Rn.22; hinsichtlich der Voraussetzung des Vorrangs der Vermittlung kam es zu einer Diskussion darüber, ob hinsichtlich der Prognose, wann eine Vermittlung vermutlich ausgeschlossen und diese Arbeitnehmer somit von den Maßnahmen ausgenommen sind, die Wertungen aus § 147a SGB

Landesarbeitsamt bei der Entscheidung über die Förderung jedoch immer den Grundsatz des Vorrangs der Vermittlung zu beachten und darf einer Bezuschussung erst dann zustimmen, wenn eine Zuführung der Arbeitnehmer in den Arbeitsmarkt ohne die Förderung nicht möglich ist[271].

Im weiteren wurde der Wortlaut des § 254 SGB III durch das Job-AQTIV-Gesetz dergestalt verändert, dass die Notwendigkeit einer Prognoseentscheidung über die Erbringung der Sozialplanzuschüsse zur Vermeidung anderer Leistungen der aktiven Arbeitsförderung entfallen ist[272].

1. Vereinbarung eines Sozialplans

Erste Voraussetzung einer Förderung von Eingliederungsmaßnahmen nach §§ 254 ff. SGB III ist nach § 254 SGB III die Vereinbarung der beschäftigungswirksamen Maßnahmen in einem Sozialplan[273]. Dabei orientiert sich der Gesetzgeber in den §§ 254 ff. SGB III an der Terminologie des Betriebsverfassungsgesetzes[274]. Nicht nur § 254 SGB III verwendet den

---

III (Erstattungspflicht des Arbeitgebers) übernommen werden könnten, abgelehnt wurde dies von Bepler, in: Gagel, SGB III – Kommentar, § 254 Rn.22 und Petzold, in: Hauck/Noftz, SGB III, § 254 Rn.7, mit dem Argument, dass eine Typisierung in der Form der Wertungen des § 147a SGB III auf Betriebsebene nicht notwendig sei; zur alten Regelung des § 128 AFG siehe: Müller-Roden, NZA 1990, 334 ff.

[271] Henkes/Baur/Kopp/Polduwe, Hdb. SGB III, S.496; siehe zum § 4 SGB III: Niesel, in: Niesel, SGB III, § 4 Rn.1 – 3; auch BA-Runderlass zu den §§ 254 ff. SGB III vom 26.02.2002, Verfahren A, (5).

[272] Zu dieser früheren Voraussetzung siehe: Henkes/Baur/Kopp/Polduwe, Hdb. SGB III, S.496, die feststellen, dass die Auswahlregelung des § 7 Abs.1 SGB III auf die Förderung von Sozialplanmaßnahmen keine Anwendung findet, da dies die Auswahl zwischen mehreren Förderinstrumenten regelt, anwendbar sei aber § 7 Abs.2 SGB III, indem die Auswahl der teilnehmenden Personen normiert ist; Bepler, in: Gagel, SGB III, § 254 Rn.22; Theuerkauf, in: Hennig, SGB III, § 254 Rn.6; Roeder, in: Niesel, SGB III, § 254 Rn.10; im ersten AFRG- Entwurf war § 252 SGB III a.F. noch weiter gefasst, er verlangte nur „für die Mehrzahl dieser Arbeitnehmer" die dauerhafte Eingliederung in den Arbeitsmarkt; die Änderung erfolgte im 2. AFRG – Ausschussbericht (BT-Dr. 13/6845, S.157), wonach dann die „Maßnahmen für diese Arbeitnehmer" eine dauerhafte Eingliederung in den Arbeitsmarkt verlangte, vgl. dazu Theuerkauf, in: Hennig, SGB III, § 254 Rn.8 und Rn.9; Bepler, in: Gagel, SGB III, § 254 Rn.23. Nach der Gesetzesänderung wurde eine Prognose der Vermittelbarkeit in jedem Einzelfall notwendig; a.A. Löwisch, RdA 1997, 287, der aus der Änderung des § 254 SGB III (bzw. § 252 SGB III a.F.) eine andere Schlussfolgerung zieht, nämlich dass Zuschüsse nun auch dann erbracht werden können, wenn diese Voraussetzung lediglich bei wenigen Arbeitnehmern vorhanden ist, wobei die Maßnahmen insoweit auf diese Arbeitnehmer zu begrenzen sind.

[273] Roeder, in: Niesel, SGB III, § 254 Rn.8; Rolfs, AR-Blattei SD, Rn.293; Theuerkauf, in: Hennig, SGB III, § 254 Rn.3; Schaub, ArbRHdb., § 244 Rn.108; weitergehend dagegen Petzold, in: Hauck/Noftz, SGB III, § 254 Rn.3, der nicht nur die bloße Vereinbarung in einem Sozialplan für ausreichend hält, sondern fordert, dass der Sozialplan auch tatsächlich durchgeführt wird, ein Sozialplan „auf dem Papier" reicht nach seiner Ansicht nicht aus.

[274] Petzold, in: Hauck/Noftz, SGB III, § 254 Rn.3; Hoffmann, Die Förderung von Transfer-Sozialplänen, S.3 f.

betriebsverfassungsrechtlichen Begriff des Sozialplans[275]. Auch in § 255 Abs.1 Nr.1, Nr.2 und Nr.3 SGB III werden inhaltlich die Begrifflichkeiten der §§ 111–113 BetrVG übernommen[276]. Der Gesetzgeber spricht in § 255 Abs.1 Nr.3 SGB III ausdrücklich vom „Interessenausgleich nach § 112 des Betriebsverfassungsgesetzes", demnach ist davon auszugehen, dass er auch den Begriff des Sozialplans aus dem BetrVG entnehmen will[277].

Im Betriebsverfassungsgesetz ist ein Sozialplan nach der Legaldefinition gemäß § 112 Abs.1 Satz 2 BetrVG die Einigung über den Ausgleich oder die Milderung der wirtschaftlichen Nachteile, die den betroffenen Arbeitnehmern infolge der geplanten Betriebsänderung entstehen[278]. Der Sozialplan hat nach § 112 Abs.1 Satz 3 BetrVG die Wirkung einer Betriebsvereinbarung (§ 77 BetrVG)[279]. Anknüpfungspunkt für das Zustandekommen eines Sozialplanes nach dem BetrVG ist eine Betriebsänderung im Sinne des § 111 BetrVG[280]. Dem Sozialplan kommt nach Rechtsprechung und Lehre nicht nur eine Entschädigungsfunktion für den Verlust des Arbeitsplatzes zu, vielmehr erfüllt er auch eine in die Zukunft gerichtete Vorsorge- und Überbrückungsfunktion zum Ausgleich wirtschaftlicher Nachteile der betroffenen Arbeitnehmer[281].

Im Gegensatz dazu ist der Interessenausgleich über die Betriebsänderung im Gesetz nicht legaldefiniert[282]. Jedoch ist man sich darüber einig, dass der Interessenausgleich eine Einigung zwischen dem Arbeitgeber und dem Betriebsrat über das Stattfinden, den Zeitpunkt und den Ablauf einer Betriebsänderung darstellt[283]. Der Gesetzgeber hat im Betriebsverfassungsgesetz in den §§ 111 – 113 BetrVG die Mitbestimmung dahingehend geregelt, dass eine Entscheidung über das Ob und das Wie der Betriebsänderung ausschließlich dem Unternehmer in Ausübung seiner unternehmerischen Entscheidungsfreiheit zusteht[284]. Im Hinblick auf die Verhandlungen über einen Interessenausgleich nach § 112 Abs.1 Satz 1 BetrVG kann die Einigungsstelle eine Einigung der Betriebspartner nicht ersetzen, sondern gegebenenfalls nur das Scheitern der Verhandlungen feststellen[285].[286]

---

[275] Bepler, in: Gagel, SGB III, § 254 Rn.7.

[276] Petzold, in. Hauck/Noftz, SGB III, § 254 Rn.3.

[277] So auch: Wissmann, Der Sozialplan, S.81 (84), allerdings mit dem Hinweis, dass bei der Auslegung des § 255 SGB III auch der Zweck der Förderung und mithin die arbeitsmarktpolitischen Ziele zu berücksichtigen sind.

[278] Vgl. auch Annuß, in: Richardi, BetrVG, § 112 Rn.80; Bepler, in: Gagel, SGB III, § 254 Rn.12; Römer, S.218 f.; Verch, Personalabbau und Betriebsverfassung, S.195 ff.; Heckelmann, AR-Blattei SD, Rn.53; Hoyningen-Huene, BetrVG, § 15 IV.3.

[279] Roeder, in: Niesel, SGB III, § 254 Rn.5.

[280] Bepler, in: Gagel, SGB III, § 254 Rn.8.

[281] Theuerkauf, in: Hennig, SGB III, § 254 Rn.3; vlg. dazu auch: Römer, S.219 ff.

[282] Matthes, FS Wlotzke, S.393 f.; zur Ermittlung des Begriffs des Interessenausgleichs durch die Substraktionsmethode ausgehend von der Legaldefinition des Sozialplans siehe BAG 20.10.1983 (2 AZR 211/82), AP Nr.13 zu § 1 KSchG 1969 Betriebsbedingte Kündigung; sowie Heither, Sozialplan und Sozialrecht, S.108.

[283] BAG v. 27.10.1987 (1 ABR 9/86), BAGE 56, 270 (283); BAG v. 17.09.1991 (1 ABR 23/91), BAGE 68, 277, (286 f.); Annuß, in: Richardi, BetrVG, § 112 Rn.18; Hoyningen-Huene, BetrVG, § 15 III 2.; Bauer, DB 1994, 217 (223); Zwanziger, BB 1998, 477 ff.

[284] Bepler, in: Gagel, SGB III, § 254 Rn.17.

[285] Bepler, in: Gagel, SGB III, § 254 Rn.17, der hieraus auch den Schluss zieht, dass die fehlende Erzwingbarkeit des Interessenausgleichs für eine grundsätzliche Trennung der Regelungskomplexe

Während folglich der Interessenausgleich das Ob, Wann und Wie der Betriebsänderung beinhaltet, regelt der Sozialplan den Ausgleich oder die Milderung der aus der Betriebsänderung folgenden wirtschaftlichen Nachteile.

a) Eingliederungsmaßnahmen als Entschädigungsfunktion oder Vorsorge- und Überbrückungsaufgabe in einem Sozialplan?

Ob die in einem Sozialplan vereinbarten Eingliederungsmaßnahmen der Entschädigungsfunktion oder der Vorsorge- und Überbrückungsfunktion zuzuordnen sind, hat keine praktische Relevanz[287]. Soweit eine Literaturansicht jedoch annimmt, dass die Eingliederungsmaßnahmen Teil der Entschädigungsfunktion des Sozialplanes sind, weil diese persönliche Defizite der Arbeitnehmer ausgleichen, die sich bei Verlust des alten und der Suche nach einem neuen Arbeitsplatz zeigen, ist dem nicht zuzustimmen[288]. Wie diese Ansicht ausdrücklich erörtert, sind die persönlichen Defizite solche wirtschaftlichen Nachteile des § 112 Abs.1 Satz 2 BetrVG, die nur aufgrund der Betriebsänderung sichtbar werden[289]. § 112 Abs.1 Satz 2 BetrVG sieht aber den Ausgleich der wirtschaftlichen Nachteile vor, die durch die Betriebsänderung entstehen. Die persönlichen Defizite, wie die mangelnde Qualifikation oder die fehlenden Mittel zur Existenzgründung, sind aber in der Person des betroffenen Arbeitnehmers auch schon vor der Betriebsänderung vorhanden und entstehen nicht erst durch die Betriebsänderung. Ein wirtschaftlicher Nachteil im Sinne des § 112 Abs.1 Satz 2 BetrVG, der als solches im Zuge der Entschädigungsfunktion des Sozialplanes ausgeglichen werden könnte, liegt insofern nicht vor. Vielmehr handelt es sich bei den in einem Sozialplan vereinbarten beschäftigungswirksamen Maßnahmen um eine Erfüllung der Vorsorge- und Überbrückungsfunktion durch den Sozialplan.

b) Gehören die beschäftigungswirksamen Maßnahmen in den Interessenausgleich oder in den Sozialplan?

Der Gesetzgeber hat das arbeitsförderungsrechtliche Instrument der Zuschüsse zu den Sozialplanmaßnahmen an eine Vereinbarung der Eingliederungsmaßnahmen in einem Sozialplan gemäß § 112 Abs.1 Satz 2 BetrVG geknüpft[290]. Diese Förderungsvoraussetzung ist zum Teil in der Literatur auf heftige Kritik gestoßen[291]. Diskutiert wird, ob die Einordnung

---

von Interessenausgleich und Sozialplan spricht und es keine Überschneidung des Inhalts von Interessenausgleich und Sozialplan geben kann; Meines Erachtens ist diese Auffassung zu starr, aus der fehlenden Erzwingbarkeit eines Interessenausgleichs kann kein Rückschluss auf den möglichen Inhalt eines Sozialplans gezogen werden.

[286] Zur Abgrenzung von Interessenausgleich und Sozialplan siehe: Richardi, FS Wiese, S.441 (442 ff.); Gajewski; FS Gaul, S.189 f.; Ohl, Der Sozialplan, S.149 ff.
[287] Siehe zum Zweck des Sozialplanes auch: Hoffmann, Die Förderung von Transfer-Sozialplänen, S.52f.
[288] Bepler, in: Gagel, SGB III, § 254 Rn.20.
[289] Bepler, in: Gagel, SGB III, § 254 Rn.20.
[290] Fitting/Kaiser/Heither/Engels/Schmidt, BetrVG, §§ 112, 112a, Rn.111c; Petzold, in: Hauck/Noftz, SGB III, § 254 Rn.4 f.
[291] Siehe für viele: Bepler, in: Gagel, SGB III, § 254 Rn.19 ff. mit weiteren Verweisen.

der beschäftigungswirksamen Maßnahmen in den Sozialplan, die in §§ 254 ff. SGB III vorgenommen wurde, zu einer neuen Abgrenzung der Institute von Interessenausgleich und Sozialplan im Arbeitsrecht führt[292].

aa) Freiwillige Sozialplanvereinbarungen zwischen Betriebsrat und Arbeitgeber

Solange die Eingliederungsmaßnahmen im Rahmen von Sozialplänen vorgesehen sind, die zwischen Arbeitgeber und Betriebsrat freiwillig vereinbart worden sind, kommt es nicht darauf an, ob die beschäftigungswirksamen Maßnahmen im Interessenausgleich oder Sozialplan vereinbart werden[293]. Bei einer freiwilligen Vereinbarung hat der Arbeitgeber ausreichend Möglichkeiten seine unternehmerische Entscheidungsfreiheit zu nutzen. Die freiwillige Vereinbarung von Eingliederungsmaßnahmen in Sozialplänen verstößt mithin nicht gegen die unternehmerische Entscheidungsfreiheit des Arbeitgebers aus Art.12, 14, 2 Abs.2 GG.

Das Instrument der Zuschüsse zu Sozialplanmaßnahmen sieht aber die Eingliederung von beschäftigungswirksamen Maßnahmen im Sozialplan und nicht im Interessenausgleich vor, und soweit der Sozialplan nicht freiwillig zustande kommt, sondern durch die Einigungsstelle erzwungen wird, könnte die Implementation von Eingliederungsmaßnahmen im Widerspruch zur unternehmerischen Entscheidungsfreiheit stehen[294].

bb) Vereinbarungen von Eingliederungsmaßnahmen ausschließlich im Interessenausgleich?

Nach einer Ansicht stellen beschäftigungswirksame Maßnahmen als solche keine Milderung oder keinen Ausgleich der Nachteile dar, die durch die Betriebsänderung entstehen. Vielmehr gehören sie nach dieser Auffassung zum Ablauf der Betriebsänderung und können somit ausschließlich in einem Interessenausgleich nach § 112 Abs.1 Satz 1 BetrVG vereinbart werden[295]. Danach soll keine Möglichkeit bestehen, dass Eingliederungsmaßnahmen durch einen Spruch der Einigungsstelle nach § 112 Abs.4 BetrVG gegen den Willen des Arbeitgebers durchgesetzt werden[296]. Im Gegensatz zum Sozialplan nach § 112 Abs.1 Satz 2 BetrVG ist ein Interessenausgleich nicht erzwingbar[297]. Nach dieser Ansicht würde, wenn man dem Gesetzeswortlaut der §§ 254 ff. SGB III folgt, der Betriebsrat faktisch ein erzwingbares Mitbestimmungsrecht im Hinblick auf den Interessenausgleich

---

[292] Siehe Heither, Sozialplan und Sozialrecht, S.108 ff.; diese Frage gehört in Teile zur Fragestellung der Abgrenzung von Sozialrecht und Arbeitsrecht; siehe dazu auch: Gagel, FS Hanau, S.649 ff. und Maydell, FS Kissel, S.761 ff.; Schmidt, RdA 1999, 124 ff.

[293] Fitting/Kaiser/Heither/Engels/Schmidt, BetrVG, §§ 112, 112a Rn.236; Hoffmann, Die Förderung von Transfer-Sozialplänen, S.41.

[294] Fitting/Kaiser/Heither/Engels/Schmidt, BetrVG, §§ 112, 112a Rn.236.

[295] Matthes, RdA 1999, 178 (181); siehe zum Meinungsstand ausführlich: Heither, Sozialplan und Sozialrecht, S.108 ff.; zur Beschäftigungsförderung als Inhalt des Interessenausgleichs siehe auch: Schaub, FS Däubler, S.347 (349).

[296] Richardi, Die neue Betriebsverfassung, § 25 Rn.40.

[297] Siehe Ausführungen oben unter Teil 1, § 3, B. I.1.

selbst bekommen[298]. Diese Mitbestimmungsmöglichkeit über den Interessenausgleich und damit über die Betriebsänderung als solche, greift nach dieser Auffassung in die unternehmerische Entscheidungsfreiheit aus Art. 14 Abs.1, 12 Abs.1, 2 Abs.1 GG ein, die eigentlich dadurch betriebsverfassungsrechtlich abgesichert werden sollte, dass Beschäftigungsmaßnahmen als Teil der Betriebsänderung nicht in einem Sozialplan, sondern nur in einem freiwilligen Interessenausgleich vereinbart werden können[299].

Zwar sieht diese Auffassung auch, dass das Antragsrecht nach § 256 Abs.2 SGB III auf eine Vorabentscheidung über die Förderungsfähigkeit dem Unternehmer eine „gewisse Sicherheit" hinsichtlich der Förderhöhe durch die Arbeitsverwaltung bietet[300]. Jedoch kann die Vorabentscheidung keine endgültige Sicherheit darüber geben, was letztlich bei den Sozialplanverhandlungen bzw. einem Spruch der Einigungsstelle Inhalt des Sozialplans wird, so dass für den Unternehmer auch weiterhin „Volumenunsicherheiten" bestehen[301].

Weiterhin führt diese Ansicht an, dass unter Sozialplanleistungen bisher ausschließlich Geldleistungen des Arbeitgebers verstanden wurden[302]. Der Arbeitgeber sollte durch einen Sozialplan lediglich zu finanziellen Leistungen verpflichtet werden können, die ihn in seiner unternehmerischen Entscheidungsfreiheit nicht beeinträchtigten. Andere Leistungen als Geldleistungen seien in Sozialplänen nicht vorzusehen. Zwar räumt diese Ansicht ein, dass auch beschäftigungswirksame Maßnahmen, wie zum Beispiel die Zahlung von Einstellungszuschüssen an den neuen Arbeitgeber, zum Teil auch nur in einer Geldleistung bestehen können, aber alle anderen Beschäftigungsmaßnahmen, die einen Großteil der beschäftigungsfördernden Maßnahmen darstellen, als Sachleistung eben nicht Gegenstand eines Sozialplans seien[303].

Als weiteres Argument wird der frühere Gesetzentwurf der SPD-Fraktion zur Reform des Arbeitsförderungsrechts vom 18.05.1995 herangezogen, in dessen § 89 AFSG-Entwurf eine Förderung der Beschäftigung in betrieblichen Auffanggesellschaften vorgesehen war[304]. Dabei sah § 89 Abs.4 Nr.1 AFSG-Entwurf vor, dass eine Förderungswürdigkeit nur dann eintreten sollte, wenn die beschäftigungswirksamen Maßnahmen in einem Interessenausgleich vereinbart seien. Damals schien der Gesetzgeber die beschäftigungswirksamen Maßnahmen eindeutig dem Interessenausgleich zuzuordnen[305].

Auch werden praktische Argumente für eine Einordnung der beschäftigungswirksamen Maßnahmen in einen Interessenausgleich angeführt[306]. Nach der früheren Fassung des § 254 SGB III bedurfte es noch einer Eingrenzung der Sozialplanmaßnahmen auf diejenigen Arbeitnehmer, die ohne die Leistung nicht dauerhaft in den Arbeitsmarkt einzugliedern waren und für die ansonsten andere Leistungen der Arbeitsförderung hätten erbracht werden müs-

---

[298] Meyer, NZA 1998, 403 ff., 513 ff. (519).
[299] Meyer, NZA 1998, 403 ff., 513 ff. (519).
[300] Meyer, NZA 1998, 403 ff., 513 ff. (519).
[301] Meyer, NZA 1998, 403 ff., 513 ff. (519).
[302] Matthes, RdA 1999, 178 (181).
[303] Matthes, RdA 1999, 178 (181).
[304] Gesetzentwurf der SPD-Fraktion zum AFSG vom 18.05.1995, BT-Dr. 13/1440; Meyer, NZA 1998, 403 ff., 513 ff. (519); Hoffmann, Die Förderung von Transfer-Sozialplänen, S.43.
[305] Vgl. zum Beispiel: Bepler, in: Gagel, SGB III, § 252 Rn.19.
[306] Matthes, RdA 1999, 178 (181).

sen[307]. Danach war es notwendig, dass die Voraussetzungen in jedem Einzelfall in einer Prognose getroffen wurden, und die teilnehmenden Arbeitnehmer dann anschließend namentlich im Sozialplan erwähnt wurden. Eine solche Benennung der einzelnen Arbeitnehmer soll nach dieser Ansicht praktisch nur durch die Betriebspartner vorgenommen und somit in einer freiwilligen einvernehmlichen Vereinbarung getroffen werden können. Der Einigungsstelle und letztlich deren Vorsitzenden fehlen für eine Entscheidung, die Bestand haben sollte, die Maßstäbe für eine solche Eingruppierung und Benennung der Arbeitnehmer[308].

Weiterhin wird darauf hingewiesen, dass der Gesetzgeber durch die Neuregelung der §§ 254 ff. SGB III keine Änderung des Verständnisses von Interessenausgleich und Sozialplan herbeiführen wollte[309]. Sie erklären die Einordnung der beschäftigungswirksamen Maßnahmen in den Sozialplan mit der Sichtweise des Gesetzgebers bei Implementation des Instruments der Zuschüsse zu Soziaplanmaßnahmen. Danach habe der Gesetzgeber statt einer rechtssystematisch korrekten Sichtweise ein eher praktisches Verständnis von Interessenausgleich und Sozialplan angewendet[310].

In der Praxis werden in einvernehmlichen Regelungen beschäftigungsfördernde Maßnahmen oftmals in „Sozialplänen" der Betriebspartner geregelt, obwohl diese Maßnahmen grundsätzlich nur Gegenstand eines freiwilligen Interessenausgleichs sein könnten[311].

Bestätigt fühlt sich diese Ansicht auch durch die Rechtsprechung des BAG zu Sozialplänen und verweist insoweit auf das Urteil des BAG vom 17.09.1991, in dem das Gericht entschieden hat, dass Umschulungsmaßnahmen nicht Inhalt eines Einigungsstellenspruchs über einen Sozialplan gemäß § 112 Abs.4 BetrVG sein können[312].

Dieser Auffassung nach können beschäftigungswirksame Maßnahmen somit auch weiterhin nur freiwillig in einem Interessenausgleich vereinbart werden. Zu bedenken ist insoweit, dass ein konkludenter Abschluss eines Interessenausgleichs vorliegen könnte, wenn ein Sozialplan abgeschlossen wird, in dem auf eine Betriebsänderung Bezug genommen wird und beschäftigungswirksame Maßnahmen vereinbart werden[313]. Soweit die §§ 254 ff. SGB III fordern, dass die Maßnahmen in einem Sozialplan vereinbart werden, sind sie nach dieser Ansicht rechtssystematisch verfehlt[314].

---

[307] Siehe § 254 SGB III a.F., AFRG v. 24.03.1997, BGBl. I S.594 f.

[308] So zumindest: Matthes, RdA 1999, 178 (181).

[309] Matthes, RdA 1999, 178 (181).

[310] Matthes, in: Münchner Hdb., Bd.3, 2.Aufl., § 361 Rn.14, der die §§ 254 ff. SGB III für gesetzessystematisch falsch hält.

[311] So auch Bepler, in: Gagel, SGB III, § 254 Rn.19, der es von Rechts wegen für konsequent hält, förderungsfähige Eingliederungsmaßnahmen im Interessenausgleich anzusiedeln, jedoch im Ergebnis dennoch für die in §§ 254 ff. SGB III vorgesehene Eingruppierung von Beschäftigungsmaßnahmen im Sozialplan plädiert; Matthes, RdA 1999, 178 (181); Bepler, AuR 1999, 219 (225 f.).

[312] Urteil des BAG v. 17.09.1991 – 1 ABR 23/91 –, veröfftl. in: AP Nr.59 zu § 112 BetrVG 1972.

[313] So der Vorschlag von Schaub, FS Däubler, S.347, mit dem Hinweis auf das Urteil des BAG vom 20.04.1994, veröffentlicht in: NZA 1995, 89.

[314] Matthes, RdA 1999, 178 (181), der von „beschäftigungsfördernden Maßnahmen anstelle von Entlassungen" spricht, und damit rückwirkend seine Argumentation wieder einschränkt, denn diese gilt für alle beschäftigungsfördernde Maßnahmen und nicht nur für solche, die anstelle von Entlassungen vereinbart werden; insbesondere sind die §§ 254 ff. SGB III nicht dazu eingefügt worden, um Ent-

Die Ansicht gibt jedoch keinen Ansatz für die Lösung des Problems mit. Wenn die Beschäftigungsmaßnahmen nun weiterhin in Interessenausgleichen vereinbart werden, dann ist eine Förderung durch die Arbeitsverwaltung nach dem Wortlaut der §§ 254 ff. SGB III ausgeschlossen. Da Hauptkritikpunkt bezüglich der Vereinbarung von Beschäftigungsmaßnahmen in einem Sozialplan aber letztlich dessen Erzwingbarkeit ist, könnte sich eine teleologische Reduktion der §§ 254 ff. SGB III dahingehend anbieten, dass nur solche Sozialpläne eine Förderung erhalten können, die freiwillig und ohne Spruch der Einigungsstelle nach § 112 Abs.4 BetrVG zustande gekommen sind. Ein anderer Vorschlag sieht vor, zur „Harmonisierung der Fördervorschriften" die Zuschüsse zu den beschäftigungswirksamen Maßnahmen „wenigstens auch" für Vereinbarungen solcher Maßnahmen in einem Interessenausgleich vorzusehen[315]. Die Möglichkeit der Bezuschussung von beschäftigungsfördernden Maßnahmen, die in einem Interessenausgleich vereinbart sind, könnte in einer von der Bundesanstalt für Arbeit nach § 259 SGB III erlassenen Anordnung vorgesehen werden[316].

cc) Eingliederungsmaßnahmen als Bestandteil eines erzwingbaren Sozialplanes

Die Gegenauffassung hält eine Auseinandersetzung darüber, wo die Eingliederungsmaßnahmen vereinbart werden, um eine Förderungsfähigkeit zu erhalten, für „zu theoretisch"[317]. Es bestünde auch weiterhin die Möglichkeit beschäftigungswirksame Maßnahmen bereits in einem Interessenausgleich gemäß § 112 Abs.1 Satz 1 BetrVG zu vereinbaren. Dies würde aber nicht ausschließen, dass Eingliederungsmaßnahmen auch als Nachteilsausgleich Teil des Sozialplans nach § 112 Abs.1 Satz 2 BetrVG werden können[318]. In § 254 SGB III werden die Eingliederungsmaßnahmen eindeutig dem Sozialplan zugeordnet[319]. Das ist dieser Ansicht nach auch sachlich richtig, da der Interessenausgleich die Fragen der zukünftigen Gestaltung des Betriebes behandelt, während im Sozialplan die Folgen der Änderung für die betroffenen Arbeitnehmer ausgehandelt werden[320].

So habe der Gesetzgeber in der Wortlautwahl des § 255 Abs.1 Nr.1 bis Nr.3 SGB III hervorgehoben, dass es keineswegs zu einer Vermengung der Regelungskomplexe von Interessenausgleich und Sozialplan kommen soll[321]. Er trenne in dieser Vorschrift bewusst zwischen Interessenausgleich und Sozialplan, so dass davon auszugehen sei, dass der

---

lassungen zu vermeiden, denn § 255 Abs.1 Nr.1 SGB III setzt sogar eine Bedrohung durch Arbeitslosigkeit voraus, sondern um einen Transfer in ein neues Arbeitsverhältnis zu beschleunigen.
[315] Meyer, NZA 1998, 403 ff., 513 ff. (520).
[316] Meyer, NZA 1998, 403 ff., 513 ff. (520).
[317] Heinze, SGB 2000, 241 (245).
[318] Heinze, SGB 2000, 241 (245).
[319] Fitting/Kaiser/Heither/Engels/Schmidt, BetrVG, §§ 112, 112a Rn.137.
[320] Fitting/Kaiser/Heither/Engels/Schmidt, BetrVG, §§ 112, 112a Rn.137, mit dem Hinweis, dass der Förderung nach §§ 254 ff. SGB III keine Arbeitslosigkeit der betroffenen Arbeitnehmer verhindert, unter Umständen aber eine Eingliederung dieser Arbeitnehmer in den ersten Arbeitsmarkt erleichtert.
[321] Bepler, in: Gagel, SGB III, § 254 Rn.20.

Gesetzgeber die förderungsfähigen Eingliederungsmaßnahmen gezielt der Regelungsform des Sozialplans zugewiesen hat[322].

So sei die Durchsetzbarkeit von beschäftigungswirksamen Maßnahmen im Sozialplan auch gegen den Willen des Unternehmers vom Gesetzgeber gewollt[323]. Die materielle Rechtfertigung der Erzwingbarkeit von Sozialplanmaßnahmen liegt nach dieser Auffassung in der aus § 2 Abs.1 SGB III folgenden Mitverantwortung der Arbeitgeber für die Erhaltung von Beschäftigungsmöglichkeiten[324]. Wenn die Eingliederungsmaßnahmen danach als Teil des erzwingbaren Sozialplans eingeordnet würden, dann bedeute dies „eine konsequente Umsetzung der Generalklausel des § 2 Abs.1 SGB III"[325].

Als weiteres Argument für eine Vereinbarung von beschäftigungswirksamen Maßnahmen in einem Sozialplan wird angeführt, dass zum Ausgleich oder zur Milderung der wirtschaftlichen Nachteile der geplanten Betriebsänderung nicht länger ausschließlich Abfindungen in Betracht kommen[326]. Auch die Möglichkeit einer schnellen Anschlussbeschäftigung kann die wirtschaftlichen Nachteile des Arbeitsplatzverlustes verringern und somit mindern[327]. Folgt die Anschlussbeschäftigung sogar unmittelbar an den Austritt aus dem ursprünglichen Arbeitsverhältnis, dann ist unter Umständen ein voller Ausgleich der Nachteile möglich.

Nach dieser Auffassung ist eine Beschränkung der Kompetenz der Einigungsstelle auf lediglich reaktive Regelungen, wie zum Beispiel die Vereinbarung von Abfindungszahlungen, in Bezug auf die Betriebsänderung nicht sachgerecht[328]. Danach ist der Schutzzweck der §§ 111, 112 BetrVG nur dann erfüllt, wenn zum Sozialplan auch diejenigen Inhalte zählen, die einen als solchen unvermeidlichen Nachteil erträglicher machen können[329]. Vielmehr bedarf es, wenn einer wirkungsvollen Umsetzung der arbeitsförderungsrechtlichen Gedanken aus §§ 2, 254 ff. SGB III Rechnung getragen werden soll, einer Einbeziehung der vorsorgend wirkenden Eingliederungsmaßnahmen in den Sozialplan[330].

dd) Stellungnahme

Der Gesetzeswortlaut der §§ 254 ff. SGB III ist insoweit eindeutig, als dass nach ihm gemäß § 255 Abs.1 Nr.4 SGB III die Eingliederungsmaßnahmen nur dann förderungswürdig sind, wenn sie in einem Sozialplan vereinbart werden. Soweit die erste Auffassung die

---

[322] Bepler, in: Gagel, SGB III, § 254 Rn.20.
[323] Bepler, AuR 1999, 219 (226), der dem Gesetzgeber vorhält, sich bewusst für Eingliederungsmaßnahmen mit Regelungsmöglichkeit auch gegen den Willen des Unternehmers und damit für eine individualrechtliche Durchsetzbarkeit entschieden zu haben.
[324] Bepler, in: Gagel, SGB III, § 254 Rn.20, derselbe in: AuR 1999, 219 (226).
[325] So wörtlich: Bepler, in: Gagel, SGB III, § 254 Rn.20.
[326] Bepler, in: Gagel, SGB III, § 254 Rn.20.
[327] Vgl. auch Wissmann, Der Sozialplan, S.81 (88f.); Hoffmann, Die Förderung von Transfer-Sozialplänen, S.51.
[328] Däubler, in: Däubler/Kittner/Klebe, BetrVG, §§ 112, 112a Rn.44, der jedoch den Schutzzweck der §§ 111-113 BetrVG insbesondere in der Hinsicht erweitern möchte, als dass auch Eingliederungsmaßnahmen für noch nicht gekündigte Arbeitnehmern in einem Sozialplan vereinbart werden können; Bepler, in: Gagel, SGB III, § 254 Rn.20.
[329] Däubler, in: Däubler/Kittner/Klebe, BetrVG, §§ 112, 112a Rn.44.
[330] Bepler, in: Gagel, SGB III, § 254 Rn.20.

Eingliederungsmaßnahmen als Teil der Betriebsänderung als solche ansieht, ist das meines Erachtens unverständlich. Die beschäftigungswirksamen Maßnahmen werden, als Eingliederungshilfen für die vom Personalabbau betroffenen Arbeitnehmer, erst durch die Betriebsänderung notwendig. Sie sind somit kein Teil der Betriebsänderung als solche, sondern eine Folge der unternehmerischen Entscheidung. Mithin gehören sie zum Nachteilsausgleich und sind zwar auch Teil des Interessenkonflikts zwischen Arbeitnehmer und Arbeitgeber, aber können durchaus zum Ausgleich wirtschaftlicher Nachteile zum Sozialplan zählen[331]. Auch der bloße Verlust des Arbeitsplatzes mit den u.U. einhergehenden Verschlechterungen der Arbeitsbedingungen ist ein Nachteil im Sinne des § 112 Abs.1 Satz 2 BetrVG[332].

Das Argument der ersten Ansicht, dass Sozialplanleistungen angesichts der unternehmerischen Entscheidungsfreiheit lediglich Geldleistungen darstellen können, kann meines Erachtens nicht aufrecht erhalten werden. Die Betriebsverfassung setzt sich in den §§ 111 – 113 BetrVG nicht mit der Art der Leistungen aus einem Sozialplan auseinander. So wird in § 112 Abs.1 Satz 2 BetrVG der Grund für die Sozialplanleistungen als Ausgleich oder Milderung der wirtschaftlichen Nachteile der Betriebsänderung definiert, nicht aber die Art der Leistung festgelegt. Soweit die erste Auffassung davon ausgeht, dass nur Geldleistungen als Sozialplanleistungen anzuerkennen sind, so geht sie augenscheinlich von den Erfahrungen in der Praxis aus, die bis vor kurzem vor allem Abfindungszahlungen und damit Geldleistungen aus Sozialplänen gewährte. Daraus ist aber nicht zu schließen, dass nur Geldleistungen in Sozialplänen vereinbart werden können. Vielmehr werden im Zuge der Einführung der arbeitsförderungsrechtlichen Verantwortung für Arbeitnehmer und Arbeitgeber, unter anderem aus § 2 SGB III, immer mehr Sozialpläne beschäftigungswirksam genutzt. Diese beschäftigungswirksame Ausrichtung der Sozialpläne bedarf sogar der Möglichkeit, auch Sachleistungen in den Sozialplänen vereinbaren zu können. Ein Ausschluss der Vereinbarung von beschäftigungsfördernden Maßnahmen in Sozialplänen aufgrund der Eigenart von Sozialplanleistungen ist mithin nicht anzunehmen.

Soweit die erste Auffassung praktische Argumente für eine Vereinbarung der beschäftigungswirksamen Maßnahmen ausschließlich in Interessenausgleichen anführt, sind diese Einwendungen näher zu betrachten. Wenn Matthes der Einigungsstelle die Möglichkeit abspricht, die zur Feststellung der Förderungsfähigkeit notwendigen Listen, in denen die teilnehmenden Arbeitnehmer einzeln namentlich genannt werden, zu erstellen, führt er keine Gründe aus[333]. Der Einigungsstelle und ebenso dem Vorsitzenden der Einigungsstelle sind alle Informationen über die vom Personalabbau betroffenen Arbeitnehmer genauso gut bekannt, wie dem Arbeitgeber oder der Arbeitnehmervertretung. Es bestehen keine Gründe, warum die Erstellung einer Liste der teilnehmenden Arbeitnehmer durch die Einigungsstelle nicht möglich wäre. Dass bei einem Abschluss eines Sozialplans durch einen

---

[331] So auch Etzel, HzA, Rn.1036, der Umschulungsmaßnahmen als Sozialplanmaßnahmen vorsieht; ebenso Gajewski, FS Gaul, S.189 (207 f.); Weiss/Weyand, BetrVG, § 112 Rn.24.

[332] Wissmann, Der Sozialplan, S.81 (88 f.).

[333] Matthes, RdA 1999,178 (181); siehe zum Einwand von Matthes: Däubler, in: Däubler/Kittner/Klebe, BetrVG, §§ 112, 112a Rn.176, mit dem Hinweis, dass es nicht zutrifft, dass die Einigungsstelle die betroffenen Arbeitnehmer nicht namentlich bestimmen könne.

Spruch der Einigungsstelle bei kontroversen Ansichten von Arbeitgeber und Betriebsrat mehr Probleme entstehen, als bei einer freiwilligen Vereinbarung, sei es ein Interessenausgleich oder ein Sozialplan, ist nicht abzustreiten. Diese sind aber kein Grund, kategorisch die Vereinbarung von beschäftigungswirksamen Maßnahmen in einem Sozialplan auszuschließen und lediglich eine Eingruppierung der Fördermaßnahmen in Interessenausgleichen zu befürworten.

Soweit die erste Auffassung auf die Sichtweise der Rechtssprechung im Hinblick auf die Unterscheidung von Sozialplan und Interessenausgleich abstellt, und in diesem Zusammenhang insbesondere auf die Entscheidung des BAG vom 17.09.1991 verweist, sind die Rückschlüsse, die sie daraus ableitet, nicht in jedem Fall nachvollziehbar[334]. Wenn der 1.Senat des BAG in dieser Entscheidung feststellt, dass Umschulungsverpflichtungen nicht Inhalt eines Spruchs einer Einigungsstelle über einen Sozialplan nach § 112 Abs.4 BetrVG sein können, dann lag das in diesem Fall daran, dass darüber entschieden wurde, ob für noch nicht vom Personalabbau betroffene Arbeitnehmer solche Vereinbarungen getroffen werden konnten. Diesen Arbeitnehmern war weder gekündigt worden, noch stand bereits fest, dass sie ihren Arbeitsplatz auf jeden Fall verlieren würden. Insoweit konnten durch die Umschulungsverpflichtungen bzw. -vereinbarungen noch keine wirtschaftlichen Nachteile, die durch den Verlust des Arbeitsplatzes infolge der Betriebsänderung entstanden wären, ausgeglichen oder gemildert werden, so dass die im Beschluss des BAG vom 17.09.1991 gezogene Schlussfolgerung auf den zu entscheidenden Fall zwar richtig ist, nicht aber auf die Fälle der Förderung von Sozialplänen mit beschäftigungswirksamen Maßnahmen passten[335]. Gesperrt waren nach dem Beschluss des BAG nur diejenigen Maßnahmen, die auf eine Weiterbeschäftigung im selben Unternehmen gerichtet waren, ohne dass eine Aussage über andere Eingliederungsmaßnahmen getroffen wurde[336]. Bei den Betriebsänderungen mit einhergehenden Personalabbau, die für eine Bezuschussung nach §§ 254 ff. SGB III in Frage kommen, sind die Arbeitnehmer nach § 255 Abs.1 Nr.1 SGB III von Arbeitslosigkeit bedroht, d.h., sie sind bereits gekündigt oder haben Aufhebungsverträge unterschrieben. Mit den im Sozialplan vereinbarten Eingliederungsmaßnahmen soll also nicht der Verlust des Arbeitsplatzes verhindert, sondern die durch den Verlust entstehenden wirtschaftlichen Nachteile ausgeglichen werden. Genau hierin liegt der Unterschied zu dem in der Entscheidung des BAG vom 17.09.1991 behandelten Fall. Wenn das BAG in seinem Beschluss ausführt, dass die Einigungsstelle nicht befugt sei, dem Arbeitgeber die Durchführung der Betriebsänderung in einer Weise vorzuschreiben, dass den betroffenen Arbeitnehmern keine oder nur geringe wirtschaftliche Nachteile entstehen, dann ist das zwar eine allgemeingültige Aussage[337]. Allerdings liegt in den Fällen der Bezuschussung von beschäftigungsfördernden Maßnahmen bereits ein wirtschaftlicher Nachteil,

---

[334] Urteil des BAG vom 17.09.1991 – 1 ABR 23/91 –, veröffentlicht in: AP Nr.59 zu § 112 BetrVG 1972.

[335] Hoffmann, Die Förderung von Transfer-Sozialplänen, S.45 f., verkennt somit die aus dem Urteil des BAG zu ziehenden Schlussfolgerungen, wenn er annimmt, dass nach dem BAG die Eingliederungsmaßnahmen generell dem Interessenausgleich zuzuordnen sind.

[336] Vgl. hierzu auch Wissmann, Der Sozialplan, S.81, (86 ff.), mit dem Hinweis, dass Eingliederungsmaßnahmen für die Weiterbeschäftigung im selben Unternehmen sowieso von einer Sozialplanförderung nach § 255 Abs.2 Nr.1 SGB III ausgeschlossen wären.

[337] Urteil des BAG vom 17.09.1991 (1 ABR 23/91), AP Nr.59 zu § 112 BetrVG 1972.

nämlich der Verlust des Arbeitsplatzes aufgrund der Betriebsänderung, vor. Über einen solchen Fall sagt die Entscheidung des 1.Senats des BAG jedoch nichts aus, so dass das Urteil nicht gegen eine Vereinbarung von Eingliederungsmaßnahmen zur Abmilderung des Arbeitsplatzverlustes in erzwingbaren Sozialplänen spricht[338].

Im weiteren fehlt der ersten Auffassung eine praktikable Lösung der Diskrepanz zwischen Wortlaut der §§ 254 ff. SGB III und ihrem Verständnis von Sozialplan und Interessenausgleich. Wenn sie davon ausgeht, dass beschäftigungswirksame Maßnahmen nicht in einem Sozialplan vereinbart werden können, so hält sie die §§ 254 ff. SGB III für insgesamt unanwendbar. In Interessenausgleichen vereinbarte beschäftigungswirksame Maßnahmen sind nach dem SGB III nicht förderungsfähig[339]. Der ersten Ansicht kann auch eine analoge Anwendung der §§ 254 ff. SGB III auf Interessenausgleich bei gleichzeitiger teleologischer Reduktion der Vorschriften im Hinblick auf erzwungene Sozialpläne nicht weiterhelfen, da in beiden Fällen die dafür notwendige planwidrige Gesetzeslücke fehlt. Der Wortlaut der §§ 254 ff. SGB III ist meines Erachtens eindeutig[340]. Nach §§ 254, 255 Abs.1 Nr.3 und Nr.4 SGB III sieht der Gesetzgeber eine Förderung von beschäftigungswirksamen Maßnahmen vor, die in einem Sozialplan vereinbart worden sind. Der Gesetzgeber hat im Zuge der Verantwortung der Arbeitgeber nach § 2 Abs.1 SGB III bewusst in Kauf genommen, dass beschäftigungsfördernde Maßnahmen auch gegen den Willen des Unternehmers im Sozialplan vereinbart werden können. Hierin liegt auch kein Verstoß gegen die unternehmerische Entscheidungsfreiheit nach Art.14 Abs.1, 12 Abs.2, 2 Abs.2 GG[341].

Die Zuordnung der beschäftigungswirksamen Maßnahmen zum Sozialplan verändert nicht das grundsätzliche Verständnis von Interessenausgleich und Sozialplan[342]. Vielmehr erweitert diese Einordnung die Anwendung des Sozialplanes dahingehend, dass nicht länger nur wirtschaftliche Nachteile, wie der konkrete Lohnausfall durch Abfindungszahlungen, ausgeglichen werden, sondern, dass auch der Verlust des Arbeitsplatzes mit der nachteiligen Suche nach einem neuen Arbeitsplatz durch Hilfen, wie Outplacement-Beratung[343], Qualifikationen und ähnlichem, gemildert werden kann. Beschäftigungsfördernde Maßnahmen können damit sowohl nach dem Verständnis des Gesetzgebers als auch nach der Rechtssystematik Teil von Sozialplänen sein. Die §§ 254 ff. SGB III ändern mithin nichts an der grundsätzlichen Abgrenzung zwischen Interessenausgleich und Sozialplan[344].

2. Förderungsfähige Eingliederungsmaßnahmen für die Arbeitnehmer

Im weiteren muss es sich bei den im Sozialplan vereinbarten Maßnahmen nach § 254 SGB III um solche Maßnahmen handeln, die den Arbeitnehmern zur Eingliederung in den Arbeitsmarkt dienen.

---

[338] So im Ergebnis auch: Heither, Sozialplan und Sozialrecht, S.109 f.

[339] Siehe zur umstrittenen Fragen der Förderung von Eingliederungsmaßnahmen in Interessenausgleichen unten Teil 1 § 3 B. I. 1.b).

[340] So im Ergebnis auch: Hoffmann, Die Förderung von Transfer-Sozialplänen, S.47 ff.

[341] Hoffmann, Die Förderung von Transfer-Sozialplänen, S.13 f.

[342] So auch Heither, Sozialplan und Sozialrecht, S.116 ff.

[343] Zur Outplacement-Beratung vlg. auch: Thannheiser, AiB 1999, 153 (155).

[344] Siehe zu diesem Ergebnis auch: Heither, Sozialplan und Sozialrecht, S.116ff.

a) Flexibilität des arbeitsförderungsrechtlichen Instruments

Dabei gibt der Gesetzgeber in dem arbeitsförderungsrechtlichen Instrument nicht vor, wie der Umfang oder die Dauer der beschäftigungswirksamen Maßnahmen auszugestalten sind[345]. Das Gesetz gibt den Betriebspartnern insoweit lediglich eine Zieldefinition an die Hand und lässt ihnen somit die Möglichkeit, die konkrete Ausgestaltung der Eingliederungsmaßnahmen zusammen mit dem zuständigen Landesarbeitsamt herauszuarbeiten[346]. Ziel der §§ 254 ff. SGB III soll es nach der Gesetzesbegründung sein, Anreize dafür zu schaffen, beschäftigungswirksame Maßnahmen anstelle von Abfindungen in Sozialplänen zu vereinbaren[347]. Dabei kam es dem Gesetzgeber nicht auf einzelne bestimmte Eingliederungsmaßnahmen an, denn sonst hätte er sie auch im einzelnen benennen können[348]. Sinn und Zweck der offenen Gestaltung des Instruments der Zuschüsse zu Sozialplanmaßnahmen ist nach der Gesetzesbegründung die Schaffung eines möglichst großen Gestaltungsspielraums für die Betriebsparteien[349]. Aufgrund dessen wurde in den §§ 254 ff. SGB III auch kein Maßnahmekatalog integriert[350]. Durch den Gesetzeswortlaut erfolgt lediglich eine Eingrenzung der förderungsfähigen Maßnahmen durch die Bestimmung des § 255 Abs.1 und Abs.2 SGB III. Darin werden, wie später näher zu erörtern ist, speziellere Förderungsvoraussetzungen aufgestellt.

Zu beachten ist allerdings, dass die Vereinbarung von Eingliederungsmaßnahmen in einem Sozialplan dann nicht möglich ist, wenn die Maßnahmen zu einer unmittelbaren oder mittelbaren Beeinträchtigung der Betriebsänderung führen, die auf einer freien Unternehmerentscheidung beruht. Dies kann insbesondere dann der Fall sein, wenn die beschäftigungswirksamen Maßnahmen vor der Beendigung des Arbeitsverhältnisses beim Arbeitgeber durchgeführt werden und es deswegen zum Beispiel zu einer faktisch früheren Betriebsstilllegung kommt (weil die Arbeitnehmer nicht mehr arbeiten, sondern sich qualifizieren lassen), als in der Betriebsänderung geplant war. Unproblematisch sind in dieser Hinsicht aber immer Eingliederungsmaßnahmen, die nach Beendigung des Arbeitsverhältnisses stattfinden oder solche, die auch wenn sie vor der Beendigung aufgenommen werden, keinen Einfluss auf den Ablauf der Betriebsänderung haben.[351]

b) Art der förderungsfähigen Eingliederungsmaßnahmen

Unklar ist bisher, welche Art von Maßnahmen durch die §§ 254 ff. SGB III gefördert werden können. § 254 SGB III selber nennt keine Einschränkung der Eingliederungsmaßnah-

---

[345] Roeder, in: Niesel, SGB III, § 254 Rn.8; Heither, Sozialplan und Sozialrecht, S.92; Rolfs, AR-Blattei SD, Rn.285.

[346] Stindt, Zuschüsse zu Sozialplänen, S.119 (127).

[347] Siehe Gesetzesbegründung zum AFRG-Entwurf zu § 252 SGB III a.F., BT-Dr. 13/4941, S.197.

[348] Gagel, FS Dieterich, S.169 (175), der mutmaßt, dass das Fehlen von detaillierten Regelungen eine Folge gewollten Steuerung der Gestaltung durch den Präsidenten des Landesarbeitsamtes ist.

[349] Vgl. Begründung zum AFRG-Entwurf der CDU/CSU-Fraktion zu § 253 SGB III a.F., BT-Dr. 13/4941, S.198; Strobel, Die sozialrechtliche Flankierung des Transfer-Sozialplans, S.95 (101); Rolfs, AR-Blattei SD, Rn.285, der davon spricht, dass der „Phantasie und Eigeninitiative der Betriebspartner" keine Grenzen gesetzt werden sollten.

[350] Schwalb, NZA 1998, 412 (413).

[351] Siehe hierzu: Heither, Sozialplan und Sozialrecht, S.114 ff.

men hinsichtlich ihrer Art, sondern erkennt ein breites Spektrum an bezuschussungsfähigen Maßnahmen an[352].

aa) Beschäftigungswirksame Maßnahmen außerhalb des SGB III

Eine Auffassung beschränkt die Förderungsfähigkeit auf einige bestimmte beschäftigungsfördernde Maßnahmen[353]. Danach sollen Eingliederungsmaßnahmen, die nur ein Abbild der in § 3 Abs.4 SGB III aufgelisteten Maßnahmen der aktiven Arbeitsförderung darstellen, nicht ausreichen, um eine Förderungswürdigkeit nach §§ 254 ff. SGB III herbeizuführen[354]. Als Grund für diese Einschränkung der förderungsfähigen Maßnahmen wird angeführt, dass ansonsten die Zuschüsse zu Sozialplanmaßnahmen ausschließlich die Erschließung einer neuen Finanzierungsmethode der bereits im SGB III vorgesehenen Instrumente darstellen würden[355]. Dies sei aber nicht Sinn und Zweck der Einführung eines neuen Instruments im Arbeitsförderungsrecht gewesen. Nach dieser Ansicht soll das Instrument der Zuschüsse zu Sozialplanmaßnahmen den Instrumentenkatalog des SGB III erweitern und nicht lediglich neue „Finanzierungsquellen"[356] eröffnen. Als Argument für eine solche Sichtweise wurde der Wortlaut des § 254 SGB III a.F. angeführt: „...wenn anstelle dieser Maßnahmen für diese Arbeitnehmer voraussichtlich andere Leistungen der aktiven Arbeitsförderung zu erbringen wären"[357]. Dabei wurde insbesondere auf den Begriff der „andere (n) Leistung der aktiven Arbeitsförderung" abgestellt. Dadurch sollte hervorgehoben werden, dass der Gesetzgeber nur die Maßnahmen in Sozialplänen bezuschussen wollte, die eine gleichwertige oder bessere beschäftigungswirksame Wirkung hervorbringen[358]. Zwar sei eine Orientierung an § 3 SGB III bei der Entwicklung der Maßnahmen möglich, eine Förderung sei jedoch nur dann zu erwarten, wenn die Eingliederungsmaßnahmen durch die Vereinbarung im Sozialplan eine „Optimierung" erfahren hätten[359].

bb) Eingliederungsmaßnahmen als Substitution des § 3 Abs.4 SGB III

Im Gegensatz dazu steht die von einer anderen Ansicht vertretene Beschränkung der förderungsfähigen Eingliederungsmaßnahmen[360]. Statt wie die erste Auffassung nur Maßnahmen fördern zu wollen, die über den Katalog des § 3 Abs.4 SGB III hinausgehen und eine innovative Idee enthalten, liegt nach dieser Ansicht die Betonung auf der vom Gesetzgeber gewollten Kostenersparnis durch die Reform des Arbeitsförderungsrechts[361]. So sollen nur solche beschäftigungswirksamen Maßnahmen nach den §§ 254 ff. SGB III gefördert wer-

---

[352] Strobel, Die sozialrechtliche Flankierung des Transfer-Sozialplans, S.95 (102).
[353] Stindt, Zuschüsse zu Sozialplänen, S.119 (127).
[354] Stindt, Zuschüsse zu Sozialplänen, S.119 (127).
[355] Stindt, Zuschüsse zu Sozialplänen, S.119 (127).
[356] So wörtlich: Stindt, Zuschüsse zu Sozialplänen, S.119 (127).
[357] So der Wortlaut des § 254, letzter Halbsatz SGB III, in der Fassung bis zum 31.12.2001.
[358] Stindt, Zuschüsse zu Sozialplänen, S.119 (127), der eine Optimierung vor allem dadurch für möglich hält, dass der Arbeitgeber im Gegensatz zur Arbeitsverwaltung weitreichende Kenntnisse über Fähigkeiten und Aufbaumöglichkeiten der Arbeitnehmer hat.
[359] So wörtlich: Stindt, Zuschüsse zu Sozialplänen, S.119 (127).
[360] Meyer, NZA 1998, 403 ff., 513 ff. (517); Bepler, in: Gagel, SGB III, § 254 Rn.4.
[361] So scheinbar auch Hoffmann, Die Förderung von Transfer-Sozialplänen, S.12 f.

den, die ohnehin nach Maßgabe des § 3 Abs.4 SGB III hätten gefördert werden müssen[362]. Dazu gehören nach dieser Auffassung gemäß § 3 Abs.1 SGB III Leistungen an einzelne Arbeitnehmer, wie zum Beispiel Trainingsmaßnahmen, Leistungen gemäß § 3 Abs.2 SGB III an Arbeitgeber, wie zum Beispiel Eingliederungszuschüsse an den aufnehmenden Unternehmer oder nach § 3 Abs.3 SGB III Leistungen an Träger, wie zum Beispiel inner- oder außerbetriebliche Weiterbildungsaktionen[363]. Maßnahmen, die im Arbeitsförderungsrecht des SGB III nicht vorgesehen seien, könnten nicht nach den §§ 254 ff. SGB III gefördert werden. Sinn und Zweck der §§ 254 ff. SGB III läge ausschließlich in einer neuen Koordination von Eingliederungsmaßnahmen. Die Arbeitsverwaltung solle Einsparungen bei der Finanzierung von beschäftigungsfördernden Maßnahmen des SGB III dadurch erreichen, dass die in Sozialplänen vereinbarten inhaltsgleichen Eingliederungsmaßnahmen zum Teil durch die Arbeitgeber finanziert werden. Nach dieser Auffassung können nur solche Sozialplanmaßnahmen nach §§ 254 ff. SGB III gefördert werden, deren Finanzierung ansonsten die Arbeitsverwaltung nach Maßgabe des § 3 SGB III hätte übernehmen müssen[364].

cc) Keine Beschränkung bezüglich der Art von Eingliederungsmaßnahmen

Die Gegenauffassung zu den einschränkenden Interpretationsansätzen vertritt mit dem Wortlaut des § 254 SGB III die Ansicht, dass die Förderungsfähigkeit der Eingliederungsmaßnahmen nicht nach Art der Maßnahmen beschränkt ist[365]. Tatbestandsvoraussetzung sei lediglich die Eignung der Maßnahme zur Eingliederung in den ersten Arbeitsmarkt[366]. Die Eignung der Maßnahme zur Eingliederung ist wiederum ein unbestimmter Rechtsbegriff, welcher der Auslegung zugänglich ist und der vollen gerichtlichen Kontrolle unterliegt[367]. Nach dieser Auffassung enthält § 254 SGB III keine weiteren Vorgaben hinsichtlich der Eingliederungsmaßnahmen, so dass ein großer Gestaltungsspielraum bei der Vereinbarung der Maßnahmen besteht und auch solche Maßnahmen im Sozialplan beschlossen werden können, die über den Katalog des SGB III hinausgehen[368]. Es kommt nach dieser Auffas-

---

[362] Bepler, in: Gagel, SGB III, § 254 Rn.4; Meyer, NZA 1998, 513 (517); Löwisch, RdA 1997, 287, der annimmt, dass die Zuschüsse andere Leistungen der aktiven Arbeitsförderung substituieren und deshalb nur die in § 3 Abs.4 SGB III angedachten Leistungen als Eingliederungsmaßnahmen in Betracht kommen; so wohl auch. Heither, Sozialplan und Sozialrecht, S.92.

[363] Meyer, NZA 1998, 403 ff., 513 ff. (517).

[364] Bepler, in: Gagel, SGB III, § 254 Rn.4; Heither, Sozialplan und Sozialrecht, S.92.

[365] Rolfs, NZA 1998, 20; Däubler, in: Däuber/Kittner/Klebe, BetrVG, §§ 112, 112a Rn.59; Theuerkauf, in: Hennig, SGB III, § 254 Rn.4; Roeder, in: Niesel, SGB III, § 254 Rn.8; Henkes/Baur/Kopp/Polduwe, Hdb. SGB III, S.498, wonach die Maßnahmen nur nach Art und Umfang den Leistungen der aktiven Arbeitsförderung annähernd entsprechen müssen.

[366] Petzold, in: Hauck/Noftz, § 254 Rn.9; so auch: Hase/Neumann-Cosel/Rupp, S.87.

[367] Petzold, in: Hauck/Noftz, § 254 Rn.9, der aus der Wortwahl des Gesetzgeber bei § 254 SGB III folgert, dass bei den Sozialplanmaßnahmen strengere Anforderungen an die Eignung der Maßnahmen zur Eingliederung zu stellen sind, als in § 48 Abs.1 Satz 1 Nr.1 SGB III hinsichtlich der Trainingsmaßnahmen, denn im Gegensatz zu § 48 Abs.1 Satz 1 Nr.1 SGB III ist die Eignung der Sozialplanmaßnahmen nicht nur „objektiv" zu ermitteln, sondern „subjektiv" auf den einzelnen Arbeitnehmer bezogen festzustellen.

[368] Petzold, in: Hauck/Noftz, SGB III, § 254 Rn.9.

sung ersichtlich nicht darauf an, ob im SGB III vergleichbare Maßnahmen enthalten sind oder nicht[369]. Danach sind zwar insbesondere auch die in § 3 SGB III genannten Maßnahmen förderungsfähig, wie die im Runderlass der Bundesanstalt für Arbeit aufgezählten Maßnahmen zur Feststellung der Leistungsfähigkeit, der Arbeitsmarktchancen und des Qualifikationsbedarfs der Arbeitnehmer entsprechend den Inhalten von Trainingsmaßnahmen und Maßnahmen des Betriebes oder einer außerbetrieblichen Einrichtung, um eine bereits begonnene Berufsausbildung erfolgreich abzuschließen[370]. Der von der Bundesanstalt für Arbeit verwendete Begriff „insbesondere" zeigt, dass sie die von ihr im Runderlass getätigte Aufzählung nicht für abschließend hält, sondern auch andere nicht aufgezählte Maßnahmen gefördert werden können. Nicht förderungsfähig sollen lediglich solche Beschäftigungsmaßnahmen sein, die ausschließlich sozialen oder persönlichen Zwecken dienen, wie zum Beispiel Beihilfen zur Schuldentilgung oder Kinder- und Erziehungsbeihilfen[371]. Selbstverständlich sind im Sozialplan vereinbarte Abfindungszahlungen nach dem Ziel der §§ 254 ff. SGB III von den Zuschüssen zu Sozialplanmaßnahmen ausgeschlossen[372].

dd) Stellungnahme

Im Zuge der Einführung des Job-AQTIV-Gesetzes zum 01.01.2001 hat sich der Wortlaut des § 254 SGB III unter anderem dahingehend verkürzt, dass der letzte Halbsatz der Vorschrift, „...wenn anstelle dieser Maßnahmen für diese Arbeitnehmer voraussichtlich andere Leistungen der aktiven Arbeitsförderung zu erbringen wären", entfallen ist. Mithin ist auch das von der ersten Auffassung angeführte Wortlautargument „...andere Leistungen" hinfällig geworden. Die §§ 254 ff. SGB III geben nunmehr keinen Hinweis darauf, dass die in Sozialplänen vereinbarten Maßnahmen über die in § 3 SGB III aufgelisteten Instrumente in ihrer Beschäftigungswirkung hinausgehen müssten.

Aber auch wenn eine Gesetzesänderung nicht erfolgt wäre, hätte eine Auslegung des Gesetzeswortlautes dahingehend, dass „andere Leistungen" ausschließlich solche seien, die über die Auflistung des § 3 SGB III hinausgehen, nicht dem Willen des Gesetzgebers entsprochen. Sinn und Zweck der Einführung des neuen Instruments der Zuschüsse zu Sozialplänen sollte nicht ausschließlich die „Erfindung" neuer Maßnahmen sein. Vielmehr kam es dem Gesetzgeber darauf an, bereits im Arbeitsförderungsrecht erprobte Maßnahmen in einer neuen Konstellation durchzuführen. So soll die Zusammenarbeit von drei Seiten, also Arbeitgeber, Arbeitnehmervertretung und Arbeitsverwaltung, die Eingliederungschancen für die vom Personalabbau betroffenen Arbeitnehmer erhöhen. Wenn dazu auch bereits in § 3 SGB III aufgelistete Maßnahmen einen Betrag leisten können, ist das positiv zu bewerten. Dem Gesetzgeber kam es vielmehr darauf an, eine neue Vorgehensweise beim Personalabbau durch Betriebsänderung in das Arbeitsförderungsrecht zu integrieren, um dadurch Abfindungssozialpläne in beschäftigungswirksame Sozialpläne umzufunktionieren.

---

[369] Theuerkauf, in: Hennig, SGB III, § 254 Rn.4.
[370] BA-Runderlass zu den §§ 254 ff. SGB III vom 26.02.2002, § 254, 254.1.
[371] Theuerkauf, in: Hennig, SGB III, § 254 Rn.4.
[372] So explizit: BA-Runderlass zu den §§ 254 ff. SGB III vom 26.02.2002, § 254, 254.1.

Ebenso abzulehnen ist die zweite Auffassung, die eine Förderung von Sozialplanmaßnahmen nach den §§ 254 ff. SGB III nur dann für möglich hält, wenn die vereinbarten Eingliederungsmaßnahmen ohnehin nach Maßgabe des § 3 SGB III hätten gefördert werden müssen[373]. Zum einen werden die Eingliederungsmaßnahmen in den §§ 254 ff. SGB III nicht auf im SGB III implementierte Maßnahmen beschränkt. Der Wortlaut des § 254 SGB III spricht nicht von „Maßnahmen dieses Gesetzes", sondern allgemein von „Maßnahmen zur Eingliederung". Der Gesetzeswortlaut lässt nirgendwo eine Einschränkung der Maßnahmen auf solche, die der § 3 SGB III vorsieht, erkennen. Vielmehr ist davon auszugehen, dass der Gesetzgeber immer die arbeitsmarktlich zweckmäßigsten Maßnahmen verwirklichen will. Wenn die Betriebspartner aufgrund ihres spezifischen Wissens über die Branche und deren Anforderungen andere Eingliederungsmaßnahmen als die in § 3 SGB III aufgelisteten im Sozialplan vereinbaren, kann dies unter Umständen sehr viel sinnvoller sein, als die bloße Umsetzung der im SGB III vorgegebenen Beschäftigungsmaßnahmen. Das Argument der Kostenersparnis trifft zwar auf den Gesamthintergrund der Arbeitsförderungsrechtsreform zu, nicht aber auf die Regelung der §§ 254 ff. SGB III. Der Gesetzgeber wollte mit der Implementation des Instruments der Zuschüsse zu Sozialplanmaßnahmen kostenneutral eine neue Möglichkeit schaffen, arbeitsförderungsrechtliche Instrumente zu kombinieren[374]. Natürlich ist es positiv zu bewerten, wenn die Arbeitsverwaltung dadurch in einigen Fällen Kosten für eigene Beschäftigungsmaßnahmen einspart, wenn der Zuschuss zu den Sozialplanmaßnahmen niedriger ist, als eine alternative alleinige Förderung durch die Arbeitsverwaltung. Diese Fälle werden aber in der Praxis eher die Ausnahme bilden, denn in vielen Unternehmen würden ohne die Zuschüsse zu den Sozialplänen nach §§ 254 ff. SGB III aufgrund einer finanziellen Notlage des Arbeitgebers gar keine Sozialpläne zustande kommen. Deshalb ist auch nicht einzusehen, warum eine Förderung nur der durch das SGB III ohnehin vorgesehenen Maßnahmen erfolgen sollte. Wenn die Betriebspartner neue Ideen für zweckmäßige beschäftigungsfördernde Maßnahmen haben, dann sollen auch diese Sozialplanmaßnahmen, im Gegensatz zur zweiten Ansicht, eine Förderung nach §§ 254 ff. SGB III erhalten können. So sieht auch die Bundesanstalt für Arbeit in ihrem Runderlass zu den §§ 254 ff. SGB III vor, dass zwar insbesondere die aufgezählten, also die Maßnahmen des § 3 SGB III, gefördert werden können, jedoch ebenso auch darüber hinausgehende Eingliederungsmaßnahmen bei der Bezuschussung zu berücksichtigen sind[375].

Mit der letzten Auffassung sind die förderungsfähigen Eingliederungsmaßnahmen demnach weder nach Umfang oder Dauer, noch nach der Art der Eingliederungsmaßnahme bestimmt. So ermöglicht der Gesetzgeber den beteiligten Parteien eine große Flexibilität bei der Ausgestaltung von förderungswürdigen beschäftigungswirksamen Sozialplänen.

c) Beispiele für förderungsfähige Eingliederungsmaßnahmen

Unter anderem werden von der Bundesanstalt für Arbeit in ihrem Runderlass zu den §§ 254 ff. SGB III folgende Eingliederungsmaßnahmen als förderungsfähig vorgeschlagen. Zu den angesprochenen Eingliederungsmaßnahmen gehören zum einen Maßnahmen zur

---

[373] Siehe Ansicht von Bepler, in: Gagel, SGB III – Kommentar, § 254 Rn.4.
[374] Vgl. BT-Dr. 13/4941, S.149 (197 f.).
[375] BA-Runderlass zu den §§ 254 ff. SGB III vom 26.02.2002, § 254, 254.1.

Feststellung der Leistungsfähigkeit, der Arbeitsmarktchancen und des Qualifikationsbedarfs der Arbeitnehmer entsprechend den Inhalten der Trainingsmaßnahmen, sowie Maßnahmen des Betriebes oder einer außerbetrieblichen Einrichtung, um eine bereits begonnene Berufsausbildung erfolgreich abzuschließen. Ebenso schlägt die BA den Betriebspartnern vor, in den Sozialplänen neben Maßnahmen der beruflichen Weiterbildung auch Maßnahmen zur Förderung der Aufnahme einer Beschäftigung, wie Mobilitätshilfen nach dem Vorbild der §§ 53 und 54 SGB III, Einstellungszuschüsse für befristete und unbefristete Arbeitsverhältnisse bei anderen Arbeitgebern und die zeitlich begrenzte Tätigkeit bei einem anderen Arbeitgeber, zu vereinbaren[376]. Ebenso sollen nach dem Erlass der Bundesanstalt für Arbeit Maßnahmen zur Vorbereitung der Gründung und Begleitung einer selbständigen Existenz als Teil eines beschäftigungswirksamen Sozialplans förderungsfähig sein[377].

Der Vermittlungsvorrang ist vom zuständigen Landesarbeitsamt bei der Entscheidung über eine Förderung nach §§ 254 ff. SGB III gemäß § 4 SGB III immer noch zu beachten[378]. Jedoch erfordert diese Voraussetzung im Gegensatz zum früheren § 254 SGB III a.F. keine Einzelfallprüfung jedes betroffenen Arbeitnehmers mehr, sondern es reicht eine Begutachtung der teilnehmenden Arbeitnehmern nach Personengruppen unter Angabe von Alter, Geschlecht, Berufsausbildung und letzter beruflicher Tätigkeit.[379]

II. Spezielle Voraussetzungen der Förderung nach §§ 254 ff. SGB III

Wann eine in einem Sozialplan vereinbarte beschäftigungswirksame Eingliederungsmaßnahme durch die Arbeitsverwaltung nach §§ 254 ff. SGB III förderungsfähig ist, bestimmt sich im weiteren durch die in § 255 SGB III bestimmten Voraussetzungen[380]. Dabei regelt § 255 Abs.1 SGB III die positiven Voraussetzungen, also die Mindestanforderungen[381], einer Förderung der Sozialplanmaßnahmen durch die Arbeitsverwaltung[382].

§ 255 Abs.2 SGB III listet dagegen die Gründe für einen Ausschluss einer Bezuschussung von Eingliederungsmaßnahmen auf und stellt somit die negativen Voraussetzungen einer Förderung nach §§ 254 ff. SGB III dar[383]. Absatz 3 wiederum erweitert die Anwendung des Förderungsinstruments auch auf sozialplanähnliche Vereinbarungen, wobei noch

---

[376] BA-Runderlass zu den §§ 254 ff. SGB III v. 26.02.2002, § 254, 254.1.
[377] BA-Runderlass zu den §§ 254 ff. SGB III v. 26.02.2002, § 254, 254.1.
[378] Zu § 4 SGB III siehe Eichenhofer, in: Wannagat, SGB III, § 4 SGB III Rn.1 f.
[379] BA-Runderlass zu den §§ 254 ff. SGB III vom 26.02.2002, Verfahren A, (5).
[380] Siehe auch: Stevens-Bartol, in: Frankfurter Kommentar zum SGB III, § 255 Rn.1; Theuerkauf, in: Hennig, SGB III, SGB III § 255 Rn.1; Bepler, in: Gagel, SGB III, § 255 Rn.1.
[381] Petzold, in: Hauck/Noftz, SGB III, K § 255 Rn.2.
[382] Theuerkauf, in: Hennig, SGB III, SGB III § 255 Rn.1 und Rn.2 ff., mit dem Hinweis, dass gerade offene Förderungen wie die Zuschüsse zu Sozialplanmaßnahmen und die dadurch notwendigen pauschalen Beurteilungen, für die BA ein Risiko darstellen, dass durch die Mindestvoraussetzungen ein Korrektiv bekommt; so auch: Bepler, in: Gagel, SGB III, § 255 Rn.1, mit Verweis auf BT-Dr.13/4941, S.198.
[383] Feckler, in: GK-SGB III, § 255 Rn.1a; Theuerkauf, in: Hennig, SGB III, SGB III § 255 Rn.1 und Rn.8 ff., wonach die Negativkriterien auch der einfacheren Umsetzung des Instruments in der Praxis dienen sollen, indem die dort genannten Ausschlusstatbestände immer den gesamten Maßnahmenkatalog des Sozialplans betreffen; Bepler, in: Gagel, SGB III, § 255 Rn.1.

zu klären sein wird, was unter diesen „sozialplanähnlichen Vereinbarungen" zu verstehen ist[384].

1. Förderungsvoraussetzungen nach § 255 Abs.1 SGB III

In § 255 Abs.1 SGB III werden die positiven Voraussetzungen für eine Förderungsfähigkeit der Eingliederungsmaßnahmen in Sozialplänen aufgezählt. In Nr.1 bis Nr.6 listet der Gesetzgeber die einzelnen Bedingungen auf, die eine beschäftigungswirksame Maßnahme erfüllen muss, um durch die Arbeitsverwaltung nach §§ 254 ff. SGB III gefördert zu werden.

a) Nr.1 – Drohende Arbeitslosigkeit der zu fördernden Arbeitnehmer

Nach § 255 Abs.1 Nr.1 SGB III ist die Maßnahme förderungsfähig, wenn die an den beschäftigungswirksamen Maßnahmen teilnehmenden Arbeitnehmer infolge einer geplanten Betriebsänderung von Arbeitslosigkeit bedroht sind[385].

aa) Drohende Arbeitslosigkeit

Von Arbeitslosigkeit bedroht sind Arbeitnehmer nach der Legaldefinition des § 17 SGB III, wenn sie versicherungspflichtig beschäftigt sind, demnächst mit einer Beendigung der Beschäftigung rechnen müssen und voraussichtlich nach Beendigung der Beschäftigung arbeitslos werden[386]. Wann eine versicherungspflichtige Beschäftigung vorliegt, bestimmt sich nach den §§ 24–26 SGB III, insbesondere nach § 25 Abs.1 und Abs.2 SGB III[387]. Als Grund für die ausschließliche Berücksichtigung von versicherungspflichtig Beschäftigten wird unter anderem angeführt, dass für die nicht versicherungspflichtig Beschäftigten auch ansonsten keine anderen Leistungen der aktiven Arbeitsförderung zu erbringen wären[388].

---

[384] Siehe unter Teil 1, § 3, B. III.

[385] Feckler, in: GK-SGB III, § 255 Rn.2, der darauf hinweist, dass die meisten Instrumente der aktiven Arbeitsmarktförderung nur erbracht werden, wenn die teilnehmenden Arbeitnehmer von Arbeitslosigkeit bedroht sind; Roeder, in: Niesel, SGB III, § 255 Rn.3; Stevens-Bartol, in: Frankfurter Kommentar zum SGB III, § 255 Rn.2; Petzold, in: Hauck/Noftz, SGB III, K § 255 Rn.4; Theuerkauf, in: Hennig, SGB III § 255 Rn.2; Bepler, in: Gagel, SGB III, § 255 Rn.3; Hoffmann, Die Förderung von Transfer-Sozialplänen, S.24 ff.

[386] Niesel, in: Niesel, SGB III, § 17 Rn.1 ff.; Bepler, in: Gagel, SGB III, § 255 Rn.5; Feckler, in: GK-SGB III, § 255 Rn.2; Petzold, in: Hauck/Noftz, SGB III, K § 255 Rn.8; Henkes/Baur/Kopp/Polduwe, Hdb. SGB III, S.495; Theuerkauf, in: Hennig, SGB III, § 255 Rn.2, mit dem Hinweis, dass die Voraussetzung einer drohenden Arbeitslosigkeit dem Grundgedanken der aktiven Arbeitsförderung entspricht und somit auch bei vielen anderen Instrumenten des SGB III Voraussetzung einer Förderung ist.

[387] Vgl. dazu Brand, in: Niesel, SGB III, § 25 Rn.1 ff.; siehe auch Heither, Sozialplan und Sozialrecht, S.95.

[388] Roeder, in: Niesel, SGB III, § 255 Rn.3; Bepler, in: Gagel, SGB III, § 255 Rn.5, mit dem Hinweis, dass auch geringfügig Beschäftigte keine versicherungspflichtig Beschäftigten sind (§ 7 IV SGB IV) und somit nicht durch Sozialplanzuschüsse gefördert werden können.

(1) Unmittelbarkeit der Bedrohung

Eine Unmittelbarkeit der Bedrohung durch Arbeitslosigkeit setzt der Gesetzgeber bei dem Instrument der Zuschüsse zu Sozialplanmaßnahmen nicht voraus[389]. Deshalb ist es im Gegensatz zum ursprünglichen Arbeitsförderungsgesetz (AFG) auch nicht erforderlich, dass der Arbeitgeber eine Kündigung bereits ausgesprochen hat, ein Aufhebungsvertrag geschlossen worden ist oder die Eröffnung des Insolvenzverfahrens beantragt wurde[390]. Jedoch ist ein Kausalzusammenhang zwischen der geplanten Betriebsänderung und der drohenden Arbeitslosigkeit festzustellen[391]. Die bloße Möglichkeit des Eintritts von Arbeitslosigkeit ist nach dem Wortlaut des § 255 Abs.1 Nr.1 SGB III nicht ausreichend[392].

Nach dem Runderlass der Bundesanstalt für Arbeit zu den §§ 254 ff. SGB III, ist es für die Feststellung einer drohenden Arbeitslosigkeit ausreichend, wenn der Arbeitgeber dem Arbeitnehmer mitgeteilt hat, dass letzterer wegen der bevorstehenden Betriebsänderung mit einer Kündigung rechnen muss[393]. Dabei kommt es nicht darauf an, ob die angekündigte Kündigung als solche wirksam wäre[394]. An einer Bedrohung fehlt es allerdings dann, wenn die Kündigung offensichtlich unwirksam ist und dem Arbeitnehmer ein Anspruch auf Weiterbeschäftigung zusteht[395]. Nicht ausreichend ist ebenso die latente Gefahr einer späteren Arbeitslosigkeit aufgrund einer schwierigen Arbeitsmarktlage[396]. Voraussetzung ist die

---

[389] Feckler, in: GK-SGB III, § 255 Rn.2; Henkes/Baur/Kopp/Polduwe, Hdb. SGB III, S.495, mit dem Hinweis darauf, dass auf eine Unmittelbarkeit verzichtet wurde, um den Landesarbeitsämtern einen größeren Entscheidungsspielraum über die zu fördernden Arbeitnehmer zu geben.

[390] Henkes/Baur/Kopp/Polduwe, Hdb. SGB III, S.495, dies wurde früher gemäß § 42a Abs.1 Satz 2 AFG für die Unmittelbarkeit einer drohenden Arbeitslosigkeit vorausgesetzt; vgl. auch Niesel, AFG – Kommentar, § 42 a Rn.9.

[391] Petzold, in: Hauck/Noftz, SGB III, K § 255 Rn.8; siehe näher zu den Voraussetzungen, wann auch die bloße Inaussichtstellung einer Kündigung ausreicht, Heither, Sozialplan und Sozialrecht, S.96 ff.

[392] Petzold, in: Hauck/Noftz, SGB III, K § 255 Rn.8.

[393] BA-Runderlass zu den §§ 254 ff. SGB III vom 26.02.2002, § 255, 255.1.1., (2); Feckler, in: GK-SGB III, § 255 Rn.8; früher sollte auch eine namentliche Nennung nach § 1 Abs.5 KSchG a.F. als zu kündigender Arbeitnehmer in einem Interessenausgleich genügen; so auch: Henkes/Baur/Kopp/Polduwe, Hdb. SGB III, S.495 und Heither, Sozialplan und Sozialrecht, S.96; Bepler, in: Gagel, SGB III, § 255 Rn.7, nach dem aber eine freiwillige Liste der Betriebspartner ein Indiz für eine bevorstehende Kündigung sein kann; Petzold, in: Hauck/Noftz, SGB III, K § 255 Rn.8, nach dem nicht notwendig ist, dass bereits eine Kündigung vorliegt.

[394] Bepler, in: Gagel, SGB III, § 255 Rn.8, mit dem Hinweis, dass weder Betriebspartner noch das Landesarbeitsamt bei der Frage der Förderungsmöglichkeit des Sozialplans die tatsächlichen und rechtlichen Fragen der Wirksamkeit der Kündigung überprüfen können.

[395] Heither, Sozialplan und Sozialrecht, S.95; Roeder, in: Niesel, SGB III, § 255 Rn.4; zum Beschäftigungspflicht bei offensichtlicher Unwirksamkeit der Kündigung vgl. BAG v. 27.2.1985 (GS 1/84), AP Nr.14 zu § 611 BGB Beschäftigungspflicht; Petzold, in: Hauck/Noftz, SGB III, K § 255 Rn.8, nach dem eine offensichtlich unwirksame Kündigung nur dann keine Bedrohung durch Arbeitslosigkeit darstellt, wenn eine wirksame Kündigung unter keinem Aspekt mehr denkbar ist; Bepler, in: Gagel, SGB III, § 255 Rn.8, der als Beispiel die Kündigung einer Schwangeren und die Kündigung eines Schwerbehinderten ohne Zustimmung der Hauptfürsorgestelle anführt; Gaul, AuA 1998, 336 (337).

[396] Feckler, in: GK-SGB III, § 255 Rn.2.

hinreichende Konkretisierung einer Bedrohung der Arbeitnehmer durch Arbeitslosigkeit[397]. Arbeitnehmer sind somit von Arbeitslosigkeit bedroht, wenn mit einiger Wahrscheinlichkeit zu erwarten ist, dass sie in nächster Zeit arbeitslos werden[398].

Ausgeschlossen soll eine Förderung der Teilnahme des Arbeitnehmers an der Maßnahme dann sein, wenn der Arbeitnehmer im selben Betrieb, Unternehmen oder Konzern eine Beschäftigung erhalten kann, die den Eintritt der Arbeitslosigkeit verhindern würde[399]. Dabei ist irrelevant, ob die neue Arbeitsstelle am gleichen oder einem anderen Arbeitsort anzutreten wäre[400]. Ebenso ist es nicht von Belang, ob dieses neue Arbeitsverhältnis befristet ist oder nicht, denn auch bei einer Befristung kann es im Einzelfall an einer alsbaldigen Beendigung der Beschäftigung (§ 17 Nr.2 SGB III) fehlen[401]. Auch ist eine Förderung durch Zuschüsse zu Sozialplanmaßnahmen für diejenigen Arbeitnehmer ausgeschlossen, die aufgrund der Betriebsänderung lediglich um- bzw. versetzt werden und bezüglich derer diese Umsetzung oder Versetzung im Interessenausgleich geregelt wird[402].

(2) Einzelfallprüfung oder typisierende Betrachtung?

Fraglich ist, ob das Erfordernis der drohenden Arbeitslosigkeit bei jedem teilnehmenden Arbeitnehmer vorliegen muss[403]. Nach einer Ansicht ist in jedem Einzelfall eine Prüfung notwendig, ob die Voraussetzung der drohenden Arbeitslosigkeit in der Person dieses

---

[397] Feckler, in: GK-SGB III, § 255 Rn.2.
[398] Bepler, in: Gagel, SGB III, § 255 Rn.6, mit Verweis auf: Urteil des BSG v. 30.3.1994 (11 RAr 95/93), DBlR § 44 AFG Nr.4138); a.A. insoweit scheinbar Gaul, AuA 1998, 336, der eine drohende Arbeitslosigkeit dann annimmt, wenn ohne Eingliederungsmaßnahmen eine betriebsbedingte Kündigungen erfolgen würde; das kann so nicht richtig sein, denn durch die Eingliederungsmaßnahmen wird die Kündigung nicht verhindert, sondern nur die Eingliederung in einen anderen Arbeitsplatz in einem anderen Betrieb erleichtert bzw. beschleunigt.
[399] So schon die Gesetzesbegründung zum AFR – Gesetz BT-Dr. 13/4941, S.198 zu § 253 SGB III a.F.; Roeder, in: Niesel, SGB III, § 255 Rn.5; BA-Runderlass zu den §§ 254 ff. SGB III vom 26.02.2002, § 255, 255.1.1., (2); so im Ergebnis auch: Feckler, in: GK-SGB III, § 255 Rn.2; Rolfs, AR-Blattei SD, Rn.289; Theuerkauf, in: Hennig, SGB III § 255 Rn.2; anderer Ansicht Gaul, AuA 1998, 336 (337), will bei einer Weiterbeschäftigungsmöglichkeit im selben Konzern danach differenzieren, ob der Arbeitsvertrag des Arbeitnehmers eine Konzernversetzungsklausel enthält oder nicht, mit der Begründung, dass ansonsten das Kündigungsschutzgesetz im Sozialversicherungsrecht eine konzernbezogene Auslegung erfahren würde; dagegen: Bepler, in: Gagel, SGB III – Kommentar, § 255 Rn.9, mit dem Hinweis, dass Gaul (a.a.O.) insoweit übersieht, dass eine Förderung von Sozialplänen verlangt, dass der Arbeitnehmer von Arbeitslosigkeit bedroht ist. Besteht aber die Möglichkeit der Vermittlung in Arbeit wie oben erläutert, dann fehlt es bereits an einer Bedrohung durch Arbeitslosigkeit; vgl. zum Problem „Weiterbeschäftigung im Konzern" Heither, Sozialplan und Sozialrecht, S.101.
[400] So der BA-Runderlass zu den §§ 254 ff. SGB III vom 26.02.2002, § 255, 255.1.1., (2).
[401] Roeder, in: Niesel, SGB III, § 255 Rn.5, nach dem es von der Dauer der Befristung im Einzelfall abhängt, ob alsbald mit der Beendigung der Beschäftigung zu rechnen ist.
[402] Henkes/Baur/Kopp/Polduwe, Hdb. SGB III, S.495.
[403] Siehe dazu auch Heither, Sozialplan und Sozialrecht, S.103 f.

potentiellen Teilnehmers vorliegt[404]. Die Gegenauffassung hält eine Einzelfallprüfung im Hinblick auf die Vereinfachung der Handhabung des Instruments für nicht notwendig und schlägt dagegen eine typisierende Betrachtung der Bedrohung durch Arbeitslosigkeit vor[405]. Der ersten Auffassung ist in Anbetracht des Wortlauts des § 254 SGB III der Vorzug zu geben. Während im ursprüngliche Wortlaut der Norm noch die Rede war, dass „für die Mehrzahl" der Arbeitnehmer ansonsten Individualleistungen der Arbeitsförderung zu erbringen gewesen wären, wurde im Lauf der Gesetzesänderung auf diesen Satzteil verzichtet. Auch wenn jetzt im Zuge des Job-AQTIV-Gesetzes der § 254 SGB III gänzlich neu gefasst worden ist, spricht die Entstehungsgeschichte der Regelung eher für eine Einzelfallprüfung des Vorliegens der Voraussetzungen. Wie Heither treffend anmerkt, darf das durchaus berechtigte Ziel einer Vereinfachung des Verwaltungsverfahrens nicht dazu führen, dass die Arbeitsverwaltung für Arbeitnehmer, die keiner Eingliederungshilfe bedürfen, ungerechtfertigter Weise zu Lasten der Versichertengemeinschaft Leistungen aufwendet[406]. Folglich hat das Landesarbeitsamt bei der Prüfung der Voraussetzung einer Bedrohung durch Arbeitslosigkeit, wie auch bei allen Voraussetzungen nach §§ 254, 255 SGB III, jeden Einzelfall heranzuziehen. Allerdings kann die Prüfung im Rahmen der Erstellung der notwendigen Prognose angesichts des dem Landesarbeitsamtes zustehenden Beurteilungsspielraums „großzügig" ausfallen.

(3) Bereits arbeitslose Maßnahmeteilnehmer

Ein Fehlen einer Bedrohung durch Arbeitslosigkeit ist den Fällen teilnehmender Arbeitnehmer unschädlich, die bereits durch die Betriebsänderung ihren Arbeitsplatz verloren haben. Dabei kommt es darauf an, dass sich der Verlust des Arbeitsplatzes bei diesen Arbeitnehmern als eine Verwirklichung der Risiken der Betriebsänderung darstellt[407]. So kann auch die Teilnahme an einer Sozialplanmaßnahme von Arbeitnehmern, denen bereits gekündigt wurde, die einen Aufhebungsvertrag unterzeichnet haben oder die infolge der Betriebsänderung selbst ihren Arbeitsplatz gekündigt haben, durch die Arbeitsverwaltung gefördert werden[408]. Für die Beurteilung, ob die Eigenkündigung des Arbeitnehmers tatsächlich von der Betriebsänderung beeinflusst worden ist, kann es nur auf den Zeitpunkt der Kündigung ankommen, so dass entscheidend ist, ob der Arbeitnehmer beim Ausspruch der Kündigung bereits von der geplanten Betriebsänderung wusste und in diesem Zusam-

---

[404] Petzold, in: Hauck/Noftz, SGB III, K § 255 Rn.8, der darauf hinweist, dass die drohende Arbeitslosigkeit in jedem konkreten Einzelfall zu prüfen ist; Feckler, in: GK-SGB III, § 255 Rn.8; Henkes/Baur/Kopp/Polduwe, Hdb. SGB III, S.495.

[405] Theuerkauf, in: Hennig, SGB III, § 254 Rn.5.

[406] Heither, Sozialplan und Sozialrecht, S.103f.

[407] Henkes/Baur/Kopp/Polduwe, Hdb. SGB III, S.495.

[408] Feckler, in: GK-SGB III, § 255 Rn.8; Henkes/Baur/Kopp/Polduwe, Hdb. SGB III, S.495, mit dem Hinweis, dass Arbeitnehmer mit Eigenkündigung ohne Verstoß gegen den § 75 BetrVG vom Arbeitgeber aus dem Sozialplan herausgenommen werden können, siehe auch BAG NZA 1996, 1113 ff. im Anschluss an BAG v. 30.11.1994 (10 AZR 578/93), AP Nr.89 zu § 112 BetrVG.

menhang damit rechnen durfte, vom Personalabbau im Zuge der Betriebsänderung betroffen zu werden[409].

(4) Zumutbarkeit angebotener Beschäftigungsmöglichkeiten
Fraglich ist, welcher Zumutbarkeitsmaßstab bei der Frage, welche Beschäftigungsmöglichkeit des Arbeitnehmers die Bedrohung durch Arbeitslosigkeit ausschließt, anzuwenden ist[410].
Nach einer Ansicht ist insoweit auf den Zumutbarkeitsmaßstab des § 121 SGB III abzustellen[411]. Der von der Betriebsänderung betroffene Arbeitnehmer hat danach gemäß § 2 Abs.3 Nr.3 SGB III jede zumutbare Beschäftigung anzunehmen. Nach Löwisch besteht kein Grund, warum Arbeitnehmer, die noch einen Arbeitsplatz haben, aber durch die Betriebsänderung bedroht sind, anders behandelt werden sollten als Arbeitnehmer, die gerade arbeitslos geworden sind. Dieser Auffassung nach eröffnen die §§ 254 ff. SGB III den betroffenen Arbeitnehmern nicht die Möglichkeit, sich zwischen einer Eingliederungsmaßnahme und einer möglichen, zumutbaren Beschäftigung zu entscheiden[412].

Die Gegenauffassung hält § 121 SGB III hinsichtlich der Frage, welche zumutbaren anderen Arbeitsplätze eine Bedrohung durch Arbeitslosigkeit ausschließen, für nicht anwendbar[413]. Danach regelt § 121 SGB III die Pflichten der bereits arbeitslosen Arbeitnehmer und nicht die Pflichten der Arbeitnehmer, die noch in einem Beschäftigungsverhältnis stehen[414]. Die Arbeitnehmer, deren Kündigung erst bevorsteht, haben weiterhin die Möglichkeit in erster Linie eine gleichwertige Beschäftigungsmöglichkeit zu suchen. Bepler schlägt vor, dass für alle Arbeitnehmer, deren Beschäftigungsverhältnis während der Planung des Sozialplans noch fortbesteht, sich die Zumutbarkeit der Aufnahme einer anderweitigen Beschäftigung einheitlich nach dem betriebsverfassungsrechtlichen Maßstab des § 112 Abs.5 Nr.2 BetrVG richten soll[415].

Der letzten Auffassung ist der Vorzug zu geben. Statt des strengeren sozialrechtlichen Begriffs der Zumutbarkeit nach § 121 SGB III ist der arbeitsrechtliche Zumutbarkeitsbegriff des § 112 Abs.5 Nr.2 BetrVG anzuwenden, nach dem es auf die Gleichwertigkeit der Arbeitsbedingungen der Beschäftigungen ankommt. Zum einen spricht der Wortlaut des § 121 SGB III selbst für seine Nichtanwendung in diesen Fällen, weil er sich explizit nur an Arbeitslose wendet[416]. Zum anderen bedienen sich die §§ 254 ff. SGB III vieler arbeitsrechtlicher Begrifflichkeiten, so dass eine Anwendung des arbeitsrechtlichen Zumutbar-

---

[409] Henkes/Baur/Kopp/Polduwe, Hdb. SGB III, S.495; BAG v. 17.04.1996 (10 AZR 560/95), ArbuR 1996, 408.
[410] Zu dieser Fragestellung siehe auch Heither, Sozialplan und Sozialrecht, S.99f.; Hoffmann, Die Förderung von Transfer-Sozialplänen, S.27 ff.
[411] Löwisch, RdA 1997, 287 (289); Roeder, in: Niesel, SGB III, § 255 Rn.6.
[412] Löwisch, RdA 1997, 287 (289).
[413] Bepler, in: Gagel, SGB III, § 255 Rn.10.
[414] Bepler, in: Gagel, SGB III, § 255 Rn.10.
[415] Heither, Sozialplan und Sozialrecht, S.100; Bepler, in: Gagel, SGB III, § 255 Rn.10; auch Hoffmann, Die Förderung von Transfer-Sozialplänen, S.28 f.
[416] So auch Heiter, Sozialplan und Sozialrecht, S.100.

keitsmaßstabs keine Ausnahme wäre[417]. Die Eingliederungsmaßnahmen ersetzen nur die Abfindungen und sind somit grundsätzlich im Hinblick auf § 112 Abs.5 Nr.2 BetrVG nicht anders zu behandeln als diese. Hat also nach § 112 Abs.5 Nr.2 BetrVG ein Arbeitnehmer grundsätzlich einen Anspruch auf Abfindung, so muss ihm auch die Teilnahme an Sozialplanmaßnahmen freistehen. Diese Voraussetzung ist im Grunde genommen nur eine weitere Ausformung des aus § 4 Abs.2 SGB III folgenden Grundsatzes des Vorranges der Vermittlung in Arbeit[418]. Statt des sozialrechtlichen Zumutbarkeitsbegriff des § 121 SGB III ist im Rahmen des § 255 Abs.1 Nr.1 SGB III mithin der arbeitsrechtliche Zumutbarkeitsbegriff des § 112 Abs.5 Nr.2 BetrVG anzuwenden.

(5) Zwischenergebnis

Nicht von Arbeitslosigkeit bedroht sind die Arbeitnehmer somit vor allem in zwei Fällen: nämlich zum einen, wenn die betroffenen Arbeitnehmer in einem anderen Betrieb desselben Unternehmens weiterbeschäftigt werden können oder wenn sie ohne weiteres auf dem ersten Arbeitsmarkt zu vermitteln sind[419]. Jedenfalls folgt aus dem Erfordernis drohender Arbeitslosigkeit gemäß § 255 Abs.1 Nr.1 SGB III, dass der Sozialplan als solcher praktisch eine namentliche Benennung aller Arbeitnehmer beinhalten muss, die an einer Eingliederungsmaßnahme teilnehmen sollen[420].

bb) Folge einer geplanten Betriebsänderung

Im weiteren lehnt sich der Gesetzgeber bei seiner Wortwahl des § 255 Abs.1 Nr.1 SGB III an den Begriff der Betriebsänderung in § 111 BetrVG an[421]. Aufgrund des Nichtvorhandenseins eines spezifisch sozialrechtlichen Begriffs einer Betriebsänderung ist hier der arbeits-

---

[417] Siehe oben 1.Teil § 3, B. I. 1.
[418] So auch Roeder, in: Niesel, SGB III, § 255 Rn.6, der für den Maßstab einer zumutbaren neuen Arbeitsstelle die Zumutbarkeitskriterien des § 121 SGB III verwenden will; dabei sollen nach Roeder Vermittlungen in befristete Arbeitsverhältnisse, die als solches nicht zu einer dauerhaften Eingliederung in den Arbeitsmarkt führen, nur im Einzelfall abhängig von ihrer Dauer, die drohenden Arbeitslosigkeit ausschließen.
[419] Däubler, in: Däubler/Kittner/Klebe, BetrVG, §§ 112, 112a Rn.162; Bepler, in: Gagel, SGB III, § 255 Rn.11, mit dem Zusatz, dass eine Bedrohung durch Arbeitslosigkeit auch dann nicht vorliegt, wenn der Arbeitnehmer beabsichtigt eine eigene Existenz zu gründen und dazu ohne externe Unterstützung in der Lage ist.
[420] Fitting/Kaiser/Heither/Engels/Schmidt, BetrVG, §§ 112, 112a Rn.136.
[421] BA-Runderlass zu den §§ 254 ff. SGB III vom 26.02.2002, § 255, 255.1.1., (1); Heither, Sozialplan und Sozialrecht, S.106 f.; Roeder, in: Niesel, SGB III, § 255 Rn.3; Feckler, in: GK-SGB III, § 255 Rn.2; Stevens-Bartol, in: Frankfurter Kommentar zum SGB III, § 255 Rn.2; Bepler, in: Gagel, SGB III, § 255 Rn.4; Henkes/Baur/Kopp/Polduwe, Hdb. SGB III, S.494; Löwisch, RdA 1997, 287 (288), will explizit ausschließlich die in § 111 Satz 3 BetrVG aufgelisteten Fälle als Betriebsänderung im Sinne des § 255 Abs.1 Nr.1 SGB III gelten lassen; a.A. Gaul, AuA 1998, 336, nach dem nicht nur solche Formen der Betriebsänderung von § 255 Abs.1 Nr.1 SGB III erfasst sieht, die in § 111 Satz 3 BetrVG legal definiert sind, sondern auch diejenigen, die von der Auffangregel des § 111 Satz 1 BetrVG erfasst werden.

rechtliche Begriff ausschlaggebend[422]. Nach § 255 Abs.1 Nr.1 SGB III muss die drohende Arbeitslosigkeit eine Folge der geplanten Betriebsänderung sein[423]. Wichtig ist deshalb festzustellen, welche Betriebsänderungen der Gesetzgeber in § 255 Abs.1 Nr.1 SGB III erfasst sehen wollte.

Nach der Bundesanstalt für Arbeit soll der Begriff der Betriebsänderung in § 255 Abs.1 Nr.1 SGB III ebenso verstanden werden, wie im Betriebsverfassungsgesetz[424]. In Anlehnung an die Begriffsdefinition des § 111 Satz 3 BetrVG sollen Betriebsänderungen danach sowohl die Einschränkung, Stilllegung oder Verlegung des ganzen Betriebs oder von wesentlichen Betriebsteilen sein, als auch der Zusammenschluss mit anderen Betrieben oder die Spaltung von Betrieben[425]. Auch grundlegende Änderungen der Betriebsorganisation, des Betriebszwecks oder Betriebsanlagen können nach § 111 Satz 3 BetrVG eine Betriebsänderung darstellen. Ebenso ist die Einführung grundlegend neuer Arbeitsmethoden oder Fertigungsverfahren gemäß § 111 Satz 3 BetrVG eine Betriebsänderung. Selbst ein bloßer Personalabbau kann unter den Voraussetzungen des § 112 a Abs.1 BetrVG als Betriebsänderung gelten[426]. Dazu müssen in Betrieben bis 59 Arbeitnehmern, mindestens 6 Arbeitnehmer oder 20 vom Hundert, in Betrieben von 60 bis 249 Arbeitnehmern, mindestens 37 Arbeitnehmer oder 20 vom Hundert, in Betrieben von 250 bis 499 Arbeitnehmern, mindestens 60 Arbeitnehmer oder 15 von Hundert und in Betrieben ab 500 Arbeitnehmern, mindestens 60 Arbeitnehmer oder 10 von Hundert entlassen werden.[427]

§ 255 Abs.1 Nr.1 SGB III verlangt hingegen nicht, dass der für die Erzwingbarkeit des Sozialplans nach § 112 a BetrVG erforderliche Umfang des Personalabbaus erreicht wird[428].

Wie Stevens-Bartol richtig erkennt, sieht § 255 Abs.1 Nr.1 SGB III keine Beschränkung der Befugnis der Landesarbeitsämter zur Gewährung von Sozialplanzuschüssen

---

[422] Siehe dazu auch Heither, Sozialplan und Sozialrecht, S.106 f.

[423] Bepler, in: Gagel, SGB III, § 255 Rn.4; Feckler, in: GK-SGB III, § 255 Rn.8, nachdem die geplante Betriebsänderung ursächlich für die drohende Arbeitslosigkeit sein muss; ebenso: Henkes/Baur/Kopp/Polduwe, Hdb. SGB III, S.495; Hoffmann, Die Förderung von Transfer-Sozialplänen, S.30 ff.; Rolfs, AR-Blattei SD, Rn.288.

[424] BA-Runderlass zu den §§ 254 ff. SGB III vom 26.02.2002, § 255, 255.1.1., (1); Roeder, in: Niesel, SGB III, § 255 Rn.3, führt hinsichtlich einer Betriebsänderung, die lediglich in einem bloßen Personalabbau besteht, eine andere Begründung an; nach ihm kann aus der Ausdehnung der Förderungsfähigkeit auf sozialplanähnliche Vereinbarungen geschlossen werden, dass auch der reine Personalabbau, der nicht die Zahlen des § 17 Abs.1 KSchG erreicht, als Betriebsänderung iSd. § 255 Abs.1 Nr.1 SGB III zu verstehen ist; Henkes/Baur/Kopp/Polduwe, Hdb. SGB III, S.495, wonach auch eine geringfügige Unterschreitung der Zahlen des § 17 KSchG ausreicht, um einen bloßen Personalabbau als Betriebsänderung anzuerkennen, unter Hinweis auf ein Urteil des BAG vom 07.08.1990 (1 AZR 445/89), DB 1991, 760, in dem das BAG aber im weiteren feststellt, dass im Regelfall keine Betriebsänderung beim Unterschreiten der Zahlen des § 17 KSchG anzunehmen ist und nur in Ausnahmefällen die wirtschaftlich oder sonstige besondere Bedeutung der Entlassungen in die Prüfung des Vorliegens einer Betriebsänderung mit einzubeziehen sind.

[425] Zu den einzelnen Betriebsänderungen iSd. § 111 Satz 3 BetrVG vgl. Verch, Personalabbau und Betriebsverfassung, S.66 ff.

[426] Siehe dazu auch: Verch, Personalabbau und Betriebsverfassung, S.71 ff.

[427] BA-Runderlass zu den §§ 254 ff. SGB III vom 26.02.2002, § 255, 255.1.1., (1).

[428] Henkes/Baur/Kopp/Polduwe, Hdb. SGB III, S.495; Feckler, in: GK-SGB III, § 255 Rn.2.

lediglich bei einzelnen Arten von Betriebsänderungen vor[429]. Soweit sich aus dem Runderlass der Bundesanstalt zu den Zuschüssen zu Sozialplänen nicht ergibt, dass alle in § 111 Satz 1 BetrVG inhaltlich nicht näher umschriebenen Situationen Betriebsänderungen im Sinne des § 255 Abs.1 Nr.1 SGB III darstellen, so ist dass lediglich auf die verkürzte Darstellung des Runderlasses zurückzuführen[430]. Grundsätzlich ist jede Betriebsänderung im Sinne des § 111 BetrVG geeignet, eine Bedrohung durch Arbeitslosigkeit im Sinne des § 255 Abs.1 Nr.1 SGB III herbeizuführen[431]. Nicht ausreichend für die Annahme einer Betriebsänderung ist dagegen ein Betriebsübergang als solcher[432].

Auch für die Aufstellung von Sozialplänen außerhalb des Anwendungsbereichs des Betriebsverfassungsgesetz und sozialplanähnlichen Vereinbarungen, die nach § 255 Abs.3 SGB III ebenfalls durch Zuschüsse der Arbeitsverwaltung gefördert werden können, ist § 111 BetrVG als Maßstab für das Vorliegen einer Betriebsänderung heranzuziehen[433].

b) Nr.2 – Versuch eines Interessenausgleichs

Gemäß § 255 Abs.1 Nr.2 SGB III ist eine Eingliederungsmaßnahme nur dann förderungsfähig, wenn über die erforderliche Betriebsänderung ein Interessenausgleich nach § 112 BetrVG zumindest versucht worden ist[434]. Um eine Förderung durch die Arbeitsverwaltung zu erhalten, ist es dagegen nicht notwendig, dass ein Interessenausgleich zwischen Betriebsrat und Arbeitgeber erfolgreich zustande kommt[435].

aa) Sinn und Zweck des Versuchs

Sinn und Zweck des Versuchs eines Interessenausgleichs soll eine Annäherung der Interessen von Arbeitgeber und Betriebsrat sein, um das Entstehen von Nachteilen für die Arbeitnehmer entweder gänzlich zu vermeiden oder diese zumindest zu verringern[436]. Dabei soll

---

[429] Stevens-Bartol, in: Frankfurter Kommentar zum SGB III, § 255 Rn.2.
[430] Vgl. BA-Runderlass zu den §§ 254 ff. SGB III vom 26.02.2002, § 255, 255.1.1., (1).
[431] So im Ergebnis auch Heither, Sozialplan und Sozialrecht, S.106f.
[432] Feckler, in: GK-SGB III, § 255 Rn.2; Roeder, in: Niesel, SGB III, § 255 Rn.3.
[433] Annuß, in: Richardi, BetrVG, § 112 Rn.119; a.A. insoweit Gaul, AuA 1998, 336, nach dem für die Aufstellung von „Sozialplänen" in Kirchen oder Religionsgemeinschaften gemäß § 118 Abs.2 BetrVG eine Betriebsänderung im Sinne des § 111 BetrVG nicht erforderlich ist.
[434] Näher dazu: BA-Runderlass zu den §§ 254 ff. SGB III, vom 26.02.2002, § 255, 255.1.2.; Feckler, in: GK-SGB III, § 255 Rn.8; Stevens-Bartol, in: Frankfurter Kommentar zum SGB III, § 255 Rn.3; Gaul, AuA 1998, 336 (337); Henkes/Baur/Kopp/Polduwe, Hdb. SGB III, S. 496; Theuerkauf, in: Hennig, SGB III § 255 Rn.3; Bepler, in: Gagel, SGB III, § 255 Rn.12; Rolfs, AR-Blattei SD, Rn.290.
[435] Theuerkauf, in: Hennig, SGB III § 255 Rn.3; Bepler, in: Gagel, SGB III, § 255 Rn.13, mit dem Hinweis, dass der Interessenausgleich nicht gegen den Willen des Arbeitgebers durchgesetzt werden und mithin nur Versuch eines Interessenausgleichs verlangt werden kann. Allerdings muss dieser Versuch eines Interessenausgleichs jederzeit gegenüber dem Landesarbeitsamt jederzeit nachzuweisen sein.
[436] Roeder, in: Niesel, SGB III, § 255 Rn.7; Verch, Personalabbau und Betriebsverfassung, S.175 ff.; BA-Runderlass zu den §§ 254 ff. SGB III, vom 26.02.2002, § 255, 255.1.2.; Henkes/Baur/Kopp/Polduwe, Hdb. SGB III, S. 496, wo von einer ernsthaften Verständigung zwischen Betriebsrat

der Interessenausgleich keine nachhaltige Beeinträchtigung der wirtschaftlichen Belange des Unternehmers darstellen[437]. Im Interessenausgleich kann das Unterbleiben der Betriebsänderung überhaupt geregelt werden, oder wenn das nicht mehr möglich ist und eine Betriebsänderung erforderlich geworden ist, eine Veränderung der ursprünglichen Planung der Betriebsänderung in zeitlicher, quantitativer oder qualitativer Hinsicht erfolgen[438].

In der Praxis scheint die Herbeiführung eines Interessenausgleichs keineswegs selbstverständlich zu sein[439]. Vielmehr neigen Betriebsräte dazu, bei ausreichender finanzieller Ausstattung durch den Unternehmer, einen raschen Sozialplan mit Abfindungen zugunsten der Arbeitnehmer auszuhandeln, statt sich in „quälende" Verhandlungen über einen Interessenausgleich zu begeben[440]. Genau diese Verhaltensweise der Betriebspartner soll aber durch die Einführung des Instruments der Sozialplanzuschüsse im SGB III verhindert werden. Die Arbeitnehmervertretung soll „der Verlockung eines schnellen Sozialplanabschlusses" widerstehen und gemäß § 255 Abs.1 Nr.2 SGB III immer erst einen Interessenausgleich versuchen[441].

Das Erfordernis des Versuchs eines Interessenausgleichs gemäß § 255 Abs.1 Nr.2 SGB III ist eine Ausformung der vorrangigen Verantwortung von Arbeitgeber und Arbeitnehmer für die Erhaltung von Arbeitsplätzen[442]. Insoweit stellt § 255 Abs.1 Nr.2 SGB III nur eine Konkretisierung des § 2 SGB III dar, in dem die Verantwortung der Arbeitgeber und Arbeitnehmer für den Erhalt von Beschäftigungsmöglichkeiten niedergelegt ist. Deswegen ist die Vorschrift des § 255 Abs.1 Nr.2 SGB III immer vor dem Hintergrund des § 2 Abs.1 Satz 2 Nr.2 SGB III auszulegen[443]. Danach soll zunächst die innerbetriebliche Möglichkeit ausgeschöpft werden, die Betriebsänderung so zu gestalten, dass möglichst wenige Arbeitsplätze durch sie verloren gehen[444]. Erst wenn alle zur Verfügung stehenden Möglichkeiten einer innerbetrieblichen Einigung zur Vermeidung von Personalabbau versucht worden und gescheitert sind, soll die Arbeitslosenversicherung, und damit die Allgemein-

---

und Arbeitgeber über das Ob, Wann und Wie der Betriebsänderung als Interessenausgleich ausgegangen wird; Hoffmann, Die Förderung von Transfer-Sozialplänen, S.35f.; allgemein zum Interessenausgleich siehe Löwisch, RdA 1989, S.216 ff.; zur Definition eines Interessenausgleichs und zur Unterscheidung von Sozialplan und Interessenausgleich siehe auch 1.Teil § 3 I 1.b).

[437] BA-Runderlass zu den §§ 254 ff. SGB III, vom 26.02.2002, § 255, 255.1.2.
[438] Verch, Personalabbau und Betriebsverfassung, S.174 f.
[439] So Stevens-Bartol, in: Frankfurter Kommentar zum SGB III, § 255 Rn.3.
[440] Stevens-Bartol, in: Frankfurter Kommentar zum SGB III, § 255 Rn.3.
[441] Stevens-Bartol, in: Frankfurter Kommentar zum SGB III, § 255 Rn.3, der auch auf die Notwendigkeit der Heranziehung der Arbeitsverwaltung bereits zu den Beratungen über einen Interessenausgleich hinweist, was auch in § 112 Abs.2 Satz 2 BetrVG vorgesehen ist.
[442] Roeder, in: Niesel, SGB III, § 255 Rn.7; Bepler, in: Gagel, SGB III, § 255 Rn.12; Henkes/Baur/Kopp/Polduwe, Hdb. SGB III, S. 496, mit dem Hinweis auf die Gesetzesbegründung zu § 253 SGB III a.F. (BT-Dr. 13/4941) in der ebenfalls von einer „vorrangigen Verantwortung" der Arbeitgeber und Arbeitnehmer gesprochen wird.
[443] Annuß, in: Richardi, BetrVG, § 112 Rn.120; Däubler, in: Däubler/Kittner/Klebe, BetrVG, §§ 112, 112a Rn.163.
[444] Feckler, in: GK-SGB III, § 255 Rn.8, der darauf hinweist, dass nicht das Gelingen des Interessenausgleichs sondern sein Versuch im Vordergrund steht; Roeder, in: Niesel, SGB III, § 255 Rn.7; Bepler, in: Gagel, SGB III, § 255 Rn.12, der als Beispiele für eine innerbetriebliche Regelung den Versuch der Einführung von Kurzarbeit oder Prüfung von Arbeitszeitmodellen anführt.

heit, mit ihren Leistungen in Anspruch genommen werden"⁴⁴⁵. Die Pflicht aus § 2 Abs.1 Satz 2 Nr.2 SGB III trifft grundsätzlich alle Arbeitgeber, so dass es für die Frage, in welchen Betrieben zuerst ein Interessenausgleich versucht werden muss, nicht darauf ankommt, ob im Hinblick auf diese Betriebe eine betriebsverfassungsrechtliche Verhandlungspflicht besteht⁴⁴⁶.

Nach dem Erlass der Bundesanstalt für Arbeit zu den §§ 254 ff. SGB III ist es nicht erforderlich, dass der Interessenausgleich in einer gesonderten Urkunde niedergelegt und als solcher ausdrücklich bezeichnet wird⁴⁴⁷. Die Bundesanstalt für Arbeit weist zwar darauf hin, dass es vielfach üblich ist, den Interessenausgleich und den Sozialplan in einer gemeinsamen Urkunde niederzulegen, es soll aber auf die Bezeichnung des Interessenausgleichs nicht ankommen⁴⁴⁸. Allerdings muss der Versuch eines Interessenausgleichs durch die Betriebsparteien nachweisbar sein. Ohne einen solchen Nachweis des Versuchs eines Interessenausgleichs kann eine Förderung von Eingliederungsmaßnahmen durch die Arbeitsverwaltung nach den §§ 254 ff. SGB III nicht erfolgen⁴⁴⁹.

Auch wenn die Förderung von beschäftigungswirksamen Maßnahmen angestrebt wird, die nach § 255 Abs.3 SGB III in einer sozialplanähnlichen Vereinbarung aufgenommen wurden, so ist nachzuweisen, dass der Versuch unternommen wurde, in einer innerbetrieblichen Absprache die infolge der Betriebsänderung auftretenden Nachteile für die Arbeitnehmer abzumildern⁴⁵⁰. Zwar heißt der Versuch der Abmilderung der Nachteile bei diesen sozialplanähnlichen Vereinbarungen nicht Interessenausgleich, jedoch haben die Betriebspartner auch hinsichtlich dieser Vereinbarungen ihrer Verantwortung aus § 2 SGB III gerecht zu werden⁴⁵¹. Deshalb ist ebenfalls insofern der Versuch einer innerbetrieblichen Einigung über die Abmilderung der Nachteile nachzuweisen.

bb) Förderung von Eingliederungsmaßnahmen in einem Interessenausgleich?

Fraglich erscheint, ob nicht auch Eingliederungsmaßnahmen, die durch Arbeitgeber und Betriebsrat einvernehmlich in einem Interessenausgleich vereinbart worden sind, durch Zuschüsse zu Sozialplanmaßnahmen gemäß §§ 254 ff. SGB III gefördert werden können⁴⁵². Die Bundesanstalt für Arbeit weist in ihrem zu den §§ 254 ff. SGB III ergangenen Runderlass nochmals ausdrücklich darauf hin, dass Eingliederungsmaßnahmen, die in einem Interessenausgleich der Betriebspartner vereinbart worden sind, nicht durch Zuschüsse zu Sozialplanmaßnahmen gefördert werden können⁴⁵³. Anderer Ansicht ist insoweit Heither, nach dem es keinen Sinn macht, bei einer Bezuschussung von Eingliederungsmaßnahmen

---

[445] Feckler, in: GK-SGB III, § 255 Rn.8.
[446] Däubler, in: Däubler/Kittner/Klebe, BetrVG, §§ 112, 112a Rn.163, womit dann auch Tendenzunternehmen, Kirchen, der öffentliche Dienst und Kleinbetriebe zunächst über einen Versuch der Vermeidung oder Abschwächung der Betriebsänderung verhandeln müssen.
[447] BA-Runderlass zu den §§ 254 ff. SGB III, vom 26.02.2002, § 255, 255.1.2.
[448] BA-Runderlass zu den §§ 254 ff. SGB III, vom 26.02.2002, § 255, 255.1.2.
[449] Roeder, in: Niesel, SGB III, § 255 Rn.7.
[450] Roeder, in: Niesel, SGB III, § 255 Rn.7.
[451] Gagel, FS Dieterich, S.169 (173 f.).
[452] Siehe zu dieser Problematik auch Heither, Sozialplan und Sozialrecht, S.120.
[453] BA-Runderlass zu den §§ 254 ff. SGB III, vom 26.02.2002, § 255, 255.1.2.

danach zu unterscheiden, ob diese in einem Interessenausgleich oder einem Sozialplan vereinbart wurden⁴⁵⁴. Als Beispiel führt er den Fall an, dass beschäftigungswirksame Maßnahmen vor der Betriebsänderung anberaumt werden und die Betriebsänderung gerade durch diese vorherige Anberaumung tangiert wird. In diesen Fällen können die Eingliederungsmaßnahmen nicht als Teil des Sozialplanes, der nur die Folgen der Betriebsänderung regeln darf, sondern ausschließlich in einem Interessenausgleich vereinbart werden. Aber auch die in solchen Fallkonstellationen in einem Interessenausgleich vereinbarten Eingliederungsmaßnahmen sind nach Ansicht Heithers genauso förderungswürdig, wie die in Sozialplänen integrierten Beschäftigungsmaßnahmen⁴⁵⁵. Nach ihm kommt folglich auch die Förderung eines Interessenausgleichs nach §§ 254 ff. SGB III in Betracht.

Dem ist nicht zuzustimmen. Der Wortlaut der §§ 254 ff. SGB III sieht eindeutig ausschließlich die Bezuschussung von Sozialplänen und nicht die von Interessenausgleichen vor. Zwar mag in beiden Fällen eine vergleichbare Interessenlage vorliegen, eine Analogie der §§ 254 ff. SGB III zur Förderung von Interessenausgleichen scheitert jedoch bereits am Fehlen einer unbewussten Regelungslücke. Der Gesetzgeber wollte offensichtlich, wie schon der Name des Instruments „Zuschüsse zu Sozialplanmaßnahmen" zeigt, lediglich eine Förderung von Sozialplänen bewirken. Eine Förderung von Eingliederungsmaßnahmen in Interessenausgleichen, so wünschenswert sie in einigen Fällen auch sein mag, kommt nach §§ 254 ff. SGB III nicht in Betracht.

cc) Begriff des Versuchs eines Interessenausgleichs

Wann ein Versuch eines Interessenausgleiches vorliegt, ist gesetzlich nicht definiert. Der Begriff des Versuchs eines Interessenausgleichs wird auch im Betriebsverfassungsrecht diskutiert⁴⁵⁶. So darf ein Arbeitgeber keine mit Entlassungen verbundene Betriebsänderung durchführen, wenn er nicht zuvor mit dem Betriebsrat einen Interessenausgleich versucht hat⁴⁵⁷. Wie beim Begriff des Sozialplans, ist auch beim Interessenausgleich auf den arbeitsrechtlichen Begriff abzustellen, was sich bereits aus der Bezugnahme des § 255 Abs.1 Nr.2 SGB III auf die Norm des § 112 BetrVG ergibt⁴⁵⁸.

Die Voraussetzung des Versuchs eines Interessenausgleichs gemäß § 255 Abs.1 Nr.2 SGB III sind nach dem Wegfall der Definition in § 113 Abs.3 BetrVG a.F. durch das Korrektur-Gesetz seit dem 01.01.1999⁴⁵⁹ nach dem Zweck der §§ 254 ff. SGB III zu bestim-

---

⁴⁵⁴ Heither, Sozialplan und Sozialrecht, S.120.
⁴⁵⁵ Heither, Sozialplan und Sozialrecht, S.120.
⁴⁵⁶ Bepler, in: Gagel, SGB III, § 255 Rn.14.
⁴⁵⁷ Bepler, in: Gagel, SGB III, § 255 Rn.14, mit dem Hinweis darauf, dass eine Verletzung dieses Verbotes weitreichende Folgen nach sich zieht, z.B. dass von der verbotswidrig durchgeführten Betriebsänderung betroffenen Arbeitnehmern ein Anspruch auf Nachteilsausgleich nach § 113 BetrVG zusteht, eine weitergehende Ansicht geht sogar davon aus, dass die Entlassungen im Wege einer einstweiligen Verfügung verhindert werden können, siehe zu diesem Streitstand Zöllner/Loritz, Arbeitsrecht, § 46 III 6.
⁴⁵⁸ Heither, Sozialplan und Sozialrecht, S.107 f.
⁴⁵⁹ Korrektur-Gesetz vom 19.12.1998, BGBl. I S.3843; siehe auch: Bepler, in: Gagel, SGB III, § 255 Rn.15; Düwell, FS Dieterich, S.101 (114 f.); Löwisch, BB 1999, 102 (106).

men⁴⁶⁰. § 255 Abs.1 Nr.2 SGB III ist aber spätestens dann erfüllt, wenn die Einigungsstelle das Scheitern der Verhandlungen über einen Interessenausgleich festgestellt hat⁴⁶¹. Soweit die Voraussetzungen des Scheiterns des Versuchs eines Interessenausgleichs nicht erfüllt sind, und gleichwohl ein Sozialplan abgeschlossen wird, ist dieser nicht förderungsfähig⁴⁶².

Jedenfalls ist festzuhalten, dass ein erfolgreicher Versuch eines Interessenausgleichs eine Förderung des nachfolgenden Sozialplans durch Zuschüsse zu Eingliederungsmaßnahmen nicht ausschließt⁴⁶³. Sozialpläne, die trotz eines erfolgreichen Interessenausgleichs zustande kommen, sind ebenfalls förderungsfähig. Insoweit ist der Wortlaut des § 255 Abs.1 Nr.2 SGB III dahingehend auszulegen, dass zwar der Versuch eines Interessenausgleichs sicherstellen soll, dass alle innerbetrieblichen Möglichkeiten zur Erhaltung der Arbeitsplätze genutzt worden sind, wenn aber tatsächlich sogar ein Interessenausgleich über die Betriebsänderung zustande kommt, dies über das Ziel des § 255 Abs.1 Nr.2 SGB III sogar hinausgeht⁴⁶⁴. Ein Ausschluss der Förderungsmöglichkeit nach den §§ 254 ff. SGB III im Fall eines „versuchten" und beendeten Interessenausgleichs wäre widersprüchlich zum Ziel des Instruments der Sozialplanzuschüsse⁴⁶⁵. Dabei darf der erfolgreiche Interessenausgleich sogar auch selber Eingliederungs- oder Qualifizierungsmaßnahmen für die betroffenen Arbeitnehmer beinhalten⁴⁶⁶. Diese sind dann zwar nicht durch Zuschüsse zu Sozialplanmaßnahmen nach §§ 254 ff. SGB III zu fördern⁴⁶⁷, schließen aber nicht aus, dass weitere Eingliederungsmaßnahmen, die im Rahmen des Sozialplans vereinbart wurden, durch die Arbeitsverwaltung gefördert werden können⁴⁶⁸.

c) Nr.3 – Vereinbarung eines Sozialplans

Nach § 255 Abs.1 Nr.3 SGB III sind Eingliederungsmaßnahmen nur dann förderungsfähig, wenn für die an den beschäftigungswirksamen Maßnahmen teilnehmenden Arbeitnehmer

---

⁴⁶⁰ Annuß, in: Richardi, BetrVG, § 112 Rn.120; dazu auch: Rolfs, AR-Blattei SD, Rn.291.
⁴⁶¹ So Bepler, in: Gagel, SGB III, § 255 Rn.15, der in Rn.16 bezweifelt, dass es im Rahmen der Feststellung der Förderungsfähigkeit von Sozialplänen insoweit zu Problemen kommen wird, da zumeist entweder ein schriftlicher Abschluss eines Interessenausgleichs vorliegen wird oder die Betriebspartner eine übereinstimmende Feststellung der Nichteinigung abgegeben haben werden. Eine Verpflichtung des Landesarbeitsamtes zur Überprüfung des Versuchs soll jedoch auch in diesen Fällen nicht entfallen.
⁴⁶² Rolfs, AR-Blattei SD, Rn.292.
⁴⁶³ Heither, Sozialplan und Sozialrecht, S.107 f., der insoweit einen Erst-Recht-Schluss annimmt; Henkes/Baur/Kopp/Polduwe, Hdb. SGB III, S. 497; Hoffmann, Die Förderung von Transfer-Sozialplänen, S.40.
⁴⁶⁴ Henkes/Baur/Kopp/Polduwe, Hdb. SGB III, S. 497.
⁴⁶⁵ So auch: Henkes/Baur/Kopp/Polduwe, Hdb. SGB III, S. 497.
⁴⁶⁶ Henkes/Baur/Kopp/Polduwe, Hdb. SGB III, S. 497, wonach diese im Rahmen eines Interessenausgleiches vereinbarten Eingliederungsmaßnahmen durch andere Leistungen der aktiven Arbeitsförderung bezuschusst werden können.
⁴⁶⁷ Henkes/Baur/Kopp/Polduwe, Hdb. SGB III, S. 497, mit dem Hinweis auf den eindeutigen Wortlaut des § 255 Abs.1 Nr.4 SGB III und den Regelungszweck des Instrumentes.
⁴⁶⁸ Henkes/Baur/Kopp/Polduwe, Hdb. SGB III, S. 497.

ein Sozialplan mit dem Betriebsrat vereinbart worden ist[469]. Das bedeutet mit anderen Worten, dass nur für diejenigen Arbeitnehmer des Betriebes Zuschüsse zu Eingliederungsmaßnahmen gewährt werden können, die vom Geltungsbereich eines Sozialplans erfasst werden[470].

aa) Verschiedene Arten von Sozialplänen

Fraglich erscheint, welche Arten von Sozialplänen eine Förderung durch Zuschüsse zu Sozialplanmaßnahmen gemäß §§ 254 ff. SGB III erhalten können.

(1) Sozialpläne nach den §§ 112 ff. BetrVG

Eine isolierte Betrachtung des Wortlauts des § 255 Abs.1 Nr.3 SGB III wirft eine Vielzahl von Fragen auf, die sich aus den Besonderheiten der betriebsverfassungsrechtlichen Regelung der Aufstellung von Sozialplänen nach §§ 112 ff. BetrVG ergeben. So gibt § 255 Abs.1 Nr.3 SGB III keine Antwort darauf, ob eine Förderung unmöglich ist, wenn im Betrieb gar kein Betriebsrat besteht, weil der Betrieb entweder gar nicht betriebsratsfähig ist oder kein Betriebsrat gewählt wurde. Ebenso ungeklärt ist nach § 255 Abs.1 Nr.3 SGB III die Frage, was passiert, wenn zwar in einem Kleinbetrieb ein Betriebsrat besteht, aber die nach § 111 Abs.1 Satz 1 BetrVG geforderte Belegschaftsstärke von 20 Arbeitnehmern nicht erreicht wird. Auch ist zu fragen, ob in neueren Betrieben, die noch keine vier Jahre bestehen und in denen deswegen nach § 112 a Abs.2 BetrVG kein Sozialplan erzwungen werden kann, förderungsfähige Sozialpläne vereinbart werden können. Die aus diesen unterschiedlichen Sozialplänen folgenden verschiedenen Rechtsfolgen haben ihren Ursprung in den Regelungen der innerbetrieblichen Mitbestimmung[471]. Aus betriebsverfassungsrechtlicher Sicht ist die unterschiedliche Behandlung hinsichtlich des Abschlusses von Sozialplänen in den §§ 111, 112, 112a BetrVG im Hinblick auf die jeweilige gesetzgeberische Zielsetzung gerechtfertigt. Im gleichen Zuge jedoch die Förderung von Eingliederungsmaßnahmen an dieselben Bedingungen knüpfen zu wollen, wie die Abschlussmöglichkeit von Sozialplänen im Betriebsverfassungsgesetz, ist nicht nachvollziehbar[472]. Wie Stevens-Bartol erkennt, lässt sich deshalb nicht zwingend auch eine unterschiedliche Behandlung von in der gesetzlichen Arbeitslosenversicherung versicherten Arbeitnehmern im Falle des Verlust ihres Arbeitsplatzes rechtfertigen[473]. Alle Arbeitnehmer, egal ob sie in einem Betrieb mit Betriebsrat oder ohne Betriebsrat beschäftigt sind, haben grundsätzlich den gleichen Anspruch gegen die Arbeitsverwaltung auf Unterstützung im Fall einer Bedrohung

---

[469] Siehe dazu insbesondere: Stevens-Bartol, in: Frankfurter Kommentar zum SGB III, § 255 Rn.4; Theuerkauf, in: Hennig, SGB III, § 255 Rn.4, der darauf hinweist, dass § 255 Abs.1 Nr.3 SGB III im Grunde nur den Grundsatz aus § 254 SGB III wiederholt und noch mal klarstellt, dass der zu fördernde Sozialplan tatsächlich abgeschlossen worden sein muss.

[470] Stevens-Bartol, in: Frankfurter Kommentar zum SGB III, § 255 Rn.4; Theuerkauf, in: Hennig, SGB III, § 255 Rn.4, nach dem mit anderen Worten, die zu fördernden Maßnahmen auf jeden Fall Gegenstand dieses Sozialplans sein müssen.

[471] Stevens-Bartol, in: Frankfurter Kommentar zum SGB III, § 255 Rn.4.

[472] Stevens-Bartol, in: Frankfurter Kommentar zum SGB III, § 255 Rn.4.

[473] Stevens-Bartol, in: Frankfurter Kommentar zum SGB III, § 255 Rn.4.

durch Arbeitslosigkeit. Unter Umständen verstößt § 255 Abs.1 Nr.3 SGB III bei isolierter Betrachtungsweise gegen den Gleichheitsgrundsatz aus Art.3 Abs.1 GG[474].
Mit dem 1.SGB III–ÄndG hat der Gesetzgeber den § 255 Abs.3 SGB III in das SGB III eingefügt, so dass nun auch Sozialpläne außerhalb des Anwendungsbereiches des Betriebsverfassungsgesetzes und sozialplanähnliche Vereinbarungen, von der Förderung gemäß §§ 254 ff. SGB III erfasst werden können[475]. Ein Verstoß des Instruments der Zuschüsse zu Sozialplanmaßnahmen gegen das Gleichheitsgebot aus Art. 3 Abs.1 GG kann mithin unter Berücksichtigung des § 255 Abs.3 SGB III bei der Beurteilung der Förderungsfähigkeit von Sozialplänen vermieden werden[476].

Eine andere Auffassung hält diese Diskussion für überflüssig und erweitert den Anwendungsbereich des § 255 Abs.1 Nr.3 SGB III um ein vielfaches. So sollen nicht nur Sozialpläne auf Grundlage der §§ 111, 112 BetrVG Sozialpläne im Sinne des § 255 Abs.1 Nr.3 SGB III sein, sondern auch freiwillige Sozialpläne, die auf der Grundlage des § 88 BetrVG geschlossen worden sind, sollen in den Anwendungsbereich dieser Norm fallen[477]. Ebenso sollen auch Unternehmen, die nach § 112a Abs.2 BetrVG in den ersten vier Bestehensjahren nicht sozialplanpflichtig sind, freiwillige förderungsfähige Sozialpläne nach § 255 Abs.1 Nr.2 SGB III beschließen können[478].

Die zweite Ansicht übersieht, dass bei ihrer Auslegung des § 255 Abs.1 Nr.3 SGB III eine Einfügung des § 255 Abs.3 SGB III als Erweiterung des Anwendungsbereichs der Sozialplanförderung gemäß §§ 254 ff. SGB III nicht notwendig gewesen wäre. Wenn die oben angesprochenen Zweifelsfälle bereits als Sozialpläne iSd. § 255 Abs.1 Nr.3 SGB III angesehen worden wären, dann hätte der Gesetzgeber das Instrument der Sozialplanzuschüsse nicht um den § 255 Abs.3 SGB III ergänzt. Damit sind Sozialpläne iSd. § 255 Abs.1 Nr.3 SGB III nur diejenigen, die nach den Vorschriften der §§ 111, 112 BetrVG zustande kommen. Für alle übrigen Sozialpläne und sozialplanähnliche Vereinbarungen kann sich im weiteren nur eine Förderung aus § 255 Abs.3 SGB III iVm. §§ 254 ff. SGB III ergeben.

(2) Vereinbarte und erzwungene Sozialpläne

§ 255 Abs.1 Nr.3 SGB III unterscheidet nicht nach den verschiedenen Möglichkeiten des Zustandekommens des Sozialplans[479]. Sowohl der frei vereinbarte, als auch der nach § 112a BetrVG erzwingbare Sozialplan und der aufgrund eines Spruchs der Einigungsstelle zu-

---

[474] So jedenfalls: Stevens-Bartol, in: Frankfurter Kommentar zum SGB III, § 255 Rn.4.
[475] 1.SGB III – ÄndG vom 19.12.1997, BGBl. I S.2975.
[476] Mehr zu § 255 Abs.3 SGB III unter Teil 1 § 3 B. III.
[477] Henkes/Baur/Kopp/Polduwe, Hdb. SGB III, S. 498, wonach dazu insbesondere die Kleinbetriebe dazu gehören, für welche die Vorschriften über Interessenausgleich und Sozialplan nicht anwendbar sind.
[478] Henkes/Baur/Kopp/Polduwe, Hdb. SGB III, S. 498.
[479] So BA-Runderlass zu den §§ 254 ff. SGB III vom 26.02.2002, § 255, 255.1.3., (1).

stande gekommene Sozialplan[480] können nach dem Wortlaut beschäftigungswirksame Maßnahmen enthalten, die förderungsfähig sind[481].
Heither wirft insofern die Frage auf, ob der Wortlaut des § 255 Abs.1 Nr.3 SGB III nicht nahe legt, ausschließlich solche Sozialpläne für förderungsfähig zu erachten, die mit dem Betriebsrat vereinbart worden sind[482]. Aufgrund des Wortlauts des § 255 Abs.1 Nr.3 SGB III, der nur von vereinbarten Sozialplänen spricht und einer Gesetzesbegründung, die auf durch Spruch der Einigungsstelle zustande gekommene Sozialpläne überhaupt nicht eingeht[483], sind die Zweifel Heithers an der Einbeziehung von „nicht vereinbarten" Sozialplänen nachvollziehbar. Wie der Autor aber selber feststellt, ist spätestens mit der Einfügung des § 256 Abs.2 SGB III, der auch der Einigungsstelle ein Antragsrecht auf Vorabentscheidung gewährt, geklärt worden, dass auch eine Förderung von Sozialplänen, die durch Spruch der Einigungsstelle zustande gekommen sind, möglich ist[484].

(3) Vorsorgliche Sozialpläne

Ebenso nicht ausgeschlossen von einer Förderung nach §§ 254 ff. SGB III sind sogenannte vorsorgliche Sozialpläne[485]. Dabei ist allerdings zu beachten, dass im Fall von vorsorglichen Sozialplänen die Arbeitnehmer in der Regel noch nicht von Arbeitslosigkeit bedroht sind[486]. Es kommt allein darauf an, ob der Sozialplan, in dem die Eingliederungsmaßnah-

---

[480] Siehe dazu: Henkes/Baur/Kopp/Polduwe, Hdb. SGB III, S.497, mit dem Hinweis, dass der Spruch der Einigungsstelle nach § 112 Abs.4 Satz 2 BetrVG zwar die fehlende Einigung zwischen Arbeitgeber und Betriebsrat ersetzt, dass jedoch Verpflichtungen des Arbeitgebers zur Qualifizierung seiner Arbeitnehmer nicht Gegenstand eines Sozialplanes sein können, der durch den Spruch einer Einigungsstelle zustande kommt (mit dem Verweis auf einen Beschluss des BAG v. 17.09.1991 (1 ABR 23/91), DB 1992, 229); diese Entscheidung passt aber wie oben bereits erläutert nicht zur Situation der Sozialplanmaßnahmen, siehe unter B.III.2.a) aa), Fn.316; Fitting/Kaiser/Heither/Engels/Schmidt, BetrVG, §§ 112, 112a Rn.238, nach dem der Wortlaut § 255 Abs.1 Nr.3 SGB III nur „vereinbarte" Sozialpläne meint und nicht Sozialpläne durch Spruch der Einigungsstelle zustande kommen, der aber auch Sozialpläne durch die Einigungsstelle für förderungsfähig hält.

[481] BA-Runderlass zu den §§ 254 ff. SGB III vom 26.02.2002, § 255, 255.1.3., (1); Henkes/Baur/Kopp/Polduwe, Hdb. SGB III, S.497; Bepler, in: Gagel, SGB III, § 255 Rn.17; Gaul, AuA 1998, 336 (337); siehe dazu ausführlich: Löwisch, RdA 1997, 287 (289); Meyer, NZA 1998, 513f.; Rolfs, AR-Blattei SD, Rn.293.

[482] Heiter, Sozialplan und Sozialrecht, S.118 f.

[483] Gesetzesbegründung BT-Dr. 13/4941, S.197 f.

[484] Heither, Sozialplan und Sozialrecht, S.120.

[485] Henkes/Baur/Kopp/Polduwe, Hdb. SGB III, S. 498; zur Zulässigkeit eines vorsorglichen Sozialplans siehe BAG v. 29.11.1983 (1 AZR 523/82), DB 1984, 724; von einer Unzulässigkeit vorsorglicher Sozialpläne geht Fuchs, Der Sozialplan nach dem Betriebsverfassungsgesetz 1972, S.94 f., aus; keine Förderung von vorsorglichen Sozialplänen will Gaul, AuA 1998, 336 (337), mit der Begründung, dass bei vorsorglichen Sozialplänen noch keine Betriebsänderung vorliegt; ebenso anderer Ansicht: Meyer, NZA 1998, 513 (514) und Heither, Sozialplan und Sozialrecht, S.121 f., der darauf hinweist, dass auch keine Förderung über § 255 Abs.3 SGB III in Betracht kommt; kritisch zur Förderung vorsorglicher Sozialpläne auch: Löwisch, Arbeitsrechtliche Fragen des Transfer-Sozialplans, S.33 (38 f.).

[486] Henkes/Baur/Kopp/Polduwe, Hdb. SGB III, S. 498.

men vereinbart wurden, tatsächlich besteht[487]. Auch wenn beschäftigungswirksame Maßnahmen von Arbeitgeberseite vorgesehen sind, ist dies alleine nicht ausreichend, um eine Förderung durch die Arbeitsverwaltung zu bekommen. Gegenstand des abgeschlossenen Sozialplans müssen insbesondere die zu fördernden Sozialplanmaßnahmen sein[488].

(4) Anfechtbare Sozialpläne

Selbst ein Sozialplan, der die Grenzen des § 112 Abs.5 BetrVG überschreitet, kann durch die Arbeitsverwaltung nach den §§ 254 ff. SGB III gefördert werden. Völlig unschädlich ist ein Verstoß gegen die Anforderungen des § 112 Abs.5 BetrVG in den Fällen, in denen der Sozialplan ohne Mitwirkung der Einigungsstelle oder einvernehmlich vor der Einigungsstelle zustande gekommen ist. Auch in den Fällen des Überschreitens der Grenzen bei einem durch Spruch der Einigungsstelle zustande gekommen Sozialplans, entfällt eine Förderungsfähigkeit nur dann, wenn der Sozialplan bereits im Verfahren nach § 76 Abs.5 S.4 BetrVG erfolgreich angefochten wurde[489]. Findet eine Anfechtung nicht statt oder ist die gesetzliche Zwei-Wochen-Frist nach § 76 Abs.5 Satz 4 BetrVG nicht eingehalten worden, dann ist der durch Spruch der Einigungsstelle zustande gekommene Sozialplan wirksam und kann durch das zuständige Landesarbeitsamt nach §§ 254 ff. SGB III gefördert werden[490].

(5) Nachgeholte und rückwirkende Sozialpläne

Sozialpläne können auch nachgeholt und rückwirkend beschlossen werden, wenn die Betriebsänderung bereits erfolgt ist. In einem solchen Sozialplan können Leistungen für Arbeitnehmer vereinbart werden, die bereits infolge der durchgeführten Betriebsänderung ihren Arbeitsplatz verloren und dadurch Nachteile erhalten haben[491]. Bei solchen rückwirkenden Sozialplänen ist jedoch immer zu beachten, dass eine Förderung durch die Arbeitsverwaltung gemäß § 324 Abs.1 SGB III nur möglich ist, wenn sie vor Eintritt des leistungsbegründenden Ereignisses beantragt wurde[492]. Grundsätzlich ist also eine Förderung von bereits begonnenen Eingliederungsmaßnahmen nicht möglich. Allerdings kann das

---

Feckler, in: GK-SGB III, § 255 Rn.8; Roeder, in: Niesel, SGB III, § 255 Rn.8; Henkes/Baur/Kopp/Polduwe, Hdb. SGB III, S.497, mit dem Hinweis, dass Art, Umfang und Inhalt der Maßnahmen im Sozialplan selbst oder in einer Anlage zum Sozialplan geregelt sein müssen; Bepler, in: Gagel, SGB III, § 255 Rn.17, nach dem ein lediglich geplanter Sozialplan nicht förderungswürdig ist.

[488] Feckler, in: GK-SGB III, § 255 Rn.8.

[489] Vgl. zur Anfechtung von Sozialplänen Urteil des BAG v. 14.09.1994 (10 ABR 7/94), BAGE 78, 30 (35 f.).

[490] Bepler, in: Gagel, SGB III, § 255 Rn.18; zu beachten ist allerdings, dass seine Ausführungen zum Sozialplan im Insolvenzverfahren nicht mehr der aktuellen Gesetzeslage entsprechen, da nunmehr ein Sozialplan, der die Grenzen der §§ 123, 124 InsO überschreitet nicht mehr nichtig ist, sondern allenfalls widerrufen werden kann, vgl. Kowalski, KTS 2002/2, 261 ff.; zum Problem der Änderungskündigung in der Insolvenz und Transfer-Sozialpläne siehe: Fischer, NZA 2002, 536 (539).

[491] Zur nachträglichen Aufstellung von Sozialplänen siehe, Annuß, in: Richardi, BetrVG, § 112 Rn.67.

[492] Siehe dazu: Niesel, in: Niesel, SGB III, § 324 Rn.3 ff.

zuständige Landesarbeitsamt nach § 324 Abs.1 Satz 2 SGB III bei Vorliegen einer unbilligen Härte auch einen verspäteten Antrag des Unternehmers zulassen.[493]

(6) Gekündigte Sozialpläne
Ebenfalls nicht ausgeschlossen ist eine Bezuschussung von Eingliederungsmaßnahmen in einem ordentlich oder außerordentlich gekündigten Sozialplan. Soweit der Sozialplan nach § 77 Abs.6 BetrVG nachwirkt und die Durchführung der beschäftigungswirksamen Maßnahmen im Weiteren gesichert ist, können auch diese Maßnahmen durch die Arbeitsverwaltung gefördert werden.[494]

bb) Teilnehmer an beschäftigungswirksamen Maßnahmen
Der Sozialplan muss gemäß § 255 Abs.1 Nr.3 SGB III für die zu fördernden Arbeitnehmer vereinbart worden sein. Das heißt nicht, dass ausschließlich die an den beschäftigungswirksamen Maßnahmen teilnehmenden Arbeitnehmer in dem Sozialplan berücksichtigt werden können, jedoch ist deren Einbeziehung in den Sozialplan in jedem Fall erforderlich. Der Sozialplan im Sinne des § 255 Abs.1 Nr.3 SGB III erstreckt sich grundsätzlich auf alle Personen, die aufgrund der Betriebsänderung wirtschaftliche Nachteile erleiden[495].

Umstritten ist, ob die Teilnehmer der im Sozialplan vereinbarten beschäftigungswirksamen Maßnahmen auch während der Maßnahmen Arbeitnehmer des Arbeitgebers sein müssen oder ob auch eine Förderung durch §§ 254 ff. SGB III für bereits aus dem Betrieb ausgeschiedene arbeitslose Arbeitnehmer möglich ist[496]. Einer Ansicht nach ist eine Förderung durch Sozialplanzuschüsse nur für Arbeitnehmer möglich, die auch noch während der Eingliederungsmaßnahme als Arbeitnehmer beschäftigt sind[497]. Für bereits Arbeitslose kommt eine Förderung nach dieser Auffassung schon deshalb nicht in Betracht, weil § 258 SGB III Maßnahmen der individuellen Arbeitsförderung mit gleichartiger Zielsetzung ausschließe, wenn eine Sozialplanbezuschussung stattfinde[498]. Nach der Gegenauffassung ist es unerheblich, ob die teilnehmenden Arbeitnehmer aufgrund des Arbeitsplatzverlustes infolge der Betriebsänderung bereits aus dem Betrieb ausgeschieden sind[499]. Angesichts der Zielsetzung der Zuschüsse zu Sozialplanmaßnahmen ist der letztgenannten Auffassung zuzustimmen. Der Transfer in ein neues Arbeitsverhältnis durch die Teilnahme an im Sozialplan vereinbarten Eingliederungsmaßnahmen ist sowohl für von Arbeitslosigkeit bedrohte Arbeitnehmer als auch für bereits arbeitslos gewordene Arbeitnehmer von gleichem Belang. Bereits das einzige Argument der Gegenauffassung ist nicht schlüssig. Warum sollten überhaupt Leistungen der aktiven Arbeitsförderung nach § 258 SGB III durch den Gesetzgeber ausgeschlossen werden, wenn diese als Individualförderung sowieso höch-

---

[493] Henkes/Baur/Kopp/Polduwe, Hdb. SGB III, S. 498.
[494] Henkes/Baur/Kopp/Polduwe, Hdb. SGB III, S. 498, mit dem Hinweis, dass dies auch im Fall der Insolvenz des Unternehmers gilt.
[495] BA-Runderlass zu den §§ 254 ff. SGB III vom 26.02.2002, § 255, 255.1.3., (2).
[496] Siehe zu diesem Problem auch die Ausführungen von Heither, Sozialplan und Sozialrecht, S.93 f.
[497] Däubler, in: Däubler/Kittner/Klebe, BetrVG, §§ 112, 112a Rn.160.
[498] Däubler, in: Däubler/Kittner/Klebe, BetrVG, §§ 112, 112a Rn.160.
[499] BA-Runderlass zu den §§ 254 ff. SGB III vom 26.02.2002, § 255, 255.1.3., (2).

stens für arbeitslose Arbeitnehmer in Betracht kommen und letztere nicht in die Gruppe der zu fördernden Personen hineinfallen. Heither weist daraufhin, dass falls ein solcher Ausschluss von arbeitslosen Arbeitnehmern vom Gesetzgeber geplant gewesen wäre, dieser einen solchen in den §§ 254, 255 SGB III explizit geregelt hätte[500]. Da dies jedoch nicht geschehen ist und die Vorschriften der §§ 257, 258 SGB III im weiteren auch nur noch von „Teilnehmern" der Maßnahmen und nicht von Arbeitnehmern sprechen, ist das Bestehen eines Arbeitsverhältnisses keine Voraussetzung für die Teilnahme an den geförderten Maßnahmen[501].

Somit können nicht nur diejenigen Arbeitnehmer von den durch die Arbeitsförderung nach §§ 254 ff. SGB III bezuschussten Transfersozialplänen profitieren, die sich noch in einem bestehenden Arbeitsverhältnis befinden, sondern auch diejenigen, die bereits aus dem Betrieb ausgeschieden sind. Selbst Arbeitnehmer, die angesichts der Betriebsänderung mit dem Arbeitgeber einen Aufhebungsvertrag geschlossen oder selbst aufgrund der Betriebsänderung ihre Arbeitsstelle gekündigt haben, können vom Sozialplan erfasst werden und auf eine Milderung oder einen Ausgleich ihrer wirtschaftlichen Nachteile hoffen[502]. Ebenso können nach dem Erlass der Bundesanstalt für Arbeit auch Heimarbeiter oder Arbeitnehmer, die noch keine sechs Monate im Betrieb tätig waren, im Sozialplan berücksichtigt werden[503]. Ausschließlich solche Arbeitnehmer, die unabhängig vom Bevorstehen der Betriebsänderung entweder selbst gekündigt haben, ordentlich gekündigt wurden oder fristlos gemäß § 626 BGB durch den Arbeitgeber entlassen wurden, können keine Leistungen aus dem Sozialplan beanspruchen[504].

Die Bundesanstalt für Arbeit betont ihn ihrem Erlass zu den §§ 254 ff. SGB III jedoch ein weiteres mal, dass nur für die Teilnahme von Arbeitnehmern im Sinne des § 17 SGB III Sozialplanzuschüsse gewährt werden[505].

Der Sozialplan muss die einzelnen, an den beschäftigungswirksamen Maßnahmen teilnehmenden, Arbeitnehmer namentlich benennen[506]. Grund für die individuelle Benennung der Arbeitnehmer ist die Vermeidung von Mitnahmeeffekten[507].

cc) Sozialplanmaßnahmen für leitende Angestellte

Fraglich ist, ob auch Zuschüsse zu Sozialplanmaßnahmen für leitende Angestellte gewährt werden können. Nach einer Ansicht muss diese Frage verneint werden[508]. Sie argumentiert

---

[500] Heither, Sozialplan und Sozialrecht, S.94.
[501] Heither, Sozialplan und Sozialrecht, S.94.
[502] BA-Runderlass zu den §§ 254 ff. SGB III vom 26.02.2002, § 255, 255.1.3., (2); siehe auch oben.
[503] BA-Runderlass zu den §§ 254 ff. SGB III vom 26.02.2002, § 255, 255.1.3., (2).
[504] BA-Runderlass zu den §§ 254 ff. SGB III vom 26.02.2002, § 255, 255.1.3., (2).
[505] BA-Runderlass zu den §§ 254 ff. SGB III vom 26.02.2002, § 255, 255.1.3., (2); siehe dazu oben Teil 1, § 3 B. II. 1. a) aa).
[506] Eine ähnliche „Namensliste" war ursprünglich auch in § 1 Abs.5 KSchG vorgesehen gewesen, diese wurde aber durch das Gesetz zu Korrekturen in der Sozialversicherung und zur Sicherung der Arbeitnehmerrechte v. 28.12.1998 (BGBl. I S.3843) wieder entnommen; vlg. auch Däubler, NJW 1999, 601 (603f.); zur ursprünglichen Rechtslage Nielebock, AiB 1997, 88 (92f.).
[507] Roeder, in: Niesel, SGB III – Kommentar, § 255 Rn.8.
[508] BA-Runderlass zu den §§ 254 ff. SGB III vom 26.02.2002, § 255, 255.1.3., (3).

damit, dass dem Betriebsrat das Mandat fehle, für leitende Angestellte im Sinne des § 5 Abs.3 BetrVG einen Sozialplan abzuschließen. Wenn aber kein Sozialplan abgeschlossen werden kann, so die Bundesanstalt für Arbeit, dann könne die Voraussetzung des § 255 Abs.1 Nr.3 SGB III im Hinblick auf die leitenden Angestellten nie erfüllt werden[509]. Auch eine Einbeziehung von leitenden Angestellten nach § 5 Abs.3 BetrVG über die Ergänzung des § 255 Abs.3 SGB III, wonach sozialplanähnliche Vereinbarungen mit leitenden Angestellten vielleicht gefördert werden könnten, ist nach dieser Auffassung nicht möglich[510]. Begründet wird die Ablehnung einer Einbeziehung von Vereinbarungen für leitende Angestellte über § 255 Abs.3 SGB III damit, dass auch nach dieser Vorschrift zumindest eine Gleichwertigkeit zwischen Sozialplänen nach §§ 112 ff. BetrVG und sozialplanähnlichen Vereinbarungen bestehen muss. Dies sei aber im Fall von Vereinbarungen für leitende Angestellte nicht so, da hinsichtlich dieser Personengruppe eine Zuständigkeit der Betriebsräte fehlen würde[511]. Danach wären leitende Angestellte von der Gewährung von Zuschüssen zu Sozialplanmaßnahmen ausgeschlossen[512].

Für eine Einbeziehung von Vereinbarungen des Arbeitgebers mit dem Sprecherausschuss nach §§ 32 Abs.2, 28 SprAuG argumentiert demgegenüber Bepler[513]. Für ihn sind diese Vereinbarungen, soweit sie inhaltlich mit den Sozialplänen nach §§ 111 ff. BetrVG übereinstimmen, sozialplanähnliche Vereinbarungen im Sinne des § 255 Abs.3 SGB III[514]. Damit wären auch „Sozialpläne" für leitende Angestellte einer Förderung nach §§ 254 ff. SGB III durch Zuschüsse zu Sozialplanmaßnahmen zugänglich.

Unstreitig ist zwar festzustellen, dass nach §§ 112, 112a BetrVG iVm § 5 Abs.3 BetrVG kein Sozialplan im Sinne des Betriebsverfassungsgesetzes für leitende Angestellte vereinbart werden kann. Nach § 255 Abs.3 SGB III sind jedoch auch Eingliederungsmaßnahmen in sozialplanähnlichen Vereinbarungen entsprechend den §§ 255 Abs.1 und Abs. 2 SGB III förderungsfähig. Mithin ist der zweiten Auffassung zuzustimmen, so dass Eingliederungsmaßnahmen für leitende Angestellte, die in einer Vereinbarung zwischen dem Sprecherausschuss und dem Arbeitgeber beschlossen werden, ebenso nach §§ 254 ff. SGB III förderungsfähig sein können, wie Vereinbarungen über beschäftigungswirksame Maß-

---

[509] Feckler, in: GK-SGB III, § 255 Rn.3a, der ebenso Sozialpläne im Bereich des öffentlichen Dienstes i.S.d. § 75 Abs.3 Nr.13 BPersVG und der entspr. Vorschriften der Landespersonal-vertretungsgesetze aus dem Bereich des § 255 Abs.1 Nr.3 SGB III herausnimmt; ebenso Gaul, AuA 1998, 336 (337); Löwisch, RdA 1997, 287 (288), der als Grund für den Ausschluss einer Förderung von leitenden Angestellten anführt, dass deren Arbeitsverhältnisse anderen Bedingungen unterliegen als „normale" Arbeitsverhältnisse und dass auch in ihrem Fall der Verlust des Arbeitsplatzes das Bedürfnis nach Eingliederungsmaßnahmen hervorrufen kann aber nicht typischerweise hervorruft. Löwisch (a.a.O.) geht auch auf die Nichteinbeziehung von Vereinbarungen im öffentlichen Dienst in die Förderung ein, so würden Sozialplanzuschüsse oder Leistungen der Bundesanstalt für Arbeit jeweils beide aus öffentlichen Kassen bezahlt werden. Außerdem sei im öffentlichen Dienst ein Sozialplan ohnehin nur für Rationalisierungsmaßnahmen vorgesehen und nicht für Auflösungen oder Einschränkungen von Dienststellen, vgl. § 78 Abs.1 Nr.2 BPersVG).
[510] Gaul, AuA 1998, 336 (337).
[511] Gaul, AuA 1998, 336 (337).
[512] BA-Runderlass zu den §§ 254 ff. SGB III vom 26.02.2002, § 255, 255.1.3., (3), so auch Heither, Sozialplan und Sozialrecht, S.93.
[513] Bepler, in: Gagel, SGB III, § 255 Rn.45.
[514] Bepler, in: Gagel, SGB III, § 255 Rn.45.

nahmen in einem Sozialplan. Dass in diesen Fällen der Sprecherausschuss anstelle des Betriebsrats die Vereinbarung mit dem Arbeitgeber schließt, kann im Rahmen des § 255 Abs.3 SGB III keine negativen Auswirkungen auf die Förderungsfähigkeit haben[515].

d) Nr.4 – Arbeitsmarktliche Zweckmäßigkeit sowie Sparsamkeit und Wirtschaftlichkeit

Weitere Voraussetzung für eine Förderungsfähigkeit der im Sozialplan vereinbarten Eingliederungsmaßnahmen ist nach § 255 Abs.1 Nr.4 SGB III, dass die vorgesehenen Maßnahmen nach Art, Umfang und Inhalt zur Eingliederung der Arbeitnehmer arbeitsmarktlich zweckmäßig und nach den Grundsätzen der Sparsamkeit und Wirtschaftlichkeit geplant sind[516]. Dabei hat das zuständige Landesarbeitsamt die Zweckmäßigkeit, die Sparsamkeit und die Wirtschaftlichkeit der geplanten Maßnahmen von Amts wegen zu prüfen[517]. Die in § 255 Abs.1 Nr.4 SGB III aufgestellten Kriterien stellen unbestimmte Rechtsbegriffe dar, die von der Arbeitsverwaltung zu konkretisieren sind[518]. Im Interesse eines möglichst großen Gestaltungsspielraums hat der Gesetzgeber keine näheren Vorgaben an Art, Umfang und Inhalt der Maßnahmen gemacht[519]. Aber gerade weil der Gesetzgeber den Betriebsparteien einen großen Freiraum bei der Ausgestaltung des Sozialplanes lässt, bedarf es eines Korrektivs, um wenig erfolgversprechende Maßnahmen von einer Bezuschussung durch die Arbeitsverwaltung auszuschließen[520]. Ein weiterer Grund für die Voraussetzung aus § 255 Abs.1 Nr.4 SGB III soll sein, dass die Zuschusshöhe maßgeblich durch die Gesamtkosten der Maßnahme beeinflusst werden[521]. Soweit die Maßnahmen demnach arbeitsmarktlich zweckmäßig sind und den Grundsätzen der Sparsamkeit und Wirtschaftlichkeit entsprechen, ist auch der Zuschuss leichter zu rechtfertigen.

aa) Arbeitsmarktliche Zweckmäßigkeit

Die Zweckmäßigkeit der Maßnahmen richtet sich nach dem mit den Eingliederungsmaßnahmen angestrebten Ziel[522]. Ziel muss grundsätzlich, nach den Vorgaben des Arbeitsförde-

---

[515] Siehe dazu auch Ausführungen in Teil 1 § 3 B. III.
[516] Siehe dazu auch: Theuerkauf, in: Hennig, SGB III, SGB III § 255 Rn.5; Bepler, in: Gagel, SGB III, § 255 Rn.19 ff.; Hoffmann, Die Förderung von Transfer-Sozialplänen, S.77 ff.; Rolfs, AR-Blattei SD, Rn.294.
[517] Petzold, in: Hauck/Noftz, SGB III, K § 255 Rn.9.
[518] Heither, Sozialplan und Sozialrecht, S.125.
[519] BA-Runderlass zu den §§ 254 ff. SGB III vom 26.02.2002, § 255, 255.1.4., (1); ebenso: Feckler, in: GK-SGB III, § 255 Rn.8; Bepler, in: Gagel, SGB III, § 255 Rn.19, wonach § 255 Abs.1 Nr.4 SGB III nicht den weiten Gestaltungsspielraum des Förderungsinstruments einschränken sollte, sondern nur sicherstellen soll, dass geförderte Maßnahmen effektiv und wirtschaftlich angemessen geplant und vereinbart werden, mit dem Hinweis auf die Gesetzesbegründung in BT-Dr.13/4941, S.198.
[520] Petzold, in: Hauck/Noftz, SGB III, K § 255 Rn.9; Roeder, in: Niesel, SGB III – Kommentar, § 255 Rn.9, der auf den ähnlich lautenden § 86 Abs.1 Nr.8 SGB III verweist.
[521] Roeder, in: Niesel, SGB III – Kommentar, § 255 Rn.10.
[522] BA-Runderlass zu den §§ 254 ff. SGB III vom 26.02.2002, § 255, 255.1.4., (1); Petzold, in: Hauck/Noftz, SGB III, K § 255 Rn.9; Löwisch, RdA 1997, 287, 289, mit dem Hinweis, dass der Gesetzgeber mit dem Begriff der „arbeitsmarktlichen Zweckmäßigkeit" an einen Begriff der §§ 33, 36 Nr.3 AFG anknüpft, der die Voraussetzungen der Förderung der beruflichen Bildung regelte. Auch im

rungsrechts, die Eingliederung der von Arbeitslosigkeit bedrohten Arbeitnehmer in den ersten Arbeitsmarkt sein⁵²².

Die Beurteilung der arbeitsmarktlichen Zweckmäßigkeit beinhaltet unter anderem die Prüfung, ob der Beruf oder die Qualifikation, die das Ziel der beabsichtigten Weiterbildung sind, die Arbeitsmarktchancen der weitergebildeten Arbeitnehmer verbessern wird und die Feststellung, ob jeder der Arbeitnehmer, die an einer bestimmten Weiterbildungsmaßnahme teilnehmen sollen, den Zielberuf tatsächlich ausüben kann oder ob der Ausübung persönliche Gründe entgegenstehen⁵²⁴. Dabei soll das Adjektiv „arbeitsmarktlich", nach Ansicht von Petzold, die Notwendigkeit einer Prognose unterstreichen, nach der die konkrete Vermittlungsfähigkeit der an der Maßnahme teilnehmenden Arbeitnehmer je nach vorhandenen Fähigkeiten, Erfahrungen und Qualifikationen bestimmt wird⁵²⁵. Sinnvoll ist vor allem eine Prognose im Hinblick auf die Vermittlung von teilnehmenden Arbeitnehmern in den regionalen Arbeitsmarkt, um weitere Maßnahmen, wie zum Beispiel Mobilitätshilfen gemäß § 53 SGB III, zu vermeiden⁵²⁶.

Zur Überprüfung der arbeitsmarktlichen Zweckmäßigkeit benötigt das Landesarbeitsamt mithin einer Namensliste der Teilnehmer inklusive ergänzender Angaben, sowie einer Beschreibung der geplanten Eingliederungsmaßnahmen⁵²⁷.

Der Begriff der „arbeitsmarktlichen Zweckmäßigkeit" ist ein unbestimmter Rechtsbegriff, der einer Auslegung und einer eingeschränkten gerichtlichen Kontrolle zugänglich ist⁵²⁸. Grund für die Annahme eines gerichtlich nicht voll überprüfbaren Beurteilungsspielraums ist die Tatsache, dass ein Urteil darüber, ob eine Maßnahme arbeitsmarktpolitisch

---

SGB III ist dieser Begriff in § 86 Abs.1 Nr.8 SGB III weiterhin Voraussetzung für die Anerkennung einer Weiterbildungsmaßnahme; Feckler, in: GK-SGB III, § 255 Rn.8, der darauf hinweist, dass insoweit eine Anlehnung des SGB III an die früheren §§ 33, 36 Nr.3 AFG erfolgte; BA-Runderlass zu den §§ 254 ff. SGB III vom 26.02.2002, § 255, 255.1.4., (1), Hoffmann, Die Förderung von Transfer-Sozialplänen, S.77 ff.

⁵²³ Henkes/Baur/Kopp/Polduwe, Hdb. SGB III, S.499, wonach näher ausgeführt eine Maßnahme dann arbeitsmarktlich zweckmäßig ist, wenn sie in angemessener Zeit (d.h. in der Regel nach 6 Monaten im Anschluss der Maßnahme) eine erfolgreiche berufliche Eingliederung erwarten lässt.

⁵²⁴ Bepler, in: Gagel, SGB III, § 255 Rn.23; Löwisch, RdA 1997, 287 (289).

⁵²⁵ Petzold, in: Hauck/Noftz, SGB III, K § 255 Rn.9.

⁵²⁶ Petzold, in: Hauck/Noftz, SGB III, K § 255 Rn.9, der auch darauf hinweist, dass vor allem Qualifikationen vermittelt werden, die in der Region fehlen, wobei es allerdings nicht zu einer Unterqualifizierung" kommen soll (eine Ingenieurin kann sich nicht zur Servererin „weiter bilden" lassen); a.A. insoweit Löwisch, RdA 1997, 287 (289), nach dem eine Fortbildung auch gefördert werden kann, wenn die angestrebte Beschäftigung bereits übersetzt ist. Als Grund führt Löwisch an, dass auch Vermittlungsfähigkeit des Arbeitnehmers durch die hinzugewonnenen Fähigkeiten trotzdem ansteigt.

⁵²⁷ Bepler, in: Gagel, SGB III, § 255 Rn.23.

⁵²⁸ Löwisch, RdA 1997, 287 (290); Henkes/Baur/Kopp/Polduwe, Hdb. SGB III, S.499, wonach die arbeitsmarktliche Zweckmäßigkeit einen gerichtlich nicht voll überprüfbaren Beurteilungsspielraum darstellt, mit dem Hinweis auf BSGE 79, 269, 272, 273, danach ist die gerichtliche Kontrolle auf die Frage beschränkt, ob das Landesarbeitsamt von einem zutreffenden und vollständig ermittelten Sachverhalt ausgegangen ist und ob es die durch Auslegung des unbestimmten Rechtsbegriffes abstrakt ermittelten Grenzen eingehalten und beachtet hat; a.A.: Petzold, in: Hauck/Noftz, SGB III, K § 255 Rn.9, der von einer vollständigen gerichtlichen Kontrolle ausgeht.

zweckmäßig ist, immer eine Prognose verlangt, die durch die Berücksichtigung der aktuellen und der zukünftigen Lage des Arbeitsmarktes und unter Einbeziehung von wertenden und planerischen Elementen zustande kommt[529]. Auch wenn die aktuelle Lage unter Umständen noch einer vollen gerichtlichen Überprüfung zugänglich wäre, so kann es über die Beurteilung der Entwicklung der zukünftigen Arbeitsmarktlage keine sicheren Feststellungen des Gerichts geben[530]. Insoweit muss die arbeitsmarktpolitische Entscheidung, ob die Maßnahme arbeitsmarktlich zweckmäßig ist, im Einzelfall den Landesarbeitsämtern überlassen bleiben und ist mithin keiner vollständigen gerichtlichen Kontrolle zugänglich. Ebenso steht auch dem Arbeitgeber und dem Betriebsrat hinsichtlich der Begriffe der „arbeitsmarktlichen Zweckmäßigkeit" und der „Grundsätze der Sparsamkeit und Wirtschaftlichkeit" ein Beurteilungsspielraum zu[531]. Dieser Beurteilungsspielraum ist auch von der Arbeitsverwaltung bei der Prüfung der Förderungsvorraussetzungen nach §§ 254 ff. SGB III zu beachten[532].

bb) Grundsätze der Sparsamkeit und Wirtschaftlichkeit

Weiter verlangt § 255 Abs.1 Nr.4 SGB III, dass bei der Planung der Eingliederungsmaßnahmen die Grundsätze der Sparsamkeit und Wirtschaftlichkeit beachtet werden[533].

(1) Inhalt der Grundsätze der Sparsamkeit und Wirtschaftlichkeit

Die Eingliederungsmaßnahmen sollen zunächst an dem nach Inhalt und Umfang zum Erreichen des Maßnahmeziels Notwendigen gemessen werden[534]. Außerdem müssen die Gesamtkosten in einem angemessenen Verhältnis zu den Maßnahmezielen stehen, um überteuerte Planungen zu vermeiden[535]. Die Maßnahmen sollen in einem ausgewogenen Preis-/Leistungsverhältnis stehen[536]. Dabei entstammen die Grundsätze der Sparsamkeit und Wirtschaftlichkeit aus dem öffentlichen Haushaltsrecht[537]. So muss sich die Privatperson Arbeitgeber bzw. Unternehmer bei der Planung von Eingliederungsmaßnahmen an den Grundsätzen des öffentlichen Haushaltsrechts messen lassen.

Als Grund für die Notwendigkeit der Einhaltung der Grundsätze der Sparsamkeit und Wirtschaftlichkeit wird angeführt, dass die Maßnahmeförderung nach §§ 254 ff. SGB III

---

[529] So ein Urteil des BSG v. 28.11.1996 (7 RAr 58/95), BSGE 79, 269, (272 f.), dass zu § 34 Abs.1 Satz 2 AFG a.F. ergangen ist.
[530] BSGE 79, 269 (274).
[531] Löwisch, RdA 1997, 287 (290).
[532] Löwisch, RdA 1997, 287 (290), mit dem Hinweis, dass Arbeitgeber und Betriebsrat allerdings der Arbeitsverwaltung bei der Ermessensentscheidung ebenso einen Auswahlspielraum zugestehen.
[533] Dazu BA-Runderlass zu den §§ 254 ff. SGB III vom 26.02.2002, § 255, 255.1.4., (2); Henkes/Baur/Kopp/Polduwe, Hdb. SGB III, S.499; Hoffmann, aaO., S.78 f.
[534] Bepler, in: Gagel, SGB III, § 255 Rn.24; Roeder, in: Niesel, SGB III, § 255 Rn.10.
[535] Roeder, in: Niesel, SGB III § 255 Rn.10, der insofern wieder auf § 86 Abs.1 Nr.7 SGB III verweist, der im Wortlaut ähnlich ist.
[536] Feckler, in: GK-SGB III, § 255 Rn.8.
[537] Löwisch, RdA 1997, 287 (289).

unter Umständen eine umfangreiche und finanziell aufwendige Förderung darstellt[538]. Bei der Betrachtung der Wirtschaftlichkeit der Maßnahmen sind ausschließlich die Sozialplanleistungen als solche zu beurteilen[539]. Dabei sind jedoch die Grundsätze von Sparsamkeit und Wirtschaftlichkeit bereits bei der Aufstellung des Sozialplans zu berücksichtigen[540]. Für die Förderleistungen der Arbeitsverwaltung gilt der Maßstab der Wirtschaftlichkeit und Sparsamkeit ohnehin gemäß § 7 SGB III[541].

(2) Ermittlung des Maßstabs von Sparsamkeit und Wirtschaftlichkeit

Dabei können nach Aussage der Bundesanstalt für Arbeit für die Beurteilung dieser Bedingungen die durchschnittlichen Kosten vergleichbarer Eingliederungsmaßnahmen als Orientierungshilfe herangezogen werden[542]. Dabei ist zu unterscheiden, ob die Maßnahmen vom Betrieb selbst oder von einem anderen Träger durchgeführt werden sollen[543]. Die Bundesanstalt für Arbeit schlägt in ihrem Erlass zu den §§ 254 ff. SGB III vor, bei einer Durchführung der Maßnahmen durch den Betrieb selbst hinsichtlich der Sparsamkeit und Wirtschaftlichkeit auf frühere Eingliederungs- und/oder Qualifizierungsmaßnahmen des Betriebes abzustellen[544].

Kein Maßstab sind die von der BA im vergleichbaren Fall von Gesetz wegen zu erbringenden Leistungen[545]. Ansonsten würden Eingliederungsmaßnahmen im Sozialplan an Attraktivität verlieren, weil Arbeitnehmer in ihrem Rahmen nicht mehr erhalten können, als bei der Teilnahme an individuellen Leistungen der Arbeitsförderung. Es würden mehr Abfindungszahlungen in Sozialplänen vereinbart, während für beschäftigungswirksame Maßnahmen wieder alleine die Arbeitsverwaltung zuständig wäre. Damit kann allein das betrieblich- bzw. branchenübliche für den Angemessenheitsmaßstab ausschlaggebend sein.[546] Daraus folgend kann das vom Unternehmer während der Dauer der Eingliederungsmaßnahmen fortgezahlte Entgelt jedenfalls nicht deshalb als „verschwenderisch und unwirtschaftlich" eingestuft werden, weil es das vom Arbeitsamt zu zahlende Unterhaltsgeld im Fall beruflicher Weiterbildung übersteigt[547].

Soweit hierzu keine Erfahrungen vorliegen, weil der Betrieb unter Umständen überhaupt keine Maßnahmen zur Anpassung der Arbeitnehmer an die Erfordernisse am Ar-

---

[538] So Theuerkauf, in: Hennig, SGB III, § 255 Rn.5; während aber die Untersuchung durch das IAB in der Praxis das Gegenteil ergeben hat, siehe Kirsch u.a., Zuschüsse zu Sozialplanmaßnahmen, S.115.
[539] Feckler, in: GK-SGB III, § 255 Rn.8.
[540] Theuerkauf, in: Hennig, SGB III, § 255 Rn.5.
[541] Feckler, in: GK-SGB III, § 255 Rn.8.
[542] BA-Runderlass zu den §§ 254 ff. SGB III vom 26.02.2002, § 255, 255.1.4., (2); so auch Henkes/Baur/Kopp/Polduwe, Hdb. SGB III, S.499.
[543] BA-Runderlass zu den §§ 254 ff. SGB III vom 26.02.2002, § 255, 255.1.4., (2).
[544] BA-Runderlass zu den §§ 254 ff. SGB III vom 26.02.2002, § 255, 255.1.4., (2).
[545] Löwisch, RdA 1997, 287, (289 f.).
[546] So auch: Bepler, in: Gagel, SGB III, § 255 Rn.24; Löwisch, RdA 1997, 287 (290).
[547] Löwisch, RdA 1997, 287, 290; Meyer, NZA 1998, 403, 407; Däubler, in: Däubler/Kittner/Klebe, BetrVG, §§ 112, 112a Rn.165, mit der Begründung, dass ansonsten für die betroffenen Arbeitnehmer nur wenig Anreiz für die Absolvierung von Eingliederungsmaßnahmen würde.

beitsplatz durchgeführt hat, soll nach der Bundesanstalt für Arbeit auf vergleichbare Betriebe abgestellt werden[548].

Meines Erachtens ist fraglich, ob hinsichtlich der Beurteilung von Sparsamkeit und Wirtschaftlichkeit der Maßnahmen in Anbetracht der Notwendigkeit einer Betriebsänderung auf die Durchführung von früheren Beschäftigungsmaßnahmen zum Zeitpunkt einer besseren wirtschaftlichen Situation des Unternehmens abgestellt werden sollte. Damals kann sich die finanzielle Situation zur Durchführung von Eingliederungs- und/oder Qualifizierungsmaßnahmen im Betrieb ganz anders dargestellt haben, als nun im Zeitpunkt der Notwendigkeit einer Betriebsänderung. Durch das Abstellen auf den früheren Zeitpunkt für die Beurteilung von Sparsamkeit und Wirtschaftlichkeit der Eingliederungsmaßnahmen besteht die Gefahr, dass die beschäftigungswirksamen Maßnahmen im jetzigen Zeitpunkt zu großzügig bemessen werden und dadurch der Betrieb unter Umständen von der wirtschaftlichen Notlage in die Insolvenz „getrieben" wird. Zur Vergleichsbildung eher heranzuziehen sind Betriebe, die in ähnlichen wirtschaftlichen Situationen Sozialpläne mit Eingliederungsmaßnahmen beschlossen haben, sowie, soweit es sich um mit den Maßnahmen des SGB III vergleichbare Eingliederungsmaßnahmen handelt, die Erfahrungen der Arbeitsverwaltung. Außerdem kann die Arbeitsverwaltung verlangen, dass, soweit vergleichbare Maßnahmen bei anderen Trägern bestehen, Vergleichsangebote vom Unternehmer eingeholt werden und diese beim zuständigen Landesarbeitsamt vorzulegen sind[549].

Für die Beurteilung von Wirtschaftlichkeit und Sparsamkeit der Maßnahmen muss der Arbeitgeber eine nähere Beschreibung der Maßnahme nach Art, Gliederung, Umfang, Dauer, Inhalt und Zielen, der technischen und organisatorischen Vorhaltungen, sowie ein Finanzierungskonzept vorlegen[550]. Für die Beurteilung der Voraussetzung des § 255 Abs.1 Nr.4 SGB III ist es jedoch nicht notwendig, dass der Arbeitsverwaltung bereits die Planung der einzelnen Programmpunkte bekannt ist[551].

Inwieweit die Eingliederungsmaßnahmen den Grundsätzen der Sparsamkeit und Wirtschaftlichkeit entsprechen, ist nach Bepler in zwei „Kontrollfragen" zu ermitteln. Dabei ist zu prüfen, ob der Aufwand der Sozialplanmaßnahmen selbst angemessen ist und ob die im Rahmen der Maßnahme für den einzelnen Arbeitnehmer aufgewendeten Mittel angemessen sind.[552] Ob aber, wie Gaul fordert[553], in jedem Fall der preiswerteste Anbieter von Eingliederungsmaßnahmen zu wählen ist, erscheint jedoch sehr fraglich.

Das Bedürfnis einer förmlichen Anerkennung der Eingliederungsmaßnahmen durch einen Anerkennungsbescheid der Arbeitsverwaltung besteht im Fall der Eingliederungsmaßnahmen im Rahmen eines Sozialplanes nicht[554]. Ein solcher Anerkennungsbescheid, wie er zum Beispiel bei der beruflichen Weiterbildungsförderung durch das SGB III notwendig

---

[548] BA-Runderlass zu den §§ 254 ff. SGB III vom 26.02.2002, § 255, 255.1.4., (2).
[549] Roeder, in: Niesel, SGB III, § 255 Rn.10.
[550] So Roeder, in: Niesel, SGB III, § 255 Rn.10; auch Bepler, in: Gagel, SGB III, § 255 Rn.23, der zusätzlich auch die Vorlage einer Namensliste aller Teilnehmer mit ergänzenden Angaben verlangt.
[551] Roeder, in: Niesel, SGB III, § 255 Rn.10.
[552] Bepler, in: Gagel, SGB III, § 255 Rn.24.
[553] Gaul, AuA 1998, 336 (337), der allerdings auch Ausnahmen zulassen will, wenn Qualität, Flexibilität oder Branchennähe einen anderen Anbieter eher zur Durchführung der Maßnahmen qualifizieren.
[554] Henkes/Baur/Kopp/Polduwe, Hdb. SGB III, S.498.

ist, ist selbst dann nicht erforderlich, wenn die beschäftigungswirksamen Maßnahmen des Sozialplans eine berufliche Weiterbildung darstellen⁵⁵⁵.

Im weiteren ist darauf hinzuweisen, dass die §§ 254 ff. SGB III auch nicht fordern, dass die Teilnehmer an den beschäftigungswirksamen Maßnahmen die Absicht verfolgen, im Anschluss an die Maßnahmen eine versicherungspflichtige Beschäftigung aufzunehmen⁵⁵⁶. Aus diesem Grund ist es den Betriebspartnern nach den §§ 254 ff. SGB III auch nicht verwehrt, solche Maßnahmen in einem förderungsfähigen Sozialplan zu vereinbaren, die den Arbeitnehmer auf eine Existenzgründung vorbereiten⁵⁵⁷.

cc) Folgen des Fehlens der Voraussetzung des § 255 Abs.1 Nr.4 SGB III

Bei arbeitsmarktlicher Unzweckmäßigkeit einer Eingliederungsmaßnahme kommt entsprechend dem Ziel der §§ 254 ff. SGB III, Sozialpläne beschäftigungswirksam zu nutzen, insgesamt keine Förderung des Sozialplans in Betracht⁵⁵⁸.

Anders ist die Situation bei einem Verstoß gegen die Grundsätze von Sparsamkeit und Wirtschaftlichkeit zu beurteilen. Eine Förderung kommt trotz eines Verstoßes gegen die Grundsätze von Sparsamkeit und Wirtschaftlichkeit dann in Betracht, wenn der zu hoch angesetzte Teil der Maßnahmen von der Eigenbeteiligung des Arbeitgebers abgedeckt wird⁵⁵⁹. Dabei sind fiktiv angemessene, niedrigere Kosten für die Förderung zu Grunde zu legen und sodann die Differenz zur tatsächlich geplanten Finanzierungshöhe festzustellen⁵⁶⁰. Der sich daraus ergebende Differenzbetrag ist dann anderweitig zu finanzieren. Dabei muss aber sichergestellt sein, dass der Differenzbetrag auch tatsächlich aufgebracht wird, so dass die Arbeitsverwaltung an diesen unter Umständen dieselben Sicherheitsanforderungen zu stellen hat, wie sie sich aus § 255 Abs.1 Nr.6 SGB III ergeben⁵⁶¹.

e) Nr.5 – Eigenbeteiligung des Unternehmers

Nach § 255 Abs.1 Nr.5 SGB III kommt eine Förderung von beschäftigungswirksamen Maßnahmen in einem Sozialplan nur dann in Betracht, wenn der Arbeitgeber für die Finanzierung der Eingliederungsmaßnahmen im angemessenen Umfang Mittel zur Verfügung stellt.

Die Bundesanstalt für Arbeit weist in ihrem Erlass zu den §§ 254 ff. SGB III darauf hin, dass es sich bei der angemessenen Beteiligung des Unternehmers an den Eingliede-

---

⁵⁵⁵ Henkes/Baur/Kopp/Polduwe, Hdb. SGB III, S.498.
⁵⁵⁶ Henkes/Baur/Kopp/Polduwe, Hdb. SGB III, S.498.
⁵⁵⁷ Henkes/Baur/Kopp/Polduwe, Hdb. SGB III, S.498.
⁵⁵⁸ Petzold, in: Hauck/Noftz, SGB III, K § 255 Rn.9; Roeder, in: Niesel, SGB III, § 255 Rn.10; Bepler, in: Gagel, SGB III, § 255 Rn.23.
⁵⁵⁹ Roeder, in: Niesel, SGB III, § 255 Rn.10; Bepler, in: Gagel, SGB III, § 255 Rn.24, nach dem es ansonsten dem rechtspolitischen Ziel der §§ 254 ff. SGB III zuwiderlaufende Reaktion wäre; Petzold, in: Hauck/Noftz, SGB III, K § 255 Rn.9, der es für ausreichend hält, wenn der Differenzbetrag zumindest nicht aus öffentlichen Kassen getragen wird; a.A. Hoffmann, Die Förderung von Transfer-Sozialplänen, S.79 f., nach dem überteuerte und unwirtschaftliche Eingliederungsmaßnahmen insgesamt nicht förderungsfähig sind.
⁵⁶⁰ Petzold, in: Hauck/Noftz, SGB III, K § 255 Rn.9.
⁵⁶¹ Siehe dazu unten Teil 1, § 3 B.II. 1. f).

rungskosten um eine zwingende Voraussetzung der Förderung handelt, ohne die keine Zuschüsse gewährt werden können[562].

aa) Sinn und Zweck der Eigenbeteiligung

Ziel dieser Voraussetzung ist es, ein angemessenes Verhältnis zwischen dem Zuschuss der Arbeitsverwaltung und den Gesamtkosten, sowie der Dauer der Eingliederungsmaßnahme herzustellen[563]. Eine ausschließliche Finanzierung der beschäftigungswirksamen Maßnahmen durch Arbeitsförderleistungen ist danach ausgeschlossen[564]. Sinn und Zweck des Erfordernisses einer angemessenen Beteiligung des Unternehmers ist es, auszuschließen, dass das Förderungsinstrument zu einer Verlagerung der finanziellen Lasten einer Betriebsänderung vom Unternehmer auf die Solidargemeinschaft der Beitragszahler führt[565]. § 255 Abs.1 Nr.5 SGB III stellt damit wiederum eine Ausformung der Eigenverantwortung des Arbeitgebers für die Beschäftigungssicherung nach § 2 Abs.2 SGB III dar[566]. Dabei ist Ausdruck der Verantwortung des Arbeitgebers nicht die Höhe der Sozialplandotierung insgesamt, sondern die Höhe des Anteils, den er statt in Abfindungen in beschäftigungswirksame Maßnahmen investiert[567].

Als weiteres Argument für die Voraussetzung einer zwingenden Eigenbeteiligung des Unternehmers an den Sozialplanmaßnahmen gemäß § 255 Abs.1 Nr.5 SGB III wird angeführt, dass dadurch das eigene Interesse des Unternehmers an einer wirtschaftlichen Planung und Durchführung der Eingliederungsmaßnahmen erheblich gesteigert werden kann[568]. Ähnliche Druckmittel zur wirtschaftlichen und zweckmäßigen Verwendung von Fördermitteln sieht das SGB III auch in § 248 und § 252 SGB III vor, in denen sich der

---

[562] BA-Runderlass zu den §§ 254 ff. SGB III vom 26.02.2002, § 255, 255.1.5., (1); so auch Roeder, in: Niesel, SGB III, § 255 Rn.12; Feckler, in: GK-SGB III, § 255 Rn.8; Henkes/Baur/Kopp/Polduwe, Hdb. SGB III, S.499; so auch: Meyer, NZA 1998, 513, 514; Hoffmann, Die Förderung von Transfer-Sozialplänen, S.80.

[563] BA-Runderlass zu den §§ 254 ff. SGB III vom 26.02.2002, § 255, 255.1.5., (1); Gaul, AuA 1998, 336 (337); kritisch Bepler, in: Gagel, SGB III, § 255 Rn.25, nach dem diesem Ziel in § 257 Abs.1 Satz 2 SGB III a.F. Rechnung getragen wurde. Bepler meint, mit § 255 Abs.1 Nr.4 SGB III sei lediglich der Verschiebung von Kosten vom Arbeitgeber auf die Versichertengemeinschaft vorgebeugt. Dieses Ziel käme bei Sozialplänen mit geringen Anteil von Beschäftigungsmaßnahmen ebenso in Betracht wie bei Sozialplänen mit einem überwiegenden Anteil von Beschäftigungsmaßnahmen; a.A. Löwisch, RdA 1997, 287 (290), nach dem § 255 Abs.1 Nr.5 SGB III nicht die Herstellung eines beiderseits angemessenen Zahlenverhältnisses zwischen beschäftigungswirksamen Sozialplanleistungen und anderen Sozialplanleistungen bezweckt, sondern Ziel der Vorschrift die Sicherstellung einer angemessenen Mindestdotierung des Sozialplanes sei.

[564] So auch BA-Runderlass zu den §§ 254 ff. SGB III vom 26.02.2002, § 255, 255.1.5., (1); Roeder, in: Niesel, SGB III, § 255 Rn.12.

[565] Feckler, in: GK-SGB III, § 255 Rn.8; Bepler, in: Gagel, SGB III, § 255 Rn.25, mit Hinweis auf die Gesetzesbegründung BT-Dr.13/ 4941, S.198; Roeder, in: Niesel, SGB III, § 255 Rn.12; BA-Runderlass zu den §§ 254 ff. SGB III vom 26.02.2002, § 255, 255.1.5., (1); Petzold, in: Hauck/Noftz, SGB III, K § 255 Rn.10; Theuerkauf, in: Hennig, SGB III, SGB III § 255 Rn.6.

[566] Theuerkauf, in: Hennig, SGB III § 255 Rn.6; Heither, Sozialplan und Sozialrecht, S.126; Feckler, in: GK-SGB III, § 255 Rn.8.

[567] Feckler, in: GK-SGB III, § 255 Rn.8.

[568] Petzold, in: Hauck/Noftz, SGB III, K § 255 Rn.10.

Träger der Maßnahmen in einem angemessenen Umfang an der Finanzierung der Maßnahmen beteiligen muss[569]. Sobald der Träger selber, und im Fall der Sozialplanzuschüsse der Arbeitgeber selbst, finanzielle Mittel zur Verfügung stellt, steigt sein Interesse an einer sparsamen und zweckmäßigen Durchführung der beschäftigungswirksamen Maßnahmen, so dass auch aus diesem Grund eine Verpflichtung zur Eigenbeteiligung des Unternehmers nach § 255 Abs.1 Nr.5 SGB III zweckmäßig ist.

bb) Bereitstellung eines Beitrages zur Finanzierung der Eingliederungsmaßnahmen

Der Arbeitgeber ist gemäß § 255 Abs.1 Nr.5 SGB III dazu verpflichtet, einen angemessenen Beitrag zur Finanzierung der Eingliederungsmaßnahmen im Sozialplan bereitzustellen[570]. Damit wird auf den Arbeitgeber ein mittelbarer Druck ausgeübt, wenigstens zum Teil für die Finanzierung von Eingliederungsmaßnahmen für die Arbeitnehmer aufzukommen. Dies wird dadurch gerechtfertigt, dass das neue Förderinstrument den Betriebsparteien Anreize geben kann, mögliche Fördermittel der Arbeitsverwaltung in den Sozialplan mit einzubeziehen und diese den Arbeitgeber indirekt entlasten können, wenn durch die Maßnahmen Arbeitnehmer schnell Anschlussarbeitsplätze finden[571]. Problematisch ist nach einer Ansicht, dass Arbeitnehmer angesichts der Eingliederungsmaßnahmen eher bereit sind Kündigungen zu akzeptieren und dadurch die Ziele der Arbeitsförderung konterkariert werden[572]. Allerdings werden zu großzügige Sozialpläne, die sich zum großen Teil aus den Mitteln der Arbeitsverwaltung finanzieren, durch den Zwang des Unternehmers zur angemessenen Selbstbeteiligung an der Finanzierung der Maßnahmen verhindert[573].

Im weiteren ist darauf hinzuweisen, dass der Gesetzgeber in § 255 Abs.1 Nr.5 SGB III die Eigenbeteiligung des Unternehmers nur insoweit näher erläutert, als dass es sich um einen finanziellen „Mitteleinsatz" handeln muss[574]. Somit ist der Einsatz von Fremdmitteln als Teil der Finanzierung der Sozialplanmaßnahmen möglich und schließt eine Förderung nach §§ 254 ff. SGB III nicht grundsätzlich aus[575]. Das Landesarbeitsamt kann die Förderung des Sozialplanes aber nicht von der finanziellen Beteiligung Dritter abhängig machen[576]. Die vom Unternehmer bereitgestellten Mittel zur Finanzierung der Sozialplanmaß-

---

[569] Petzold, in: Hauck/Noftz, SGB III, K § 255 Rn.10, § 248 SGB III Förderung von Bildungseinrichtungen und § 252 SGB III Förderung von Jugendwohnheimen.

[570] Strobel, Die sozialrechtliche Flankierung des Transfer-Sozialplans, S.95 (103); Rolfs, AR-Blattei SD, Rn.295, mit dem Hinweis, dass betriebsverfassungsrechtlich weder eine Mindest- noch eine Höchstdotierung von Sozialplänen vorgesehen ist; zum finanziellen Risiko des Arbeitgebers hinsichtlich der Eigenbeteiligung siehe Meyer, NZA 1998, 513 (515).

[571] Roeder, in: Niesel, SGB III, § 255 Rn.12.

[572] Roeder, in: Niesel, SGB III, § 255 Rn.12; Toparkus, ZfSH/SGB 1997, 397 (401), der die Gefahr sieht, dass sich Arbeitnehmer bei Vereinbarung von Eingliederungsmaßnahmen im Sozialplan, die für sie unter Umständen günstig sind, weniger als bisher gegen Massenentlassungen oder ungerechtfertigte Kündigungen wehren.

[573] Petzold, in: Hauck/Noftz, SGB III, K § 255 Rn.10; so zumindest die Vorstellung des Gesetzgebers, siehe Gesetzesbegründung in: BT-Dr.13/4941, S.198 zu § 253 SGB III a.F..

[574] Henkes/Baur/Kopp/Polduwe, Hdb. SGB III, S.499.

[575] Henkes/Baur/Kopp/Polduwe, Hdb. SGB III, S.499, mit dem Hinweis darauf, dass Fremdmittel auch bei der Finanzierung von Abfindungssozialplänen oft eingesetzt werden.

[576] Henkes/Baur/Kopp/Polduwe, Hdb. SGB III, S.499.

nahmen können allerdings nur dann von der Arbeitsverwaltung als Eigenbeteiligung im Sinne des § 255 Abs.1 Nr.5 SGB III anerkannt werden, wenn sie nicht öffentlichrechtlicher Art sind[577].

cc) Höhe der Beteiligung des Arbeitgebers

Das zuständige Landesarbeitsamt hat in jedem Einzelfall die Angemessenheit der Beteiligung des Arbeitgebers an den Eingliederungsmaßnahmen neu zu bewerten[578]. Dabei weist die Bundesanstalt für Arbeit darauf hin, dass der Gesetzgeber keine festen Richtsätze vorgegeben hat, nach denen die Angemessenheit der Beteiligung des Unternehmers zu bemessen ist[579]. Fraglich ist also, wann eine Eigenbeteiligung des Arbeitgebers als angemessen im Sinne des § 255 Abs.1 Nr.5 SGB III gelten kann.

(1) Einsparung von Kosten der Arbeitsverwaltung

Nach teilweise vertretener Ansicht hängt die Angemessenheit der finanziellen Beteiligung des Arbeitgebers an der Durchführung der Sozialplanmaßnahmen davon ab, inwiefern der Arbeitsverwaltung ohne die Durchführung dieser Beschäftigungsmaßnahmen für die Gewährung von anderen Leistungen der Arbeitsförderung Kosten entstanden wären[580]. Insofern sei bei der Bemessung der Angemessenheit des Beitrags des Arbeitgebers immer eine Vergleichsrechnung anzufertigen, aus der hervorgehe, welche Kosten die Arbeitsverwaltung durch die Durchführung der Sozialplanmaßnahmen spare[581]. Eine Bestimmung nach dem zahlenmäßigen Verhältnis von Abfindungen und beschäftigungswirksamen Maßnahmen lehnt diese Auffassung hingegen ab[582].

Dem kann meines Erachtens nicht gefolgt werden. Der Anteil des Arbeitgebers an der Finanzierung der Sozialplanmaßnahmen kann nicht davon abhängen, wie viele Haushaltsmittel die Arbeitsverwaltung durch die Durchführung der beschäftigungswirksamen Maßnahmen in dieser Form eines Sozialplans gegenüber der herkömmlichen Nutzung der einzelnen Instrumente des SGB III spart. Dagegen spricht auch das nach dem SGB III angewandte Verfahren der Förderung, bei dem erst nach der Gesamtabrechnung nach § 326 SGB III das Gesamtvolumen der Einsparung festgestellt werden kann[583].

(2) Verhältnis von Eigenbeteiligung und Förderung

Nach einer weiteren Auffassung soll sich die Angemessenheit aus dem Verhältnis zwischen der Eigenbeteiligung des Arbeitgebers an den Eingliederungsmaßnahmen und der

---

[577] Feckler, in: GK-SGB III, § 255 Rn.8; Roeder, in: Niesel, SGB III, § 255 Rn.12.
[578] BA-Runderlass zu den §§ 254 ff. SGB III vom 26.02.2002, § 255, 255.1.5., (2); Roeder, in: Niesel, SGB III, § 255 Rn.12; Theuerkauf, in: Hennig, SGB III, § 255 Rn.6.
[579] BA-Runderlass zu den §§ 254 ff. SGB III vom 26.02.2002, § 255, 255.1.5., (2).
[580] Petzold, in: Hauck/Noftz, SGB III, K § 255 Rn.10.
[581] Petzold, in: Hauck/Noftz, SGB III, K § 255 Rn.10.
[582] Petzold, in: Hauck/Noftz, SGB III, K § 255 Rn.10, mit dem Argument, dass ansonsten dieses Verhältnis doppelt Berücksichtung finden würde; siehe dazu auch Argumentation unter Teil 1 § 3 B. II. 1. e) cc) (5).
[583] Hoffmann, Die Förderung von Transfer-Sozialplänen, S.86 ff.

Förderungsleistungen der Arbeitsverwaltung ergeben[584]. Dem kann nicht zugestimmt werden, da die Förderung gerade von der angemessenen Eigenbeteiligung des Arbeitgebers abhängt. Eine Feststellung der Angemessenheit wäre nicht möglich, weil man weder eine Eigenbeteiligung des Arbeitgebers ohne deren Angemessenheit zu kennen, noch ein Förderungszahlung der Arbeitsverwaltung, die sich u.a. nach der Eigenbeteiligung richtet, zugrundelegen könnte.

(3) Berücksichtigung der wirtschaftlichen Leistungsfähigkeit

Einer anderen Ansicht nach ist die Angemessenheit der Beteiligung von der finanziellen Leistungsfähigkeit des Unternehmers abhängig[585]. Von einem finanziell schwachen Arbeitgeber kann eine Beteiligung nur in einem geringen Umfang erwartet werden[586]. Dabei ist insbesondere auch die wirtschaftliche Leistungsfähigkeit des Unternehmers mit Blick auf den Zeitraum nach der Betriebsänderung zu berücksichtigen[587], denn in diesem Zeitraum hat er seinen Eigenbeitrag zu erbringen. Soweit die Gegenansicht bei der Bestimmung der Angemessenheit der Beteiligung des Arbeitgebers gemäß § 255 Abs.1 Nr.5 SGB III gerade nicht auf die wirtschaftliche Leistungsfähigkeit des Unternehmers abstellen will[588], ist dem nicht zuzustimmen. Es ist nicht Ziel des Instruments, wirtschaftlich schwache Arbeitgeber von einer Sozialplanförderung auszuschließen[589].

(4) Bestimmung nach dem Verhältnis von Maßnahmen und Abfindungen

Eine weitere Auffassung will die Höhe der geforderten Eigenbeteiligung zusätzlich zur Berücksichtigung der wirtschaftlichen Leistungsfähigkeit nach dem Verhältnis von Eingliederungsmaßnahmen zu den übrigen Sozialplanleistungen, insbesondere den Abfindungszahlungen bestimmen[590]. Wann sich aus diesem Verhältnis die Angemessenheit der Eigenbeteiligung ergibt, soll danach aufgrund der unterschiedlichen Beschäftigungsstrukturen in den Betrieben vom jeweiligen Einzelfall abhängen[591]. Der Unternehmer hat auf

---

[584] Heither, Sozialplan und Sozialrecht, S.126.
[585] Petzold, in: Hauck/Noftz, SGB III, K § 255 Rn.10; Heither, Sozialplan und Sozialrecht, S.127; Roeder, in: Niesel, SGB III, § 255 Rn.12; Theuerkauf, in: Hennig, SGB III, § 255 Rn.6; Bepler, in: Gagel, SGB III, § 255 Rn.26; Gaul, AuA 1998, 336 (338), der darauf hinweist, dass dadurch sichergestellt ist, dass auch leistungsschwache Unternehmen nicht von einer Förderung der Eingliederungsmaßnahmen ausgeschlossen werden.
[586] Roeder, in: Niesel, SGB III, § 255 Rn.12.
[587] Petzold, in: Hauck/Noftz, SGB III, K § 255 Rn.10, nach dem eine verbesserte Ertragslage nach der Umstrukturierung die Anteil der Eigenbeteiligung ansteigen lässt, während ein vermuteter Umsatzrückgang die Anforderungen an den Arbeitgeber sinken lässt.
[588] Annuß, in: Richardi, BetrVG, § 112 Rn.123; im Ergebnis so wohl auch: Gaul, AuA 1998, 336 (338).
[589] Löwisch, RdA 1997, 287 (290).
[590] BA-Runderlass zu den §§ 254 ff. SGB III vom 26.02.2002, § 255 255.1.5., (2) und (3); Meyer, NZA 1998, 513 (514); Löwisch, RdA 1997, 287 (290); Henkes/Baur/Kopp/Polduwe, Hdb. SGB III, S.499; a.A. Hoffmann, Die Förderung von Transfer-Sozialplänen, S.86 ff., wenn es sich um einen reinen Eingliederungssozialplan handelt.
[591] BA-Runderlass zu den §§ 254 ff. SGB III vom 26.02.2002, § 255, 255.1.5., (2); Heither, Sozialplan und Sozialrecht, S.126.

jeden Fall den Teil der Eingliederungskosten zu übernehmen, der über die Förderobergrenze des § 257 SGB III hinausgeht[592].

Die Gegenauffassung hält dagegen ein Abstellen auf das Verhältnis von Eingliederungsmaßnahmen zu anderen Leistungen des Sozialplans, wie insbesondere Abfindungszahlungen, im Hinblick auf die Angemessenheit der Höhe der Eigenbeteiligung des Unternehmers für verfehlt[593]. Nach dieser Ansicht wird dieser Maßstab bereits bei der Angemessenheit der Zuschusshöhe durch das Landesarbeitsamt berücksichtigt[594]. Eine doppelte Berücksichtigung sei aber vom Gesetzgeber nicht vorgesehen gewesen und somit abzulehnen[595]. Durch den Wegfall des § 257 Abs.1 SGB III a.F. durch die Änderungen des SGB III im Zuge des Job-AQTIV-Gesetzes ist nunmehr die Berechnung der Angemessenheit der Zuschussbemessung durch das Landesarbeitsamt insoweit entfallen, als das sie nun nicht mehr in § 257 Abs.1 SGB III n.F. normiert ist[596]. Die Aussage, dass eine Berücksichtigung des Verhältnisses von Abfindungszahlungen zu Sozialplanmaßnahmen, bei der Angemessenheit der Höhe der Eigenbeteiligung des Unternehmers, zu einer doppelten Berücksichtigung führt, kann mithin nicht aufrecht erhalten werden[597].

(5) Zwischenergebnis

Folglich ist bei der Beurteilung der angemessenen Höhe der finanziellen Beiträge des Arbeitgebers nach § 255 Abs.1 Nr.5 SGB III auch das Verhältnis von Abfindungszahlungen zu beschäftigungswirksamen Maßnahmen im vereinbarten Sozialplan zu berücksichtigen[598].

Je mehr ältere Arbeitnehmer vom Sozialplan erfasst werden, desto weniger Eingliederungsmaßnahmen wird der Sozialplan enthalten und stattdessen Abfindungszahlungen vorsehen. Für ältere Arbeitnehmer sind beschäftigungswirksame Maßnahmen in vielen Fällen nicht mehr zweckmäßig, wenn eine Vermittlung in den ersten Arbeitsmarkt aussichtslos erscheint. Soweit der Sozialplan mehr jüngere Arbeitnehmer erfasst, können Beschäftigungsmaßnahmen gegenüber den vereinbarten Abfindungszahlungen überwiegen[599]. Für eine Bestimmung der Angemessenheit der Eigenbeteiligung des Arbeitgebers nach dem Verhältnis der Verteilung des Sozialplanvolumens spricht unter anderem auch der Wortlaut

---

[592] Roeder, in: Niesel, SGB III, § 255 Rn.12.
[593] Petzold, in: Hauck/Noftz, SGB III, K § 255 Rn.10.
[594] Petzold, in: Hauck/Noftz, SGB III, K § 255 Rn.10, der dabei auf § 257 Abs.1 Satz 2 SGB III a.F. verweist, der bis zum 01.01.2002 die Zuschussbemessung durch das Landesarbeitsamt regelte.
[595] Petzold, in: Hauck/Noftz, SGB III, K § 255 Rn.10, nach dem diese Art der Bemessung bereits systematisch anderweitig verortet wurde.
[596] Das heißt nicht, dass die Zuschussbemessung durch das Landesarbeitsamt nun nicht mehr angemessen sein müsste.
[597] A.A. insoweit Hoffmann, Die Förderung von Transfer-Sozialplänen, S.86 ff., der trotz der Änderung des § 257 SGB III eine Doppelberücksichtigung immer noch für möglich hält, diese aber für unproblematisch hält, weil das Entlastungsverbot für den Unternehmer dadurch nicht konterkariert wird.
[598] Dabei ist noch nicht geklärt, ob sich bei der Bestimmung des Verhältnisses von Abfindungszahlungen und Sozialplanmaßnahmen um das zahlenmäßige Verhältnis oder den Anteil an der Verursachung der Kosten handelt.
[599] Meyer, NZA 1998, 513 (514).

des § 255 Abs.1 Nr.5 SGB III, nach dem „im Rahmen des Sozialplans" Mittel zur Verfügung zu stellen sind[600].

dd) Eigenbeteiligung durch die Bereitstellung von Sachmitteln

Fraglich ist, ob auch eine ausschließliche Bereitstellung von Sachmitteln oder geldwerten Vorteilen, wie zum Beispiel die Zurverfügungstellung von Räumlichkeiten zur Durchführung der Qualifizierungsmaßnahmen als Eigenbeteiligung des Unternehmers im Sinne von § 255 Abs.1 Nr.5 SGB III ausreichend ist[601]. Nach einer Ansicht wird durch § 255 Abs.1 Nr.5 SGB III ausdrücklich eine finanzielle Beteiligung des Unternehmers gefordert, so dass die ausschließliche Bereitstellung von Sachmitteln oder geldwerten Vorteilen nicht ausreichen soll[602]. Die Gegenauffassung hält hingegen auch eine Beteiligung des Arbeitgebers in Form von Freistellungen der Mitarbeiter oder Bereitstellung von Sachmitteln für ausreichend[603]. Der zweiten Auffassung ist zuzustimmen. Für sie spricht, dass auch finanzschwache Betriebe u.U. Sachmittel zur Verfügung stellen und somit einen Beitrag leisten können. Auch Sachmittel sind mithin Finanzierungsmittel iSd. § 255 Abs.1 Nr.5 SGB III, denn durch ihre Bereitstellung können u.U. erhebliche Kosten eingespart werden, z.B. die Anmietung von Räumen zur Durchführung der Eingliederungsmaßnahmen.

ee) Vorgehensweise bei der Ermittlung der Beteiligungshöhe

Um die Höhe der angemessenen Beteiligung des Unternehmers zur Finanzierung der Sozialplanmaßnahmen nach § 255 Abs. 1 Nr.4 SGB III zu ermitteln, muss bereits vor Abschluss des Sozialplans festgelegt werden, in welchem Umfang der Arbeitgeber einen Sozialplan unter den gegebenen Umständen finanzieren kann[604]. Im Anschluss daran kann ein Teil des möglichen Gesamtvolumens ausschließlich für beschäftigungswirksame Maßnahmen abgespalten werden[605]. Zusätzlich muss dieser Volumenanteil dann auf bestimmte sinnvolle und zweckmäßige Eingliederungsmaßnahmen aufgeteilt werden. Erst wenn alle diese Schritte vollzogen worden sind, kann das zuständige Landesarbeitsamt überprüfen, ob der für die beschäftigungswirksame Maßnahmen abgespaltene Teil angesichts der aus dem Gesamtvolumen des Sozialplans abzulesenden Leistungsfähigkeit des Unternehmers angemessen ist[606].

Bei der Beurteilung der Angemessenheit der Eigenbeteiligung des Unternehmers an der Finanzierung der Eingliederungsmaßnahmen steht dem Arbeitgeber und der Arbeitnehmervertretung ein Beurteilungsspielraum zu, der von der Arbeitsverwaltung bei der Entschei-

---

[600] Siehe Hoffmann, Die Förderung von Transfer-Sozialplänen, S.86 ff.
[601] Siehe dazu: Henkes/Baur/Kopp/Polduwe, Hdb. SGB III, S.499.
[602] Henkes/Baur/Kopp/Polduwe, Hdb. SGB III, S.499, wonach allerdings die Bereitstellung von Sachmittel bei den Gesamtkosten der Maßnahme berücksichtigt werden kann.
[603] Heither, Sozialplan und Sozialrecht, S.126 f.; Knuth, 1.Zwischenbericht, S.39; Hoffmann, Die Förderung von Transfer-Sozialplänen, S.80 f.
[604] Bepler, in: Gagel, SGB III, § 255 Rn.26, mit anderen Worten: was der Arbeitgeber nach allgemeinen Grundsätzen „schuldet".
[605] Bepler, in: Gagel, SGB III, § 255 Rn.26.
[606] Bepler, in: Gagel, SGB III, § 255 Rn.26.

dung über die Förderungsfähigkeit beachtet werden muss[607]. Die Entscheidung der Betriebspartner ist vom Landesarbeitsamt folglich nur beschränkt nachprüfbar[608].

ff) Eigenbeteiligung des Unternehmers im Insolvenzfall

Die Bundesanstalt für Arbeit geht in ihrem Runderlass zu den §§ 254 ff. SGB III im weiteren darauf ein, wie die angemessene Beteiligung des Arbeitgebers an der Finanzierung der Eingliederungsmaßnahmen im Insolvenzfall des Betriebes zu beurteilen ist[609]. Nach den Regelungen in der Insolvenzordnung (§ 123 InsO) darf das Sozialplanvolumen nicht die Höhe von zweieinhalb Monatsverdiensten der von der Entlassung betroffenen Arbeitnehmer überschreiten (= Absolute Obergrenze § 123 Abs.1 InsO)[610]. Außerdem kann aus dem Sozialplan nach der relativen Obergrenze gemäß § 123 Abs.2 Satz 2 InsO nicht mehr als ein Drittel der für die Verteilung an die Insolvenzgläubiger zur Verfügung stehenden Insolvenzmasse für den Nachteilsausgleich zur Verfügung gestellt werden[611]. Nach der Bundesanstalt für Arbeit ist eine Beteiligung des Arbeitgebers an den Eingliederungsmaßnahmen im Insolvenzfall immer dann als angemessen anzusehen, wenn sowohl die absolute als auch die relative Höchstgrenze des möglichen Sozialplanvolumens erreicht sind[612]. Meines Erachtens kann damit aber nur gemeint sein, dass zumindest bei Erreichen dieser Höchstgrenzen die Beteiligung des Unternehmers als angemessen anzusehen ist, wenn sämtliche Mittel in die Finanzierung von Eingliederungsmaßnahmen fließen sollen. Aber auch wenn der Arbeitgeber die Höchstgrenzen des Sozialplanvolumens im Insolvenzfall gemäß § 123 InsO nicht voll ausschöpft, kann unter Umständen bereits eine angemessene Beteiligung an der Finanzierung der Eingliederungsmaßnahmen im Sinne des § 255 Abs.1 Nr.5 SGB III vorliegen. Die beschäftigungswirksame Nutzung von Sozialplänen und damit die Vereinbarung von Eingliederungsmaßnahmen wird nach dem SGB III so wichtig eingestuft, dass eine Förderung von beschäftigungswirksamen Maßnahmen auch im Fall der Insolvenz des Arbeitgebers möglich sein muss, wenn dieser nicht mehr ausreichend Kapital hat, um überhaupt die Obergrenzen des § 123 InsO zu erreichen[613].

---

[607] Löwisch, RdA 1997, 287 (290), mit dem Hinweis, dass ein ähnliches Problem bereits bei der Voraussetzung der arbeitsmarktlichen Zweckmäßigkeit aus § 255 Abs.1 Nr.4 SGB III besteht; soweit Meyer, NZA 1998, 513 (514 f.), nur der Arbeitsverwaltung nur einen eingeschränkten Beurteilungsspielraum zugesteht, weil der Arbeitgeber unabhängig über die finanzielle Ausstattung des Sozialplans entscheiden können soll, so ist dem nicht zu folgen; siehe dazu auch: Heither, Sozialplan und Sozialrecht, S.127 f.

[608] Löwisch, RdA 1997, 287 (290); Meyer, NZA 1998, 513 (514), mit der Begründung, dass die Festlegung des Sozialplanvolumens Teil der unternehmerischen Entscheidungsfreiheit ist.

[609] BA-Runderlass zu den §§ 254 ff. SGB III vom 26.02.2002, § 255, 255.1.5., (3).

[610] Obermüller/Hess, Insolvenzordnung, Rn.637; Schwerdtner, in: Kölner Schrift zur Insolvenzordnung, Rn.48 ff.

[611] Schwerdtner, in: Kölner Schrift zur Insolvenzordnung, Rn.79 ff.; BA-Runderlass zu den §§ 254 ff. SGB III vom 26.02.2002, § 255, 255.1.5., (3).

[612] BA-Runderlass zu den §§ 254 ff. SGB III vom 26.02.2002, § 255, 255.1.5., (3).

[613] So im Ergebnis auch Heither, Sozialplan und Sozialrecht, S.128.

f) Nr.6 – Sicherung der Durchführung

Bevor es zu einer Förderung von Eingliederungsmaßnahmen in einem Sozialplan kommt, muss nach § 255 Abs.1 Nr.6 SGB III die Durchführung der Maßnahmen gesichert sein. Die Zuschüsse zu Sozialplanmaßnahmen sollen nicht gewährt werden, wenn bereits bei Beginn der Eingliederungsmaßnahmen nicht gewährleistet ist, dass die Maßnahmen bis zum Abschluss durchgeführt werden können[614]. Die Durchführung der beschäftigungswirksamen Maßnahmen soll vor rechtlichen, tatsächlichen und finanziellen Hindernissen geschützt werden, die den Erfolg dieser Eingliederungsmaßnahmen behindern können[615]. Allerdings müssen nicht alle Unwägbarkeiten ausgeschlossen werden, da ansonsten ein präventiver Mitteleinsatz kaum möglich wäre[616].

aa) Notwendigkeit einer Sicherung der Durchführung

Die Notwendigkeit einer Sicherung der Durchführung der Maßnahmen ist je nach Art, Dauer und dem durchführenden Träger der Eingliederungsmaßnahmen unterschiedlich ausgestaltet[617]. Als Grund für die Einführung der Voraussetzung des § 255 Abs.1 Nr.6 SGB III wird angeführt, dass die Dauer der beschäftigungswirksamen Maßnahmen unter Umständen länger sein kann, als die Fortführung des Unternehmens[618]. Dabei spricht der Gesetzgeber auch in seiner Gesetzesbegründung bereits vom „Wegfall des Arbeitgebers"[619]. Löwisch hingegen hält einen „Wegfall des Arbeitgebers" nicht für möglich, da nach seiner Auffassung bei einem Wegfall des Unternehmens immer ein Rechtsnachfolger oder Liquidator in die Pflichten des Arbeitgebers eintritt und diese zu erfüllen hat[620]. Dem kann allerdings nicht zugestimmt werden[621]. Zum Beispiel kann es zu einem endgültigen „Wegfall des Arbeitgebers" kommen, wenn es zu einer liquidationslosen Löschung einer GmbH nach § 60 Abs.1 Nr.7 GmbHG kommt[622]. Meldet das Unternehmen noch während der Dauer der Maßnahmen Insolvenz an und fällt somit der Arbeitgeber als Träger der Maßnahmen weg, dann soll die tatsächliche Durchführung der Eingliederungsmaßnahmen auch im

---

[614] BA-Runderlass zu den §§ 254 ff. SGB III, § 255, 255.1.6., (1), Bepler, in: Gagel, SGB III, § 255 Rn.30; Löwisch, RdA 1997, 287 (290), fordert das Bestehen einer tatsächlichen und rechtlichen Basis für die vorgesehenen Maßnahmen; Rolfs, AR-Blattei SD, Rn.297.

[615] Henkes/Baur/Kopp/Polduwe, Hdb. SGB III, S.499; Meyer, NZA 1998, 513 (514 f.); Hoffmann, Die Förderung von Transfer-Sozialplänen, S.89 ff.

[616] Henkes/Baur/Kopp/Polduwe, Hdb. SGB III, S.499.

[617] Henkes/Baur/Kopp/Polduwe, Hdb. SGB III, S.499.

[618] Feckler, in: GK-SGB III, § 255 Rn.8; Roeder, in: Niesel, SGB III, § 255 Rn.13; Theuerkauf, in: Hennig, SGB III, § 255 Rn.7.

[619] Gesetzesbegründung, BT-Dr.13/4941, S.198 zu § 253 SGB III a.F.; Petzold, in: Hauck/Noftz, SGB III, K § 255 Rn.11.

[620] Löwisch, RdA 1997, S.287 (290f.); so auch: Bepler, in: Gagel, SGB III, § 255 Rn.31; Meyer, NZA 1998, 513 (515), mit dem Hinweis, dass insbesondere bei Veräußerung des Unternehmens der Rechtsnachfolger in die Verpflichtung gemäß § 25 HGB eintritt und die Eingliederungsmaßnahmen durchzuführen hat.

[621] Petzold, in: Hauck/Noftz, SGB III, K § 255 Rn.11.

[622] Petzold, in: Hauck/Noftz, SGB III, K § 255 Rn.11, Lutter/Hommelhoff, GmbHG, § 60 Rn.17.

weiteren gesichert sein[623]. Der Streit beruht mithin mehr oder minder auf einem Missverständnis, denn eben letztgenannte Fallkonstellationen soll der § 255 Abs.1 Nr.6 SGB III sichern. Andere Fälle hat der Gesetzgeber bei Einführung der Vorschrift nicht im Auge gehabt. Eine Gefährdung der Durchführung der Maßnahmen kann nicht nur in einer möglichen Zahlungsunfähigkeit des Arbeitgebers liegen, sondern auch bei einer Betriebsveräußerung nach § 613 a BGB durch den Unternehmer mit Wegfall der Haftungsmasse bestehen[624].

bb) Mögliche Sicherungsarten

Im Fall eines Sicherungsbedürfnisses der Eingliederungsmaßnahmen kann das zuständige Landesarbeitsamt die Förderung der Sozialplanmaßnahmen vom Nachweis von Sicherheiten abhängig machen[625]. Dem Bedürfnis nach Sicherung der Durchführung der Eingliederungsmaßnahmen in dem Sozialplan gemäß § 255 Abs.1 Nr.6 SGB III kann in unterschiedlicher Weise nachgekommen werden.

(1) Sicherung bei interner Maßnahmedurchführung

Die Bundesanstalt für Arbeit lässt, solange die beschäftigungswirksamen Maßnahmen im Betrieb oder vom Betrieb selbst durchgeführt werden sollen, für die Sicherung im Sinne des § 255 Abs.1 Nr.6 SGB III eine Erklärung des Arbeitgebers genügen[626]. Aus dieser Erklärung muss hervorgehen, dass die Durchführung der Eingliederungsmaßnahmen in räumlicher und personeller Hinsicht für den gesamten Zeitraum der Maßnahmedauer gesichert ist[627]. Eine Sicherung der beschäftigungsfördernden Maßnahmen liegt im Fall der Durchführung der Maßnahmen im eigenen Betrieb in der Auswahl des Personals, das die Maßnahmen leitet[628]. Des Weiteren kann § 255 Abs.1 Nr.6 SGB III auch durch die Stellung von verschiedenen Sicherheiten erfüllt werden, sowie auch die Wahl von unterschiedlichen Zahlungsmodalitäten, zum Beispiel Direktauszahlung an den Träger[629], Zahlung in Abschnitten oder Auszahlung in Raten, zur Sicherung der Durchführung beitragen kann[630]. So schlägt Roeder vor, dass der Arbeitgeber einen Finanzierungsvertrag über die Eingliederungsmaßnahmen mit einem Träger abschließt, der die Maßnahmen nach Auftrag durchführt, auch wenn der Unternehmer als eigentlicher Träger der Maßnahmen entfällt[631]. Ein weiterer Vorschlag kommt von Löwisch, der eine Sicherung der Durchführung der Maß-

---

[623] Feckler, in: GK-SGB III, § 255 Rn.8.
[624] Siehe zum letzteren Fall einer Gefährdung: Heither, Sozialplan und Sozialrecht, S.128f.
[625] Henkes/Baur/Kopp/Polduwe, Hdb. SGB III, S.499.
[626] Vgl. BA-Runderlass zu den §§ 254 ff. SGB III, § 255, 255.1.6., (2).
[627] BA-Runderlass zu den §§ 254 ff. SGB III, § 255, 255.1.6., (2); Bepler, in: Gagel, SGB III, § 255 Rn.31, der zusätzlich verlangt, dass bereits rechtsverbindlich klargestellt ist, welcher Veranstalter die Maßnahmen bei Wegfall des Arbeitgebers aufgrund welcher finanziellen Mittel weiterführen wird.
[628] Petzold, in: Hauck/Noftz, SGB III, K § 255 Rn.11.
[629] Bepler, in: Gagel, SGB III, § 255 Rn.30.
[630] Siehe Petzold, in: Hauck/Noftz, SGB III, K § 255 Rn.11.
[631] Roeder, in: Niesel, SGB III, § 255 Rn.13.

nahmen bei Zweifeln an der finanziellen Leistungsfähigkeit des Arbeitgebers durch Bankbürgschaften oder die Einrichtung von Treuhandkonten vorschlägt[632].

(2) Sicherung bei externer Maßnahmedurchführung

Sollen die Eingliederungsmaßnahmen nicht im Betrieb oder durch den Arbeitgeber selbst durchgeführt werden, sondern wurden sie durch einen Auftrag an einen anderen Träger oder eine Auffanggesellschaft weitergegeben, dann ist nach Aussage der Bundesanstalt für Arbeit von dem durchführenden Träger oder der Auffanggesellschaft eine entsprechende Erklärung über die Sicherung der Durchführung der Maßnahmen vorzulegen[633]. Sinnvoll ist es, in diesen Fällen eine Sicherung der Zahlungsverpflichtungen gegenüber den außerbetrieblichen Trägern zu verlangen, die in Bankbürgschaften oder der Einrichtung eines Treuhandkontos bestehen kann[634]. Zusätzlich hat nach Vorstellung Roeders das zuständige Landesarbeitsamt zu prüfen, ob der vom Arbeitgeber ausgewählte externe Träger der Maßnahme geeignet ist, die ordnungsgemäße und erfolgreiche Durchführung der beschäftigungswirksamen Maßnahmen zu garantieren[635].

(3) Sicherung der Maßnahmedurchführung in anderen Fällen

Des weiteren bedarf die Durchführung der Maßnahmen nach § 255 Abs.1 Nr.6 SGB III auch einer Sicherung in den Fällen, in denen das Unternehmen veräußert wird, die Umwandlung des Betriebes vollzogen wird oder der Einzelunternehmer ablebt[636]. In diesen Fällen tritt nach Ansicht der Bundesanstalt für Arbeit der Rechtsnachfolger in die Verpflichtung der jeweiligen Rechtsvorgänger ein und übernimmt somit die Sicherung der Durchführung der im Sozialplan vereinbarten beschäftigungswirksamen Maßnahmen[637]. Soweit sich das Unternehmen bereits im Insolvenzverfahren befindet, trifft den jeweiligen Insolvenzverwalter, Sequestor oder Liquidator die Pflicht für die Sicherung der Durchführung der Eingliederungsmaßnahmen zu sorgen[638]. In einem solchen Fall hat dieser die Erklärung über die Sicherung der Maßnahmen abzugeben.

Nach Löwisch soll regelmäßig keine Sicherung der Durchführung der Maßnahmen erforderlich sein, wenn die Kosten der Eingliederungsmaßnahmen komplett durch Sozialplanzuschüsse übernommen werden und die Beteiligung des Arbeitgebers ausschließlich in der Fortzahlung des Entgelts besteht[639]. In diesen Fallkonstellationen ist die Durchführung der Eingliederungsmaßnahmen selbst dann nicht gefährdet, wenn die Zahlungen des Un-

---

[632] Löwisch, RdA 1997, 287 (291).
[633] BA-Runderlass zu den §§ 254 ff. SGB III, § 255, 255.1.6., (2).
[634] Löwisch, RdA 1997, 287 (291); Roeder, in: Niesel, SGB III, § 255 Rn.13; so auch Petzold, in: Hauck/Noftz, SGB III, K § 255 Rn.11, der zusätzlich eine Nachvollziehbarkeit des Gesamtfinanzierungskonzeptes und die fachliche Eignung des Trägers zur Durchführung der Sozialplanmaßnahmen fordert; Feckler, in: GK-SGB III, § 255 Rn.8.
[635] Roeder, in: Niesel, SGB III, § 255 Rn.13.
[636] BA-Runderlass zu den §§ 254 ff. SGB III, § 255, 255.1.6., (3).
[637] BA-Runderlass zu den §§ 254 ff. SGB III, § 255, 255.1.6., (3).
[638] BA-Runderlass zu den §§ 254 ff. SGB III, § 255, 255.1.6., (3).
[639] Löwisch, RdA 1997, 287 (291); Meyer, NZA 1998, 513 (516).

ternehmers ausbleiben, weil dann die Arbeitsverwaltung für das Unterhaltsgeld der teilnehmenden Arbeitnehmer aufkommt[640]. Nur soweit die Sozialplanzuschüsse sich auf die Entgeltfortzahlung beziehen und diese entfällt, kann ein Sicherungsbedürfnis der Arbeitsverwaltung bestehen.[641]

Eine Gründung von Auffanggesellschaften wird vom Gesetzgeber nicht gefordert[642]. Sie ist möglich, soll aber nicht in jedem Fall notwendig sein[643]. Vielmehr wird sogar zum Teil von einer Gründung von Auffanggesellschaften zur Sicherung der Durchführung der Sozialplanmaßnahmen abgeraten[644].

2. Ausschluss der Förderung nach § 255 Abs.2 SGB III

In § 255 Abs.2 SGB III sind die negativen Voraussetzungen einer Förderung von beschäftigungswirksamen Maßnahmen in Sozialplänen aufgelistet[645]. Danach ist eine Förderung ausgeschlossen, wenn die Maßnahme überwiegend betrieblichen Interessen dient oder den gesetzlichen Zielen der Arbeitsförderung zuwiderläuft.

a) Nr.1 – Überwiegend betriebliche Interessen

Nach § 255 Abs.2 Nr.1 SGB III ist eine Förderung von in einem Sozialplan vereinbarten Beschäftigungsmaßnahmen nicht möglich, wenn die Maßnahmen überwiegend betrieblichen Interessen dienen[646].

aa) Ziel des Förderausschlusses nach § 255 Abs.2 Nr.1 SGB III

Ziel des Ausschlusses einer Förderung von Eingliederungsmaßnahmen, die überwiegend betrieblichen Interessen dienen, ist die Vermeidung von Mitnahmeeffekten, die nicht mit den Zielen der Arbeitsförderung zu vereinbaren wären[647]. Auch soll durch § 255 Abs.2 Nr.1 SGB III verhindert werden, dass es zwischen Unternehmen mit geförderten Sozialplänen und Betrieben ohne die Möglichkeit einer solchen Bezuschussung zu Wettbewerbsverzerrungen kommt[648]. Die Sozialplanzuschüsse sollen keine ungerechtfertigte Subventionierung von Arbeitgebern darstellen.

Insoweit ist § 95 Abs.2 Satz 1 SGB III, der für die individuelle Förderung Maßnahmen ausschließt, wenn sie überwiegend betrieblichen Interessen dienen, in einem ähnlichen

---

[640] So auch: Meyer, NZA 1998, 513 (516).
[641] Löwisch, RdA 1997, 287 (291).
[642] Petzold, in: Hauck/Noftz, SGB III, K § 255 Rn.11; Petzold, in: Hauck/Noftz, SGB III, K § 255 Rn.9; Feckler, in: GK-SGB III, § 255 Rn.8; siehe auch Gesetzesbegründung BT-Dr.13/4941, S.198.
[643] Roeder, in: Niesel, SGB III, § 255 Rn.13.
[644] So Feckler, in: GK-SGB III, § 255 Rn.8.
[645] Dazu: Theuerkauf, in: Hennig, SGB III, § 255 Rn.8.
[646] Siehe dazu auch: Henkes/Baur/Kopp/Polduwe, Hdb. SGB III, S.499 f.; Theuerkauf, in: Hennig, SGB III, § 255 Rn.9.
[647] Roeder, in: Niesel, SGB III, § 255 Rn.14; Strobel, Die sozialrechtliche Flankierung des Transfer-Sozialplans, S.95 (102 f.); Hoffmann, Die Förderung von Transfer-Sozialplänen, S.92.
[648] Zu der Frage, ob das Instrument der Sozialplanzuschüsse gemäß §§ 254 ff. SGB III mit Art.92 EG-Vertrag vereinbar ist, siehe unten unter Teil 1§ 4 C.

Sinn in § 255 Abs.2 Nr.1 SGB III übernommen worden. Lediglich der Begriff des überwiegenden betrieblichen Interesses ist anders zu formulieren, als nach der Legaldefinition in § 95 Abs.2 Satz 2 SGB III[649]. Eine Maßnahme liegt nicht dann im Interesse des Betriebes, so wie nach § 95 Abs.2 Satz 2 SGB III vorgesehen, wenn sie unmittelbar oder mittelbar vom Arbeitgeber getragen wird, da ansonsten die Eingliederungsmaßnahmen in einem Sozialplan, die immer vom Unternehmer zu tragen sind, in jedem Fall gegen § 255 Abs.2 Nr.1 SGB III verstoßen würden[650]. Das Instrument der Sozialplanzuschüsse liefe damit leer.

Ansatzpunkt für den Ausschluss eines überwiegenden betrieblichen Interesses ist nach der Bundesanstalt für Arbeit, dass die Zuschüsse zu Sozialplanmaßnahmen gemäß § 3 Abs.3 Nr.4 SGB III den Leistungen an Träger zugeordnet sind[651]. Daraus lässt sich nach Ansicht der Bundesanstalt für Arbeit der Wille des Gesetzgebers erkennen, die Zuschüsse an den Betrieb als Empfänger der Förderung leiten zu wollen[652]. Dabei soll der Arbeitgeber entweder selbst als Träger oder in Zusammenarbeit mit anderen Trägern die Eingliederungsmaßnahmen durchführen[653]. Auch besteht danach die Möglichkeit, die im Sozialplan vereinbarten beschäftigungswirksamen Maßnahmen extern, zum Beispiel durch eine Auffanggesellschaft, durchführen zu lassen[654]. Träger der Maßnahmen ist aber grundsätzlich immer der Arbeitgeber, der aus dem Sozialplan verpflichtet ist, die Maßnahmen durchzuführen[655]. Er verliert seine Eigenschaft als Träger der Maßnahme und somit als Empfänger der Zuschüsse nach §§ 254 ff. SGB III auch nicht dadurch, dass er mit der Durchführung der Eingliederungsmaßnahmen einen externen Träger beauftragt. Der Arbeitgeber darf, als Empfänger der Förderung der Eingliederungsmaßnahmen, nicht entgegen der Ziele der Arbeitsförderung agieren und keine Zuschüsse zu Sozialplanmaßnahmen zu betrieblichen Zwecken nutzen und somit eigene Aufwendungen ersparen.

---

[649] Löwisch, RdA 1997, 287 (291); so im Ergebnis auch Hoffmann, Die Förderung von Transfer-Sozialplänen, S.93.

[650] Bepler, in: Gagel, SGB III, § 255 Rn.32; Feckler, in: GK-SGB III, § 255 Rn.9; Petzold, in: Hauck/Noftz, SGB III, K § 255 Rn.12; Löwisch, RdA 1997, 287 (291); a.A. Roeder, in: Niesel, SGB III, § 255 Rn.14; Henkes/Baur/Kopp/Polduwe, Hdb. SGB III, S.499; zu undifferenziert: Rolfs, AR-Blattei SD, Rn.299.

[651] BA-Runderlass zu den §§ 254 ff. SGB III vom 26.02.2002, § 255, 255.2.1., (1).

[652] BA-Runderlass zu den §§ 254 ff. SGB III vom 26.02.2002, § 255, 255.2.1., (1).

[653] BA-Runderlass zu den §§ 254 ff. SGB III vom 26.02.2002, § 255, 255.2.1., (1).

[654] BA-Runderlass zu den §§ 254 ff. SGB III vom 26.02.2002, § 255, 255.2.1., (1).

[655] Heither, Sozialplan und Sozialrecht, S.132; a.A. insoweit: Henkes/Baur/Kopp/Polduwe, Hdb. SGB III, S.499, nach deren Ansicht der Gesetzgeber selber davon ausgeht, dass die Sozialplanmaßnahmen von einem Träger (§ 21 SGB III – Legaldefinition) durchgeführt werden, der nicht der Unternehmer ist, da die Leistung nicht als Arbeitgeberleistung, sondern als „Trägerförderung" im SGB III vorgesehen wurde. Träger kann zwar auch der, aus dem Sozialplan verpflichtete, Unternehmer selbst sein, grundsätzlich hält diese Auffassung aber Dritte für Träger im Sinne der §§ 254 ff. SGB III; ebenso: Däubler, in: Däubler/Kittner/Klebe, BetrVG, §§ 112, 112a Rn.177, nach dem die §§ 254 ff. SGB III keine Aussage darüber enthalten, wer Träger der Eingliederungsmaßnahmen sein kann, der Arbeitgeber kann zwar die Maßnahmen selber durchführen, er kann aber auch staatliche oder private Trainings- oder Bildungseinrichtungen mit der Durchführung der Maßnahmen beauftragen.

bb) Begriff des überwiegenden betrieblichen Interesses

Eine Interessenbindung liegt nach der Bundesanstalt für Arbeit nicht immer bereits dann vor, wenn die Maßnahmen im Betrieb oder eigenen Einrichtungen vom Arbeitgeber durchgeführt werden oder ein Dritter die Maßnahmen dort durchführt[656]. Auch eine berufliche Qualifizierungsmaßnahme ist nicht interessengebunden, soweit das Ziel der Eingliederungsmaßnahme auf eine Beschäftigungsaufnahme auf dem allgemeinen Arbeitsmarkt zielt und nicht speziell an eine Verwendung bei demselben Arbeitgeber gebunden ist[657].

(1) Problem der internen Qualifizierung

Eine Förderung der Sozialplanmaßnahmen ist jedoch dann ausgeschlossen, wenn die Eingliederungsmaßnahmen im weiteren Sinne eine innerbetriebliche Qualifizierung darstellen[658]. Betrieblich im Sinne des § 255 Abs.2 Nr.1 SGB III meint mithin nicht den räumlichen Bereich der Arbeitsstätte, für welchen das überwiegende Interesse des Arbeitgebers festzustellen wäre, sondern vielmehr „das inhaltliche Interesse des Unternehmers an die in Betriebsabläufe eingebundene Arbeit"[659].

Eine innerbetriebliche Qualifizierung liegt nach einer Auffassung immer dann vor, wenn die Sozialplanmaßnahmen ausschließlich oder zumindest zu einem überwiegenden Teil (mehr als 50 Prozent) den Interessen des Konzerns, des Unternehmens[660], des Einzelbetriebes oder einer Betriebsabteilung nützen[661]. So soll nach Erlass der Bundesanstalt für Arbeit keine Bezuschussung von Eingliederungsmaßnahmen stattfinden, wenn die Maßnahmen einer Qualifizierung der Arbeitnehmer für einen anderen Produktionszweig des Betriebes, Unternehmens oder Konzerns desselben Arbeitgebers dienen[662]. Als Argument für eine Einbeziehung auch des Konzerninteresses spricht nach dieser Auffassung, dass § 255 Abs.2 Nr.1 SGB III verhindern will, dass Leistungen der Arbeitsverwaltung für Qualifizierungen eingesetzt werden, deren finanzielle Durchführung dem Arbeitgeber und in diesen Fällen dem Konzern als solchem obliegt[663].

---

[656] BA- Runderlass zu den §§ 254 ff. SGB III vom 26.02.2002, § 255, 255.2.1., (1); siehe Erläuterungen oben; auch Heither, Sozialplan und Sozialrecht, S.130.

[657] Feckler, in: GK-SGB III, § 255 Rn.9; BA- Runderlass zu den §§ 254 ff. SGB III vom 26.02.2002, § 255, 255.2.1., (1).

[658] BA- Runderlass zu den §§ 254 ff. SGB III vom 26.02.2002, § 255, 255.2.1., (2); ebenso: Feckler, in: GK-SGB III, § 255 Rn.9; Theuerkauf, in: Hennig, SGB III § 255 Rn.9; Bepler, in: Gagel, SGB III, § 255 Rn.34.

[659] Bepler, in: Gagel, SGB III, § 255 Rn.34, mit dem Hinweis, dass letzteres Interesse schon aus Gründen der EG-Rechts-Konformität (Art.87 EGV) nicht gefördert werden darf; siehe dazu auch Teil 1 § 4 C.

[660] Löwisch, RdA 1997, 287 (291), mit dem Hinweis, dass die Gesetzesbegründung zu diesem Teil explizit von „Unternehmen" und „Unternehmer" spricht.

[661] Feckler, in: GK-SGB III, § 255 Rn.9.

[662] Roeder, in: Niesel, SGB III, § 255 Rn.14; Henkes/Baur/Kopp/Polduwe, Hdb. SGB III, S.499; BA-Runderlass zu den §§ 254 ff. SGB III vom 26.02.2002, § 255, 255.2.1., (2); Heither, Sozialplan und Sozialrecht, S.130.

[663] Gaul, AuA 1998, 336 (338); Hoffmann, Die Förderung von Transfer-Sozialplänen, S.93 f.

Die Gegenansicht hält die Auffassung der Bundesanstalt für Arbeit im Hinblick auf den Ausschluss einer konzerninternen Ausbildung für zu pauschal[664]. Eine Förderung von Eingliederungsmaßnahmen, die sich als Weiterbildung für einen im Konzern zur Verfügung stehenden Arbeitsplatz darstellt, soll nach dieser Ansicht nur dann nach § 255 Abs.2 Nr.1 SGB III von einer Förderung ausgeschlossen sein, wenn bei sorgfältiger Überprüfung Eigenvorteile des Arbeitgebers im Hinblick auf die Qualifizierung für einen konzerneigenen Arbeitsplatz nicht erkennbar sind, die Weiterbildungsmaßnahme den Arbeitnehmer gleichzeitig auch für den allgemeinen Arbeitsmarkt qualifiziert und die geplante Beschäftigungsmaßnahme in ihrem Umfang das nach § 1 Abs.2 Satz 3 KSchG vorgesehene Maß überschreitet.[665]

Die Gründe für die Notwendigkeit einer solchen innerbetrieblichen Qualifizierung können unterschiedlich sein. So kann die Qualifikation von Arbeitnehmern für eine andere Organisationseinheit des Unternehmens erfolgen, weil gerade in dieser Organisationseinheit ein erhöhter Bedarf an entsprechend ausgebildeten Arbeitnehmern besteht. Weiterhin kann eine Umstellung der Produktion von unrentablen Produkten auf nachgefragte Produkte eine Umschulung der bisherigen Arbeitnehmer erfordern[666]. Gegen eine Förderung spricht jedoch, dass der Unternehmer für diese innerbetrieblichen Anpassungsqualifizierungen Unternehmer selber verantwortlich ist[667]. Ein Verschieben dieser Verantwortung auf die Solidargemeinschaft der Beitragszahler wäre nicht interessengerecht und würde die geförderten Unternehmen zu Unrecht bevorzugen. Arbeitnehmer für die Ausübung ihrer neuen Arbeit im Betrieb zu qualifizieren, auch wenn sie von der Stilllegung eines Produktionszweiges betroffen sind, ist Aufgabe des Arbeitgebers, der mit dem Betriebsrat über die Anpassungsleistungen im Interessenausgleich verhandelt. Dasselbe gilt auch bei konzerninternen Qualifizierungsmaßnahmen. Ohnehin fehlt bei innerbetrieblichen Anpassungsqualifizierungen bereits die nach § 255 Abs.1 Nr.1. SGB III erforderliche drohende Arbeitslosigkeit der teilnehmenden Arbeitnehmer[668]. Denn diese sollen durch diese Qualifizierungsmaßnahmen gerade für einen betriebs-, unternehmens- oder konzerninternen Arbeitsplatz vorbereitet und nicht in die Arbeitslosigkeit entlassen werden.

---

[664] Bepler, in: Gagel, SGB III, § 255 Rn.35; ebenso: Petzold, in: Hauck/Noftz, SGB III, K § 255 Rn.12, der zwar eine Förderung für die Fälle ausschließt, in denen eine Qualifizierung für denselben Betrieb oder einen anderen Betrieb des Unternehmens vorliegt, aber hinsichtlich der konzerninternen Qualifizierung eine differenzierte Betrachtung vorschlägt.

[665] Bepler, in: Gagel, SGB III, § 255 Rn.35; Petzold, in: Hauck/Noftz, SGB III, K § 255 Rn.12, der auf jeden Fall eine Einzelfallprüfung voraussetzt, bei der eine Förderung der Maßnahme nur dann abgelehnt werden darf, wenn auf Kosten der Beitragszahler die konzerneigene Fortbildungsabteilung ausgelagert wird.

[666] Theuerkauf, in: Hennig, SGB III § 255 Rn.9.

[667] BA- Runderlass zu den §§ 254 ff. SGB III vom 26.02.2002, § 255, 255.2.1., (2); Theuerkauf, in: Hennig, SGB III, § 255 Rn.9; Feckler, in: GK-SGB III, § 255 Rn.9, nach dem diese Verantwortung allein den Unternehmer, aber nicht die Solidargemeinschaft der Versicherten trifft; nach Bepler, in: Gagel, SGB III, § 255 Rn.34, ergibt sich dies bereits aus § 2 Abs.1 Satz 2 Nr.1 SGB III, nach dem der Arbeitgeber als Träger der Maßnahme angesprochen ist und den mithin die vorrangige Verantwortung aus § 2 SGB III trifft.

[668] So auch: Roeder, in: Niesel, SGB III, § 255 Rn.14; ebenso: Feckler, in: GK-SGB III, § 255 Rn.9.

Nicht völlig ausgeschlossen werden kann die Tatsache, dass an Eingliederungsmaßnahmen teilnehmende Arbeitnehmer, die zu diesem Zweck bereits aus dem produktiven Bereich des Betriebes ausgeschieden sind, gelegentlich (als Aushilfe) in die produktive Tätigkeit zurückgerufen werden. § 255 Abs.2 Nr.1 SGB III verhindert eine solche Rückholung des Arbeitnehmers nicht völlig, legt aber fest, dass dies nur in Ausnahmefällen möglich sein soll.[669]

(2) Ausnahmeförderung bei innerbetrieblicher Qualifizierung

Gaul führt jedoch einen weiteren Fall an, in dem näher zu prüfen ist, ob eine innerbetriebliche Qualifizierung für einen betrieblichen Arbeitsplatz vorliegt, die eine Förderung nach § 225 Abs.2 Nr.1 SGB III wegen überwiegenden betrieblichen Interesses ausnahmsweise nicht ausschließt[670]. Nach ihm können in Fällen einer innerbetrieblichen Qualifizierung diese Maßnahmen trotzdem nach §§ 254 ff. SGB III förderungsfähig sein, wenn der Arbeitgeber auf dem Arbeitsmarkt preiswertere Arbeitnehmer einstellen könnte (z.B. Leiharbeitnehmer) und auf diese Möglichkeit zugunsten seiner von der Betriebsänderung betroffenen Beschäftigten verzichtet und diesen stattdessen Weiterbildungsmaßnahmen anbietet, um sie weiterbeschäftigen zu können[671]. In diesen Fällen soll dann, obwohl von der Sache her eine innerbetriebliche Qualifizierung stattfindet und ein Verstoß gegen § 255 Abs.2 Nr.1 SGB III an sich vorläge, trotzdem eine Förderung der Eingliederungsmaßnahmen durch die Arbeitsverwaltung möglich sein[672]. Dem ist nicht zuzustimmen. Das Landesarbeitsamt kann bei der Entscheidung über die Förderung diese Behauptung nicht überprüfen. Auch wenn der Arbeitgeber Nachweise über die mögliche Einstellung preiswerterer Arbeitskräfte erbringt, so ist damit nicht gesagt, dass er diese auch eingestellt hätte.

(3) Verpflichtung zur Durchführung von Eingliederungsmaßnahmen aus anderen Rechtsgründen

Weiterhin liegt ein überwiegendes betriebliches Interesse im Sinne des § 255 Abs.2 Nr.1 SGB III vor, wenn der Arbeitgeber bereits außerhalb des vereinbarten Sozialplans zur Durchführung von Eingliederungsmaßnahmen für die betroffenen Arbeitgeber gesetzlich oder vertraglich verpflichtet ist[673].

---

[669] Bepler, in: Gagel, SGB III, § 255 Rn.33.
[670] Gaul, AuA 1998, 336 (338).
[671] Gaul, AuA 1998, 336 (338).
[672] Gaul, AuA 1998, 336 (338).
[673] Henkes/Baur/Kopp/Polduwe, Hdb. SGB III, S.500.

b) Nr.2 - Verstoß gegen Ziele der Arbeitsförderung

§ 255 Abs.2 Nr.2 SGB III verbietet eine Bezuschussung von Eingliederungsmaßnahmen durch die §§ 254 ff. SGB III, wenn die Maßnahmen den gesetzlichen Zielen der Arbeitsförderung zuwiderlaufen[674].

aa) Ziele der Arbeitsförderung im SGB III

Danach darf die Förderung von Sozialplanmaßnahmen nicht gegen die gesetzlichen Ziele der Arbeitsförderung im Sinne der §§ 1 ff. SGB III verstoßen[675]. Die Ziele der Arbeitsförderung können mit den folgenden Schlagworten beschrieben werden: Verantwortung von Arbeitgeber und Arbeitnehmer für Beschäftigung, Vorrang der Vermittlung vor Erbringung sonstiger Förderleistungen, Vorrang der aktiven Arbeitsförderung vor sonstigen Maßnahmen[676] und Verhinderung der Langzeitarbeitslosigkeit.[677]

Nach der Bundesanstalt für Arbeit scheiden demnach solche Maßnahmen von der Förderung aus, die entweder das Ausscheiden der Arbeitnehmer aus dem Arbeitsprozess, wie zum Beispiel die Frühverrentung von Arbeitnehmern[678], anstreben oder solche Maßnahmen, die eine Aufstockung von gesetzlichen Leistungen der Arbeitsförderung vorsehen[679]. Im Vordergrund steht wie bei der Freien Förderung nach § 10 SGB III die Wiedereingliederung der Arbeitnehmer in den Arbeitsmarkt[680]. Somit stellt § 255 Abs.2 Nr.2 SGB III nur eine weitere Ausformung des grundsätzlichen Vorrangs der Eingliederung der betroffenen Arbeitnehmer in den ersten Arbeitsmarkt dar[681].

---

[674] Nach Theuerkauf, in: Hennig, SGB III, § 255 Rn.10, ist das an sich eine selbstverständliche Anforderung des SGB III, die allerdings auch bei der freien Förderung nach § 10 Abs.1 SGB III zusätzlich gefordert wird.

[675] Henkes/Baur/Kopp/Polduwe, Hdb. SGB III, S.500; BA- Runderlass zu den §§ 254 ff. SGB III vom 26.02.2002, § 255, 255.2.2., (1); siehe auch: Feckler, in: GK-SGB III, § 255 Rn.9; Petzold, in: Hauck/Noftz, SGB III, K § 255 Rn.13, der insbesondere auf die besondere Verantwortung der Arbeitgeber und der Arbeitnehmer aus § 2 SGB III verweist; Bepler, in: Gagel, SGB III, § 255 Rn.36; Rolfs, AR-Blattei SD, Rn.300.

[676] Nach Heither, Sozialplan und Sozialrecht, S.130f., sollen die Eingliederungsmaßnahmen allein der aktiven Arbeitsmarktförderung dienen.

[677] Bepler, in: Gagel, SGB III, § 255 Rn.36; siehe auch: Ost/Mohr/Estelmann, Sozialrecht, S.284 f.

[678] Roeder, in: Niesel, SGB III, § 255 Rn.15; so auch: Petzold, in: Hauck/Noftz, SGB III, K § 255 Rn.13; Henkes/Baur/Kopp/Polduwe, Hdb. SGB III, S.500, wo als Vergleich die freie Förderung der beruflichen Eingliederung nach dem SGB III herangezogen wird; Bepler, in: Gagel, SGB III, § 255 Rn.36, mit dem Verweis, dass bereits die Gesetzesbegründung dies erläutert, BT-Dr.13/4941, S.198.

[679] BA- Runderlass zu den §§ 254 ff. SGB III vom 26.02.2002, § 255, 255.2.2., (1); Bepler, in: Gagel, SGB III, § 255 Rn.36; Löwisch, RdA 1997, 287 (291).

[680] Petzold, in: Hauck/Noftz, SGB III, K § 255 Rn.13; Theuerkauf, in: Hennig, SGB III, § 255 Rn.10.

[681] Roeder, in: Niesel, SGB III, § 255 Rn.15; Hoffmann, Die Förderung von Transfer-Sozialplänen, S.94 f., der § 255 Abs.2 Nr.2 SGB III lediglich eine Appellfunktion zukommen lässt.

bb) Problem der unerlaubten Prämienzahlung und zulässigen Einstellungszuschüsse

Ziel der Arbeitsverwaltung muss es sein, die Leistungen der §§ 254 ff. SGB III so einzusetzen, dass eine Gewähr dafür gegeben werden kann, dass durch die Förderung nicht die Erhaltung und Schaffung von wettbewerbsfähigen Arbeitsplätzen gefährdet wird[682]. Als Beispiel für dieses Problem führt die Bundesanstalt für Arbeit den Fall an, dass im Sozialplan eine Prämienzahlung für die Einstellung der vom Personalabbau betroffenen Arbeitnehmer vorgesehen ist[683]. Umstritten ist, ob die Zahlung solcher „Prämien" als Eingliederungsmaßnahme im Sinne der §§ 254 ff. SGB III gefördert werden kann[684].

(1) Wettbewerbsverzerrung durch Prämienzahlung

Die Bundesanstalt für Arbeit verneint eine Förderfähigkeit dieser Zahlungen mit dem Argument, dass durch die Zahlung solcher Prämien wettbewerbsfähige Arbeitsplätze bei einem dritten Arbeitgeber gefährdet werden könnten, der solche Prämienzahlungen nicht erhält[685]. Dieses Ergebnis stünde im Widerspruch zu den Zielen der Arbeitsförderung. Unter Umständen könnten solche Förderungen außerdem nicht mit Art. 87 EGV im Einklang stehen, wenn sie als mit dem Gemeinsamen Markt nicht vereinbare Beihilfen zu betrachten wären[686]. Solche Einstellungsprämien seien damit ein Beispiel für nicht förderungswürdige Eingliederungsmaßnahmen nach dem SGB III[687]. Anders zu bewerten ist nach Auffassung der Bundesanstalt für Arbeit dagegen die Zahlung von Eingliederungszuschüssen an die aufnehmenden Arbeitgeber[688]. Die Eingliederungszuschüsse sollen die Minderleistungsfähigkeit des betroffenen Arbeitnehmers auf dem neuen Arbeitsplatz ausgleichen[689] und dadurch Anreize für Arbeitgeber schaffen, ausscheidende Arbeitnehmer aus den betroffenen Betrieben aufzunehmen, ohne einen Verlust durch die Einarbeitungszeit zu haben.

(2) Einzelfallentscheidung

Die Gegenauffassung führt aus, dass es sich bei der Unterscheidung zwischen Prämienzahlungen und Eingliederungszuschüssen letztlich nur um die bloße Bezeichnung einer Förderung handele, die inhaltlich aber keine Unterschiede aufzeige[690]. Daher sei ein Ausschluss solcher Förderungsleistungen nicht generell anzunehmen. Gaul weist darauf hin, dass auch in der Durchführungsanordnung der Bundesanstalt für Arbeit davon ausgegangen wird, dass eine Förderung der Arbeitsaufnahme bei einem anderen Arbeitgeber zuläs-

---

[682] So auch: BA- Runderlass zu den §§ 254 ff. SGB III vom 26.02.2002, § 255, 255.2.2., (2).
[683] BA- Runderlass zu den §§ 254 ff. SGB III vom 26.02.2002, § 255, 255.2.2., (2).
[684] Zum Streitstand vgl. auch Heither, Sozialplan und Sozialrecht, S.130 f.
[685] BA- Runderlass zu den §§ 254 ff. SGB III vom 26.02.2002, § 255, 255.2.2., (2); vgl. auch Löwisch, RdA 1997, 287 (291).
[686] BA- Runderlass zu den §§ 254 ff. SGB III vom 26.02.2002, § 255, 255.2.2., (2); siehe dazu auch Teil 1 § 4 C.
[687] So im Ergebnis auch Heither, Sozialplan und Sozialrecht, S.130 f.
[688] BA- Runderlass zu den §§ 254 ff. SGB III vom 26.02.2002, § 255, 255.2.2., (2).
[689] Vgl. BA- Runderlass zu den §§ 254 ff. SGB III vom 26.02.2002, § 255, 255.2.2., (2).
[690] Gaul, AuA 1998, 336 (338).

sig ist[691]. Folglich könne es keine Rolle spielen, ob die Aufnahme einer Arbeitstätigkeit bei einem anderen Arbeitgeber unmittelbar durch eine Prämie gefördert wird, oder ob die Förderung durch einen Zuschuss zu den im aufnehmenden Betrieb durchgeführten Maßnahmen erfolgt[692].

(3) Stellungnahme

Die Bundesanstalt für Arbeit geht auf den Unterschied zwischen den nach ihr verbotenen Prämienzahlungen und den zulässigen Eingliederungszuschüssen nicht ein. Dabei könnte auch in der Zahlung von Einstellungsprämien ein Ausgleich von Minderleistungsfähigkeit liegen. Eingliederungszuschüsse nach §§ 217 ff. SGB III werden ausschließlich zum Ausgleich einer Minderleistung an den Unternehmer geleistet und die §§ 225 ff. SGB III gewähren einen Einstellungszuschuss bei Neugründungen nur unter engen Voraussetzungen[693]. Aus diesen Bestimmungen ergibt sich, dass der Gesetzgeber die Einstellung von Arbeitnehmern grundsätzlich nicht, sondern nur ausnahmsweise subventionieren wollte. Ein Zuschuss für die Einstellung von neuen Mitarbeitern ist damit auch im Rahmen von Zuschüssen zu Sozialplanmaßnahmen an den Ausgleich einer Minderleistung gebunden. Reine „Prämienzahlungen" sind mithin nach § 255 Abs.2 Nr.2 SGB III von einer Förderung ausgeschlossen.

cc) Existenzgründung und Scheinselbständigkeit

Förderungswürdig sollen dagegen Eingliederungsmaßnahmen sein, die zur Vorbereitung der Aufnahme einer selbständigen Tätigkeit dienen, weil auch die Existenzgründung die Arbeitnehmer in den Arbeitsmarkt zurückkehren lässt[694]. Außerdem kann ein Existenzgründer neue Arbeitsplätze schaffen, so dass eine Zielerreichung des Arbeitsförderungsrechts noch näher rückt. Problematisch erscheint in dieser Hinsicht nur die Möglichkeit der Begründung eines Scheinselbständigkeitsverhältnisses zum Unternehmen, die als arbeitsförderungswidrig einzustufen ist[695].

c) Weggefallener Ausschlussgrund Nr.3 – Wahlrecht zwischen Abfindung und Sozialplanmaßnahme

Vor der Änderung des SGB III durch das Job-AQTIV-Gesetz vom 01.01.2002 enthielten die §§ 254 ff. SGB III einen weiteren Förderungsausschluss in § 255 Abs.2 Nr.3 SGB III a.F.[696]. Gemäß § 255 Abs.2 Nr.3 SGB III a.F. war eine Förderung von Sozialplanmaßnah-

---

[691] Gaul, AuA 1998, 336 (338); Runderlass der BA zu den Zuschüssen zu Sozialplanmaßnahmen gemäß §§ 254 ff. SGB III vom 26.02.2002, § 254, 254.1.(4)b).
[692] Gaul, AuA 1998, 336 (338).
[693] Heither, Sozialplan und Sozialrecht, S.131.
[694] Kopp, NZS 1997, 456 (457); Roeder, in: Niesel, SGB III, § 255 Rn.15, der dabei auf § 57 SGB III verweist, worin die Zahlung von Überbrückungsgeldern der Beendigung von Arbeitslosigkeit dient.
[695] Roeder, in: Niesel, SGB III, § 255 Rn.15.
[696] Siehe zur alten Gesetzeslage: § 255 Abs.2 Nr.3 SGB III, BGBl. I v.24.03.1997, S.594 ff.; auch: Annuß, in: Richardi, BetrVG, § 112 Rn.128; Däubler, in: Däubler/Kittner/Klebe, BetrVG, §§ 112, 112a Rn.169; Rolfs, AR-Blattei SD, Rn.301.

men dann ausgeschlossen, wenn der Sozialplan ein Wahlrecht der Arbeitnehmer zwischen Abfindung und Maßnahme vorsah[697]. Nunmehr können auch Sozialpläne durch die §§ 254 ff. SGB III gefördert werden, wenn in ihnen ein individuelles Wahlrecht der Arbeitnehmer zwischen Abfindung und Maßnahme vereinbart worden ist[698]. Als Begründung für das Entfallen des Förderungsausschlusses führt der Gesetzgeber in der Gesetzesbegründung an, dass im Sinne einer effektiven Nutzung des Instruments eine Förderung nach den §§ 254 ff. SGB III auch dann in Betracht kommen muss, wenn im Sozialplan ein Wahlrecht zwischen Abfindung und Eingliederungsmaßnahme vorgesehen ist[699]. Ansonsten käme es zur Benachteiligung derjenigen Arbeitnehmer, deren Arbeitgeber aufgrund von finanziellen Schwierigkeiten die Maßnahmen nicht mehr alleine finanzieren könnten[700]. Nach der Gesetzesbegründung bliebe diesen Arbeitnehmern aufgrund einer nicht möglichen Bezuschussung durch die Arbeitsverwaltung die erforderliche präventive und betriebsnahe Unterstützung bei der Suche eines neuen Arbeitsplatzes vorenthalten[701]. Die Argumentation des Gesetzgebers ist meines Erachtens nicht nachzuvollziehen. Die Teilnahme an Eingliederungsmaßnahmen statt der Zahlung einer Abfindung stellt für die vom Personalabbau betroffenen Arbeitnehmer gerade keinen Nachteil dar. Gerade in wirtschaftlich schwachen Betrieben kommt oftmals erst durch die Sozialplanförderung überhaupt ein Sozialplan zustande, der beschäftigungswirksame Maßnahmen beinhaltet[702]. Die Einfügung eines Wahlrechts zwischen Eingliederungsmaßnahme und Abfindungszahlung in einem geförderten Sozialplan wird meines Erachtens immer zu einer Minderung der beschäftigungsfördernden Wirkung des Sozialplans führen.

III. Erweiterungen der Förderungsmöglichkeit auf sozialplanähnliche Vereinbarungen nach § 255 Abs.3 SGB III

Gemäß § 255 Abs.3 SGB III können auch Eingliederungsmaßnahmen, die in einem außerhalb des Anwendungsbereichs des Betriebsverfassungsrechts vereinbarten Sozialplan oder in einer sozialplanähnlichen Vereinbarung vorgesehen sind, durch Zuschüsse der Arbeits-

---

[697] Petzold, in: Hauck/Noftz, SGB III, K § 255 Rn.14; Bepler, in: Gagel, SGB III, § 255 Rn.37 und § 255 Rn.33, der schon damals die Gesetzesbegründung dieser Vorschrift für zu kurzschlüssig hielt und anführte, dass auch Sozialpläne, die ein solches Wahlrecht der Arbeitnehmer vorsehen, beschäftigungswirksam genutzt werden würden und nur der Anteil der Nutzung unter Umständen geringer ausfallen würde; Annuß, in: Richardi, BetrVG, § 112 Rn.128; Feckler, in: GK-SGB III, § 255 Rn.9; Roeder, in: Niesel, SGB III, § 255 Rn.16; Theuerkauf, in: Hennig, SGB III, § 255 Rn.1, der darin einen speziellen Unterfall der bereits in § 255 Abs.2 Nr.2 SGB III aufgeführten Negativvoraussetzung sah.

[698] Job-AQTIV-Gesetz, BGBl. I vom 14.12.2001, S.3443 ff.; Fitting/Kaiser/Heither/Engels/Schmidt, BetrVG, §§ 112, 112a Rn.138.

[699] Gesetzesbegründung zum Job-AQTIV-Gesetz, BT-Dr.14/ 6944, S.42.

[700] Gesetzesbegründung zum Job-AQTIV-Gesetz, BT-Dr.14/ 6944, S.42.

[701] Gesetzesbegründung zum Job-AQTIV-Gesetz, BT-Dr.14/ 6944, S.42; Feckler, in: GK-SGB III, § 255 Rn.9a.

[702] Kirsch u.a., Zuschüsse zu Sozialplanmaßnahmen, S.115 ff.

verwaltung gefördert werden[703]. Dabei sollen nach § 255 Abs.3 SGB für diese Maßnahmen die Norm des § 255 Abs.1 und Abs.2 SGB III entsprechend angewandt werden.

1. Sinn und Zweck des § 255 Abs.3 SGB III

Ziel des § 255 Abs.3 SGB III ist es sicherzustellen, dass grundsätzlich auch Maßnahmen durch Zuschüsse zu Sozialplanmaßnahmen gefördert werden können, die in Sozialplänen außerhalb des Anwendungsbereiches des Betriebsverfassungsgesetzes oder in sozialplanähnlichen Vereinbarungen vereinbart worden sind[704]. Ein Eingliederungsbedarf der vom Personalabbau betroffenen Arbeitnehmer besteht grundsätzlich auch in den Fällen eines fehlenden Betriebsrates oder in Betrieben mit regelmäßig weniger als 20 Beschäftigten im Sinne des § 111 Satz 1 BetrVG[705].

Der Gesetzgeber hat im § 255 Abs.3 SGB III zwei verschiedene Möglichkeiten der Vereinbarung von Eingliederungsmaßnahmen den Maßnahmen in einem Sozialplan nach dem BetrVG gleichgestellt[706]. So unterscheidet er zum einen die Möglichkeit der Vereinbarung von beschäftigungswirksamen Maßnahmen in einem Sozialplan außerhalb des Betriebsverfassungsgesetzes und zum anderen die Zusammenstellung solcher Maßnahmen in einer sozialplanähnlichen Vereinbarung[707].

2. Sozialpläne außerhalb des Anwendungsbereichs des BetrVG

Förderungsfähige Maßnahmen in Sozialplänen außerhalb des Anwendungsbereiches des Betriebsverfassungsgesetzes sind nach der Vorstellung der Bundesanstalt für Arbeit vor allem solche, die in Vereinbarungen im Bereich der Kirchen, der Religionsgemeinschaften oder im Bereich des öffentlichen Dienstes beschlossen worden sind[708]. Dazu gehören auch

---

[703] § 255 Abs.3 SGB III wurde durch das 1.SGB III – ÄndG eingeführt; siehe Gaul, NJW 1998, 644 (646); Feckler, in: GK-SGB III, § 255 Rn.10; Petzold, in: Hauck/Noftz, SGB III, K § 255 Rn.15; Theuerkauf, in: Hennig, SGB III, § 255 Rn.12; kritisch auch Bepler, in: Gagel, SGB III, § 255 Rn.39 ff.

[704] Petzold, in: Hauck/Noftz, SGB III, K § 255 Rn.15; Feckler, in: GK-SGB III, § 255 Rn.10; vgl. Gesetzesbegründung zum 1.SGB III – ÄndG, BT-Dr. 13/8994, S.80, woraus erkennbar wird, dass der Gesetzgeber schon bei der Einführung des Instruments der Sozialplanzuschüsse, dieses nicht auf Sozialpläne im Sinne des § 112 Abs.1 S.2 BetrVG beschränken wollte.

[705] Feckler, in: GK-SGB III, § 255 Rn.10.

[706] Vgl. BA-Runderlass zu den §§ 254 ff. SGB III vom 26.02.2002, § 255, 255.3.1.; nicht ganz so deutlich wird die Unterscheidung dieser beiden Möglichkeiten von Roeder, in: Niesel, SGB III, § 255 Rn.17 dargestellt, nach ihm muss auch die Vereinbarungen außerhalb des Anwendungsbereiches des BetrVG sozialplanähnlich sein.

[707] BA-Runderlass zu den §§ 254 ff. SGB III vom 26.02.2002, § 255, 255.3.1.

[708] BA-Runderlass zu den §§ 254 ff. SGB III vom 26.02.2002, § 255, 255.3.1.; vergleiche auch Gesetzesbegründung in BT-Dr. 13/8994, S.80; Henkes/Baur/Kopp/Polduwe, Hdb. SGB III, S. 498; Feckler, in: GK-SGB III, § 255 Rn.10, wobei dieser nicht explizit zwischen Sozialplänen außerhalb des Anwendungsbereiches des BetrVG und sozialplanähnlichen Vereinbarungen unterscheidet, sondern von einer Schnittmenge ausgeht, die eine Förderung von Sozialplänen innerhalb oder außerhalb des Anwendungsbereichs des BetrVG nur erfasst, wenn diese sozialplanähnlich sind; Bepler, in: Gagel, SGB III, § 255 Rn.42, der als Argument anführt, dass im Bereich der Kirchen ein mit dem BetrVG

die karitativen und erzieherischen Einrichtungen der Kirchen und Religionsgemeinschaften ohne Rücksicht auf ihre Rechtsform, die nach § 118 Abs.2 BetrVG nicht zum Anwendungsbereich des Betriebsverfassungsrechts gehören[709]. Im öffentlichen Dienst können gemäß § 130 BetrVG keine Sozialpläne nach dem Betriebsverfassungsgesetz vereinbart werden, da das Gesetz nicht anwendbar ist. Wenn aber zum Beispiel § 75 Abs.3 Nr.13 BPersVG die Vereinbarung von Sozialplänen explizit vorsieht, dann können diese gemäß §§ 255 Abs.3, 254 ff. SGB III gefördert werden[710]. Ebenso können beschäftigungswirksame Maßnahmen in Sozialplänen von Tendenzbetrieben, wie zum Beispiel Zeitungs- und Zeitschriftenverlage, Wirtschaftsverbände oder wissenschaftliche Buchverlage, im Sinne des § 118 Abs.1 BetrVG nach §§ 254 ff. SGB III gefördert werden, obwohl für sie ein Interessenausgleich gemäß § 118 Abs.1 Satz 2 BetrVG nicht vorgeschrieben ist[711]. Auch können Sozialpläne im Bereich von Gewerkschaften, privaten Fürsorgevereinen oder Berufsförderungswerken als außerbetriebsverfassungsrechtliche Sozialpläne von der Arbeitsverwaltung gefördert werden[712].

Wie oben bereits ausgeführt, sind auch Eingliederungsmaßnahmen für leitende Angestellte, die in einem Sozialplan zwischen Sprecherausschuss und Arbeitgeber vereinbart wurden, gemäß § 255 Abs.3, 1.Alt. SGB III iVm. §§ 254 ff. SGB III förderungsfähig[713].

3. Sozialplanähnliche Vereinbarungen

Nach § 255 Abs.3, 2.Alt. SGB III sind solche Vereinbarungen förderungsfähig, die sozialplanähnlich sind. Darunter sind allgemein solche Vereinbarungen zu verstehen, die zwischen Arbeitgeber und Arbeitnehmervertretung abgeschlossen werden (kollektiver Tatbestand) und die darauf gerichtet sind, die wirtschaftlichen Nachteile der Betriebsänderung zu mildern oder auszugleichen[714]. Der Anwendungsbereich des § 255 Abs.3, 2.Alt. SGB III ist, soweit es sich um die Frage handelt, ob auch Vereinbarungen in betriebsratsfähigen Betrieben ohne Betriebsrat gefördert werden können, umstritten[715].

a) Vereinbarungen in betriebsratsfähigen, aber betriebsratslosen Betrieben

Bei den sozialplanähnlichen Vereinbarungen im Sinne des § 255 Abs.3 SGB III handelt es sich nach Vorstellung der Bundesanstalt für Arbeit um Vereinbarungen zwischen Betriebs-

---

[709] vergleichbares Mitbestimmungssystem besteht; a.A. Hoffmann, Die Förderung von Transfer-Sozialplänen, S.103 ff., nach dem unter § 255 Abs.3 1.Alt. SGB II ausschließlich freiwillige Sozialpläne gem. § 88 BetrVG zwischen Betriebsrat und Unternehmer in kleinen Unternehmen fallen.
Roeder, in: Niesel, SGB III, § 255 Rn.17; Heither, Sozialplan und Sozialrecht, S.121, nach dem ein Sozialplan außerhalb des BetrVG nur möglich ist, wenn eine gesetzliche Arbeitnehmervertretung besteht, ansonsten sei auf die Alternative „sozialplanähnliche Vereinbarung" abzustellen.

[710] Heither, Sozialplan und Sozialrecht, S.121.

[711] Roeder, in: Niesel, SGB III – Kommentar, § 255 Rn.17; a.A. Heither, Sozialplan und Sozialrecht, S.121, nach dem in Tendenzbetrieben nach § 118 Abs.1 Satz 2 BetrVG Sozialpläne generell zulässig sind und demnach nicht einer Anwendung über § 255 Abs.3 SGB III bedürfen.

[712] Feckler, in: GK-SGB III, § 255 Rn.10.

[713] Siehe oben Teil 1 § 3 B. II. 1. c) cc).

[714] Siehe auch Heither, Sozialplan und Sozialrecht, S.122; Hoffmann, aaO., S.105f.

[715] Vgl. Ausführungen von Petzold, in: Hauck/Noftz, SGB III, K § 255 Rn.15.

partnern, die auch in den Anwendungsbereich des Betriebsverfassungsrechtes fallen[716]. Ein Bedarf für Maßnahmen zur Eingliederung der betroffenen Arbeitnehmer bestehe auch in den Fällen, in denen der Betrieb, obwohl es möglich wäre, keinen Betriebsrat gewählt hat oder der Betrieb in der Regel nicht mehr als zwanzig wahlberechtigte Arbeitnehmer hat und demnach gemäß § 111 Satz 1 BetrVG weder Interessenausgleich noch Sozialplan vorgesehen sind[717]. Der Unterschied zu den grundsätzlich in den §§ 254 ff. SGB III angesprochenen Sozialplänen soll demnach darin liegen, dass in Betrieben, in denen kein Betriebsrat besteht, kein Sozialplan im eigentlichen Sinne abgeschlossen werden kann[718]. In einem solchen Fall sollen beschäftigungswirksame Maßnahmen jedoch auch dann förderungsfähig sein, wenn zwischen dem Arbeitgeber und der Vertretung der Arbeitnehmer eine sozialplanähnliche Vereinbarung analog § 255 Abs.1 SGB III geschlossen wurde[719]. Diese Möglichkeit der Förderung von Maßnahmen in sozialplanähnlichen Vereinbarungen soll unabhängig davon bestehen, aus welchen Gründen in den betreffenden Betrieben kein Betriebsrat besteht[720]. Sozialplanähnlich im Sinne des § 255 Abs.3 SGB III ist die Vereinbarung nur, wenn sie der Arbeitgeber und die Arbeitnehmervertretung gemeinsam geschlossen haben[721]. Ist eine Arbeitnehmervertretung zum Beispiel in Betrieben ohne Betriebsrat nicht vorhanden, muss die sozialplanähnliche Vereinbarung zwischen dem Unternehmer und der Gesamtheit der betroffenen Arbeitnehmer geschlossen werden[722]. Dann ist beim Abschluss der sozialplanähnlichen Vereinbarung erforderlich, dass alle betroffenen Arbeitnehmer einzeln sowie der Arbeitgeber die Vereinbarung unterschreiben[723].

Laut Bundesanstalt für Arbeit müssen die sozialplanähnlichen Vereinbarungen im Sinne des § 255 Abs.3 SGB III im wesentlichen denselben Inhalt wie die Sozialpläne nach § 112 Abs.1 Satz 2 BetrVG haben, das heißt, sie müssen die wirtschaftlichen Nachteile ausgleichen oder mildern, die den Arbeitnehmern durch die Betriebsänderung entstehen[724].

Entgegen dem Wortlaut des § 255 Abs.3 SGB III unterscheidet Stevens-Bartol nicht zwischen sozialplanähnliche Vereinbarungen und Sozialpläne außerhalb des Anwendungsbereichs des Betriebsverfassungsgesetzes ein. Vielmehr sieht er in § 255 Abs.3 SGB III eine Vorschrift, deren Zweck darin besteht, dass es durch eine unterschiedliche Behand-

---

[716] BA-Runderlass zu den §§ 254 ff. SGB III vom 26.02.2002, § 255, 255.3.1.; so auch Gaul, AuA 1998, 336 (337).

[717] Roeder, in: Niesel, SGB III, § 255 Rn.17; Gaul, AuA 1998, 336 (337).

[718] BA-Runderlass zu den §§ 254 ff. SGB III vom 26.02.2002, § 255, 255.3.1., wo ausgeführt wird, dass die Entstehung der Beteiligungsrechte nach dem BetrVG vom Bestehen eines Betriebsrates abhängig ist.

[719] BA-Runderlass zu den §§ 254 ff. SGB III vom 26.02.2002, § 255, 255.3.1.

[720] BA-Runderlass zu den §§ 254 ff. SGB III vom 26.02.2002, § 255, 255.3.1.

[721] Roeder, in: Niesel, SGB III, § 255 Rn.17.

[722] Roeder, in: Niesel, SGB III, § 255 Rn.17; weitergehend dagegen Stevens-Bartol, in: Frankfurter Kommentar SGB III, § 255 Rn.5, der sogar einzelvertragliche Vereinbarungen als sozialplanähnlich in die Förderung miteinbeziehen will. Dem kann aber nicht zugestimmt werden, da bereits der Wortlaut der §§ 254 ff. SGB III die Einbeziehung individualrechtlicher Vereinbarungen ausschließt; ablehnend insoweit auch: Gaul, NJW 1998, 644 (646).

[723] So BA-Runderlass zu den §§ 254 ff. SGB III vom 26.02.2002, § 255, 255.3.1.

[724] BA-Runderlass zu den §§ 254 ff. SGB III vom 26.02.2002, § 255, 255.3.1.; Roeder, in: Niesel, § 255 Rn.17; Feckler, in: GK-SGB III, § 255 Rn.10.

lung von Sozialplänen nicht zu einem Verstoß gegen den Gleichheitsgrundsatz aus Art.3 Abs.1 GG kommt. Nach Stevens-Bartol sind die Vorschriften über die Bezuschussung von Sozialplänen immer dann anwendbar, wenn eine Vereinbarung getroffen wurde, die wenigstens „sozialplanähnlichen" Charakter hat. Dabei darf nach dieser Ansicht aufgrund der Zielsetzung des Instruments der Sozialplanzuschüsse die „Sozialplanähnlichkeit" der Vereinbarungen nicht vom Aspekt des formalen Zustandekommens dieser Vereinbarungen abhängig gemacht werden. Vielmehr muss danach ein Vergleich zwischen dem Zweck der Sozialpläne im Sinne des § 112 Abs.1 Satz 2 BetrVG, nämlich dem Ausgleich oder der Milderung von wirtschaftlichen Nachteilen, die den Arbeitnehmern infolge der Betriebsänderung entstehen, und den übrigen Vereinbarungen hergestellt werden. Sobald die zu prüfenden Vereinbarungen dem aus § 112 Abs.1 Satz 2 BetrVG hergeleiteten Zwecken dient, dann ist für diese Vereinbarung die Sozialplanähnlichkeit im Sinne des § 255 Abs.3 SGB III positiv festzustellen. Grundsatz ist folglich die „Sozialplanähnlichkeit" der Vereinbarung, die in jedem Fall vorliegen muss, um eine Förderung zu erhalten. Als Ergänzung dazu betrachtet Stevens-Bartol die gesetzliche Regelung, dass auch Sozialpläne außerhalb des Betriebsverfassungsgesetzes nach §§ 254 ff. SGB III gefördert werden können. Für diese Sozialpläne hätte bereits auch eine Förderungsfähigkeit durch ihre „Sozialplanähnlichkeit" genügt, jedoch ist durch die Klarstellung im Gesetz in § 255 Abs.3 SGB nach Meinung von Stevens-Bartol nun ausdrücklich auch die Anwendung der §§ 254 ff. SGB III auf außerbetriebsverfassungsrechtliche Sozialpläne sichergestellt.

b) Keine Sozialplanförderung in betriebsratsfähigen Betrieben ohne Betriebsrat

Die Gegenauffassung schließt eine Förderung von Vereinbarungen, die in betriebsratsfähigen Betrieben ohne Betriebsrat geschlossen worden sind, aus[725]. Danach können Sozialpläne, die außerhalb der §§ 111 ff. BetrVG, aber innerhalb des Anwendungsbereichs des Betriebsverfassungsgesetzes geschlossen werden, keine Sozialplanähnlichkeit besitzen[726]. Dazu gehören Sozialpläne in Betrieben mit regelmäßig mehr als zwanzig Arbeitnehmern, die keinen Betriebsrat gewählt haben und Sozialpläne, die in Betrieben mit mehr als fünf aber weniger als zwanzig wahlberechtigten Arbeitnehmern vereinbart werden. Nach Bepler bezieht § 255 Abs.3 1.Alt. SGB III sich nur auf Sozialpläne, die außerhalb des Betriebsverfassungsgesetzes vereinbart worden sind und nicht auf die, die lediglich nicht von den §§ 111 ff. BetrVG erfasst werden[727]. Der Gesetzgeber weist nach dieser Auffassung in seiner 1.Alternative auf das gesamte Betriebsverfassungsgesetz hin und nicht nur auf die §§ 111 ff. BetrVG, so dass dieser Bereich für die 2.Alternative gesperrt sei. Für sonstige Sozialpläne im Bereich des Betriebsverfassungsgesetzes ist somit der Rückgriff auf die Sozialplanähnlichkeit der 2.Alternative des § 255 Abs.3 SGB III nach seiner Ansicht nicht möglich[728]. Unter sozialplanähnliche Vereinbarungen (also § 255 Abs.3 2.Alt. SGB III)

---

[725] Bepler, in: Gagel, SGB III, § 255 Rn.43; Heither, Sozialplan und Sozialrecht, S.122 f.; siehe auch Kommentar von: Petzold, in: Hauck/Noftz, SGB III, K § 255 Rn.15.
[726] Bepler, in: Gagel, SGB III, § 255 Rn.43.
[727] Bepler, in: Gagel, SGB III, § 255 Rn.41.
[728] Bepler, in: Gagel, SGB III, § 255 Rn.43.

ordnet Bepler die Vereinbarungen ein, die außerhalb des Betriebsverfassungsgesetzes geschlossen werden, denselben Inhalt haben und in einem ähnlichen Verfahren wie die Sozialpläne zustande gekommen sind, jedoch nicht als Sozialplan bezeichnet werden[729]. Danach bezieht sich der Satzteil des § 255 Abs.3 SGB III „außerhalb des Anwendungsbereiches des BetrVG" sowohl auf die Sozialpläne als auch die sozialplanähnlichen Vereinbarungen[730]. Grund für den Ausschluss von Kleinbetrieben und Betrieben ohne Betriebsrat sei zum einen, dass in ihnen durchgeführte Betriebsänderungen nicht zu Massenentlassungen führen würden, die kleinere Arbeitsämter bei der Koordination der Eingliederungsmaßnahmen überfordern würden[731]. Nach Beplers Ansicht ist es angesichts der relativ schwachen Betriebsräte in Kleinbetrieben besser, die Ausgestaltung von beschäftigungswirksamen Maßnahmen gänzlich der Arbeitsverwaltung zu überlassen, statt zu hoffen, dass eine Selbstregulierung zwischen den gegenläufigen Interessen von Arbeitgeber und Arbeitnehmer eintritt[732]. Dasselbe gilt nach dieser Auffassung für Vereinbarungen in Betrieben ohne Betriebsrat. Auch wenn der Arbeitgeber mit allen Arbeitnehmern über Qualifizierungsmaßnahmen verhandelt und im Anschluss darüber eine Vereinbarung abschließt, dann sei diese nicht förderungsfähig[733]. Grund ist wiederum, wie oben ausgeführt, dass in betriebsratslosen Betrieben immerhin ein Betriebsrat gewählt werden kann und somit der Anwendungsbereich des §§ 111 ff. BetrVG grundsätzlich eröffnet ist[734]. Damit sei wiederum der Rückgriff auf § 255 Abs.3 2.Alt. SGB III ausgeschlossen[735]. Nach Bepler ist der Anwendungsbereich des § 255 Abs.3 SGB III beschränkt[736].

So kommen danach als Vereinbarungen im Sinne des § 255 Abs.3 SGB III nur Vereinbarungen kirchlicher Mitarbeitervertretungen, Vereinbarungen eines Arbeitgebers mit dem Sprecherausschuss nach §§ 32 Abs.2, 28 SprAuG[737] oder Sozialpläne nach § 75 Abs.3 Nr.13 BPersVG (oder vergleichbaren Landesvorschriften) in Betracht. Keine Förderung

---

[729] Bepler, in: Gagel, SGB III, § 255 Rn.43, mit dem Hinweis, dass es im weiteren unerheblich sein soll, ob die Vereinbarung einem Sozialplan nach § 112 BetrVG in allen Einzelheiten nachgebildet ist.

[730] Heither, Sozialplan und Sozialrecht, S.122 f.; a.A. Gaul, AuA 1998, 336 (337), mit dem Hinweis, dass ansonsten kein Anwendungsbereich für § 255 Abs.3, 2.Alt. SGB III bleibt.

[731] Bepler, in: Gagel, SGB III, § 255 Rn.43, der bei Betriebsänderungen in Kleinbetrieben von einem geringeren Verwaltungsaufwand spricht.

[732] Bepler, in: Gagel, SGB III, § 255 Rn.43.

[733] Bepler, in: Gagel, SGB III, § 255 Rn.44.

[734] So auch Heither, Sozialplan und Sozialrecht, S.122 f., mit dem Hinweis, dass nicht auf eine mögliche Interessenvertretung verzichtet werden darf und, nachhinein trotz des Verzichts die Vorteile einer solchen zugesprochen werden.

[735] Bepler, in: Gagel, SGB III, § 255 Rn.44, mit dem Hinweis, dass der Gesetzgeber kein Interesse gehabt haben kann, durch den Begriff der sozialplanähnlichen Vereinbarung derart atypische Gestaltungsmöglichkeiten zu eröffnen.

[736] Bepler, in: Gagel, SGB III, § 255 Rn.45.

[737] A.A. Gaul, AuA 1998, 336 (337), der Vereinbarungen eines Sprecherausschusses nicht für förderungswürdig hält, weil auch sozialplanähnliche Vereinbarungen nur mit einem Betriebsrat getroffen werden könnten; Bepler, in: Gagel, SGB III, § 255 Rn.45, der die Ansicht Gauls weder mit dem Gesetzeswortlaut noch mit den Motiven der Gesetzesbegründung für vereinbar hält; Heither, Sozialplan und Sozialrecht, S.121, ordnet die Sozialpläne nach § 32 Abs.2 SprAuG bei den Sozialplänen außerhalb des BetrVG ein.

nach §§ 254 ff. SGB III sollen auch kleine Betriebe erhalten, in denen ein Sozialplan wegen der Unternehmensgröße nicht erzwungen werden kann. Soweit diese Betriebe eine freiwillige Betriebsvereinbarung gemäß § 88 BetrVG abschließen, dann handele es sich nicht um eine sozialplanähnliche Vereinbarung im Sinne des § 255 Abs.3 SGB III[738].

c) Stellungnahme

Letztere Auffassung lässt sich nicht mit den Zielen der Arbeitsförderung und insbesondere nicht mit dem Sinn und Zweck des Instruments der Zuschüsse zu Sozialplanmaßnahmen gemäß §§ 254 ff. SGB III vereinbaren. Warum sollten gerade Sozialpläne, die in Betrieben vereinbart werden, die wiederum in den Anwendungsbereich des Betriebsverfassungsgesetzes gehören, aber von §§ 111 ff. SGB III nicht erfasst werden, keine Förderung erhalten, während Vereinbarungen außerhalb des Anwendungsbereiches des Betriebsverfassungsgesetzes als sozialplanähnliche Vereinbarungen nach §§ 254 ff. SGB III gefördert werden können? Dies ist im Sinne einer breitumfassenden Förderung nicht zweckdienlich[739]. Im weiteren ist festzuhalten, dass das Arbeitsförderungsrecht einen „universellen Anspruch" hat und demnach nicht nach der betriebsverfassungsrechtlichen Ausgangssituation differenziert. § 255 Abs.3 SGB III ist nur ein weiterer Ausdruck der unabhängigen Geltung des SGB III und seiner Förderinstrumente gegenüber dem Betriebsverfassungsrecht[740]. Soweit Bepler anführt, dass der Grund für den Ausschluss von Betrieben ohne Betriebsrat in einer Entlastung der Arbeitsämter liege, ist dem nicht zuzustimmen. Zum einen sind die großen Landesarbeitsämter mit der Förderung nach §§ 254 ff. SGB III betraut, so dass eine Überforderung bei der Koordination nicht anzunehmen ist. Zum anderen ist ein solches Ziel aus der Gesetzesbegründung nicht zu erkennen. Petzold führt an, dass eine solche Differenzierung zwischen Sozialplänen innerhalb des Anwendungsbereichs der §§ 111 ff. BetrVG und solchen außerhalb des Anwendungsbereichs der §§ 111 ff. BetrVG von einem „überholten Verständnis der staatlichen Verwaltung" getragen sei[741]. Wenn Sozialpläne außerhalb des Anwendungsbereichs der §§ 111 ff. BetrVG aufgrund einer fehlenden Sozialplanähnlichkeit immer von einer Förderung ausgeschlossen würden, wäre wiederum ausschließlich die Arbeitsverwaltung für die Eingliederung der betroffenen Arbeitnehmer zuständig[742]. Diese Situations sollte durch die Einführung der §§ 254 ff. SGB III verhindert werden. Eine restriktive Auslegung des § 255 Abs.3 SGB III, wie Bepler sie vornimmt, kann nicht im Interesse des Gesetzgebers liegen, der das Instrument der Sozialplanzuschüsse in das SGB III eingefügt hat, um gerade die Bereitschaft aller Betriebspartner, im Fall eines Personalabbaus unbürokratisch und eigeninitiativ tätig zu werden, zu fördern[743].

---

[738] Heither, Sozialplan und Sozialrecht, S.123.
[739] So auch: Petzold, in: Hauck/Noftz, SGB III, K § 255 Rn.15.
[740] Däubler, in: Däubler/Kittner/Klebe, BetrVG, §§ 112, 112a Rn.164.
[741] Petzold, in: Hauck/Noftz, SGB III, K § 255 Rn.15.
[742] Petzold, in: Hauck/Noftz, SGB III, K § 255 Rn.15.
[743] So auch: Strobel, Die sozialrechtliche Flankierung des Transfer-Sozialplans, S.95 (103); Petzold, in: Hauck/Noftz, SGB III, K § 255 Rn.15, der darauf hinweist, dass das Bedürfnis einer Qualifizierung u.a. auch in Zusammenhang mit der Betriebsgröße oder dem Vorhandensein eines Betriebsrates steht; Gaul, NJW 1998, 644 (646); für eine Förderung von Kleinbetrieben ohne Betriebsrat siehe: Herrmann/Kratz, S.21.

Der ersten Ansicht ist zuzustimmen, soweit sie den Begriff der „Sozialplanähnlichkeit" am Sinn und Zweck des Förderungsinstrumentes der §§ 254 ff. SGB III ausrichtet. Mit dem Ziel, eine möglichst weitumfassende Förderung zu erreichen, muss der Auffangtatbestand des §§ 255 Abs.3 SGB III alle Vereinbarungen mit umfassen, die zwischen Arbeitgeber und irgendeinem Kollektiv von Arbeitnehmern geschlossen wurden und deren Inhalt den Ausgleich oder die Milderung von wirtschaftlichen Nachteilen darstellt"[744]. So ist der Satzteil „außerhalb des Anwendungsbereichs des BetrVG" nur auf die erste Alternative zu beziehen, nicht aber auf sozialplanähnliche Vereinbarungen. Solche können also auch von Arbeitnehmern in betriebsratsfähigen Betrieben abgeschlossen werden, obwohl kein Betriebsrat gewählt worden ist. Soweit die Gegenauffassung argumentiert, dass eine Vorteilsannahme nicht möglich sei, wenn freiwillig auf eine mögliche Interessenvertretung verzichtet worden sei, so ist dieses Argument im Hinblick auf den Sinn und Zweck des arbeitsförderungsrechtlichen Instruments der §§ 254 ff. SGB III verfehlt. Mit einer „Bestrafung" der Arbeitnehmer, die nicht von vornherein eine Arbeitnehmervertretung gewählt haben, ist im Fall des Personalabbaus keiner Seite geholfen.

4. Zwischenergebnis

§ 255 Abs.3 SGB III ist mithin als Auffangtatbestand zu verstehen. Unter § 255 Abs.3, 1.Alt. SGB III, Sozialpläne außerhalb des Anwendungsbereichs des Betriebsverfassungsgesetzes, sind alle Vereinbarungen zwischen dem Arbeitgeber und der Arbeitnehmervertretung in Betrieben nach § 118 BetrVG, im öffentlichen Dienst oder leitenden Angestellten gemäß § 5 Abs.3 BetrVG zu verstehen, die das Betriebsverfassungsrecht explizit vom Abschluss eines Sozialplans ausschließt. § 255 Abs.3, 2.Alt. SGB III bildet im Anschluss daran den eigentlichen Auffangtatbestand für alle sozialplanähnlichen Vereinbarungen.

5. Probleme der entsprechenden Anwendung des § 255 Abs.1 und Abs.2 SGB III

Eine entsprechende Anwendung der Vorschriften der §§ 254, 255 Abs.1 und Abs.2 SGB III im Sinne des § 255 Abs.3 SGB III ist mithin auf alle Sozialpläne außerhalb des Betriebsverfassungsgesetzes und sozialplanähnliche Vereinbarungen innerhalb oder außerhalb des Betriebsverfassungsgesetzes anzunehmen[745]. Dabei kommt es nicht auf eine „sklavische"[746] Übernahme der Regelungen an, sondern, wie der Ausdruck „entsprechende Anwendung" schon andeutet, auf eine einzelfallbezogene, den Sinngehalt übernehmende Anwendung. Eine entsprechende Anwendung des § 255 Abs.1 Nr.2 SGB III ist in den Fällen unproblematisch, in denen bereits vergleichbare Vorschriften, wie zum Beispiel § 32 Abs.2

---

[744] A.A. Hoffmann, Die Förderung von Transfer-Sozialplänen, S.106 f., der nur die nach gesetzlichen Vorgaben gewählte Arbeitnehmer-Vertretung als Partei anerkennt, da es ansonsten zur Umgehung der Zuständigkeit einer gewählten Arbeitnehmer-Vertretung kommen könnte.

[745] Siehe dazu auch Hoffmann, Die Förderung von Transfer-Sozialplänen, S.108 f.

[746] So der Ausdruck von: Petzold, in: Hauck/Noftz, SGB III, K § 255 Rn.16; Bepler, in: Gagel, SGB III, § 255 Rn.47, verlangt eine Versicherung, dass beide Betriebsparteien ernsthaft Alternativen erwogen haben. Er weist auch darauf hin, dass in diesen Fällen wenig Grundlage für eine sachgerechte Wertung besteht.

SprAuG, einen Versuch der Abmilderung der geplanten Betriebsänderung vorsehen⁷⁴⁷. In weiteren Fällen einer sozialplanähnlichen Vereinbarung ist auch nicht notwendiger Weise ein Interessenausgleich, wie er nach § 255 Abs.1 Nr.2 SGB III vorgesehen ist, vorzulegen, wenn aufgrund einer nur entsprechenden Anwendung der Vorschrift des § 255 Abs.1 SGB III zumindest ein vergleichbarer Versuch einer Einigung über die Betriebsänderung nachgewiesen werden kann⁷⁴⁸.

Im weiteren bedarf es auch einer entsprechenden Anwendung des § 255 Abs.1 Nr.5 SGB III, nach dem der Arbeitgeber sich in einer angemessenen Höhe an der Finanzierung der Eingliederungsmaßnahmen beteiligen muss. Bepler sieht die Gefahr, dass bei lediglich sozialplanähnlichen Vereinbarungen diese Eigenbeteiligung des Unternehmers nicht hinreichend sichergestellt werden kann⁷⁴⁹. Nach seiner Auffassung minimiert sich das Risiko der Finanzierung des Sozialplans bereits mit der von ihm vorgestellten Sichtweise des Anwendungsbereichs von § 255 Abs.3 SGB III. Wenn nach seiner Auffassung weder betriebsratslose, noch Betriebe mit regelmäßig nicht mehr als zwanzig Arbeitnehmern förderungsfähige Sozialpläne abschließen können, dann bleiben ausschließlich die wenigen Vereinbarungen als Risikogruppe übrig, die Bepler von § 255 Abs.3 SGB III erfasst sieht⁷⁵⁰. Nach ihm sind Vereinbarungen dieser Art im Bereich der öffentlichen Verwaltung, der Kirchen und Religionsgemeinschaften regelmäßig gesichert. Auch das Sprecherausschussverfahren nach dem SprAuG ist dermaßen förmlich ausgestaltet, dass auch bei daraus folgenden Vereinbarungen die Eigenbeteiligung sicher festgestellt werden kann⁷⁵¹.

C. Durchführung der Förderung nach §§ 254 ff. SGB III

Nachdem der Antrag des Unternehmers auf Förderung der Sozialplanmaßnahmen beim zuständigen Landesarbeitsamt eingegangen ist, prüft die Arbeitsverwaltung das Vorliegen der Voraussetzungen einer Bezuschussung gemäß §§ 254 ff. SGB III. Sofern alle Bedingungen einer Sozialplanförderung erfüllt sind, ist das Ermessen der Arbeitsverwaltung dahingehend reduziert, dass sie eine Förderung der Sozialplanmaßnahmen bewilligen muss⁷⁵².

Bei der Ermessensentscheidung hat das Landesarbeitsamt nicht ausschließlich das Vorliegen der Voraussetzungen der §§ 254 ff. SGB III zu prüfen, sondern auch festzustellen, wie viele Zuschussanträge gleicher Art im selben Zeitraum vorliegen und wie viele Haushaltsmittel für diese Art der Förderung nach dem Eingliederungstitel des § 71b SGB IV zur Verfügung stehen⁷⁵³. Die Mittelzuteilung erfolgt über die Bundesanstalt für Arbeit, die

---

[747] Bepler, in: Gagel, SGB III, § 255 Rn.47.
[748] Petzold, in: Hauck/Noftz, SGB III, K § 255 Rn.16; so im Ergebnis auch: Heither, Sozialplan und Sozialrecht, S.123 f.
[749] Bepler, in: Gagel, SGB III, § 255 Rn.48, wobei er allerdings keine Begründung dazu anführt.
[750] Bepler, in: Gagel, SGB III, § 255 Rn.48.
[751] Bepler, in: Gagel, SGB III, § 255 Rn.48.
[752] Bepler, in: Gagel, SGB III, § 257 Rn.3 u.5, nach dem der Arbeitgeber keinen Rechtsanspruch auf Bewilligung nach § 257 SGB III hat, mit Ausnahme der Fälle, in denen bereits eine verbindliche Vorabentscheidung gemäß § 256 Abs.2 SGB III durch das Landesarbeitsamt getroffen wurde.
[753] Bepler, in: Gagel, SGB III, § 257 Rn.3; Löwisch, RdA 1997, 287 (292); BA-Runderlass zu den §§ 254 ff. SGB III vom 26.02.2002, Verfahren C, (3).

Haushaltsmittel für Ermessensleistungen der aktiven Arbeitsförderung, wozu auch die Zuschüsse zu Sozialplanmaßnahmen gehören, den einzelnen Landesarbeitsämtern in einem Eingliederungstitel zuteilt[754]. Überschneiden sich die Förderanträge und sind nicht genügend Haushaltsmittel für alle Sozialplanförderungen bereitgestellt, dann soll das Landesarbeitsamt über die Gewährung einer Bezuschussung danach entscheiden, welcher Sozialplan die voraussichtlich beschäftigungswirksamste Wirkung entfalten wird[755].

Dann erlässt das zuständige Landesarbeitsamt einen Bewilligungsbescheid über die Bezuschussung der beschäftigungswirksamen Eingliederungsmaßnahmen. Dieser Bewilligungsbescheid ist mit einer Rechtsbehelfsbelehrung zu versehen und dem Arbeitgeber als Träger der Maßnahmen und Empfänger der Zuschüsse zuzustellen[756]. Darüber hinaus soll das zuständige Landesarbeitsamt den Unternehmer auf seine Verpflichtung zur getrennten Kontoführung, das Bestehen einer Abrechnungsfrist gemäß § 326 SGB III inklusive der Rechtsfolgen bei Fristversäumnis und auf das Erfordernis der Vorlegung von Belegen für die Gesamtabrechnung hinweisen[757]. Im weiteren hat das Landesarbeitsamt den Arbeitgeber darüber aufzuklären, dass die Abgabe eines Erfahrungsberichts und die Mitteilung von entscheidungsrelevanten Änderungen bei der Durchführung der Eingliederungsmaßnahmen an das Landesarbeitsamt verpflichtend sind[758]. Ebenso muss der Unternehmer als Träger der Maßnahmen darauf hingewiesen werden, dass ihn eine Pflicht zur zinsgünstigen Anlage der Fördergelder und zum Einsatz seiner angegebenen Eigenbeteiligung trifft, auch wenn im letzteren Fall die Maßnahmen preiswerter als geplant durchgeführt werden konnten[759]. Im übrigen hat das Landesarbeitsamt den Arbeitgeber darüber zu informieren, dass Mehrwertsteuerbeträge nicht in der Förderung enthalten sind, solange der Unternehmer nicht nachweist, dass er vom Vorsteuerabzug keinen Gebrauch macht[760].

Hinsichtlich der Frage, ob das zuständige Landesarbeitsamt diesen Hinweispflichten im Bewilligungsbescheid schriftlich nachkommen muss, oder ob es ausreicht, wenn der Unternehmer im Rahmen der Beratung, der Vorabentscheidung oder der Bewilligung der Förderung nach §§ 254 ff. SGB III mündlich über die Erfordernisse und Folgen der Förderung informiert wird, lässt sich aus den Ausführungen der Bundesanstalt für Arbeit keine Antwort entnehmen[761]. Da diese Hinweispflichten jedoch unter dem Abschnitt „Bewilligungsbescheid" in einem Zug mit der Rechtsbehelfsbelehrung genannt werden, die auf jeden Fall schriftlich im Bewilligungsbescheid enthalten sein muss, ist anzunehmen, dass auch die Bundesanstalt für Arbeit davon ausgeht, dass das Landesarbeitsamt den Unternehmer schriftlich auf die Erfordernisse im Bewilligungsbescheid oder seinen Anlagen hinweist. Gegen den Förderbescheid als Verwaltungsakt kann gemäß § 62 SGB X iVm §§ 51, 53 ff. SGG das Sozialgericht angerufen werden[762].

---

[754] BA-Runderlass zu den §§ 254 ff. SGB III vom 26.02.2002, Verfahren C, (5).
[755] Bepler, in: Gagel, SGB III, § 257 Rn.3.
[756] BA-Runderlass zu den §§ 254 ff. SGB III vom 26.02.2002, Verfahren A, (4).
[757] BA-Runderlass zu den §§ 254 ff. SGB III vom 26.02.2002, Verfahren A, (4).
[758] BA-Runderlass zu den §§ 254 ff. SGB III vom 26.02.2002, Verfahren A, (4).
[759] BA-Runderlass zu den §§ 254 ff. SGB III vom 26.02.2002, Verfahren A, (4); der eingesparte Betrag mindert nach dem Erlass der BA den Zuschuss zu den Sozialplanmaßnahmen.
[760] BA-Runderlass zu den §§ 254 ff. SGB III vom 26.02.2002, Verfahren A, (4).
[761] BA-Runderlass zu den §§ 254 ff. SGB III vom 26.02.2002, Verfahren A, (4).
[762] Hoffmann, Die Förderung von Transfer-Sozialplänen, S.135.

I. Leistung des Zuschusses gemäß § 257 SGB III

Nach § 257 SGB III kann die Arbeitsverwaltung eine Förderung der Sozialplanmaßnahmen bis zur Höchstgrenze der Bezuschussung von Eingliederungsmaßnahmen bewilligen. Gefördert werden beschäftigungswirksame Maßnahmen in Sozialplänen nach den §§ 254 ff. SGB III grundsätzlich durch Zuschüsse, während der Gesetzgeber eine Vergabe von Darlehen nicht vorgesehen hat[763]. Die Höhe der Zuschüsse zu den Eingliederungsmaßnahmen steht ebenso wie die Entscheidung über die Förderung an sich im pflichtgemäßen Ermessen des zuständigen Landesarbeitsamtes[764].

Mit den Zuschüssen zu Sozialplanmaßnahmen kann die Arbeitsverwaltung sowohl einen Beitrag zur Gesamtfinanzierung der Eingliederungsmaßnahmen leisten, als auch bestimmte einzelne Leistungen, die als beschäftigungswirksame Maßnahmen in dem Sozialplan vereinbart wurden, wie die Zahlung eines Unterhaltsbeitrages, Lehrgangskosten, Fahrtkosten etc., fördern[765].

1. Ratio legis einer Förderobergrenze

Aufgrund der wenigen gesetzlichen Vorgaben hinsichtlich der konkreten Ausgestaltung der Sozialpläne können die Eingliederungsmaßnahmen in Bezug auf Dauer und Inhalt stark variieren und zu sehr unterschiedlichen Finanzierungsbedürfnissen führen[766]. Auch § 257 SGB III schränkt die Eingliederungsmaßnahmen nicht hinsichtlich ihrer inhaltlichen Ausgestaltung oder Dauer ein[767]. Die Einfügung einer Förderhöchstgrenze in das Gesetz war mithin notwendig, um ein Korrektiv für die sehr flexible gesetzliche Regelung zu schaffen[768].

Ebenso wird angeführt, dass eine Obergrenze der Förderung eine Auswirkung der Anwendung des Gebots der Sparsamkeit und Wirtschaftlichkeit, dessen Geltung bereits nach § 255 Abs.1 Nr.4 SGB III vorgesehen ist, darstellt[769]. Eine Belastung der Gemeinschaft der Versicherten wird dadurch verhindert, dass die nach den §§ 254 ff. SGB III zu gewährende Bezuschussung nicht den Pauschalbetrag übersteigen darf, der ansonsten als Arbeitslosengeld an die Teilnehmer der Eingliederungsmaßnahmen zu zahlen gewesen wäre[770].

---

[763] Roeder, in: Niesel, SGB III, § 257 Rn.2; so auch: Theuerkauf, in: Hennig, SGB III, § 257 Rn.1 u. Rn.2.

[764] Feckler, in: GK-SGB III, § 257 Rn.2; Roeder, in: Niesel, SGB III, § 257 Rn.2; Stevens-Bartol, in: Frankfurter Kommentar, § 257 Rn.1; Hoffmann, Die Förderung von Transfer-Sozialplänen, S.20 f. und S.111 f.

[765] Feckler, in: GK-SGB III, § 257 Rn.10; Henkes/Baur/Kopp/Polduwe, Hdb. SGB III, S.500.

[766] Merkel, AiB 2002, 499; Feckler, in: GK-SGB III, § 257 Rn.5.

[767] Feckler, in: GK-SGB III, § 257 Rn.5, nach dem diese Ausgestaltung der Maßnahmen in den Händen der Betriebspartner verbleiben soll und der Gesetzgeber bewusst darauf keinen Einfluss nehmen will.

[768] BA-Runderlass zu den §§ 254 ff. SGB III vom 26.02.2002, § 257, 2571.1., (1); Roeder, in: Niesel, SGB III, § 257 Rn.2; Feckler, in: GK-SGB III, § 257 Rn.2 u. 5; Henkes/Baur/Kopp/Polduwe, Hdb. SGB III, S.500.

[769] Roeder, in: Niesel, SGB III , § 257 Rn.6; so auch Feckler, in: GK-SGB III, § 257 Rn.6.

[770] Roeder, in: Niesel, SGB III , § 257 Rn.6.

2. Berechnung des Förderhöchstbetrages

Der Förderhöchstbetrag im Sinne des § 257 SGB III berechnet sich aus der Anzahl der Teilnehmer zu Beginn der Maßnahme multipliziert mit dem durchschnittlichen Nettozahlbetrag (ohne Sozialversicherung) an Arbeitslosengeld pro arbeitslosen Arbeitnehmer[771]. Durch das Abstellen bei der Ermittlung der Teilnehmerzahl auf den Beginn der Maßnahme wird verhindert, dass es zu einer ständigen Neuberechnung der Förderung bei Ausscheiden von Teilnehmern aus den Maßnahmen kommt und so die Bezuschussung erschwert wird[772]. Wenn jedoch ein eklatantes Missverhältnis zwischen der Teilnehmeranzahl zu Beginn der Maßnahme und zu Ende der Maßnahme besteht, kann die Arbeitsverwaltung vom Träger der Maßnahme fordern, dass dieser Gründe für das Ausscheiden der Teilnehmer an den Maßnahmen nennt[773]. Mithin steht der Förderungshöchstbetrag bereits im Zeitpunkt der Zuschussbewilligung fest[774].

In der Fallkonstellation, dass der Sozialplan lediglich den Unternehmer zur Übernahme der Kosten der Eingliederungsmaßnahmen verpflichtet, während die Arbeitnehmer ein Unterhaltsgeld von der Arbeitsverwaltung erhalten, sind die Kosten der Unterhaltsgeldzahlungen in die Förderungshöchstgrenze nach § 257 SGB III mit einzurechnen[775]. Ansonsten käme es zu einer unsachlichen Bevorzugung dieses Förderungsmodells. Der Höchstbetrag kann unabhängig von der Maßnahmedauer gewährt werden, wenn dies aus Sicht der Arbeitsverwaltung arbeitsmarktlich zweckmäßig erscheint[776].

Die Berechnung des Förderungshöchstbetrages orientiert sich zwar am jährlichen durchschnittlichen Nettoarbeitslosengeld, daraus folgt aber weder eine Begrenzung der persönlichen Förderung der einzelnen Arbeitnehmer auf diesen Betrag, noch ein Anspruch auf Ausschöpfung des Förderhöchstbetrags durch den einzelnen Arbeitnehmer[777]. Intern

---

[771] BA-Runderlass zu den §§ 254 ff. SGB III vom 26.02.2002, § 257, 2571.1., (1); Bepler, in: Gagel, SGB III, § 257 Rn.13; Feckler, in: GK-SGB III, § 257 Rn.6; Roeder, in: Niesel, SGB III , § 257 Rn.6; Stevens-Bartol, in: Frankfurter Kommentar zum SGB III, § 257 Rn.2; Henkes/Baur/Kopp/ Polduwe, Hdb. SGB III, S.500; Theuerkauf, in: Hennig, SGB III, § 257 Rn.5; Löwisch, RdA 1997, 287 (292); Meyer, NZA 1998, 513 (516), mit dem Hinweis, dass danach die Arbeitsverwaltung allenfalls so stehen soll, als hätte sie Arbeitslosengeld für diesen Zeitraum geleistet; zum Begriff des Nettozahlbetrags siehe auch Brand, in: Frankfurter Kommentar zum SGB III, § 129 SGB III Rn.1 ff.

[772] So Roeder, in: Niesel, SGB III , § 257 Rn.6; Feckler, in: GK-SGB III, § 257 Rn.7, der von einer „verwaltungsökonomischen Lösung" spricht; ebenso: Henkes/Baur/Kopp/Polduwe, Hdb. SGB III, S.500; Theuerkauf, in: Hennig, SGB III, § 257 Rn.5; Petzold, in: Hauck/Noftz, SGB III, K § 256 Rn.8; Feckler, in: GK-SGB III, § 257 Rn.7.

[773] Roeder, in: Niesel, SGB III, § 257 Rn.6, schlägt dies vor, um somit einen Missbrauch der Förderung zu verhindern; so auch Feckler, in: GK-SGB III, § 257 Rn.7.

[774] Bepler, in: Gagel, SGB III, § 257 Rn.14; zu Berechnungsbeispielen siehe auch : Rolfs, AR-Blattei SD, Rn.302 ff.

[775] Löwisch, RdA 1997, 287 (292).

[776] BA-Runderlass zu den §§ 254 ff. SGB III vom 26.02.2002, § 257, 2571.1., (1).

[777] BA-Runderlass zu den §§ 254 ff. SGB III vom 26.02.2002, § 257, 2571.1., (3); Meyer, NZA 1998, 513 (516); Gaul, AuA 1998, 336 (339).

kann es zu einer anderen Verteilung der Fördermittel auf die einzelnen betroffenen Arbeitnehmer kommen[778]. Der zu multiplizierende Nettozahlbetrag an Arbeitslosengeld pro arbeitslosen Arbeitnehmer wird von der Bundesanstalt für Arbeit jährlich in einem gesonderten Erlass bekannt gegeben[779]. Im Jahr 2002 beträgt der Nettozahlbetrag an Arbeitslosengeld, der Grundlage der Berechnung des Förderhöchstbetrages ist, monatlich 729,- Euro pro arbeitslosen Arbeitnehmer[780]. Damit ist im Jahr 2002 die Förderhöchstgrenze für die Teilnahme an einer Eingliederungsmaßnahme auf jährlich 8.748,- Euro je teilnehmenden Arbeitnehmer begrenzt[781].

3. Berücksichtigung von Verbilligungen der Maßnahmen

Falls sich die Durchführung der im Sozialplan vereinbarten Eingliederungsmaßnahmen als preiswerter herausstellt als ursprünglich in der Planung vorgesehen, dann ist diese Verbilligung in der Gesamtabrechnung nach § 326 SGB III zu berücksichtigen[782]. Die Verbilligungen können sich zum Beispiel durch die Einsparung von Lehrkräften, preiswerteres Lehrmaterial, günstigeres technisches Gerät oder einen niedrigeren Mietzins der Unterrichtsräume ergeben[783]. Aber auch ein späteres Ausscheiden von Arbeitnehmern aus den Maßnahmen kann zu Einsparungen führen[784]. Dabei vermindert eine Verbilligung der Maßnahmen immer den von der Arbeitsverwaltung geleisteten Zuschuss und nie die vom Unternehmer geleistete Eigenbeteiligung an den Maßnahmen[785]. Die Bundesanstalt für Arbeit sieht jedoch keine Minderung der Förderleistungen während der Laufzeit der Eingliederungsmaßnahmen, sondern erst mit der Gesamtabrechnung gemäß § 326 SGB III vor[786]. Die

---

[778] Heither, Sozialplan und Sozialrecht, S.133, mit dem interessanten Hinweis, dass der Gesetzgeber hier die selbe Gesetzgebungstechnik wie bei der Berechnung des Gesamtvolumens eines Sozialplanes in der Insolvenz, § 123 Abs.1 InsO angewendet hat.

[779] BA-Runderlass zu den §§ 254 ff. SGB III vom 26.02.2002, § 257, 2571.1., (1); Heither, Sozialplan und Sozialrecht, S.133.

[780] Vgl. BA-Runderlass vom 19.12.2001, Förderhöchstbetrag nach § 257 Abs.2 SGB III (a.F.).

[781] BA-Runderlass vom 19.12.2001, Förderhöchstbetrag nach § 257 Abs.2 SGB III (a.F.), wonach der bekannt gegebene Förderhöchstbetrag für Maßnahmen gilt, die im Jahr 2002 beginnen; falls Bewilligungen bereits vor Bekanntgabe des Förderhöchstbetrages ausgesprochen oder im Wege der Vorabentscheidung gemäß § 256 Abs.2 SGB III bereits verbindliche Förderzusagen getroffen wurden, wird keine Anpassung an den nun bekannt gebenden Nettozahlbetrag vorgenommen; ebenso ist mit Bewilligungen oder Vorabentscheidungen zu verfahren, die vor Bekanntgabe des Förderhöchstbetrages für das Jahr 2003 bekannt gegeben werden.

[782] BA-Runderlass zu den §§ 254 ff. SGB III vom 26.02.2002, § 257, 2571.1., (2); Feckler, in: GK-SGB III, § 257 Rn.7; Gaul, AuA 1998, 336 (339); Henkes/Baur/Kopp/Polduwe, Hdb. SGB III, S.500; siehe auch Gesetzesbegründung in BT-Dr.13/4941, S.199; Theuerkauf, in: Hennig, SGB III, § 257 Rn.5, mit dem Hinweis, dass eine Anpassung der Höhe der Förderung im Laufe der Maßnahme nicht erfolgt; Bepler, in: Gagel, SGB III, § 257 Rn.14; Petzold, in: Hauck/Noftz, K § 257 Rn.8; Heither, Sozialplan und Sozialrecht, S.133.

[783] Feckler, in: GK-SGB III, § 257 Rn.7.

[784] Bepler, in: Gagel, SGB III, § 257 Rn.14.

[785] BA-Runderlass zu den §§ 254 ff. SGB III vom 26.02.2002, § 257, 2571.1., (2).

[786] BA-Runderlass zu den §§ 254 ff. SGB III vom 26.02.2002, § 257, 2571.1., (2).

Verringerung des Zuschusses kann im nachhinein zu einer Rückerstattungspflicht des Unternehmers führen[787].

4. Auszahlung des Zuschusses zu Sozialplanmaßnahmen

Die Zuschüsse werden an den Arbeitgeber als Träger der im Sozialplan vereinbarten beschäftigungswirksamen Maßnahmen vom zuständigen Landesarbeitsamt ausgezahlt[788]. Die Bundesanstalt für Arbeit geht in ihrem Runderlass zu den Zuschüssen zu Sozialplanmaßnahmen gemäß §§ 254 ff. SGB III darauf ein, wie bei der Auszahlung der Förderung durch die Landesarbeitsämter vorzugehen ist[789].

Dabei wird darauf hingewiesen, dass es nicht zu einer unangemessenen Vorleistung der Arbeitsverwaltung kommen darf und deswegen die Verpflichtung besteht, den Trägern der Eingliederungsmaßnahmen die Förderleistungen zu Sozialplanmaßnahmen in monatlichen Abschlägen zu zahlen[790]. Ein Abweichen von der Vorgehensweise der monatlichen Abschlagszahlungen soll nur dann möglich sein, wenn die Eingliederungsmaßnahme insgesamt nicht länger als zwei Monate dauert[791]. In einem solchen Fall ist es der Arbeitsverwaltung möglich, die Zuschüsse in der vom Landesarbeitsamt ermittelten Höhe bereits zu Beginn der Eingliederungsmaßnahme in einem Betrag auszuzahlen, wenn alle Förderungsvoraussetzungen einer Sozialplanförderung nach den §§ 254 ff. SGB III zu diesem Zeitpunkt erfüllt sind[792].

Die Auszahlung der Zuschüsse nach §§ 254 ff. SGB III erfolgt an den Träger der Eingliederungsmaßnahmen[793]. Das ergibt sich bereits aus der Systematik des Gesetzes, indem die Zuschüsse zu Sozialplanmaßnahmen im vierten Abschnitt des sechsten Kapitels des SGB III unter die „Leistungen an Träger" eingeordnet wurden. Träger ist, wie oben bereits festgestellt, immer der aus dem beschäftigungswirksamen Sozialplan Verpflichtete, folglich grundsätzlich der Arbeitgeber oder der an seine Stelle tretende Insolvenzverwalter[794]. Letzterer bleibt selbst dann Träger im Sinne des § 21 SGB III, wenn er die Maßnahmen durch Dritte durchführen lässt, denn nur er ist aus dem Sozialplan verpflichtet[795].

Die Bundesanstalt für Arbeit weist in ihrem Runderlass zu den §§ 254 ff. SGB III im weiteren darauf hin, dass eine Überweisung der Zuschüsse nur auf ein Bankkonto erfolgen kann, das der Arbeitgeber ausschließlich für den Erhalt der Förderung eingerichtet hat und

---

[787] Bepler, in: Gagel, SGB III – Kommentar, § 257 Rn.14.
[788] BA-Runderlass zu den §§ 254 ff. SGB III vom 26.02.2002, Verfahren B, (1); Bepler, in: Gagel, SGB III, § 257 Rn.6, wonach der Arbeitgeber stets der Begünstigte des Bewilligungsbescheides ist.
[789] BA-Runderlass zu den §§ 254 ff. SGB III vom 26.02.2002, Verfahren C.
[790] BA-Runderlass zu den §§ 254 ff. SGB III vom 26.02.2002, Verfahren C, (1).
[791] BA-Runderlass zu den §§ 254 ff. SGB III vom 26.02.2002, Verfahren C, (1).
[792] BA-Runderlass zu den §§ 254 ff. SGB III vom 26.02.2002, Verfahren C, (1); eine Auszahlung erfolgt dann nach Maßgabe der Ziffer 7.2. der VV-BHO zu § 42 BHO.
[793] Siehe auch Heither, Sozialplan und Sozialrecht, S.132.
[794] Siehe oben Teil 1, § 3 A. I. 1.; Hoffmann, Die Förderung von Transfer-Sozialplänen, S.18 ff.
[795] Heither, Sozialplan und Sozialrecht, S.132, mit dem Hinweis, dass der 2.Zwischenbericht der Begleitforschung, in: IAB- Werkstattbericht Nr.7/2000 S.22, 35, an dieser Stelle Unrecht hat, wenn nach ihm die Lohnkostenzuschüsse an den Erwerber des Betriebes für die Weiterbeschäftigung der Arbeitnehmer gezahlt wurden; Hoffmann, Die Förderung von Transfer-Sozialplänen, S.18 ff.; zu § 21 SGB III siehe auch: Eichenhofer, in: Wannagat, SGB III, § 21 SGB III.

das er getrennt von seinem Privat- und Betriebsvermögen führen muss[796]. Wenn auf diesem extra eingerichteten Konto Guthabenzinsen anfallen, so sind diese nach dem Erlass der Bundesanstalt für Arbeit bei der Gesamtabrechnung zu Gunsten der Bundesanstalt zu berücksichtigen[797].

5. Auszahlung der Zuschüsse bei Sicherungsbedürfnis

Bei der Auszahlung der Zuschüsse ist dem in § 255 Abs.1 Nr.6 SGB III aufgestellten Sicherungsbedürfnis nachzukommen[798]. Die Bundesanstalt für Arbeit schlägt in ihrem Runderlass zu den §§ 254 ff. SGB III vor, dass soweit Hinweise auf eine beeinträchtigte Liquidität des Unternehmers vorhanden sind, das Landesarbeitsamt vom Arbeitgeber die Beibringung einer Bankbürgschaft beziehungsweise die Einrichtung eines (Verwaltungs-)Treuhandkontos verlangen kann[799]. Wenn das Unternehmen bereits ein Vergleichs- oder Insolvenzverfahren beantragt hat, dann werden die Zuschüsse ebenfalls nur dann geleistet, wenn ein (Verwaltungs-) Treuhandkonto eingerichtet wurde, auf das die Förderleistungen von der Arbeitsverwaltung geleistet werden[800]. Ebenfalls kann das Landesarbeitsamt die Auszahlung der Zuschüsse an die Bedingung knüpfen, dass die Zahlung ausschließlich unmittelbar an die externe Einrichtung erfolgt, die vom Arbeitgeber mit der Durchführung der beschäftigungswirksamen Maßnahmen betraut wurde[801].

Im Fall der Einrichtung eines Treuhandkontos zur Sicherung der Durchführung der beschäftigungswirksamen Maßnahmen wird der Treuhänder mit der Auszahlung der Förderleistungen und der Gesamtabrechnung gemäß § 326 SGB III betraut[802]. Allerdings sind die Kosten des Treuhänders weder als Teil der Förderung der Sozialplanmaßnahmen anzusehen, noch können sie als Berechnungspunkt bei der Gesamtabrechnung gemäß § 326 SGB III geltend gemacht werden[803].

6. Änderung des § 257 SGB III durch das Job-AQTIV-Gesetz

Bis zur Änderung des SGB III durch das Job-AQTIV-Gesetz vom 01.01.2002 hatte der § 257 SGB III zwei Absätze[804]. Während in Absatz 2 die Zuschussobergrenze geregelt wurde, war in Absatz 1 die Zuschussbemessung normiert[805]. Durch das Job-AQTIV-Gesetz

---

[796] BA-Runderlass zu den §§ 254 ff. SGB III vom 26.02.2002, Verfahren C, (2).
[797] BA-Runderlass zu den §§ 254 ff. SGB III vom 26.02.2002, Verfahren C, (2).
[798] Bepler, in: Gagel, SGB III, § 257 Rn.6.
[799] BA-Runderlass zu den §§ 254 ff. SGB III vom 26.02.2002, Verfahren B, (2).
[800] BA-Runderlass zu den §§ 254 ff. SGB III vom 26.02.2002, Verfahren B, (2), nach dem für die Führung des Treuhandkontos die Vorschriften des § 43 a BRAO und § 4 der Berufsordnung für Rechtsanwälte maßgeblich sind.
[801] Bepler, in: Gagel, SGB III, § 257 Rn.6; Löwisch, RdA 1997, 287 (292).
[802] BA-Runderlass zu den §§ 254 ff. SGB III vom 26.02.2002, Verfahren B, (3).
[803] So auch: BA-Runderlass zu den §§ 254 ff. SGB III vom 26.02.2002, Verfahren B, (3), im Hinblick auf Aufwendungen des Treuhänders, die im Zusammenhang mit der Einrichtung und Führung des Treuhandkontos entstehen.
[804] Vgl. BGBl. I vom 24.03.1997, S.594 (654).
[805] Siehe zur alten Rechtslage: Roeder, in: Niesel, SGB III, § 257 Rn.2 ff.; Meyer, NZA 1998, 513 (516); Feckler, in: GK-SGB III, § 257 Rn.3 ff.; Stevens-Bartol, in: Frankfurter Kommentar zum

wurde der § 257 SGB III dahingehend modifiziert, dass der erste Absatz der Vorschrift, die Zuschussbemessung, entfallen ist und der zweite Absatz, die Zuschussobergrenze, nun als § 257 SGB III n.F. bestehen bleibt[806]. Als Begründung für den Wegfall der Bemessungsgrundlage für den Zuschuss nach § 257 Abs.1 SGB III a.f. führt der Gesetzgeber die Bestrebung nach einer Vereinfachung der Gesetzesanwendung an[807]. Ebenso wird in der Gesetzesbegründung zum Job-AQTIV-Gesetz darauf hingewiesen, dass sich die Zuschussbemessung, wie sie in § 257 Abs.1 SGB III a.f. vorgesehen war, teilweise als nicht praktikabel erwiesen hat[808]. Der Gesetzgeber fügt an, dass mit der weiterhin gültigen Beschränkung der Zuschusshöhe auch zukünftig einem Missbrauch des Instruments der Zuschüsse zu Sozialplanmaßnahmen ausreichend vorgebeugt wird[809].

II: Verhältnis der Eingliederungsmaßnahmen zu anderen Leistungen der Arbeitsförderung nach § 258 SGB III

Laut § 258 SGB III sind für die Teilnehmer der Eingliederungsmaßnahmen andere Leistungen der aktiven Arbeitsförderung mit gleichartiger Zielsetzung ausgeschlossen[810]. Während der Teilnahme an der Sozialplanmaßnahme können die Teilnehmer danach keine zusätzlichen individuellen Leistungen der Arbeitsförderung erhalten[811]. Der in § 258 SGB III vorgesehene Ausschluss ist jedoch auf gleichartige Leistungen begrenzt[812]. Nicht ausgeschlossen ist die Meldung des Arbeitnehmers beim regional zuständigen Arbeitsamt als arbeitssuchend oder die Aufrechterhaltung des Status als Arbeitsuchender[813].

1. Grund für den Ausschluss von Leistungen mit gleichartiger Zielsetzung

Der Ausschluss der Gewährung gleichartiger Leistungen gemäß § 258 SGB III gilt unabhängig von Art und Dauer der Maßnahme und der zu erbringenden Förderung zum Sozialplan[814].

SGB III, § 257 Rn.1 ff.; Theuerkauf, in: Hennig, SGB III, § 257 Rn.2 ff.; Bepler, in: Gagel, SGB III, § 257 Rn.9 ff.

[806] Siehe Gesetzentwurf zum Job-AQTIV-Gesetz BT-Dr. 14/6944, S.17; Feckler, in: GK-SGB III, § 257 Rn.2a.

[807] BT-Dr.14/6944, S.42, nach dem damit auch dem Gedanken der Prävention stärker Rechnung getragen werden soll.

[808] BT-Dr.14/6944, S.42.

[809] Vgl. Gesetzesbegründung zum Job-AQTIV-Gesetz, BT-Dr.14/6944, S.42; Feckler, in: GK-SGB III, § 257 Rn.2a.

[810] Siehe dazu auch: Henkes/Baur/Kopp/Polduwe, Hdb. SGB III, S.501; Theuerkauf, in: Hennig, SGB III, § 258 Rn.1; Meyer, NZA 1998, 513 (517f.); Hase/Neumann-Cosel/Rupp, S.88.

[811] BA-Runderlass zu den §§ 254 ff. SGB III vom 26.02.2002, § 258, 258.1.1., (1).

[812] BA-Runderlass zu den §§ 254 ff. SGB III vom 26.02.2002, § 258, 258.1.1., (1), Stevens-Bartol, in: Frankfurter Kommentar zum SGB III, § 258.

[813] Feckler, in: GK-SGB III, § 258 Rn.1; nach dessen Ansicht somit der § 30 SGB III (Berufsberatung) auch während der Eingliederungsmaßnahmen anwendbar ist.

[814] Henkes/Baur/Kopp/Polduwe, Hdb. SGB III, S.501.

a) Vermeidung einer Doppelförderung

Durch § 258 SGB III soll eine Doppelförderung von Arbeitnehmern verhindert werden, wenn diese einerseits an einer geförderten Eingliederungsmaßnahme eines Sozialplanes teilnehmen und andererseits individuelle Leistungen der aktiven Arbeitsförderung von der Arbeitsverwaltung fordern[815].

b) Einsparungen der Arbeitsverwaltung

Die Zuschussgewährung für beschäftigungswirksame Sozialplanmaßnahmen soll des weiteren nach einer Ansicht zur Einsparung ansonsten erforderlicher Leistungen der aktiven Arbeitsförderung für die an den Maßnahmen teilnehmenden Arbeitnehmern beitragen[816]. Als Begründung für diese Einschränkung wird angeführt, dass die Zuschüsse zu Sozialplanmaßnahmen anstelle von aktiven Arbeitsförderungsleistungen des SGB III zur beruflichen Eingliederung von Arbeitnehmern erbracht werden[817]. Falls die Arbeitsverwaltung die als Sozialplanmaßnahme durchgeführte Eingliederung von Arbeitnehmern als eigenständige Förderung nach Beendigung der Arbeitsverhältnisse hätte durchführen müssen, so wären nach Ansicht des Instituts für Arbeitsmarkt- und Berufsforschung der Bundesanstalt für Arbeit (IAB) finanzielle Aufwendungen in gleicher bzw. größerer Höhe entstanden.

Zwar kann es zu den oben ausgeführten Kosteneinsparungen der Arbeitsverwaltung kommen, diese Einsparungen fallen aber z.B. nicht in den Fällen an, in denen auch Maßnahmeteilnehmer bezuschusst werden, die im Fall der Nichtteilnahme kein Arbeitslosengeld bezogen hätten. In den letzteren Fällen hat die Arbeitsverwaltung höhere Aufwendungen und spart keine Finanzmittel ein. Die Zuschüsse zu Sozialplanmaßnahmen sind vielmehr ein „Plus", mit dessen Hilfe mehr erreicht wird, als der Arbeitgeber allein hätte herbeiführen können und müssen[818]. Es handelt sich um ein Instrument, das die Belastung der Arbeitsförderung nicht zwangsweise verringert, sondern eine neue Koordination und Wirkungsweise der einzelnen Instrumente der Arbeitsverwaltung einführt. Dabei sollen die für den Sozialplan im Betrieb zur Verfügung stehenden Mittel zusätzlich zu den Zuschüssen der Arbeitsverwaltung genutzt werden. Die ansonsten für Abfindungszahlungen vorgesehenen Finanzmittel sollen die Förderung durch die Arbeitsverwaltung keineswegs ersetzen, sondern eine Aufstockung der Mittel darstellen, die ansonsten von Seiten der Arbeitsämter geleistet worden wäre. Das Instrument der Zuschüsse zu Sozialplanmaßnahmen gemäß

---

[815] Theuerkauf, in: Hennig, SGB III; SGB III § 258 Rn.1; Bepler, in: Gagel, SGB III, § 258 Rn.1, nach dem Teilnahme an Sozialplanmaßnahmen, Teilnahme auf kollektiver Grundlage ist; Hoffmann, Die Förderung von Transfer-Sozialplänen, S.163, Feckler, in: GK-SGB III, § 258 Rn.1, mit dem Hinweis auf die besondere Rechtsbeziehung zwischen Arbeitgeber und Maßnahmeteilnehmer.

[816] Roeder, in: Niesel, SGB III, § 258 Rn.2; Bepler, in: Gagel, SGB III, § 258 Rn.1.

[817] Feckler, in: GK-SGB III, § 258 Rn.4; Schwalb, NZA 1998, 412 (413).

[818] Bepler, in: Gagel, SGB III, § 255 Rn.27; wenn es ein „Mehr" ist, dann kann es nicht zur Einsparungen der tatsächlichen Aufwendungen der aktiven Arbeitsförderung kommen; so auch Bepler, in: Gagel, SGB III, § 257 Rn.4, wo er darauf hinweist, dass nach Sinn und Zweck des Gesetzes die Arbeitsverwaltung grundsätzlich durch Sozialplanzuschüsse eigene ansonsten von Gesetz wegen zu erbringende Aufwendungen ersparen soll; diese eingesparten Finanzmittel werden dann aber als Sozialplanzuschüsse ausgezahlt und somit letztlich keine Einsparung der Arbeitsförderung erzielt.

§§ 254 ff. SGB III kann zwar zu einer Einsparung von Mitteln der Arbeitsförderung führen, gesetzgeberisches Ziel war aber vor allem eine Umverteilung des Sozialplanvolumens.

2. Sozialplanzuschüsse im Verhältnis zum Strukturkurzarbeitergeld gemäß § 175 SGB III

Eine wichtige Frage, die im Zusammenhang mit der Förderungseinschränkung gemäß § 258 SGB III regelmäßig auftaucht, ist das Verhältnis der Zuschüsse zu Sozialplanmaßnahmen gemäß §§ 254 ff. SGB III zu einer Förderung durch Zahlung von Kurzarbeitergeld nach § 175 SGB III[819]. Die Bundesanstalt für Arbeit schließt in ihrem Runderlass zu den §§ 254 ff. SGB III eine gleichzeitige Gewährung von beiden Förderungsarten nebeneinander aus[820]. Nach ihr ist es unmöglich, zugleich Zuschüsse zu Sozialplanmaßnahmen und Kurzarbeitergeld für die Arbeit in einer betriebsorganisatorisch eigenständigen Einheit zu gewähren[821]. Allerdings besteht die Möglichkeit, Zuschüsse zu Sozialplanmaßnahmen und Strukturkurzarbeitergeld nach § 175 SGB III im zeitlichen Ablauf nacheinander zu nutzen[822]. Dabei können zum Beispiel zunächst die von Arbeitslosigkeit bedrohten Arbeitnehmer in einer betriebsorganisatorisch eigenständigen Einheit zusammengefasst werden und diesen Arbeitnehmern Kurzarbeitergeld nach § 175 SGB III gewährt werden. Wenn es im folgenden doch zum Personalabbau kommt, kann ein Sozialplan mit beschäftigungswirksamen Maßnahmen vereinbart werden, welcher dann durch Zuschüsse zu Sozialplanmaßnahmen gemäß §§ 254 ff. SGB III gefördert werden kann. Eine gleichzeitige Inanspruch-

---

[819] Siehe zum Strukturkurzarbeitergeld auch: Hoffmann, Die Förderung von Transfer-Sozialplänen, S.164 ff.

[820] BA-Runderlass zu den §§ 254 ff. SGB III vom 26.02.2002, § 258, 258.1.1., (1); so auch Roeder, in: Niesel, SGB III, § 258 Rn.2; Hoffmann, Die Förderung von Transfer-Sozialplänen, S.171 f.; Petzold, in: Hauck/Noftz, SGB III, K § 258 Rn.3; Feckler, in: GK-SGB III, § 258 Rn.4; a.A. Theuerkauf, in: Hennig, SGB III, § 258 Rn.3, mit dem Hinweis, dass beide Leistungen unterschiedliche Zielsetzungen haben; ebenso anderer Ansicht wohl auch: Däubler, in: Däubler/Kittner/Klebe, BetrVG, §§ 112, 112a Rn.160, der bezweifelt, dass der Bezug von StrukKurzG in den Anwendungsbereich des § 258 SGB III fällt; und Fitting/Kaiser/Heither/Engels/Schmidt, BetrVG, §§ 112, 112a Rn.140; Bepler, in: Gagel, SGB III, § 258 Rn.3, mit der Begründung, dass Strukturkurzarbeitergeld einen andere Zwecke verfolgt als Sozialplanmaßnahmen; so scheinbar auch Meyer, NZA 1998, 513 (518) und Gaul, AuA 1998, 336 (339), der strukturelles Kurzarbeitergeld zusätzlich gewähren will, wenn mit den Sozialplanzuschüssen Qualifizierungs- und Weiterbildungsmaßnahmen gefördert werden, mit dem Hinweis, dass in solchen Fällen aber das Kurzarbeitergeld bei der Berücksichtigung der Eigenbeteiligung nach § 255 Abs.1 Nr.5 SGB III unberücksichtigt bleiben muss.

[821] BA-Runderlass zu den §§ 254 ff. SGB III vom 26.02.2002, § 258, 258.1.1., (1); a.A. Gaul, AuA 1998, 336 (337), nachdem ein Ausschluss der gleichzeitigen Gewährung von Kurzarbeitergeld und Sozialplanzuschüsse nicht zwingend ist (mit einer unschlüssigen Begründung); ebenfalls a.A. wohl auch Löwisch, Arbeitsrechtliche Fragen des Transfer-Sozialplans, in: Der Transfer-Sozialplan, S.33 (45).

[822] BA-Runderlass zu den §§ 254 ff. SGB III vom 26.02.2002, § 258, 258.1.1., (1), wo im weiteren darauf hingewiesen wird, dass während des Bezugs von Kurzarbeitergeld eine Qualifizierung nach § 7 der Richtlinien des Europäischen Sozialfonds (ESF) möglich ist, wenn die Inhalte des ESF-Qualifizierungskonzepts und die Eingliederungsmaßnahmen aufeinander abgestimmt werden; siehe dazu auch: Henkes/Baur/Kopp/Polduwe, Hdb. SGB III, S.501; Broschüre der BA „Sozialplan einmal anders".

nahme von Sozialplanzuschüssen und Strukturkurzarbeitergeld ist möglich, wenn die Gruppen von Teilnehmern an den verschiedenen Maßnahmen voneinander getrennt sind, da § 258 SGB III den Ausschluss von anderen Leistungen der aktiven Arbeitsförderung nur auf die Maßnahmeteilnehmer und nicht auf andere Arbeitnehmer bezieht[823]. Auf die Vorteile einer solchen Kombination von Sozialplanmaßnahmen und einer Inanspruchnahme von konjunkturellem Kurzarbeitergeld wird unten noch weiter eingegangen[824]. Im Hinblick auf ein möglicherweise bestehendes Konkurrenzverhältnis zwischen den Zuschüssen zu Sozialplanmaßnahmen gemäß §§ 254 ff. SGB III und der Inanspruchnahme von strukturellem Kurzarbeitergeld gemäß §§ 175 ff. SGB III ist auf die Ausführungen der dazu erschienenen Literatur zu verweisen[825].

3. Maßnahmen mit gleichartiger Zielsetzung

Ausgeschlossen von einer Förderung neben den Zuschüssen zu Sozialplanmaßnahmen sind nach § 258 SGB III Maßnahmen mit gleichartiger Zielsetzung[826]. Ebenso wie die oben bereits erwähnten Zahlungen von Struktur-Kurzarbeitergeld in einer betriebsorganisatorisch eigenständigen Einheit nach § 175 SGB III, gibt es weitere Instrumente der aktiven Arbeitsförderung des SGB III mit einer gleichartigen Zielsetzung[827]. So weist die Bundesanstalt für Arbeit darauf hin, dass eine Förderung von Sozialplanmaßnahmen gemäß §§ 254 ff. SGB III vorrangig gegenüber einer Bezuschussung nach § 417 Abs.2 SGB III zu erbringen ist[828]. Welche Maßnahmen im Einzelfall ausgeschlossen sind, hängt davon ab, welche Leistungen der geförderte Sozialplan vorsieht[829]. Demnach können fast alle Instrumente des Katalogs des § 3 Abs.1 Nr.1–Nr.7 SGB III auch als Eingliederungsmaßnahmen im Sozialplan implementiert sein und somit Maßnahmen gleichartiger Zielsetzung darstellen[830]. So gelten als Maßnahmen mit gleichem Förderungsziel zum Beispiel die Maßnahmen der beruflichen Weiterbildung nach § 77 SGB III, die Arbeitsbeschaffungsmaßnahmen gemäß § 260 SGB III und die Strukturanpassungsmaßnahmen nach § 272 SGB III[831]. Zu beachten ist dabei allerdings weiterhin, dass ein Ausschluss dieser Maßnahmen nur während der aktiven Teilnahme der betroffenen Arbeitnehmer an den Eingliederungsmaßnahmen greift[832]. Eine individuelle Förderung der Arbeitnehmer durch die Arbeitsverwaltung

---

[823] Strobel, Die sozialrechtliche Flankierung des Transfer-Sozialplans, S.95 (100f.).
[824] Siehe unter Teil 1 § 3 C II. 4.
[825] Strobel, Die sozialrechtliche Flankierung des Transfer-Sozialplans, S.97 ff.; Heither, Sozialplan und Sozialrecht, S.213 ff.; Kirsch u.a., Zuschüsse zu Sozialplanmaßnahmen, S.134 f.
[826] Theuerkauf, in: Hennig, SGB III, § 258 Rn.2 und Rn.3.
[827] Feckler, in: GK-SGB III, § 258 Rn.4.
[828] BA-Runderlass zu den §§ 254 ff. SGB III vom 26.02.2002, § 258, 258.1.1., (1); § 417 Abs.2 SGB III regelt die Förderung der Teilnahme von durch Arbeitslosigkeit bedrohte Arbeitnehmer an beschäftigungswirksamen Maßnahmen, die im Rahmen eines bestehenden Arbeitsverhältnisses durchgeführt werden, die Maßnahmen aber nicht in einem Sozialplan vereinbart worden sind; gefördert wird in diesen Fällen durch Zuschüsse zum Arbeitsentgelt an den Arbeitgeber.
[829] Bepler, in: Gagel, SGB III, § 258 Rn.2.
[830] Bepler, in: Gagel, SGB III, § 258 Rn.2 und § 257 Rn.11.
[831] Feckler, in: GK-SGB III, § 258 Rn.4.
[832] Feckler, in: GK-SGB III, § 258 Rn.4; Bepler, in: Gagel, SGB III, § 258 Rn.2.

ist daher vor oder nach der Durchführung der beschäftigungswirksamen Maßnahmen nach §§ 254 ff. SGB III möglich[833].

4. Varianten der Nutzung von Sozialplanzuschüssen

Wie bereits oben erläutert, ist eine Förderung der Eingliederungsmaßnahmen in einem Sozialplan sowohl für die Maßnahmekosten an sich, als auch für die Leistungen zum Lebensunterhalt möglich[834]. Aufgrund dessen gibt es zwei grundsätzliche Varianten einer Förderung von Sozialplanmaßnahmen nach §§ 254 ff. SGB III[835].

a) Sozialplanleistungen als Unterhaltsleistungen

Zum einen besteht die Möglichkeit, dass der Sozialplan nur Leistungen für den Lebensunterhalt der betroffenen Arbeitnehmer vorsieht. Danach soll der Arbeitgeber trotz Beendigung des Arbeitsverhältnisses den betroffenen Arbeitnehmern während der geplanten Eingliederungsmaßnahmen weiterhin das Arbeitsentgelt (evtl. verkürzt) inklusive der fälligen Sozialversicherungsbeiträge zahlen[836]. Dasselbe gilt bei der Durchführung der Maßnahmen noch während der Kündigungsfrist, also bei Aufrechterhaltung des Arbeitsverhältnisses[837]. Der Arbeitgeber zahlt aufgrund des „normalen" Arbeitsverhältnisses die Löhne und Gehälter der Arbeitnehmer sowie deren Sozialversicherungsbeiträge weiter[838]. Dann werden die Zuschüsse zu Sozialplanmaßnahmen zur Finanzierung der anfallenden Kosten der Eingliederungsmaßnahmen genutzt[839]. Ausgeschlossen sind nach § 258 SGB III in diesen Fällen alle Leistungen der aktiven Arbeitsförderung, die dieselbe Zielsetzung haben wie die Eingliederungsmaßnahmen[840].

b) Sozialplanleistungen als Maßnahmefinanzierung

In der zweiten Variante beinhaltet der zwischen Arbeitnehmervertretung und Arbeitgeber vereinbarte Sozialplan ausschließlich eine Verpflichtung des Arbeitgebers zur Zahlung von Mitteln für Eingliederungsmaßnahmen, nicht aber für den Lebensunterhalt der betroffenen Arbeitnehmer[841].

---

[833] Bepler, in: Gagel, SGB III, § 258 Rn.2.
[834] Roeder, in: Niesel, SGB III, § 258 Rn.2.
[835] Vgl. BA-Runderlass zu den §§ 254 ff. SGB III vom 26.02.2002, § 258, 258.1.1., (2); wie auch die Literatur, z.B. Bepler, in: Gagel, SGB III, § 255 Rn.21; Gaul, AuA 1998, 336 (339); so auch: Meyer, NZA 1998, 513 (517).
[836] BA-Runderlass zu den §§ 254 ff. SGB III vom 26.02.2002, § 258, 258.1.1., (2); Bepler, in: Gagel, SGB III, § 255 Rn.21.
[837] Meyer, NZA 1998, 513 (517), wobei er darauf hinweist, dass es sich insoweit eher um den Ausnahmefall einer Förderung in der Praxis handeln dürfte.
[838] Meyer, NZA 1998, 513 (517).
[839] BA-Runderlass zu den §§ 254 ff. SGB III vom 26.02.2002, § 258, 258.1.1., (2).
[840] Hoffmann, Die Förderung von Transfer-Sozialplänen, S.164.
[841] BA-Runderlass zu den §§ 254 ff. SGB III vom 26.02.2002, § 258, 258.1.1., (2); Theuerkauf, in: Hennig, SGB III, § 258 Rn.3; Bepler, in: Gagel, SGB III, § 258 Rn.3 und § 255 Rn.21, nach dem in

Die Zuschüsse zu Sozialplanmaßnahmen können in diesem Fall als Leistungen zum Lebensunterhalt (einschließlich der anfallenden Sozialversicherungskosten) der teilnehmenden Arbeitnehmer genutzt werden[842]. Falls die bewilligte Förderung die Kosten der Finanzierung des Lebensunterhalts der betroffenen Arbeitnehmer übersteigt, kommt eine Aufstockung der beschäftigungswirksamen Maßnahmen in Betracht[843]. Nach Meyer sind diese Fallkonstellationen regelmäßig solche, in denen die bisherigen Arbeitsverhältnisse beendet werden und die Arbeitnehmer für die Eingliederungsmaßnahmen einen externen Träger bzw. eine Auffanggesellschaft besuchen[844]. In diesen Fällen schließt § 25 SGB III sowohl Leistungen der aktiven Arbeitsförderung hinsichtlich der Maßnahmeteilnahme als auch individuelle Ansprüche auf Unterhaltsleistungen aus[845].

c) Attraktivitätsverlust der Sozialplanmaßnahmen

Die Übernahme der Maßnahmekosten und die Gewährung von Leistungen für den Lebensunterhalt ist nicht von den Förderhöchstgrenzen der anderen gesetzlichen Instrumente des SGB III abhängig[846]. Die Höhe der möglichen Bezuschussung von Sozialplanmaßnahmen nach den §§ 254 ff. SGB III ergibt sich ausschließlich aus der Höchstgrenze des § 257 SGB III und dem Ermessen der Arbeitsverwaltung. Allerdings kann in der Fallkonstellation der Leistungen zum Lebensunterhalt die Gefahr des Verlustes der Attraktivität einer Teilnahme an den Eingliederungsmaßnahmen liegen[847]. Wenn die Unterhaltszahlungen durch die Arbeitsverwaltung geleistet werden und deshalb kein Unterschied in der Höhe zum Bezug von individuellen Leistungen der Arbeitsverwaltung gegeben ist, verliert die Teilnahme an beschäftigungswirksamen Maßnahmen ihren Reiz. Denn in solchen Fällen könnten die Arbeitnehmer genauso gut auch nach der Auszahlung einer Abfindung an den von der Arbeitsverwaltung initiierten Weiterbildungsmaßnahmen teilnehmen und während dessen ein Unterhaltsgeld in derselben Höhe beziehen[848]. Dann hätten sie sowohl eine Abfindung als auch die Teilnahme an beschäftigungswirksamen Maßnahmen erlangt[849].

---

[842] diesen Fällen die Arbeitnehmer ihr Unterhaltsgeld direkt von der Arbeitsverwaltung beziehen können; so auch Petzold, in: Hauck/Noftz, SGB III, K § 258 Rn.4.
BA-Runderlass zu den §§ 254 ff. SGB III vom 26.02.2002, § 258, 258.1.1., (2); ähnlich auch Stevens-Bartol, in: Frankfurter Kommentar zum SGB III, § 258, nach dem der Arbeitnehmer, soweit ihm die Zuschüsse zu Sozialplanmaßnahmen als Lohnersatzleistungen zugute kommen, nicht auch noch andere Lohnersatzleistungen vom Arbeitsamt aus anderen Gründen beziehen kann (a.A. insoweit Theuerkauf, in: Hennig, SGB III, § 258 Rn.3, nach dem die AN auch individuell beim Arbeitsamt Unterhaltsgeld beantragen können sollen), er führt im weiteren auch aus, das im Fall der Nutzung der Sozialplanzuschüsse zur Finanzierung einer Beschäftigungsgesellschaft, dies nicht an der Gewährung von z.B. Mobilitätshilfen gem. § 53 ff. SGB III an den Arbeitnehmer hindert. Das kommt mir sehr fraglich vor.
[843] BA-Runderlass zu den §§ 254 ff. SGB III vom 26.02.2002, § 258, 258.1.1., (2).
[844] Meyer, NZA 1998, 513 (517).
[845] Hoffmann, Die Förderung von Transfer-Sozialplänen, S.164.
[846] BA-Runderlass zu den §§ 254 ff. SGB III vom 26.02.2002, § 258, 258.1.1., (2).
[847] So Meyer, NZA 1998, 513 (517).
[848] Meyer, NZA 1998, 513 (517).
[849] Meyer, NZA 1998, 513 (517).

d) Weitere Kombinationsmöglichkeiten

Auch eine Kombination verschiedener beschäftigungswirksamer Maßnahmen für unterschiedliche Personengruppen kann für die Betriebspartner interessant sein. Solche Kombinationen können unter anderem auch unter Zuhilfenahme von unterschiedlichen Förderungsinstrumenten durch die Arbeitsverwaltung bezuschusst werden[850]. Eine mögliche Kombination könnte in dem Bezug von Strukturkurzarbeitergeld nach § 175 SGB III und der Förderung durch Zuschüsse zu Sozialplanmaßnahmen gemäß §§ 254 ff. SGB III liegen[851]. Wenn für einen Teil der Mitarbeiter in einer betriebsorganisatorisch eigenständigen Einheit Kurzarbeitergeld nach § 175 SGB III gewährt wird, während eine andere Gruppe ausschließlich an beschäftigungswirksamen Maßnahmen teilnimmt, ohne diese Kurzarbeiterbezüge zu erhalten, dann kann nach § 177 Abs.4 Satz 2 Nr.2 SGB III der Bezug von Struktur- Kurzarbeitergeld um den Zeitraum verlängert werden, für die der Sozialplan auch für die Arbeitnehmer in der betriebsorganisatorisch eigenständigen Einheit Eingliederungsmaßnahmen vorsieht[852].

5. Anknüpfungspunkt für den Ausschluss anderer Leistungen

Zu beachten ist, dass der Grund für einen Ausschluss der Gewährung von anderen Leistungen nach § 258 SGB III nicht die Zuschussgewährung zu den Eingliederungsmaßnahmen als solche ist, sondern dass die tatsächliche Teilnahme der einzelnen Arbeitnehmer an den Maßnahmen eine gleichzeitige Gewährung von anderen Leistungen der Arbeitsförderung ausschließt[853]. Somit sind Leistungen der Arbeitsverwaltung an den Arbeitgeber für andere Arbeitnehmer, die nicht an den Eingliederungsmaßnahmen teilnehmen, für die Dauer der Sozialplanmaßnahmen trotz § 258 SGB III möglich[854]. Dabei ist es gleichgültig aus welchen Gründen diese Arbeitnehmer nicht an den Maßnahmen teilnehmen[855]. Die Arbeitnehmer, die statt einer Teilnahme an beschäftigungswirksamen Maßnahmen die Zahlung einer Abfindung wählen, können somit alle in Frage kommenden Leistungen der Arbeitsverwaltung in Anspruch nehmen, ohne von der Einschränkung des § 258 SGB III betroffen zu sein. § 258 SGB III schließt mithin die gleichzeitige Gewährung von Zuschüssen zu Sozialplanmaßnahmen gemäß §§ 254 ff. SGB III neben anderen Leistungen der Arbeitsförderung, wie zum Beispiel Maßnahmekosten, Ausbildungskosten, Unterhaltsgeld, Mobilitätshilfen nach dem SGB III aus[856]. Ebenso nicht möglich ist die Aufstockung der Förderung

---

[850] Siehe Feckler, in: GK-SGB III, § 258 Rn.8; Henkes/Baur/Kopp/Polduwe, Hdb. SGB III, S.501.

[851] Feckler, in: GK-SGB III, § 258 Rn.8.

[852] Henkes/Baur/Kopp/Polduwe, Hdb. SGB III, S.501, wonach durch die Verlängerung den erkennbaren Eigenbemühungen der Betriebspartner Rechnung getragen wird; Feckler, in: GK-SGB III, § 258 Rn.8.

[853] Roeder, in: Niesel, SGB III, § 258 Rn.3; Henkes/Baur/Kopp/Polduwe, Hdb. SGB III, S.501; Petzold, in: Hauck/Noftz, SGB III, K § 258 Rn.5.

[854] Henkes/Baur/Kopp/Polduwe, Hdb. SGB III, S.501; Feckler, in: GK-SGB III, § 258 Rn.7.

[855] Petzold, in: Hauck/Noftz, SGB III, K § 258 Rn.5, nach dem dasselbe auch für Arbeitnehmer gilt, die während der Durchführung einer beschäftigungswirksamen Maßnahme aussteigen. Auch diese Arbeitnehmer können dann unbeschränkt Leistungen der Arbeitsverwaltung in Anspruch nehmen.

[856] Roeder, in: Niesel, SGB III, § 258 Rn.2; BA-Runderlass zu den §§ 254 ff. SGB III vom 26.02.2002, § 258, 258.1.1., (3).

von Sozialplanmaßnahmen durch Leistungen auf Grund anderer Vorschriften des SGB III[857].

III. Nähere Bestimmungen zu Voraussetzungen, Art, Umfang und Verfahren der Förderung durch Anordnung der Bundesanstalt für Arbeit

Gemäß § 259 SGB III wird die Bundesanstalt ermächtigt, durch Anordnung das Nähere über Voraussetzungen, Art, Umfang und Verfahren der Förderung zu bestimmen[858]. Dadurch hat die Bundesanstalt für Arbeit die Kompetenz bekommen, Einzelheiten der Förderung, wie zum Beispiel die Höhe der Zuschüsse, die Anforderungen an die Eingliederungsmaßnahmen oder die Beratungstätigkeit der Landesarbeitsämter, durch eine Anordnung näher auszugestalten[859]. Ergänzende Anordnungen kämen zum Beispiel im Bereich der Voraussetzungen der Förderung (§§ 254, 255 SGB III), im Bereich der Art und des Umfangs der Förderung (§ 257 SGB III), sowie im Bereich des Verfahrens der Förderung (§§ 323 – 339 SGB III) in Betracht[860]. Bis jetzt hat der Verwaltungsrat der Bundesanstalt für Arbeit von der Anordnungsermächtigung des § 259 SGB III keinen Gebrauch gemacht[861].

Gemäß § 375 Abs.4 SGB III kann das Bundesministerium für Arbeit und Soziales im Wege einer Ersatzvornahme eine Rechtsverordnung gleichen Inhalts erlassen, wenn die Bundesanstalt für Arbeit nach Ablauf von vier Monaten nach Aufforderung durch das Ministerium eine Anordnung nach § 259 SGB III nicht erläßt[862]. Doch auch von dieser Möglichkeit einer Präzisierung der Vorschriften der §§ 254 ff. SGB III wurde noch kein Gebrauch gemacht[863]. Bis zum Erlass einer Anordnung durch die Bundesanstalt für Arbeit nach § 259 SGB III, beziehungsweise bis zum Erlass einer Rechtsverordnung des Bundesministerium für Arbeit und Soziales gemäß § 375 SGB III, erfolgt die Anleitung der Gewährung von Sozialplanzuschüssen durch die Landesarbeitsämter anhand von Verwaltungsvorschriften[864]. Dazu hat die Bundesanstalt für Arbeit einen Runderlass zu den Zuschüssen zu Sozialplanmaßnahmen nach §§ 254 ff. SGB III herausgegeben[865]. Im übrigen ist darauf hinzuweisen, dass die Verwaltungsvorschriften sich am Gesetzeswortlaut der

---

[857] BA-Runderlass zu den §§ 254 ff. SGB III vom 26.02.2002, § 258, 258.1.1., (3).
[858] Im urspr. Entwurf des SGB III war eine Verordnungsermächtigung des Bundesministers vorgesehen, BT-Dr.13/4941, S.69, § 257 SGB III a.F.; dazu auch: Bepler, in: Gagel, SGB III – Kommentar, § 259 Rn.2; geändert wurde die Vorschrift durch eine Beschlussempfehlung des Gesetzesausschusses für Arbeit und Sozialordnung, s.h. BT-Dr.13/5935, S.151; des weiteren zur Anordnungsermächtigung: Theuerkauf, in: Hennig, SGB III, § 259 Rn.1 ff.
[859] Feckler, in: GK-SGB III, § 259 Rn.1.
[860] Theuerkauf, in: Hennig, SGB III, § 259 Rn.2; Bepler, in: Gagel, SGB III, § 259 Rn.1.
[861] BA-Runderlass zu den §§ 254 ff. SGB III vom 26.02.2002, § 259, 259.1.1., (1); Feckler, in: GK-SGB III, § 259 Rn.2; Theuerkauf, in: Hennig, SGB III, § 259 Rn.3.
[862] Vgl. Roeder, in: Niesel, SGB III, § 259 Rn.1; Feckler, in: GK-SGB III, § 259 Rn.2; Bepler, in: Gagel, SGB III, § 259 Rn.2.
[863] Feckler, in: GK-SGB III, § 259 Rn.2; Bepler, in: Gagel, SGB III, § 259 Rn.3, mit dem Hinweis, dass trotz des früheren Inkrafttreten des § 259 SGB III nach Art.83 Abs.2 AFRG bereits zum 28.03.1997 (und nicht wie die übrigen Vorschriften zum 01.01.1998), noch immer keine Anordnung vorliegt.
[864] Feckler, in: GK-SGB III, § 259 Rn.2.
[865] BA- Runderlass zu den §§ 254 ff. SGB III vom 26.02.2002.

§§ 254 ff. SGB III orientieren und lediglich Bindungswirkung für das Verwaltungshandeln der Landesarbeitsämter haben[866].

IV. Gesamtabrechnung gemäß § 326 SGB III

Die Arbeitgeber, die als Träger der beschäftigungswirksamen Maßnahmen die Sozialplanzuschüsse erhalten haben, sind nach dem in § 326 SGB III festgelegten Verfahren zur Gesamtabrechnung verpflichtet[867]. Sinn und Zweck der Durchführung einer Gesamtabrechnung nach § 326 SGB III ist, eine Mitwirkung der Träger der geförderten Maßnahmen an der Abrechnung herbeizuführen, um somit den Landesarbeitsämtern eine schnelle und effektive abschließende Entscheidung über die Zuschusshöhe ermöglichen zu können[868]. Eine möglichst zeitnahe endgültige Entscheidung über die Höhe der Förderung ist auch erforderlich, um bei einer geringen Höhe der bereitgestellten Haushaltsmittel deren „Breitenwirkung" nicht zu erschweren[869]. Nach § 326 SGB III haben Träger, die Leistungen von der Arbeitsverwaltung erhalten haben, alle Unterlagen über die Förderung beizubringen, die für eine abschließende Entscheidung über den Umfang der zu erbringenden Leistungen erforderlich sind (Gesamtabrechnung)[870].

Die Bundesanstalt für Arbeit führt in ihrem Runderlass zu den §§ 254 ff. SGB III aus, dass eine Beauftragung eines Dritten mit der Gesamtabrechnung, zum Beispiel eines externen Trägers, der auch mit der Durchführung der beschäftigungswirksamen Maßnahmen betraut ist, den Unternehmer nicht von der Gesamtabrechnung nach § 326 SGB III entbindet[871]. Bei der Gesamtabrechnung nach § 326 SGB III werden alle Veränderungen des Kostenansatzes bei der Förderung der Eingliederungsmaßnahmen in Sozialplänen berücksichtigt[872]. Auf der Grundlage der Gesamtabrechnung wird die Zuschusshöhe der Arbeitsverwaltung abschließend bestimmt[873]. Wie oben bereits näher ausgeführt, ist die Sozialplanförderung bei der Gesamtabrechnung um den Betrag zu kürzen, um den sich die Eingliederungsmaßnahmen verbilligen[874]. Ebenso weist die Bundesanstalt für Arbeit darauf hin, dass anfallende Guthabenzinsen bei der Gesamtabrechnung zu Gunsten der Bundesanstalt zu berücksichtigen sind[875]. Im Anschluss an die Gesamtabrechnung nach § 326 SGB III ist vom zuständigen Landesarbeitsamt ein rechtsbehelfsfähiger Bescheid zu erlassen[876].

---

[866] Feckler, in: GK-SGB III, § 259 Rn.2.
[867] BA-Runderlass zu den §§ 254 ff. SGB III vom 26.02.2002, Verfahren B, (4); Meyer, NZA 1998, 513 (517).
[868] Feckler, in: GK-SGB III, § 257 Rn.7; Hoffmann, Die Förderung von Transfer-Sozialplänen, S.116.
[869] Feckler, in: GK-SGB III, § 257 Rn.7.
[870] Vgl. näher zu § 326 SGB III Niesel, in: Niesel, SGB III, § 326 Rn.1.
[871] BA-Runderlass zu den §§ 254 ff. SGB III vom 26.02.2002, Verfahren B, (4).
[872] Roeder, in: Niesel, SGB III, § 257 Rn.7.
[873] Roeder, in: Niesel, SGB III, § 257 Rn.7.
[874] Nochmals dazu: BA-Runderlass zu den §§ 254 ff. SGB III vom 26.02.2002, Verfahren B, (4).
[875] BA-Runderlass zu den §§ 254 ff. SGB III vom 26.02.2002, Verfahren B, (4).
[876] BA-Runderlass zu den §§ 254 ff. SGB III vom 26.02.2002, Verfahren B, (5).

§ 4 Veränderte Billigkeitskontrolle; individualarbeitsrechtliche Probleme und Vereinbarkeit des Instruments mit europäischem Recht

Die Förderung von Sozialplänen nach den §§ 254 ff. SGB III wirft einige grundsätzliche Fragen auf, die der Gesetzgeber bei der Implementation des Zuschussinstruments nicht geregelt hat.

A. Veränderte Billigkeitskontrolle von Sozialplänen durch die §§ 254 ff. SGB III

Fraglich ist, ob ein Sozialplan nicht unter Umständen unbillig ist, wenn er ausschließlich Eingliederungsmaßnahmen vorsieht und damit den Arbeitnehmern, die aus privaten oder anderen Gründen an diesen Maßnahmen nicht teilnehmen wollen oder können, aus dem Ausgleich der wirtschaftlichen Nachteile völlig herausnimmt. Auch ein Transfer-Sozialplan unterliegt wie andere Betriebsvereinbarungen gemäß § 76 Abs.5 Satz 4 BetrVG der gerichtlichen Billigkeitskontrolle, wobei ausschließlich der Inhalt des Sozialplans auf seine Billigkeit untersucht wird[877]. Hier könnte eine sachlich ungerechtfertigte Benachteiligung derjenigen Arbeitnehmer vorliegen, die nicht an einer beschäftigungswirksamen Maßnahme teilnehmen, aber auch keine Abfindung erhalten. Die Teilnahme an den im Sozialplan vereinbarten Eingliederungsmaßnahmen ist die höchstpersönliche Entscheidung jedes einzelnen Arbeitnehmers. Es kann in vielerlei Hinsicht Gründe geben, aus denen sich ein betroffener Arbeitnehmer dazu entschließt, nicht an den Wiedereingliederungsmaßnahmen teilzunehmen[878]. Arbeitnehmer können die Maßnahmen für sinnlos halten, sie können denken, dass eine Teilnahme an der Maßnahme sie persönlich überfordern würde oder sie sehen keine bessere Vermittlungsmöglichkeit aufgrund der neu zu erwerbenden Qualifikation[879]. Auch mag es Arbeitnehmer geben, die in der Betriebsänderung einen Anlass sehen, erst mal aus dem Berufsleben auszusteigen, um sich der Familie zu widmen[880].

I. Unbilligkeit von reinen Transfersozialplänen

Wenn Sozialpläne ausschließlich Eingliederungsmaßnahmen statt Abfindungen vorsehen, dann sind sie nach einer Auffassung wegen Unbilligkeit unwirksam[881]. Solche Sozialpläne seien nicht mit den Ermessensrichtlinien der Einigungsstelle nach § 112 Abs.5 Satz 2 BetrVG vereinbar. Sinn und Zweck von beschäftigungswirksamen Sozialplänen dürfe es danach nicht sein, die Lebensplanung von Arbeitnehmern, die mit einer Teilnahme an Eingliederungsmaßnahmen nicht vereinbar sind, zu bestrafen. Auch diese Arbeitnehmer hätten ein berechtigtes Interesse daran, dass die ihnen durch die Betriebsänderung entstehenden wirtschaftlichen Nachteile ausgeglichen oder abgemildert werden. Vielmehr seien Sozial-

---

[877] Weiss/Weyand, BetrVG, § 112 Rn.42 ff.; Wlotzke, BetrVG, § 112 IV.1.; Weber/Burmester, BB 1995, 2268 (2270 f.); Stege/Weinspach, BetrVG §§ 111- 113 Rn.144; Fitting/Kaiser/Heither/ Engels/Schmidt, BetrVG, § 76 Rn.96 ff.
[878] Däubler, in: Däubler/Kittner/Klebe, BetrVG, §§ 112, 112a Rn.171.
[879] Däubler, in: Däubler/Kittner/Klebe, BetrVG, §§ 112, 112a Rn.171.
[880] Däubler, in: Däubler/Kittner/Klebe, BetrVG, §§ 112, 112a Rn.171.
[881] Däubler, in: Däubler/Kittner/Klebe, BetrVG, §§ 112, 112a Rn.171.

pläne, die ausschließlich beschäftigungswirksame Maßnahmen vorsehen, nur dann zulässig und wirksam, wenn sie im Einvernehmen mit allen betroffenen Arbeitnehmern vereinbart worden sind. Diese Sozialpläne hätten dann auch für die diejenigen Arbeitnehmer Leistungen, wie z.B. Abfindungen, vorzusehen, die aufgrund ihrer eigenen Entscheidung nicht an den Eingliederungsmaßnahmen teilnehmen wollten. Dabei dürften die in solchen Sozialplänen gewährten Abfindungen für diese Arbeitnehmer aber nicht einen lediglich symbolischen Beitrag zum Ausgleich der wirtschaftlichen Nachteile darstellen.[882]

II. Veränderte Billigkeitskontrolle

Die Gegenauffassung sieht hingegen in der Einführung der §§ 254 ff. SGB III auch eine Änderung der Maßstäbe der Billigkeitskontrolle von Sozialplänen[883]. Wenn ein Arbeitnehmer eine ihm im Sozialplan angebotene Eingliederungsmaßnahme nicht annehme und er aufgrund dessen gegenüber dem abfindungsberechtigten älteren Arbeitnehmer benachteiligt werde, dann könne diese Benachteiligung im Gegensatz zum früheren Recht durch eine arbeitsmarktbezogene Zielsetzung des konkreten Sozialplans gerechtfertigt sein[884]. Dafür spreche insbesondere auch die Einfügung des § 112 Abs.5 Satz 2 Nr.2a BetrVG, nach dem die Einigungsstelle die Förderungsmöglichkeiten des SGB III berücksichtigen soll[885]. Eine an die §§ 254 ff. SGB III angepasste veränderte Billigkeitskontrolle komme aber nur in den Fällen in Betracht, in denen es Anzeichen gebe, dass die Betriebspartner einen beschäftigungswirksamen Sozialplan vereinbaren wollten. In solchen Fällen müssen folglich nach dieser Auffassung keine Abfindungen für Arbeitnehmer vorgesehen werden, die nicht an den Eingliederungsmaßnahmen teilnehmen wollen.

III. Stellungnahme

Die erste Auffassung verkennt die Zielsetzung der §§ 254 ff. SGB III, wenn sie annimmt, dass ein Ausschlagen der angebotenen Eingliederungsmaßnahmen für die betroffenen Arbeitnehmer gänzlich ohne Folgen bleiben soll. Wenn Arbeitnehmer immer die Möglichkeit haben, von der Teilnahme an einer beschäftigungswirksamen Maßnahme abzusehen und stattdessen eine Abfindung erhalten, dann läuft das Instrument der Sozialplanzuschüsse ins Leere. Für die Alternative, Arbeitnehmern grundsätzlich Abfindungszahlungen anzubieten, wenn sie nicht an Eingliederungsmaßnahmen teilnehmen möchten, könnte der Wegfall des Ausschluss eines Wahlrechts nach § 255 Abs.2 Nr.3 SGB III a.F. sprechen[886]. Es ist aber nicht anzunehmen, dass der Gesetzgeber durch die Streichung des § 255 Abs.2 Nr.3 SGB

---

[882] So wohl auch: Löwisch, Arbeitsrechtliche Fragen des Transfer-Sozialplans, S.33 (44), der darauf hinweist, dass eine Bevorzugung von Transferleistungen im Betriebsverfassungsgesetz nicht vorgesehen ist; Däubler, in: Däubler/Kittner/Klebe, BetrVG, §§ 112, 112a Rn.171, wonach dann die Abfindungen, die zusätzlich zur Maßnahmeteilnahme gewährt werden, niedriger sein müssen, als die Abfindungen für nicht an den Maßnahmen teilnehmende Arbeitnehmer.
[883] Wissmann, Der Sozialplan, S.81 (91).
[884] Wissmann, Der Sozialplan; S.81 (91), mit dem Hinweis, dass auch schon vor der Einführung des §§ 254 ff. SGB III bei der Kontrolle die Gegebenheiten des Arbeitsmarktes berücksichtigt wurden.
[885] Siehe zu § 112 Abs.5 Satz 2 Nr.2a oben unter Teil 1 § 3 A. II.2. d) cc).
[886] Siehe dazu oben unter: B. III. 2. b) bb) (3).

III a.F. den beschäftigungswirksamen Nutzen der Sozialplanmaßnahmen verringern wollte. Vielmehr kommt der Wille des Gesetzgebers, den beschäftigungswirksamen Sozialplänen den Vorzug zu geben, dadurch zum Ausdruck, dass er die Einigungsstelle gemäß § 112 Abs.5 Satz 2 Nr.2a BetrVG jetzt sogar dazu verpflichtet hat, die Förderungsmöglichkeiten zur Vermeidung von Arbeitslosigkeit besonders zu berücksichtigen[887]. Der von der zweiten Ansicht angenommenen Veränderung der Maßstäbe der Billigkeitskontrolle bei beschäftigungswirksamen Sozialplänen ist der Vorzug zu geben. Sie stellt für die betroffenen Arbeitnehmer keine unzumutbare belastende Abweichung zur früheren Verfahrensweise dar, da sie nur in den Fällen anwendbar ist, in denen der Sozialplan von den Betriebsparteien als ein beschäftigungswirksamer Sozialplan gewollt war und das auch feststellbar ist. Sofern die Betriebspartner sich dafür entscheiden, ihrer Verantwortung für Beschäftigung aus § 2 SGB III in dieser Weise nachzukommen, dann sind auch die betroffenen Arbeitnehmer von dieser kollektiven Entscheidung mitumfasst und können nicht auf eine individuelle Behandlung hoffen. Eine Verpflichtung der Arbeitnehmer zur Teilnahme an den Eingliederungsmaßnahmen gemäß §§ 254 ff. SGB III besteht allerdings nicht, allenfalls ist an eine Obliegenheit zur Sicherung von Folgeansprüchen zu denken[888].

B. Individualarbeitsrechtliche Probleme bei der Umsetzung geförderter Sozialpläne

Weiterhin stellt sich die Frage, welche Folgen die Durchführung der in einem Sozialplan vereinbarten Eingliederungsmaßnahmen hat, wenn für die Teilnehmer der Maßnahmen ihr ursprüngliches Arbeitsverhältnis fortbesteht (interne Lösung)[889]. Grundsätzlich können im Sozialplan selber Regelungen vereinbart werden, wie im einzelnen mit Arbeitnehmern zu verfahren ist, wenn sie den Maßnahmen unentschuldigt fernbleiben. Sofern jedoch der Sozialplan keine speziellen Regelungen getroffen hat, kann nach Däubler das unentschuldigte Fernbleiben von einer Eingliederungsmaßnahme ein wichtiger Grund im Sinne einer außerordentlichen Kündigung gemäß § 626 Abs.1 BGB sein[890]. Eine ordentliche Kündigung soll hingegen in einem solchen Fall nicht möglich sein[891]. Däubler hält es im weiteren für möglich, dass ein unentschuldigtes Fernbleiben von der Eingliederungsmaßnahme für den Arbeitnehmer eine Kürzung seines Entgelts nach § 326 Abs.1 BGB bedeuten kann.[892] Die individualrechtliche Umsetzung der geförderten Sozialpläne soll aber nicht Gegenstand dieser Vergleichsanalyse sein, deshalb ist insofern auf weiterführende Literatur zu verweisen[893].

---

[887] Fitting/Kaiser/Heither/Engels/Schmidt, BetrVG, §§ 112, 112a Rn.233 ff.
[888] Wissmann, Der Sozialplan, S.81 (92).
[889] Zur internen Lösung vgl. auch Teil 1 § 3 C. II. 4.; Däubler, in: Däubler/Kittner/Klebe, BetrVG, §§ 12, 112a Rn.174.
[890] Däubler, in: Däubler/Kittner/Klebe, BetrVG, §§ 112, 112a Rn.174, mit dem Hinweis darauf, das dasselbe gilt, wenn zuvor zwischen Arbeitgeber und Arbeitnehmer ein Umschulungsverhältnis begründet wurde (BAG v. 15.03.1991 (2 AZR 516/90), NZA 1992, 452).
[891] BAG v. 15.03.1991 (2 AZR 516/90), NZA 1992, 452.
[892] Däubler, in: Däubler/Kittner/Klebe, BetrVG, §§ 112, 112a Rn.174.
[893] Heither, Sozialplan und Sozialrecht, S.135 ff. und Löwisch, Arbeitsrechtliche Fragen des Transfer-Sozialplans, S.33 (46 ff.); Bepler, in: Gagel, SGB III, § 255 Rn.22, mit dem Hinweis, dass unter

C. Vereinbarkeit des Instruments mit europäischem Recht

Das Instrument der Sozialplanzuschüsse der Arbeitsförderung gemäß §§ 254 ff. SGB III muss ferner mit dem europäischem Gemeinschaftsrecht vereinbar sein[894]. Insbesondere dürfen die nach den §§ 254 ff. SGB III ausgezahlten Förderleistungen nicht gegen die Bestimmungen über Beihilfen nach Art.87 Abs.1 EGV verstoßen. Danach dürfen staatliche Beihilfen keine Beeinträchtigung des Wettbewerbs zwischen den Mitgliedsstaaten darstellen, wobei eine Beeinträchtigung schon dann angenommen wird, wenn die Förderunge auch nur ein rein national tätiges Unternehmern begünstigen würden, dass sich anderen Wettbewerbern aus europäischen Mitgliedsstaaten stellen muss[895].

I. Beispiel Frankreich

So hat die Europäische Kommission in der Vergangenheit die Mitfinanzierung von Sozialplänen über öffentliche Fonds in Frankreich als verbotene staatliche Beihilfe untersagt, wogegen Frankreich den EuGH angerufen hat[896]. In den fraglichen Sozialplänen wurden berufliche Eingliederungsmaßnahmen für Mitarbeiter bezuschusst, die aus wirtschaftlichen Gründen ihren Arbeitsplatz verloren hatten[897].

Der EuGH entschied in seinem Urteil vom 26.09.1996 zu Art.92 EG-Vertrag (a.F.), dass die Entscheidung der Kommission rechtmäßig war, da nicht ausgeschlossen werden konnte, dass durch die in Frage stehenden Sozialplanzuschüsse die Wettbewerbsfähigkeit der begünstigten Unternehmen positiv beeinflusst werden könnte[898]. Zulässig seien ausschließlich Zuschüsse, deren Bewilligung von einer Ermessensentscheidung der zuständigen Vergabestelle abhänge und die nicht ausschließlich die gesetzlich vorgeschriebenen Arbeitgeberleistungen in Fällen des Personalabbaus ersetzen würden[899].

Umständen bei Veränderung der Arbeitsvertragsverhältnisse Mitbestimmungsrechte des Betriebsrates aus §§ 99, 102 BetrVG beachtet werden müssen.

[894] Siehe allgemein zu Wettbewerbsregeln des EG-Vertrages im Hinblick auf arbeitsförderungsrechtliche Leistungen, Gagel, in: Gagel, SGB III, vor § 217 Rn.1 ff.; ausführlich dazu auch Hoffmann, Die Förderung von Transfer-Sozialplänen, S.119 ff.

[895] Schweitzer/Hummer, Europarecht, Rn.1306; Bleckmann, Europarecht Rn.1481; Petzold, in: Hauck/Noftz, SGB III, § 255 Rn.18; a.A. insoweit wohl Gagel, in: Gagel, SGB III, vor § 217 Rn.15.

[896] Urteil des EuGH vom 26.09.1996 Frankreich/Kommission betr. Kimberly Clark Sopalin (Rs C – 241/94) = EAS Art.92 EG-Vertrag Nr.3.; vlg. auch Hoffmann, Die Förderung von Transfer-Sozialplänen, S.119.

[897] Bepler, in: Gagel, SGB III, § 255 Rn.28.

[898] Urteil des EuGH vom 26.09.1996 Frankreich/Kommission betr. Kimberly Clark Sopalin (Rs C – 241/94) = EAS Art.92 EG-Vertrag Nr.3; Gagel, in: Gagel, SGB III, vor § 217 Rn.19f, mit dem Hinweis, dass der EuGH inseinem Urteil keine abschließende Aussage bei die Beihilfewidrigkeit der Sozialplanzuschüsse gemacht hat, weil er der Kommission aus verfahrensrechtlichen Gründen Recht gegeben hat.

[899] Bepler, in: Gagel, SGB, § 255 Rn.28.

II. Übertragbarkeit auf deutsches Arbeitsförderungsrecht

Hinsichtlich des deutschen arbeitsförderungsrechtlichen Instruments der Förderung von Sozialplanmaßnahmen nach §§ 254 ff. SGB III liegt noch keine Beanstandung der Europäischen Kommission wegen Beihilfewidrigkeit nach Art.87 Abs.1 EGV vor. Allerdings hat sich der deutsche Gesetzgeber dem Risiko einer solchen Beanstandung verstärkt ausgesetzt, indem er die Zuschüsse zu Sozialplanmaßnahmen nach §§ 254 ff. SGB III an den regelmäßig erzwingbaren Sozialplan nach § 112 Abs.1 Satz 2 BetrVG angeknüpft hat[900]. Nach dem oben genannten Urteil des EuGH muss der deutsche Gesetzgeber sicherstellen, dass die bezuschussten Betriebe in der wirtschaftlichen Gesamtbetrachtung wettbewerblich nicht besser stehen als die nicht bezuschussten Unternehmen[901]. Das ist jedenfalls dann der Fall, wenn die Vorschriften über die Förderung konkret regeln, wann, an wen und wie die Förderung zu leisten ist und wenn Ziel der Bezuschussung ausschließlich die erstmalige Ermöglichung der im öffentlichen Interesse liegenden Eingliederungsmaßnahmen ist[902]. Ein Tätigwerden der EU-Kommission wegen EG-Rechtswidrigkeit ist unwahrscheinlich, da im Hinblick auf die konkrete Ausgestaltung der Vorschriften der §§ 254 ff. SGB III und besonders die Regelung des § 255 Abs.2 Nr.1 SGB III, mit dem Verbot der Förderung bei überwiegendem betrieblichen Interesse an den Eingliederungsmaßnahem, eine EG-Rechtskonformität anzunehmen ist[903]. Im weiteren stellt die Vereinbarung von Eingliederungsmaßnahmen in Sozialplänen in Deutschland im Gegensatz zum französischen Recht keine Verpflichtung des Arbeitgebers dar[904]. Die Sozialplanförderung ist keine Erleichterung des Personalabbaus durch Zuschüsse, denn die Pflichten des Arbeitgebers beim betriebsbedingten Personabbau bleiben komplett bestehen[905]. Anders als im französischen Recht handelt es sich bei den Sozialplanzuschüssen nach §§ 254 ff. SGB III um eine Zusatzförderung, die weder direkte noch mittelbare Auswirkungen auf die Wettbewerbsfähigkeit der Zuschussempfänger hat[906]. Mithin ist das arbeitsförderungsrechtliche Instrument der Zuschüsse zu Sozialplanmaßnahmen gemäß §§ 254 ff. SGB III mit dem europäischen Gemeinschaftsrecht vereinbar und verstößt insbesondere nicht gegen die Beihilferegelung nach Art.87 Abs.1 EGV[907].

---

[900] Bepler, in: Gagel, SGB III, vor § 217 Rn.7 und § 255 Rn.29.
[901] Bepler, in: Gagel, SGB III, § 255 Rn.29; nach Hoffmann, Die Förderung von Transfer-Sozialplänen, S.120 f., darf es auch nicht zu einer mittelbaren Begünstigung des Unternehmers kommen.
[902] Bepler, in: Gagel, SGB III, § 255 Rn.29.
[903] Petzold, in: Hauck/Noftz, SGB III, § 255 Rn.18.
[904] Bepler, in: Gagel, SGB III, § 255 Rn.29.
[905] Bepler, in: Gagel, SGB III, § 255 Rn.29.
[906] A.A. Hoffmann, Die Förderung von Transfer-Sozialplänen, S.126 ff., nach dem die Sozialplanförderung nach §§ 254 ff. SGB III genehmigungspflichtig iSd. Art.87 Abs.1 EGV ist und dementsprechend gemäß Art. 88 Abs.3 EGV bei der Kommission angemeldet werden muss.
[907] A.A. Hoffmann, Die Förderung von Transfer-Sozialplänen, S.125 f., nach dem eine Förderung gemäß §§ 254 ff. SGB III zu einem Verstoß gegen Art.87 Abs.1 EGV wegen Wettbewerbsverzerrung führen kann, der jedoch auch davon ausgeht, dass die Kommission die Sozialplanförderung nach Art.87 Abs.3 d) EGV genehmigen wird.

Teil 2: Darstellung des Transfer–Sozialplan–Konzepts des BAVC e.V.

Der Bundesarbeitgeberverband der Chemie e.V. (im folgenden auch: BAVC e.V.) hat im Juni 1998 eine Transfer-Sozialplan-Konzeption der Öffentlichkeit vorgestellt[908]. Dieses Konzept wurde Grundlage einer gemeinsamen Erklärung der Chemie-Sozialpartner, BAVC e. V. und der Industriegewerkschaft Bergbau, Chemie, Energie (im folgenden auch: IG BCE). Im Jahr 2003 brachte der BAVC e.V. die 3.Auflage seiner Informationsschrift „Transfer-Sozialplan der chemischen Industrie – Veränderungen anders gestalten" heraus, wobei der Projektkreis Transfer-Sozialplan nicht nur die Erfahrungen der vorausgegangenen drei Jahre in dem überarbeiteten Konzept einbrachte, sondern auch Beispiele erfolgreicher Transfer-Sozialpläne vorstellt[909].

§ 1 Zustandekommen der Transfer–Sozialplan–Vereinbarung – Gemeinsame Erklärung der Sozialpartner BAVC e. V. und IG BCE

A. Allgemeines

1997 hat der Bundesarbeitgeberverband der Chemie e.V. einen Projektkreis aus Betriebspraktikern und Verbandsvertretern zusammengestellt[910]. Hervorgegangen ist dieser Projektkreis aus dem Arbeitskreis „Betriebsverfassung" des Arbeitgeberverbandes, dessen Aufgabe es u.a. war, für die Mitgliedsunternehmen des Verbandes eine chemiespezifische Anwendung des Sozialgesetzbuches III zu entwickeln[911]. Mit der Umsetzung der Frage, wie Betriebsänderungen und die durch sie hervorgerufenen Personalanpassungsprozesse neu gestaltet werden können, wurde der Projektkreis aus Betriebspraktikern und Verbandsvertretern betraut[912]. Dieser entwickelte im Laufe der Jahre 1997 und 1998 die Transfer–Sozialplan-Konzeption und stellte diese im April 1998 der Öffentlichkeit vor.[913] Die erstellte Konzeption des BAVC e. V. sollte gleichzeitig als Beratungsgrundlage für die Verbandsunternehmen dienen. Sie enthielt deshalb u.a. auch ein Ablauf- und Prüfschema für einen Transfer-Sozialplan als Anhang 1[914]. Am 29.05.1998 haben sich die Tarifparteien der Chemie, der BAVC e. V. und die IG BCE in einer gemeinsame Erklärung über die Grundzüge des Transfer-Sozialplan–Konzepts geeinigt[915].

---

[908] BAVC e.V., Transfer-Sozialplan 1998.
[909] BAVC e.V., Transfer-Sozialplan 2003, Vorwort des Herausgebers.
[910] Sell, in: AuB 1999, S.101.
[911] BAVC e.V., Transfer-Sozialplan, 1998, Vorwort.
[912] Wolff, in: NZA 1999, S. 622 (623).
[913] BAVC. e.V., Transfer-Sozialplan, 1998.
[914] BAVC. e.V., Transfer-Sozialplan, 1998, Anhang 1.
[915] Abgedruckt in: BAVC. e.V., Transfer-Sozialplan, 1998.

B. Intention und Ziele der Entwicklung des Konzepts durch den BAVC e.V.

Kernanliegen des BAVC e.v. war es, durch die Entwicklung eines Transfer-Sozialplan-Konzepts hinsichtlich der Bewältigung von Betriebsänderung und damit einhergehenden Personalanpassungsprozessen neue Lösungswege aufzuzeigen. So nimmt der BAVC e.V. in seiner eigenen Veröffentlichung des Transfer-Sozialplan-Konzepts Bezug auf den Luxemburger Beschäftigungsgipfel der EU–Mitgliedsstaaten vom November 1997[916]. Auf diesem europäischen Sondergipfel wurde der Amsterdamer Vertrag dahingehend konkretisiert, dass innerhalb der EU Beschäftigung von Arbeitslosen Priorität eingeräumt wurde und auf eine Flexibilisierung der Arbeitsmärkte hingewirkt werden soll[917]. Der BAVC e.V. schließt sich der Kernaussage des Luxemburger Beschäftigungsgipfels an, dass zur Bekämpfung von Arbeitslosigkeit innovative Lösungsansätze gefordert sind[918]. Einen solchen neuen Weg meint der BAVC e.v. mit der Konzeption von Transfersozialplänen zu beschreiten. Dabei sollen nach eigener Aussage des BAVC e.V. als Ziel dieser Konzeption eine größtmögliche Anpassungsfähigkeit der Unternehmen an die ökonomischen Erfordernisse hergestellt und gleichzeitig die Beschäftigungsfähigkeit der Arbeitnehmer verbessert werden[919]. Ziel ist es, die bisherige Sozialplanpraxis, die Zahlung von Abfindungen, durch ein System des Transfers in ein neues Beschäftigungsverhältnis oder in die Selbständigkeit abzulösen[920]. Dabei sollen von Arbeitslosigkeit bedrohte Arbeitnehmer nicht mehr in erster Linie mit Geld abgefunden werden, sondern durch Qualifizierungs- und Transferangebote ein Weg in den ersten Arbeitsmarkt oder in die Selbständigkeit bereitet werden[921]. Für diese neue Zielrichtung der Behandlung von Betriebsänderungen will der BAVC e.V. nicht nur die bereits in der Tarifpolitik der chemischen Industrie vorhandenen Ansätze nutzen, sondern auch die Instrumente des Arbeitsförderungsrecht im SGB III umsetzen[922]. Dabei sind insbesondere die Zuschüsse zu Sozialplanmaßnahmen nach den §§ 254 ff. SGB III als Instrument der aktiven Arbeitsförderung und die Möglichkeit des Bezugs von Strukturkurzarbeitergeld nach § 175 SGB III in das Konzept der BAVC e.V. eingebunden worden.

Das Transfer–Sozialplan-Konzept des BAVC e.V. beruht demnach sowohl auf einer Finanzierungsmöglichkeit durch die Bezüge von Strukturkurzarbeitergeld in einer betriebsorganisatorisch eigenständigen Einheit nach § 175 SGB III, als auch auf der Möglichkeit der Inanspruchnahme von Zuschüssen zu Sozialplanmaßnahmen nach §§ 254 ff. SGB III. Schwerpunkt soll aber die Untersuchung der Einbindung des gesetzlichen Instrumentariums der Zuschüsse zu Sozialplanmaßnahmen nach §§ 254 ff. SGB III in das Transfer-Sozialplan-Konzepts der BAVC e.V. sein.

---

[916] BAVC. e.V., Transfer-Sozialplan, 1998, S.6; vlg. Stindt, EuroAS 2003, 75 (76).
[917] Vgl. Hanau, Gutachten 2000, S.11.
[918] Frey, Transfer-Sozialplan, S.15 (16).
[919] Sell, in: AuB 1999, S.101; Wolff, in: NZA 1999, 622 (623).
[920] BAVC. e.V., Transfer-Sozialplan, 1998, S.6.
[921] BAVC. e.V., Transfer-Sozialplan, 1998, S.6.
[922] Wolff, in: NZA 1999, 622 (623); Frey, Transfer-Sozialplan S.15 (17), hinsichtlich der Nutzung von tariflichen Instrumenten.

C. Abkehr vom abfindungsorientierten Sozialplan

Der BAVC e.V. verfolgt, wie bereits ausgeführt[923], mit seinem Transfer-Sozialplan-Konzept das Ziel, eine Abkehr von der abfindungsorientierten Sozialplanpraxis hin zu beschäftigungsfördernden Sozialplänen zu erreichen[924]. Dabei soll schon bei der Vorbereitung der Sozialpläne nicht mehr abfindungsorientiert verhandelt werden, sondern die Integration der beschäftigungswirksamen Transfermaßnahmen im Mittelpunkt stehen[925]. Die Vereinbarung der Transfermaßnahmen im Sozialplan soll nach Vorstellung des BAVC e.V. die Beschäftigungschancen der zu kündigenden Arbeitnehmer steigern[926].

I. Inhalt des Transfer-Sozialplan-Konzepts

Dabei hat der Bundesarbeitgeberverband nicht nur Anschlussarbeitsverhältnisse in der Chemieindustrie im Sinn, sondern auch den Übergang in Arbeitsverhältnisse in anderen Wirtschaftsbereichen sowie die Existenzgründung[927]. Der Transfer-Sozialplan soll mithin vor allem die Durchführung von Transfermaßnahmen enthalten. Dabei werden sowohl Gruppen- als auch Orientierungsberatungen durch das Transfer-Sozialplan-Konzept empfohlen[928]. Endziel dieser Maßnahmen soll wenn möglich ein nahtloser Übergang in ein anderes Arbeitsverhältnis oder zumindest ein Anstoß zur eigenständigen Fortführung der beruflichen Weiterentwicklung sein[929].

II. Auslöser der Erstellung eines Transfer-Sozialplan-Konzepts

Den Anstoß für die Entwicklung dieses Konzepts gab nach Wolff die veränderte Rechtslage im Arbeitsförderungsrecht nach der Einführung des SGB III und das Bewusstsein dadurch gestiegener sozialer Verantwortung[930]. Dagegen lässt Sell durchblicken, dass es sich faktisch um eine Umsetzung der in den neuen Bundesländern durch die ehemalige Treuhandanstalt gemachten Erfahrungen mit der Dotierung von Arbeitsförderungsmaßnahmen

---

[923] Siehe zuvor unter Teil 2 § 1 B.
[924] BAVC e.V., Transfer-Sozialplan 2001, S.16; Blatt/Kriegesmann/Kottmann; PersF 2002, 60 (61); Frey, Transfer-Sozialplan, S.15 (19); Stege/Weinspach, BetrVG, §§ 111-113 Rn.91g.
[925] Sell, in: AuB 1999, 101 (102); Frey, Transfer-Sozialplan, S.15 (19).
[926] BAVC e.V., Transfer-Sozialplan 2001, S.17.
[927] So zumindest noch die 1.Auflage des Transfer-Sozialplan-Konzepts, BAVC. e.V., Transfer-Sozialplan, 1998, S.15.
[928] BAVC e.V., Transfer-Sozialplan, S.16.
[929] BAVC e.V., Transfer-Sozialplan, S.16; Frey, Transfer-Sozialplan, S.15 (19).
[930] Wolff, in: NZA 1999, 622 (623), aber auch Wolff gibt zu (S.624), dass die ABS-Programme in den neuen deutschen Bundesländern die Intention für die Reformen waren. Da diese aber keine nachhaltigen Wirkungen gezeigt hätten, seien sie im neuen Instrument nicht wiederzufinden. Die ABS-Programme beinhalteten Kombinationen von Abfindungen und Qualifikationen, weil nur solche Kombinationen durchsetzbar waren. Genau diese Situation soll nach Wolff jetzt in Transfersozialplänen und im gesetzlichen Instrument der Sozialplanzuschüsse vermieden werden, so dass der Transfer-Sozialplan jetzt auf einen Transfer in den ersten Arbeitsmarkt abzielt.

in Interessenausgleichen und Sozialplänen handelt[931]. Der BAVC e.V. selbst geht auf diese Ansätze der Konstruktion oder auf einen konkreten Anlass zur Ausarbeitung des Transfer-Sozialplan-Konzepts in seiner eigenen Veröffentlichung des Transfer-Sozialplan von 1998 nicht ein[932]. Frey gibt an, dass sich der BAVC e.v. bei der Entwicklung der Transfer-Sozialplan-Konzeption am neuen Arbeitsförderungsansatz des SGB III orientiert hat[933].

III. Gemeinsame Erklärung und ihre Rechtsnatur

Der Bundesarbeitgeberverband der Chemie e.v. und die IG BCE haben die Transfer-Sozialplan-Konzeption, als Sozialpartner der Chemieindustrie, zur Grundlage ihrer Gemeinsamen Erklärung vom 29.Mai 1998 gemacht[934]. Fraglich ist, was Rechtsgrundlage und Rechtsnatur einer solchen „Gemeinsamen Erklärung" ist. Die IG BCE als Gewerkschaft und der BAVC e.v. als Arbeitgeberverband der Chemie sind nach § 2 I TVG Tarifvertragsparteien. Die „Handlungsmodelle", die den Tarifvertragsparteien zur Verfügung stehen, sind im Tarifvertragsgesetz (TVG) geregelt[935]. Danach steht den Tarifvertragsparteien die Möglichkeit offen, nach § 1 TVG einen Tarifvertrag abzuschließen[936]. Inhalt des Tarifvertrages sind zum einem Rechtsnormen, die Inhalt, Abschluss und Beendigung von Arbeitsverhältnissen in den Verbandsunternehmen, sowie betriebliche oder betriebsverfassungsrechtliche Fragen regeln können[937]. Zum anderen ordnet der Tarifvertrag in seinem schuldrechtlichen Teil die Pflichten und Rechte der Tarifvertragsparteien[938]. Die am 29.05.1998 von BAVC e.V. und IG BCE vorgelegte Gemeinsame Erklärung „Transfer-Sozialplan – Neues Denken und neue Wege zur gemeinsamen Gestaltung des Strukturwandels in der chemischen Industrie" enthält keine Inhalts-, Abschluss- oder Beendigungsnormen[939]. Auch sind nicht ausdrücklich Rechte und Pflichten der Tarifvertragsparteien geregelt worden. Vielmehr handelt es sich um 11 „Thesen", in denen der BAVC e.V. und die IG BCE sich zu ihrer gestiegenen sozialen Verantwortung im Hinblick auf Beschäftigungsentwicklung bekennen und ihre Absicht erklären, das entwickelte Transfer-Sozialplan–Konzept in Zukunft umzusetzen. Ein Tarifvertrag gemäß § 1 I TVG liegt somit nicht vor. Eine Absichtserklärung oder „Gemeinsame Erklärung" wird vom Tarifvertragsgesetz nicht geregelt. Auch handelt es sich bei der „Gemeinsamen Erklärung" von BAVC e.V. und IG BCE nicht um einen schuldrechtlichen Koalitionsvertrag zur Gestaltung von Arbeits- und Wirtschaftsbedingungen, bei dem keine normativen Pflichten und Rechte entstehen, sondern es einer vertraglichen Umsetzung z.B. durch eine Betriebsvereinbarung

---

[931] Sell, in: AuB 1999, 101 (102) Fn.8; siehe zu den Sozialplanrichtlinien der Treuhandanstalt auch: Meyer, NZA 1995, S.974 ff.
[932] BAVC. e.V., Transfer-Sozialplan, Wiesbaden 1998.
[933] Frey, Transfer-Sozialplan, S.15 (19).
[934] Siehe Wortlaut im Anhang: BAVC e.V., Transfer-Sozialplan, Wiesbaden 1998; vgl. auch die Sichtweise der IG BCE in: Schmoldt, Vom Sozialplan zum Transfer-Sozialplan, S.25 ff.
[935] Tarifvertragsgesetz (TVG) BGBl. I 1969, S.1323.
[936] Schaub, ArbRHdb., § 198 Rn.10 ff.; Zöllner/Loritz, Arbeitsrecht, § 33.
[937] Schaub, in: Erfurter Kommentar, TVG, § 1 Rn.1.
[938] Brox/Rüthers, Arbeitsrecht, Rn.295.; Schaub, in: Erfurter Kommentar, TVG, § 1 Rn.1
[939] Vgl.: Wortlaut im Anhang: BAVC e.V., Transfer-Sozialplan, Wiesbaden 1998.

bedarf[940]. Vielmehr stellt die „Gemeinsame Erklärung" eine unechte Sozialpartnervereinbarung dar, so dass die „Thesen" als eine rechtlich unverbindliche Absichtserklärung der Tarifvertragsparteien zu bewerten sind[941].

Im Jahre 2001 hat der BAVC e.V. die erste Überarbeitung seines Transfer-Sozialplan-Konzepts veröffentlicht[942]. In dieser Neuauflage der Konzeption hat der Projektkreis Transfer-Sozialplan des BAVC e.V. die in den ersten Jahren des Programms gemachten Erfahrungen verarbeitet und einige Neuerungen in der Konzeption vorgestellt[943]. So wurde nicht nur die neue Rechtslage berücksichtigt, sondern auch das Transfer-Sozialplan-Konzept umgearbeitet, wie es im folgenden vorgestellt werden soll. Die dritte Auflage des Transfer-Sozialplan-Konzepts erschien im Jahre 2003[944].

§ 2 Vorstellung des „3–Phasen–Modells"

Das vom BAVC e.V. im April 1998 vorgestellte Transfer-Sozialplan-Konzept war in drei verschiedene Abschnitte eingeteilt. Diese drei Phasen unterteilten den Ablauf einer Betriebsänderung chronologisch beginnend mit dem Zeitpunkt vor dem Notwendigwerden einer Betriebsänderung, dem Zeitpunkt vor Eintritt einer Betriebsänderung und dem Zeitabschnitt der Durchführung und des Abschlusses der Betriebsänderung[945]. Auch nach der Überarbeitung des Transfer-Sozialplan-Konzept in seiner 2.Auflage wurde die Dreiteilung des Ablaufs des Konzeptes beibehalten[946]. Aufgrund dieser chronologischen Einteilung des Transfer-Sozialplan-Konzepts wird es auch als „3–Phasen–Modell" bezeichnet[947]. Ursprünglich wurde die erste Phase vor dem Notwendigwerden einer Betriebsänderung durch das Konzept des BAVC e.V. als sogenannte „Anpassungsphase" charakterisiert, während der Zeitpunkt vor Eintritt der Betriebsänderung „Verhandlungsphase" genannt wurde[948]. Die Durchführung der Betriebsänderung mit einhergehenden Personalanpassungsmaßnahmen wurde als dritter Abschnitt mit dem Begriff der „Transferphase" gekennzeichnet[949]. Nach der Überarbeitung des Transfer-Sozialplan-Konzepts wurde die Einteilung der Trans-

---

[940] So auch die Reaktion des BAVC e.V. auf Anfrage vom 23.07.2002.
[941] Im Ergebnis so auch BAVC e.V. als Ergebnis einer Anfrage vom 23.07.2002; Ähnlichkeiten weist die Gemeinsame Erklärung von BAVC e.V. und IG BCE danach mit der Gemeinsamen Erklärung zwischen Treuhandanstalt, DGB und DAG vom 13.04.1991 auf, siehe dazu auch Schaub/Schindele, S.134 (138f.).
[942] BAVC e.V., Transfer-Sozialplan, 2001.
[943] Zu weiteren praktischen Beispielen für Sozialpläne nach dem Transfer-Sozialplan-Konzept siehe u.a.: Fleckhaus/Hartmann/Pott; PersF 2000, S.66 ff (KAB); Piehler/Muuss, PersF Plus 1999, S.18 ff. (Philipps GmbH); Stoppkotte, AiB 2002, 500 ff.; Müller, Beispiel BASF, S.4 ff.
[944] BAVC e.V., Transfer-Sozialplan, 2003; wobei keine wesentlichen inhaltlichen Veränderungen zur 2.Auflage eingefügt worden sind.
[945] Siehe BAVC e.V., Transfer-Sozialplan, 1998, S.9 ff.; ein ähnliches 3-Phasen-Modell wurde bereits bezüglich der Handlungsmöglichkeiten des Betriebsrats bei geplanten Betriebsänderungen von Hamm/Rupp, Rn.451 ff., verwendet.
[946] BAVC e.V., Transfer-Sozialplan, 2001, S.10.
[947] BAVC e.V., Transfer-Sozialplan, 1998, S.9; Sell, AuB 1999, 101.
[948] BAVC e.V., Transfer-Sozialplan, 1998, S.9.
[949] BAVC e.V., Transfer-Sozialplan, 1998, S.9.

fer-Sozialplan-Konzeption in drei Unterteilungen zwar beibehalten, jedoch wurden die Bezeichnungen der Zeitabschnitte und der jeweilige Inhalte der einzelnen Phasen teilweise verändert[950]. Unverändert bleibt die „Anpassungsphase" zu Beginn des Transfer-Sozialplan-Konzepts, also vor dem Notwendigwerden einer Betriebsänderung, bestehen[951]. Die darauffolgende ursprünglich vorgesehe Verhandlungsphase geht dagegen in der sich nun anschließenden „Transferphase" auf. Im Gegensatz zur ursprünglichen Konzeption des Projektkreises hört nun jedoch nach der „Transferphase" der Entwurf eines Transfer-Sozialplans nicht auf, sondern es schließt sich eine „Integrationsphase" an[952]. Diese war im ursprünglichen Konzept nicht vorgesehen gewesen, beinhaltet aber zum Teil Vorschläge, die vorher in der „Transferphase" integriert waren.

Das Transfer-Sozialplan-Konzept ordnet den drei verschiedenen Phasen der Betriebsänderung unterschiedliche Handlungsmaßgaben zu. Diese sollen den jeweiligen Zeitabschnitt sinnvoll gestalten, so dass die Betriebsänderung trotz Personalabbaus eine beschäftigungsfördernde Wirkung hat.

A. Anpassungsphase

Die Anpassungsphase beschreibt die Phase, in der im Unternehmen die allgemeinen betriebsinternen Vorbereitungen vorgenommen werden, die notwendig erscheinen, um den Betrieb an das strukturelle Umfeld anzupassen[953]. Die Ursachen für eine Veränderung des strukturellen Umfelds können vielfältig sein. Sowohl eine veränderte Marktlage als auch eine betriebsinterne Umorientierung kommen als Auslöser für eine notwendig gewordene Anpassung an das wirtschaftliche Umfeld in Frage. Ziel der Anpassungsphase soll dabei vor allem die Vermeidung von Entlassungen durch mildere betriebliche Maßnahmen sein[954].

I. Verantwortung der Arbeitgeber

Das oben genannte Ziel der Anpassungsphase entspricht nach der Vorgabe des Transfer-Sozialplan-Konzepts auch der besonderen Verantwortung der Arbeitgeber nach § 2 Abs.1 SGB III[955]. Zwar sieht das Transfer-Sozialplan-Konzept in dieser Norm ebenfalls keine arbeitsrechtliche Verpflichtung zur vorrangigen Nutzung tariflicher Instrumente vor Ausspruch einer sozial gerechtfertigten betriebsbedingten Kündigung[956]. Jedoch ist der Vorschrift eine Wirkung als arbeitsmarktpolitische Zielsetzung zuzusprechen[957]. Der Einsatz von Leistungen der Arbeitsförderung ist nachrangig gegenüber der besonderen Verantwortung der Arbeitgeber im Hinblick auf die Beschäftigung der Arbeitnehmer. Daraus schließt das Transfer-Sozialplan-Konzept, dass eine Förderung durch Leistungen des Arbeitsförde-

---

[950] Siehe BAVC e.V., Transfer-Sozialplan 2001, S.10 f.
[951] BAVC e.V., Transfer-Sozialplan 2001, S.12 ff.
[952] BAVC e.V., Transfer-Sozialplan 2001, S.26 ff.
[953] Sell, in: AuB 1999, 101; zur Anpassungsphase siehe: BAVC e.V., Transfer-Sozialplan 2001, S.12 ff.
[954] Wolff, NZA 1999, S.622 (623).
[955] BAVC e.V., Transfer-Sozialplan, 2001, S.13.
[956] Siehe Ausführung zum Rechtsstreit oben unter Teil 1 § 1 A. in Fn.29.
[957] Bauer/Haussmann, NZA 1997, 1100 (1101).

rungsrechts nur dann in Betracht kommt, wenn der Arbeitgeber insofern seiner besonderen Verantwortung aus § 2 Abs. 1 SGB III gerecht geworden ist"[958]. Im Vorfeld von strukturell bedingten Betriebsänderungen entspricht es somit der besonderen Verantwortung des Arbeitgebers, sich schon vor Eintritt der Betriebsänderung um die Beschäftigungsstruktur seiner Mitarbeiter zu kümmern, um dadurch betriebsbedingte Kündigungen möglichst zu vermeiden.

II. Verantwortung der Arbeitnehmer und des Betriebsrats

Das Transfer-Sozialplan-Konzept des BAVC e.V. geht jedoch nicht nur auf die besondere Verantwortung der Arbeitgeber ein, sondern auch auf die Mitwirkungspflichten von Arbeitnehmer und Betriebsrat[959]. So trifft auch die Arbeitnehmer aus § 2 Abs.4 und Abs.5 SGB III die Pflicht zur Mitwirkung insofern, als dass sie jede zumutbare Veränderung aktiv mitzutragen haben[960]. Ebenso hat der Betriebsrat als Vertreter der Arbeitnehmerseite in Erfüllung seiner Aufgabe aus § 75 Abs.2 BetrVG im Sinne der Beschäftigungssicherung konstruktiv mit dem Arbeitgeber über den Sozialplan zu verhandeln, auch wenn dabei geldwerte Abfindungszahlungen zugunsten von beschäftigungswirksamen Maßnahmen entfallen[961]. Weitere Berührungspunkte zwischen Arbeitsförderungsrecht und Betriebsverfassungsrecht finden sich nach Auffassung des BAVC e.V. in den Vorschriften der § 92 a BetrVG und § 80 Abs.1 Nr.8 BetrVG wieder[962]. § 92 a BetrVG beinhaltet das neue Vorschlagsrecht des Betriebsrates zum Thema Beschäftigungssicherung, wonach der Betriebsrat die Möglichkeit, hat dem Arbeitgeber Maßnahmen zur Sicherung und Förderung der Beschäftigung vorzuschlagen, die geeignet sind, Entlassungen zu vermeiden[963]. Im Weiteren bestimmt § 80 Abs.1 Nr.8 BetrVG, dass die Förderung und Sicherung der Beschäftigung ausdrücklich Aufgabe des Betriebsrates ist[964]. Zwar kommt dem Betriebsrat insofern kein Mitbestimmungsrecht zu, so dass keine Eingriffe in die unternehmerische Entscheidungsfreiheit des Arbeitgebers möglich sind[965]. Jedoch zeigen diese Vorschriften, wo Schnittstellen zwischen Betriebsverfassungsrecht und Arbeitsförderungsrecht liegen und die Arbeitnehmervertretung auch einen Teil der öffentlichen Verantwortung für die Beschäftigungssicherung zu tragen hat[966]. Der BAVC e.V. stellt damit die enge Verbindung zwischen dem Betriebsverfassungsrecht und dem Arbeitsförderungsrecht in den Vorder-

---

[958] BAVC. e.V., Transfer-Sozialplan, 1998, S.11.
[959] BAVC e.V., Transfer-Sozialplan, 2001, S.13.
[960] BAVC e.V., Transfer-Sozialplan, 2001, S.13.
[961] Zur Pflicht der Förderung der Selbständigkeit und Eigeninitiative aus § 75 Abs.2 BetrVG vgl. auch Fitting/Kaiser/Heither/Engels/Schmidt, BetrVG, § 75 Rn.92 ff.; BAVC e.V., Transfer-Sozialplan, 2001, S.13.
[962] § 92 a BetrVG wurde durch das BetrVG-Reform-Gesetz vom 23.07.2001, BGBl. I S.1852, eingeführt; BAVC e.V., Transfer-Sozialplan, 2001, S.13.
[963] Zu § 92 a BetrVG siehe auch: Bauer, NZA 2001, 375 (378); Fitting/Kaiser/Heither/Engels/Schmidt, BetrVG, § 92 a Rn.1 ff.; Buchner, NZA 2001, 633 (638f.); Däubler, ArbuR 2001, 1 (6).
[964] Fitting/Kaiser/Heither/Engels/Schmidt, BetrVG, § 80 Rn.42 ff.
[965] Richardi/Thüsing, in: Richardi, BetrVG, Rn.44.
[966] Zur Kritik an dieser neuen Verbindung von Betriebsverfassungsrecht und Arbeitsförderungsrecht siehe: Bauer, NZA 2001, 375 (378).

grund, die der Gesetzgeber durch die Einführung des § 112 Abs.5 Nr.2a BetrVG nochmals ausdrücklich betont hat.

Die Maßnahmen der Anpassungsphase werden im Transfer-Sozialplan-Konzept im Anhang 2 im einzelnen näher dargelegt[967].

III. Vorbereitende Maßnahmen

Handlungsmaßgaben nach dem Transfer-Sozialplan-Konzept sind in der Anpassungsphase vorbereitende Maßnahmen, wie die Information von betrieblichen Führungskräften, Betriebsrat und Belegschaft über die geänderten wirtschaftlichen Rahmenbedingungen des Betriebes[968]. Nach Vorstellung des BAVC e.V. ist es wichtig, dass sowohl Betriebsrat, Führungskräfte als auch die Belegschaft darauf eingestimmt werden, inwiefern Strukturwandel und internationale Wettbewerbsfähigkeit Auswirkungen auf das Unternehmen und die Beschäftigung eines jeden Mitarbeiters haben[969]. Weiter schlug das ursprüngliche Konzept vor, Personalabteilungen und Betriebsrat über Möglichkeiten des neuen Arbeitsförderungsrechts im SGB III, insbesondere des Rechts der Sozialplanzuschüsse in §§ 254 ff. SGB III, zu unterrichten. Hintergrund dieser Maßnahme sollte die Erleichterung der tatsächlichen Realisierung eines Wandels der herkömmlichen Sozialplanpraxis zu beschäftigungsorientierten Transfer-Sozialplänen sein[970]. Auch dieser Teil der Anpassungsphase bleibt im überarbeiteten Konzept des BAVC e.V. bestehen[971]. Um den strukturellen Veränderungsprozess innerhalb des Betriebes ohne zeitliche Verzögerung und Koordinationsschwierigkeiten umzusetzen, gab das ursprüngliche Transfer-Sozialplan-Konzept vor, diesen Abteilungen den im Konzept enthaltenen Ablaufplan von Personalanpassungsprozessen[972] an die Hand zu geben[973]. Auch kann es sinnvoll sein, dass der Arbeitgeber sich bereits in der Phase vor Eintritt des Notwendigwerdens einer Betriebsänderung einen Überblick über die Belegschaftsstruktur verschafft; so auch das Transfer-Sozialplan-Konzept[974]. Dazu gehört eine vollständige Dokumentation der Mitarbeiterprofile einschließlich der Qualifikationen, der Tätigkeitsstruktur und des Beschäftigungsprofils der Mitarbeiter. Auch die Information über etwaig bereits bestehende Auswahlrichtlinien und vorsorgliche Sozialpläne sind im Hinblick auf vielleicht bevorstehende Personalanpassungsmaßnahmen einzuholen[975]. Falls diese in ihren Zielen noch konträr zu den Ansätzen des Transfer-Sozialplan-Konzepts stehen, sind sie nach Maßgabe des neuen Konzepts anzupassen[976].

Zu den vorbereitenden Maßnahmen gehört nach dem Transfer-Sozialplan-Konzept ferner auch, dass sich der Arbeitgeber mit den tariflichen und gesetzlichen Instrumenten ver-

---

[967] BAVC e.V., Transfer-Sozialplan, 2001, S.40 ff.
[968] Vgl. BAVC. e.V., Transfer-Sozialplan, 1998, S.10; BAVC e.V., Transfer-Sozialplan, 2001, S.12.
[969] BAVC e.V., Transfer-Sozialplan, 2001, S.12.
[970] BAVC. e.V., Transfer-Sozialplan, 1998, S.10.
[971] BAVC e.V., Transfer-Sozialplan, 2001, S.12.
[972] BAVC. e.V., Transfer-Sozialplan, 1998, Anhang 1, Ablauf- und Prüfschema für einen Transfer-Sozialplan.
[973] BAVC. e.V., Transfer-Sozialplan, 1998, S.10.
[974] BAVC. e.V., Transfer-Sozialplan, 1998, S.10 und BAVC e.V., Transfer-Sozialplan, 2001, S.12.
[975] BAVC. e.V., Transfer-Sozialplan, 1998, S.10; BAVC e.V., Transfer-Sozialplan, 2001, S.12.
[976] BAVC. e.V., Transfer-Sozialplan, 1998, S.10; BAVC e.V., Transfer-Sozialplan, 2001, S.12.

traut macht, die eine beschäftigungswirksame Abwicklung der Betriebsänderung ermöglichen könnten. Dabei ist die Pflicht, sich über alle Möglichkeiten einer möglichst „milden" Betriebsänderung zu informieren, eine Ausformung der Verantwortung des Arbeitgebers aus § 2 SGB III[977].

IV. Änderungen der Arbeitsbedingungen

Weiterhin schlägt das Transfer-Sozialplan-Konzept als eine Handlungsmaßgabe vor, noch vor dem Notwendigwerden einer Betriebsänderung durch Senkung der Personalkosten die Wettbewerbsfähigkeit des Betriebes zu erhalten oder wiederherzustellen[978]. Durch eine Änderung der Arbeitsbedingungen kann unter Umständen bereits eine Betriebsänderung mit Personalabbau verhindert werden. Dazu ist auch nach dem BAVC e.V. in jedem Fall eine Analyse der wirtschaftlichen Situation erforderlich[979]. Eine Anpassung an die Marktsituation kann in manchen Fällen schon durch eine Änderung der Arbeitsbedingungen bei den bestehenden Arbeitsverhältnissen geschehen. Eine dadurch erreichte Kostenreduzierung könnte betriebliche Entlassungen bereits vermeiden und entspräche mithin dem durch das Transfer-Sozialplan-Konzept vorgegebene Ziel der Anpassungsphase[980].

V. Tarifliche und gesetzliche Instrumente

Des weiteren sieht das Transfer-Sozialplan-Konzept in der Anpassungsphase zur Erreichung des eigentlichen Ziels, der Vermeidung von Entlassungen durch mildere betriebliche Maßnahmen, weitere Handlungsmaßgaben vor[981]. Dabei wird zwischen tariflichen und gesetzlichen Instrumentarien zur Zielerreichung unterschieden[982].

1. Tarifliche Instrumente

Das Transfer-Sozialplan-Konzept gibt den von der strukturbedingten Veränderung betroffenen Betrieben zur Personalkostensenkung das tarifliche Regelwerk zur Hand[983]. Damit soll in der Anpassungsphase durch die Nutzung der vielfältigen Flexibilisierungsinstrumentarien des Tarifvertrages die Notwendigkeit von Betriebsänderungen mit einhergehenden Entlassungen vermieden werden[984]. Ziel ist es, mit der betrieblichen Nutzung der tariflichen Flexibilisierungsinstrumente eine erhebliche Senkung der Personalkosten zu erreichen[985].

---

[977] BAVC e.V., Transfer-Sozialplan, 2001, S.12 f..
[978] BAVC. e.V., Transfer-Sozialplan, 1998, S.11; BAVC e.V., Transfer-Sozialplan, 2001, S.12.
[979] BAVC e.V., Transfer-Sozialplan, 2001, S.12.
[980] Sell, in: AuB 1999, 101; BAVC e.V., Transfer-Sozialplan, 2001, S.12, mit dem Hinweis, dass diese Prüfung einer Kostenreduzierung ohne Personalabbau auch dem § 17 Abs.2 Satz 2 KSchG entspricht.
[981] Wolff, in: NZA 1999, 622 (623).
[982] Wolff, in: NZA 1999, 622 (623); Sell, in: AuB 1999, 101.
[983] BAVC e.V., Transfer-Sozialplan, 2001, S.13.
[984] BAVC. e.V., Transfer-Sozialplan, 1998, S.12; Wolff, in: NZA 1999, 622 (623); Sell, in: AuB 1999, 101.
[985] BAVC e.V., Transfer-Sozialplan, 2001, S.13.

Als tarifliche Instrumente sieht das Transfer-Sozialplan-Konzept des BAVC e.V. die im Manteltarifvertrag geregelten Flexibilisierungsinstrumente wie die Verteilzeiträume zur Arbeitszeitflexibilisierung, der Arbeitszeitkorridor, Freizeitausgleich bei Mehrarbeit, Einführung bzw. Ausweitung von Teilzeitarbeit, Altersteilzeit, Entgeltkorridor, eine Anpassung der tariflichen Einmalzahlung oder Öffnungsklauseln zur Sicherung der Beschäftigung und Verbesserung der Wettbewerbsfähigkeit vor[986].

Eine Zusammenfassung dieser Instrumente ist dem Transfer-Sozialplan-Konzept als Anhang 2 beigefügt[987].

a) Verteilzeiträume/ Arbeitszeitkorridor

Zunächst schlägt der BAVC e.V. vor, den nach § 2 I Ziffer 1 Abs.2 MTV[988] möglichen Verteilungszeitraum zur Arbeitszeitflexibilisierung zu nutzen[989]. Nach § 2 I Ziffer 1 Abs.2 MTV kann die regelmäßige tarifliche oder die abweichende individuell festgelegte Arbeitszeit auch im Durchschnitt eines Verteilungszeitraums von bis zu 12 Monaten erreicht werden[990].

> § 2 I Ziffer 1 Abs.2 MTV lautet:
> Die regelmäßige tarifliche oder abweichend festgelegte wöchentliche Arbeitszeit kann auch im Durchschnitt eines Verteilungszeitraums von bis zu 12 Monaten erreicht werden[991]. Bei der Verteilung der regelmäßigen Arbeitszeit kann die tägliche Arbeitszeit bis zu 10 Stunden betragen. Im übrigen werden die Möglichkeiten der Verteilung der Arbeitszeit nach den gesetzlichen Bestimmungen nicht berührt.

Mithin besteht für Arbeitgeber und Betriebsrat die Möglichkeit der betrieblichen Vereinbarung von Arbeitszeitkonten, so dass in Betrieben mit zeitweiligen konjunkturellen Schwächen oder Auftragsschwankungen durch den größeren Verteilungsspielraum die Arbeitszeit der Arbeitnehmer ökonomischer genutzt werden kann. Mitarbeiter müssen nicht mehr zwangsweise entlassen werden, wenn aufgrund einer wirtschaftlich schwachen Konjunktur

---

[986] BAVC. e.V., Transfer-Sozialplan, 1998, S.12, der in der ursprünglichen Fassung noch von einer Kürzung der tariflichen Jahresleistung sprach; Sell, in: AuB 1999, 101; BAVC e.V., Transfer-Sozialplan, 2001, S.13; Wolff, in: NZA 1999, 622 (623); vlg. auch: Löwisch, Arbeitsrechtliche Fragen des Transfer-Sozialplans, S.33 (36).

[987] BAVC. e.V., Transfer-Sozialplan, 1998, Anhang 2: Maßnahmen in der Anpassungsphase, S.29 ff.; BAVC e.V., Transfer-Sozialplan 2001, Anhang 2: Tarifliches und gesetzliches Instrumentarium in der Anpassungsphase, S.40 ff.

[988] Manteltarifvertrag des BAVC e.V. mit der IG Bergbau, Chemie, Energie vom 24.06.1992, in der Fassung vom 15.05.2000.

[989] Vgl. zum Arbeitszeitkorridor auch: Fahlbusch, Neue rechtliche Instrumente zur Förderung der internen Flexibilität, S.81 ff. (86).

[990] Bei projektbezogenen Tätigkeiten ist sogar eine Ausweitung des Verteilungszeitraums bis zu 36 Monaten zulässig.

[991] Im Einvernehmen mit dem Betriebsrat ist bei projektbezogenen Tätigkeiten mit Zustimmung der Tarifvertragsparteien eine Verlängerung des Verteilungszeitraums bis zu 36 Monate zulässig.

die Aufträge stark zurückgehen, sondern können ihre Arbeitsstunden aufsparen, um diese innerhalb von 12 Monaten in einer stärkeren Auftragsphase abzuarbeiten.[992]

b) Verkürzung der wöchentlichen Arbeitszeit

Im weiteren besteht nach § 2 I Ziffer 3 MTV die Möglichkeit der Verkürung oder Verlängerung der regelmäßigen tariflichen Arbeitszeit um bis zu 2,5 Stunden auf 35 beziehungsweise 40 Stunden wöchentlich[993].

> § 2 I Ziffer 3 MTV lautet:
> Für einzelne Arbeitnehmergruppen oder mit Zustimmung der Tarifvertragsparteien für größere Betriebsteile oder ganze Betriebe kann im Einvernehmen zwischen Arbeitgeber und Betriebsrat abweichend von der regelmäßigen tariflichen wöchentlichen Arbeitszeit eine bis zu zweieinhalb Stunden längere oder kürzere regelmäßige Arbeitszeit festgelegt werden. Die Arbeitnehmer haben Anspruch auf eine der vereinbarten Arbeitszeit entsprechende Bezahlung. Diese Arbeitnehmer erhalten zusätzliches Urlaubsgeld und vermögenswirksame Leistungen in gleicher Höhe wie vollzeitbeschäftigte Arbeitnehmer.

Die Bezahlung der Arbeitnehmer wird an die Erhöhung oder die Verkürzung der abweichend vereinbarten wöchentlichen Arbeitszeit angepasst. Somit besteht für die Betriebspartner im Fall einer schlechten Auftragslage die Möglichkeit, die angestellten Arbeitnehmer durch eine Vereinbarung der Verkürzung der Wochenarbeitszeit effektiver einzusetzen, ohne dass es dafür eines Personalabbaus bedarf.[994]

c) Flexibilität durch Freizeitausgleich bei Mehrarbeit

Eine weitere Möglichkeit besteht nach der Vorstellung des BAVC e.V. darin, dass in der Anpassungsphase das Instrument des Freizeitausgleichs bei Mehrarbeit gemäß § 3 I Abs.5 MTV genutzt wird.

> § 3 I Abs.5 MTV lautet:
> Geleistete Mehrarbeit ist durch Freizeit auszugleichen. Die Zuschlagspflicht bleibt hiervon unberührt, sofern der Ausgleich nicht innerhalb eines Monats erfolgt. Kann der Freizeitausgleich wegen Krankheit, Urlaub, Dienstreise oder ähnlichen Gründen nicht innerhalb eines Monats erfolgen, ist er spätestens in dem darauffolgenden Monat vorzunehmen.

Diese im Tarifvertrag vereinbarte Möglichkeit ist zur Sicherung der Beschäftigung der Arbeitnehmer eingeführt worden. Ziel des Instruments ist es, Personalkosten für Mehrarbeit dadurch zu senken, dass anstelle eines Mehrarbeitsausgleichs ein Freizeitausgleich gewährt wird, solange dieser innerhalb eines Monats erfolgt. Durch die Einsparung von Personalkosten auf diesem Wege erhofft sich der BAVC e.V. die Vermeidung von betriebsänderungsbedingten Entlassungen.[995]

---

[992] BAVC e.V., Transfer-Sozialplan, 2001, Anhang 2, S.41.
[993] Gilt ausschließlich für das Tarifgebiet West.
[994] BAVC e.V., Transfer-Sozialplan, 2001, Anhang 2, S.41.
[995] BAVC e.V., Transfer-Sozialplan, 2001, Anhang 2, S.41.

d) Teilzeitarbeit und Altersteilzeit

Im Rahmen der tariflichen Instrumente schlägt der BAVC e.v. in seinem Transfer-Sozialplan-Konzept des weiteren vor, vermehrt Teilzeitarbeitsplätze anzubieten. Nach Ansicht des BAVC e.v. entspricht dieses Instrument der Teilzeitarbeit nicht nur in weiten Teilen den Wünschen der Arbeitnehmerschaft, sondern ist überdies auch ein geeignetes Mittel, um Überkapazitäten im Personalbestand abzubauen.[996]

Weiterhin bietet sich nach Ansicht des BAVC e.v. auch die Möglichkeit der Vereinbarung von Altersteilzeit für Arbeitnehmer ab Vollendung des 55. Lebensjahres an, um in der Anpassungsphase eine Betriebsänderung unnötig zu machen. Die Kernregelung der Altersteilzeit findet sich im Tarifvertrag zur Förderung der Altersteilzeit zwischen dem BAVC e.V. und der IG Bergbau, Chemie, Energie vom 17.07.1996 in der Fassung vom 22.03.2000 wieder. Danach ist es möglich, mit vollzeitbeschäftigten Arbeitnehmern ab Vollendung des 55. Lebensjahres ein Altersteilzeitverhältnis zu vereinbaren, wobei im Durchschnitt die Arbeitszeit der Arbeitnehmer um die Hälfte reduziert wird. Dabei bieten die Tarifvertragspartner den Arbeitnehmern der Chemieindustrie zwei verschiedene Modelle der Altersteilzeit an, wobei nach Modell I alle Formen von Teilzeitarbeit mit halbierter Arbeitszeit möglich sind und Modell II die rechnerische Zusammenfassung der anfallenden Teilzeitarbeit ist, die dann in der ersten Hälfte des Teilzeitarbeitsverhältnisses abgeleistet wird. In der übrig bleibenden Hälfte des Altersteilzeitverhältnisses kann der Arbeitnehmer dann die angesammelten Freistunden einsetzen. Für den Arbeitgeber hat die Vereinbarung von Altersteilzeit insofern Vorteile, als dass er bei Wiederbesetzung einer durch Altersteilzeit freigewordenen Arbeitsstelle mit einen neuen Arbeitnehmer von der Arbeitsverwaltung einen Teil seiner zusätzlichen Aufwendungen erstattet bekommt[997]. Nach dem BAVC e.V. ist die Altersteilzeit ein tarifliches Instrument, durch welches eine Senkung der Personalkosten vor allem dann erreicht werden kann, wenn durch Altersteilzeit freigewordene Arbeitsplätze mit jüngeren Arbeitnehmer wiederbesetzt werden[998].

e) Entgeltkorridore

Ein weiteres tarifliches Instrument, dass nach Aussage des BAVC e.V. in der Anpassungsphase des Transfer-Sozialplan-Konzepts genutzt werden soll, ist der gemäß § 10 Bundesentgelttarifvertrag[999] (BETV) vorgesehene Entgeltkorridor[1000]. Ziel der Einführung einer solchen Öffnungsklausel im Bundesentgelttarifvertrag war es, der Beschäftigungssicherung und der Kostenersparnis zu dienen.

§ 10 Abs.1 BETV lautet:

---

[996] BAVC e.V., Transfer-Sozialplan, 2001, Anhang 2, S.41.
[997] So werden von der Arbeitsverwaltung für längstens 6 Jahre die Aufstockungszahlungen in Höhe von 20 % des Brutto-Entgelts für die Altersteilzeitarbeit sowie die erhöhten Beiträge zur Rentenversicherung erstattet.
[998] BAVC e.V., Transfer-Sozialplan, 2001, Anhang 2, S.41, 42.
[999] Bundesentgelttarifvertrag zwischen dem BAVC e.V. und der IG Bergbau, Chemie, Energie vom 18.07.1987 in der Fassung vom 03.06.1997.
[1000] Zum Entgeltkorridor vgl. auch: Fahlbusch, Neue rechtliche Instrumente zur Förderung der internen Flexibilität, S.81 ff. (88 ff.).

Zur Sicherung der Beschäftigung und/oder zur Verbesserung der Wettbewerbsfähigkeit am Standort Deutschland, insbesondere auch bei wirtschaftlichen Schwierigkeiten, können Arbeitgeber und Betriebsrat mit Zustimmung der Tarifvertragsparteien für Unternehmen und Betriebe durch befristete Betriebsvereinbarung bis zu 10 % von den bezirklichen Tarifentgeltsätzen abweichende niedrigere Entgeltsätze unter Beachtung des § 76 Abs.6 BetrVG vereinbaren. Diese mit Zustimmung der Tarifvertragsparteien betrieblich abweichend festgelegten Entgeltsätze gelten als Tarifentgeltsätze. Sie verändern sich – soweit die Betriebsvereinbarung nichts anderes regelt – bei einer Veränderung der in den bezirklichen Entgelttarifverträgen geregelten Tarifentgelte um den gleichen Prozentsatz wie diese.

Diese Möglichkeit der Einrichtung eines Entgeltkorridors hat für die Betriebspartner den Vorteil, zur Sicherung der Beschäftigung beziehungsweise zur Verbesserung der Wettbewerbsfähigkeit durch befristete Betriebsvereinbarungen bis zu 10 % vom bezirklichen Tarifentgelt abweichen zu können. Dadurch wird den von wirtschaftlichen Schwierigkeiten betroffenen Unternehmen ermöglicht, flexibel auf ökonomische Schwankungen zu reagieren, ohne auf Betriebsänderungen mit einhergehenden Personalabbau angewiesen zu sein.[1001]

f) Anpassung von tariflichen Einmalzahlungen

Im weiteren schlägt der BAVC e.V. in seinem Transfer-Sozialplan-Konzept vor, die Öffnungsklausel des § 2 des Tarifvertrages über Einmalzahlungen und Altersvorsorge zu nutzen, um tarifliche Einmalzahlungen in wirtschaftlichen Schwierigkeiten anzupassen.

§ 2 des Tarifvertrages über Einmalzahlungen und Altersvorsorge lautet:
Arbeitgeber und Betriebsrat können bei tiefgreifenden wirtschaftlichen Schwierigkeiten mit Zustimmung der Tarifvertragsparteien auf Betriebs- oder Unternehmensebene Ausnahmelösungen vereinbaren, die jeweils für ein Kalenderjahr die Höhe oder den Auszahlungszeitpunkt der Ansprüche nach den folgenden Abschnitten II bis IV betreffen. Die Summe dieser Leistungen darf je Kalenderjahr insgesamt höchstens um den Betrag der tariflichen Jahresleistung vermindert werden.

Beabsichtigen Arbeitgeber und Betriebsrat, hiervon Gebrauch zu machen, sind sie gehalten, die nachfolgenden Hinweise zu beachten: Die wirtschaftliche Begründung für eine Veränderung einer oder mehrer dieser Leistungen ist ausreichend klarzustellen. Rechtlich mögliche Kürzungen im übertariflichen Bereich sollen grundsätzlich Vorrang haben. Auswirkungen auf die Beschäftigung im Sinne einer Beschäftigungsförderung sind in die Beratungen einzubeziehen. Ausscheidende Beschäftigte erhalten sämtliche Leistungen grundsätzlich in ungekürzter Höhe.
    Gemäß § 2 TEA können die Betriebspartner mit Zustimmung der Tarifvertragsparteien vom Tarifvertrag abweichende Vereinbarungen bezüglich Höhe und Auszahlungszeitpunkt der Ansprüche auf Jahresleistung, zusätzliches Urlaubsgeld und vermögenswirksame Leis-

---

[1001] BAVC e.V., Transfer-Sozialplan, 2001, Anhang 2, S.42.

tungen treffen[1002]. Allerdings besteht diese Möglichkeit einer abweichenden betrieblichen Vereinbarung nur im Falle tiefgreifender wirtschaftlicher Schwierigkeiten des Unternehmens[1003].

g) Nutzung von Öffnungsklauseln

Im weiteren schlägt der BAVC e.V. vor, in der Anpassungsphase auch das tarifliche Instrument der Tariföffnungsklausel gemäß § 1 MTV zur Sicherung der Beschäftigung und Verbesserung der Wettbewerbsfähigkeit zu nutzen, um so Personalanpassungsmaßnahmen zu verhindern[1004].

§ 1 MTV lautet:
... Arbeitgeber und Betriebsrat können unter Berücksichtigung der tariflichen Mindestbestimmungen ergänzend zu diesem Manteltarifvertrag Betriebsvereinbarungen im Sinne des § 77 Abs.3 BetrVG unter Beachtung des § 76 Abs.6 BetrVG abschließen. Das gilt nicht für die §§ 1, 4, 5, 7, 8, 10, 17 und 18 dieses Tarifvertrages. Bis zum Inkrafttreten dieses Tarifvertrages aufgrund der bisherigen Öffnungsklausel abgeschlossene, andere tarifliche Bestimmungen ergänzende Betriebsvereinbarungen wirken unabhängig von dieser Öffnungsklausel rechtsgültig weiter. ...

Durch die Tariföffnungsklausel des § 1 MTV wird es den Betriebspartnern ermöglicht, durch Betriebsvereinbarungen mit Zustimmung der Tarifvertragsparteien gegenüber den bezirklichen Tarifentgeltsätzen niedrigere Entgeltsätze zu vereinbaren. Dadurch ist es nach Ansicht des BAVC e.V. dem Arbeitgeber und dem Betriebsrat möglich, Ausgliederungen zu vermeiden und somit zur Beschäftigungssicherung und Verbesserung der Wettbewerbsfähigkeit beizutragen.[1005]

Wie gesehen bieten bereits die tarifvertraglich vereinbarten Instrumente eine Vielzahl von Möglichkeiten an, schon im Vorfeld einer Betriebsänderung, also während der Anpassungsphase, den Versuch zu starten, durch verschiedene Flexibilisierungen eine Betriebsänderung mit einhergehendem Personalabbau gänzlich zu verhindern.

2. Gesetzliche Instrumente

Im weiteren bringt das Transfer-Sozialplan-Konzept in der Anpassungsphase auch gesetzliche Instrumentarien ein, die zur Vermeindung von betriebsbedingten Entlassungen dienen

---

[1002] So besteht die Möglichkeit den Auszahlungszeitpunkt für Einmalzahlungen zu verschieben (Stundung oder Ratenzahlung) oder der Absenkung der Einmalzahlung; allerdings darf die Summe aller Leistungen höchstens um den Betrag der tariflichen Jahresleistung vermindert werden.

[1003] BAVC e.V., Transfer-Sozialplan, 2001, Anhang 2, S.42, 43.

[1004] Zu Öffnungsklauseln in Tarifverträgen der chemischen Industrie siehe auch: Fahlbusch, Neue rechtliche Instrumente zur Förderung der internen Flexibilität, S.81 ff. (84 ff.).

[1005] BAVC e.V., Transfer-Sozialplan, 2001, Anhang 2, S.43; wonach im Einzelfall der BAVC e.V. mit der IG BCE auch weitergehende abweichende tarifliche Regelungen in Firmentarifverträgen vereinbaren kann.

könnten[1006]. Vorgeschlagen werden im überarbeiteten Konzept des BAVC e.V. die Inanspruchnahme der Förderung der Berufsbildung gemäß §§ 81 Abs.4, 96 ff. BetrVG, die Nutzung der Förderung der beruflichen Weiterbildung gemäß §§ 77 ff. SGB III und die Inanspruchnahme von konjunkturellem Kurzarbeitergeld gemäß §§ 169 ff. SGB III[1007]. Für den Einsatz von gesetzlichen Instrumenten in der Anpassungsphase spricht nach der Änderung des Arbeitsförderungsrechts durch das AFRG vor allem, dass das SGB III für die Förderung durch Instrumente der aktiven Arbeitsförderung in vielen Fällen nicht mehr die konkrete Arbeitslosigkeit voraussetzt, sondern bereits die Bedrohung durch Arbeitslosigkeit ausreichen lässt[1008].

a) Förderung der Berufsbildung gemäß §§ 81 Abs.4, 96 ff. BetrVG

Als erstes gesetzliches Instrumentarium schlägt der BAVC e.V. die Nutzung der Förderung der Berufsbildung gemäß §§ 81 Abs.4, 96 ff. BetrVG vor. Ziel der Inanspruchnahme dieses betriebsinternen Instrumentariums nach § 81 Abs.4 Satz 2 BetrVG ist es, im Gespräch zwischen Arbeitgeber und Arbeitnehmer den Berufsbildungs- bzw. Qualifizierungsbedarf dieses Mitarbeiters festzustellen, um so über eine betriebliche Anpassung der Fähigkeiten des Arbeitnehmers zu beraten und mithin einem Arbeitsplatzverlust vorzubeugen[1009].

Bei den Fragen der innerbetrieblichen Berufsbildung ist der Betriebsrat nach §§ 96 ff. BetrVG zu beteiligen[1010]. Die Beteiligung des Betriebsrates in Fragen der Berufsbildung hat vor allem das Ziel, die Teilnahme an fördernden Maßnahmen zwischen den einzelnen Arbeitnehmern gerecht zu verteilen und eine ordnungsgemäße Durchführung zu überwachen[1011]. So hat der Betriebsrat nach § 96 Abs.1 Satz 2 BetrVG die Möglichkeit, vom Arbeitgeber die Ermittlung des Berufsbildungsbedarfs des Betriebes und seiner Arbeitnehmer zu verlangen[1012]. Ziel der Ermittlung des Berufsbildungsbedarfs und der Information hierüber ist es, dem Betriebsrat die Möglichkeit zu verschaffen, sein Beratungsrecht nach § 97 Abs.1 BetrVG und seine Mitbestimmungsrechte nach §§ 97 Abs.2, 98 Abs.1 BetrVG sinnvoll wahrzunehmen[1013].

Nach Vorstellung des BAVC e. V. soll die in § 97 BetrVG geregelte betriebliche Weiterbildung in erster Hinsicht dazu dienen, personenbedingten Kündigungen, die einer niedrigen Qualifizierung der Arbeitnehmer beruhen, vorzubeugen[1014]. Das in § 97 Abs.2 BetrVG

[1006] BAVC. e.V., Transfer-Sozialplan, 1998, S.12; BAVC e.V., Transfer-Sozialplan, 2001, S.43; Sell, in: AuB 1999, 101 (102); Wolff, in: NZA 1999,622 (623).
[1007] BAVC e.V., Transfer-Sozialplan 2001, S.14 f.; allgemein zum Instrument des Kurzarbeitergeldes siehe Waltermann, Sozialrecht, Rn.398 ff.
[1008] Wolff, in: NZA 1999, 622, (623 f.).
[1009] Zu § 81 Abs.4 BetrVG vgl. auch Richardi/Thüsing, in: Richardi, BetrVG, § 81 Rn.19 ff.; auch Fitting/Kaiser/Heither/Engels/Schmidt, BetrVG, § 81 Rn.23 ff.; BAVC e.V., Transfer-Sozialplan, 2001, S.43.
[1010] Fitting/Kaiser/Heither/Engels/Schmidt, BetrVG, § 96 Rn.1 ff.; Richardi/Thüsing, in: Richardi, BetrVG, § 96 Rn.1 ff.; Däubler, BB 2000, 1190 ff.; Linderkamp, AiB 2001, 641 ff.; Löwisch, Arbeitsrechtliche Fragen des Transfer-Sozialplans, S.33 (34); ders., BB 2000, 1190 ff.
[1011] BAVC e.V., Transfer-Sozialplan, 2001, S.43.
[1012] Linderkamp, AiB 2001, 641 (642); Fitting/Kaiser/Heither/Engels/Schmidt, BetrVG, § 96 Rn.34 ff.
[1013] Richardi/Thüsing, in: Richardi, BetrVG, § 96 Rn.2; BAVC e.V., Transfer-Sozialplan, 2001, S.43.
[1014] BAVC e.V., Transfer-Sozialplan, 2001, S.44.

enthaltene Mitbestimmungsrecht des Betriebsrat über die Veränderung der Beschäftigung entsteht dann, wenn die geplanten und/oder durchgeführten Maßnahmen abgeschlossen sind und sich die Folgen auf die betroffenen Arbeitnehmer bereits auswirken[1015]. Eine Mitbestimmung des Betriebsrates nach § 97 Abs.2 BetrVG kommt nur in Fragen der betrieblichen Qualifizierungsmaßnahmen in Betracht, aber erfasst keine außerbetrieblichen Bildungsmaßnahmen[1016]. Ebenso ist das Mitbestimmungsrecht auf die Definition von Qualifizierungszielen und Qualifizierungswegen beschränkt und darf keineswegs auf die Begründung von Arbeitnehmeransprüchen auf Qualifizierung bezogen werden[1017]. Dasselbe gilt für Maßnahmen zur beruflichen Erstausbildung, insoweit steht dem Betriebsrat kein Mitbestimmungsrecht nach § 97 Abs.2 BetrVG zu, vielmehr hat dieser sich auf die Berufsbildung in bereits bestehenden Arbeitsverhältnissen zu beschränken[1018]. Soweit ein Mitbestimmungsrecht des Betriebsrats allerdings besteht und keine Einigung zwischen diesem und dem Arbeitgeber über die Einführung betrieblicher Bildungsmaßnahmen zustande kommt, entscheidet nach § 97 Abs.2 Satz 2 BetrVG die Einigungsstelle auf Antrag mit bindender Wirkung[1019].

Im Verhältnis zur individuellen Absprache zwischen Arbeitnehmer und Arbeitgeber über einen möglichen Berufsbildungsbedarf nach § 81 Abs.4 BetrVG, welcher der in § 2 Abs.2 SGB III und in § 75 Abs.2 Satz 2 BetrVG geregelten Verpflichtung zur Eigenverantwortung des Arbeitnehmers entspricht, steht die Mitbestimmung des Betriebsrates im Hinblick auf die Berufsförderung zurück. Soweit bereits individualrechtlich zwischen Arbeitgeber und Arbeitnehmer nach § 81 Abs.4 BetrVG über die betriebliche Weiterbildung des Arbeitnehmers entschieden wurde, steht dem Betriebsrat ein Mitbestimmungsrecht nach § 97 Abs.2 BetrVG nicht mehr zu[1020].

Außer dem Mitbestimmungsrecht bei der Einführung von betrieblichen Bildungsmaßnahmen sieht das Gesetz in § 98 Abs.1 BetrVG auch ein Mitbestimmungsrecht des Betriebsrates bei der Durchführung von betrieblichen Berufsbildungsmaßnahmen vor[1021].

b) Förderung der beruflichen Weiterbildung gemäß §§ 77 ff. SGB III

Eine Möglichkeit in der Anpassungsphase Entlassungen durch den Einsatz arbeitsförderungsrechtlicher Instrumente zu vermeiden, ist der frühzeitige Einsatz von Weiterbildung[1022]. Dazu schlägt das Transfer-Sozialplan-Konzept des BAVC e.V. vor, das Instrument der Förderung der beruflichen Weiterbildung gemäß §§ 77 ff. SGB III zu nutzen[1023]. Im

---

[1015] Franzen, NZA 2001, 865 (866); Däubler, ArbuR 2001, 285 (291).
[1016] Fitting/Kaiser/Heither/Engels/Schmidt, BetrVG, § 97 Rn.23; Däubler, BB 2000, 1190.
[1017] Franzen, NZA 2001, 865 (868).
[1018] BAVC e.V., Transfer-Sozialplan, 2001, S.44.
[1019] Franzen, NZA 2001, 865 (866); BAVC e.V., Transfer-Sozialplan, 2001, S.44.
[1020] BAVC e.V., Transfer-Sozialplan, 2001, S.44.
[1021] Linderkamp, AiB 2001, 641 (643); BAVC e.V., Transfer-Sozialplan, 2001, S.44, 45, mit dem Hinweis, dass dieses Mitbestimmungsrecht allerdings nur für die Durchführung der Berufsbildungsmaßnahmen, nicht aber für die Einführung solcher Maßnahmen oder die Errichtung von Berufsbildungseinrichtungen gilt.
[1022] BAVC. e.V., Transfer-Sozialplan, 1998, S.13.
[1023] Zu § 77 SGB III siehe auch: Hennig, in: Hennig, § 77 Rn.1 ff.; BAVC. e.V., Transfer-Sozialplan, 1998, S.13.

Vordergrund steht in der Anpassungsphase nach ihrer eigenen Definition der Fortbestand des bisherigen Beschäftigungsverhältnisses. Dies kam in der Schrift des BAVC e.V. zunächst nicht explizit zum Ausdruck. Vielmehr ging das Transfer-Sozialplan-Konzept bereits einen Schritt weiter und stellte als Ziel einer Förderung der beruflichen Weiterbildung auch die konsequente Eingliederung auf dem Arbeitsmarkt der von Arbeitslosigkeit bedrohten Mitarbeiter dar[1024]. In der überarbeiteten Fassung stellt der BAVC e. V. die Vorstellung einer Nutzung des arbeitsförderungsrechtlichen Instruments richtig, indem er darauf hinweist, dass durch die Förderung der beruflichen Weiterbildung nach §§ 77 ff. SGB III vor allem die Aufrechterhaltung des bisherigen Beschäftigungsverhältnisses erreicht werden soll[1025]. Das ursprüngliche Konzept wies an dieser Stelle darauf hin, dass eine Auswahl der Qualifizierungsmaßnahmen und der zu qualifizierenden Mitarbeiter besonders auf der Grundlage der ohnehin zu erstellenden Mitarbeiterprofilen erfolgen kann[1026]. Dadurch würde der Nutzen dieses arbeitsmarktpolitischen Instruments vervielfacht. Das Konzept des BAVC e.V. geht auf das Instrument der Förderung der beruflichen Weiterbildung gemäß §§ 77 ff. SGB III in seinem Anhang 2 (Tarifliches und gesetzliches Instrumentarium in der Anpassungsphase) näher ein[1027]. Der BAVC e.V. weist in seinem Konzept darauf hin, dass eine Förderung der beruflichen Weiterbildung nach §§ 77 ff. SGB III nur erfolgen kann, wenn nach § 77 Abs.1 Nr.1 SGB III die Weiterbildung notwendig ist, um den betroffenen Arbeitnehmer beruflich einzugliedern, eine drohende Arbeitslosigkeit abzuwenden oder eine Anerkennung der Notwendigkeit der Weiterbildung wegen fehlendem Berufsabschluss vorliegt[1028]. Die Inanspruchnahme dieses Instruments ist im weiteren nur dann möglich, wenn der Arbeitnehmer gemäß §§ 77 Abs.1 Nr.1, 78 SGB III in den letzten drei Jahren vor der Weiterbildungsmaßnahme mindestens zwölf Monate versicherungspflichtig beschäftigt gewesen ist[1029]. Im weiteren weist der BAVC e.V. darauf hin, dass nach den §§ 77 ff. SGB III eine Förderung von Maßnahmen möglich ist, die berufliche Kenntnisse, Fertigkeiten oder Fähigkeiten feststellen, erhalten, erweitern oder auf die Erlangung eines beruflichen Abschlusses abzielen. Auch eine Anpassung der Fähigkeiten der Arbeitnehmer an die fortschreitende technische Entwicklung kann durch die Arbeitsverwaltung gefördert werden[1030]. Dabei kommt dem Arbeitgeber und den Arbeitnehmern zugute, dass die Arbeitsverwaltung nach §§ 81 ff. SGB III die Kosten für den Lehrgang (Eignungsfeststellungskosten, Lehrgangsgebühren, Kosten für Arbeitsmittel und Prüfungsgebühren), Fahrtkosten zur Bildungsstätte, Kosten für auswärtige Unterbringung während der Bildungsmaßnahme und Unterhaltsgeld in Höhe des Arbeitslosengeldes für die Dauer von bis zu 2 Jahren übernehmen kann[1031].

[1024] BAVC. e.V., Transfer-Sozialplan, 1998, S.13.
[1025] BAVC e.V., Transfer-Sozialplan, 2001, S.44, mit dem Hinweis, dass daneben auch die Erreichung einer Eingliederung auf dem Arbeitsmarkt eine Rolle spielt.
[1026] BAVC. e.V., Transfer-Sozialplan, 1998, S.13.
[1027] BAVC e.V., Transfer-Sozialplan, 2001, S.45.
[1028] Niewald, in: Gagel, SGB III, § 77 Rn.8 ff.; BAVC e.V., Transfer-Sozialplan, 2001, S.45.
[1029] Niewald, in: Gagel, SGB III, § 77 Rn.21.
[1030] BAVC e.V., Transfer-Sozialplan, 2001, S.45.
[1031] Fuchsloh, in: Gagel, SGB III, § 81 Rn.1 ff.; Hennig, in: Hennig, SGB III, § 81 Rn.1 ff.; BAVC e.V., Transfer-Sozialplan, 2001, S.45.

c) Konjunkturelles Kurzarbeitergeld gemäß §§ 169 ff. SGB III

Durch den Bezug von konjunkturellem Kurzarbeitergeld nach §§ 169 ff. SGB III besteht die Möglichkeit einen vorübergehenden Wandel zu überbrücken und dadurch Arbeitsplätze zu erhalten[1032]. Ziel ist es, auch bei vorübergehendem Arbeitsausfall den Arbeitnehmern die Arbeitsplätze und den Arbeitgebern die bereits eingearbeiteten Arbeitnehmer zu erhalten[1033]. Dabei ist unter der konjunkturellen Kurzarbeit die vorübergehende Kürzung der betriebsüblichen normalen Arbeitszeit aufgrund eines konjunkturbedingten Arbeitsausfalls zu verstehen[1034]. Die betroffenen Arbeitnehmer erhalten während der Zeit der Kurzarbeit von der Arbeitsverwaltung konjunkturelles Kurzarbeitergeld (KuG) als Lohnersatzleistung für den kurzarbeitsbedingten Entgeltausfall[1035]. Im Transfer-Sozialplan-Konzept weist der BAVC e.V. an dieser Stelle darauf hin, dass die Dauer des Bezugs konjunkturellen Kurzarbeitergeldes gemäß § 177 Abs.1 Satz 3 SGB III auf sechs Monate begrenzt ist[1036]. Die Höhe des Kurzarbeitergeldes bemisst sich nach § 178 SGB III nach dem ausgefallenen Bruttoarbeitsentgelt bzw. nach der Nettoentgeltdifferenz und orientiert sich dabei an der Höhe des Arbeitslosengeldes[1037]. Dabei weist der BAVC e.V. in seinem Konzept darauf hin, dass der Arbeitgeber für die Zeit der Kurzarbeit 80 % der Arbeitnehmer- und Arbeitgeberbeiträge zur Sozialversicherung zu leisten hat, außerdem hat er die Personalkosten für Urlaubs-, Sonn- und Feiertage zu übernehmen[1038].

Das Transfer-Sozialplan-Konzept geht auf die Voraussetzungen des Bezugs von konjunkturellem Kurzarbeitergeld nach §§ 169 ff. SGB III in seinem Anhang 2 (Tarifliches und gesetzliches Instrumentarium in der Anpassungsphase) näher ein[1039]. So weist der BAVC e.V. darauf hin, dass der Arbeitsausfall im Betrieb gemäß § 170 SGB III nicht durch branchenübliche, saisonbedingte oder ausschließlich betriebsorganisatorische Gründe ausgelöst worden sein darf. Im weiteren geht der BAVC e.V. auch noch auf die Unvermeidbarkeit des Arbeitsausfalls nach § 170 Abs.1 Nr.3 SGB III ein und stellt klar, dass nur beitragspflichtig beschäftigte Arbeitnehmer durch Kurzarbeitergeld unterstützt werden können[1040]. Es folgt auch ein Hinweis des BAVC e.V. auf das Mitbestimmungsrecht des Betriebsrates bei der Einführung einer vorübergehenden Kurzarbeit nach § 87 Abs.1 Nr.3 BetrVG[1041]. Dabei ist mit dem BAVC e.V. festzuhalten, dass sich dass Mitbestimmungsrecht des Betriebsrates insofern auf alle mit der Kurzarbeit zusammenhängenden Fragen erstreckt[1042].

Das ursprüngliche Konzept des BAVC e.V. wies darauf hin, dass dieses arbeitsförderungsrechtliche Instrument sich im Hinblick auf die tariflich geregelte betriebliche Arbeits-

---

[1032] Bieback, in: Gagel, SGB III, § 169 Rn.1; BAVC. e.V., Transfer-Sozialplan, 1998, S.12; siehe allgemein zum Kurzarbeitergeld im SGB III: Hammer/Weiland, BB 1997, 2582 ff.
[1033] So der BAVC e.V., in: BAVC e.V., Transfer-Sozialplan, 2001, S.45.
[1034] Bieback, in: Gagel, SGB III, § 169 Rn.1; BAVC e.V., Transfer-Sozialplan, 2001, S.14.
[1035] BAVC e.V., Transfer-Sozialplan, 2001, S.14; Roeder, in: Niesel, SGB III, § 169 Rn.4.
[1036] BAVC e.V., Transfer-Sozialplan, 2001, S.47.
[1037] Roeder, in: Niesel, SGB III – Kommentar, § 178 Rn.1 ff.
[1038] BAVC e.V., Transfer-Sozialplan 2001, S.47.
[1039] Siehe BAVC e.V., Transfer-Sozialplan, 2001, Anhang 2, S.45 ff.
[1040] BAVC e.V., Transfer-Sozialplan, 2001, S.46.
[1041] BAVC e.V., Transfer-Sozialplan, 2001, S.47.
[1042] BAVC e.V., Transfer-Sozialplan, 2001, S.47.

zeitflexibilisierung in § 2 I Ziffer 1 Abs.2 MTV besonders anbietet[1043]. Bis zu 10 % der konjunktur- oder strukturwandelbedingten Arbeitszeitschwankungen könnten hiermit aufgefangen werden[1044]. Falls demnach ein Personalanpassungsbedarf besteht, der noch keinen Personalabbau beinhaltet, besteht im Bezug des konjunkturellen Kurzarbeitergeldes nach §§ 169 ff. SGB III ein ideales Anpassungsinstrument[1045]. Durch Nutzung dieses Instruments entsteht nicht nur für den Arbeitgeber der Vorteil der Weiterbeschäftigung von eingearbeiteten Mitarbeitern[1046]. Auch für die betroffenen Arbeitnehmer, die gemäß § 7 des MTV der chemischen Industrie einen Bruttozuschuss von ihrem Arbeitgeber in Höhe des Unterschiedsbetrages zwischen dem Kurzarbeitergeld und 90 % des Nettoarbeitsentgelts ohne Kurzarbeit erhalten, stellt der Erhalt der Arbeitsplätze einen großen Vorteil dar[1047]. Der BAVC e.V. weist in seinem Konzept allerdings auch deutlich darauf hin, dass eine Zahlung von konjunkturellem Kurzarbeitergeld nur dann in Frage kommt, wenn der Arbeitgeber noch keine Kündigungen ausgesprochen oder Aufhebungsverträge mit den Arbeitnehmern vereinbart hat[1048].

d) Strukturkurzarbeitergeld gemäß § 175 SGB III

Ursprünglich ordnete der BAVC e.V. in seinem Transfer-Sozialplan-Konzept auch den Bezug von strukturellem Kurzarbeitergeld nach § 175 SGB III der Anpassungsphase zu[1049]. Das mit dem AFRG eingeführte Instrument des strukturellen Kurzarbeitergeldes nach § 175 SGB III sollte danach bei Nutzung in der Anpassungsphase eine Sonderstellung einnehmen. Bei der Überarbeitung des Transfer-Sozialplan-Konzepts hat sich der BAVC e.V. jedoch dazu entschlossen, das gesetzliche Instrument der strukturellen Kurzarbeit nicht mehr der Anpassungsphase sondern der Transferphase zuzuordnen.

VI. Abschluss der Anpassungsphase

Die Anpassungsphase des Transfer-Sozialplan-Konzept ist in dem Moment abgeschlossen, wenn feststeht, dass durch die bevorstehende Veränderung ein Personalabbau unvermeidlich geworden ist und die notwendigen Entlassungen auch nicht durch die in der Anpassungsphase durchgeführten Instrumente verhindert werden konnten[1050].

Ursprünglich sah das Transfer-Sozialplan-Konzept des BAVC e.V. vor, dass der Arbeitgeber und die Arbeitnehmervertretung in die Verhandlungsphase eintreten sollten, wenn nach Durchführung der Anpassungsphase die Unvermeidbarkeit eines Personalab-

---

[1043] Siehe oben zu den tariflichen Flexibilisierungsinstrumentarien des MTV: Teil 2 § 2 A. III.1.
[1044] BAVC. e.V., Transfer-Sozialplan, 1998, S.12.
[1045] Sell, in: AuB 1999, 101 (102).
[1046] BAVC. e.V., Transfer-Sozialplan, 1998, S.12.
[1047] Sell, in: AuB 1999, 101 (102); BAVC e.V., Transfer-Sozialplan, 2001, S.47, mit dem zusätzlichen Hinweis, dass § 7 Abs.1 MTV jedoch die Beachtung einer Ankündigungsfrist von 14 Tagen für die Einführung von Kurzarbeit fordert.
[1048] BAVC e.V., Transfer-Sozialplan, 2001, S.15.
[1049] BAVC. e.V., Transfer-Sozialplan, 1998, S.13, 14; zu § 175 SGB III im Einzelnen siehe: Bieback, in: Gagel, SGB III, § 175 Rn.1 ff.
[1050] BAVC. e.V., Transfer-Sozialplan, 1998, S.14.

baus feststand[1051]. Wie oben bereits ausgeführt, ist durch die Neuauflage des Transfer-Sozialplan-Konzept die Verhandlungsphase als eigenständige Phase des Konzept in der Transferphase vollständig aufgegangen[1052].

B. Transferphase

Die sich an die Verhandlungsphase anschließende Transferphase ist die eigentliche Kernphase des Transfer-Sozialplan-Konzepts des BAVC e.V.. In ihr kommt es zur Umsetzung der im Interessenausgleich und/oder Transfersozialplan vereinbarten beschäftigungswirksamen Maßnahmen. An welche gesetzlichen beschäftigungsfördernden Instrumente der BAVC e.v. in diesem Zusammenhang gedacht hat, wird im Transfer-Sozialplan-Konzept als Anhang 4 „Maßnahmen in der Transferphase" dargelegt[1053]. Zusätzlich zur Nutzung der gesetzlichen beschäftigungsfördernden Instrumente geht der BAVC e.v. in seinem Transfer-Sozialplan-Konzept auch auf weitere beschäftigungswirksame Maßnahmen ein[1054].

I. Grundsatz und Zielsetzung der Transferphase

Die Transferphase ist geprägt von der vom Transfer-Sozialplan-Konzept zugrundegelegten Grundregel des Vorrangs der Vermittlung in Arbeit[1055]. Danach soll, unter Umständen auch aus einer begonnen Qualifizierung heraus[1056], an erster Stelle die schnelle Vermittlung der vom Personalabbau betroffenen Arbeitnehmer in ein neues Beschäftigungsverhältnis stehen[1057]. Gleichzusetzen mit dem schnellen Übergang in ein anderes Arbeitsverhältnis ist nach dem BAVC e.V. auch der Weg in die Selbständigkeit über die Existenzgründung[1058]. Erst nachrangig sind die sogenannten Transferhilfen, wie zum Beispiel die Orientierung oder Qualifizierung, einzusetzen[1059]. Hierbei werden auch Existenzgründungshilfen als Transferhilfen im Sinne eines Transfer-Sozialplans angesehen[1060].

[1051] BAVC. e.V., Transfer-Sozialplan, 1998, S.14.
[1051] BAVC. e.V., Transfer-Sozialplan, 1998, S.14 ff.; Sell, in: AuB 1999, 101 (102).
[1052] Siehe oben unter Teil 2 A. VI.
[1053] Siehe BAVC e.V., Transfer-Sozialplan, 2001, Anhang 4 (Maßnahmen in der Transfer- und Integrationsphase), S.54 ff.
[1054] BAVC e.V., Transfer-Sozialplan, 2001, S.16 ff.
[1055] Wolff, in: NZA 1999, 622 (624); Sell, in: AuB 1999, 101 (102).
[1056] So Wolff, in: NZA 1999, 622 (624).
[1057] BAVC. e.V., Transfer-Sozialplan, 1998, S.16.
[1058] BAVC. e.V., Transfer-Sozialplan, 1998, S.16.
[1059] BAVC. e.V., Transfer-Sozialplan, 1998, S.16; Sell, in: AuB 1999, 101 (102), der, der Vermittlung einen Vorrang vor allen Stufen von Transferhilfen zukommen lässt, wobei zum Beispiel die Orientierung noch eher möglich sein soll, als Qualifizierung.
[1060] Vgl. Aufbau des Transfer-Sozialplan-Konzepts, das die Existenzgründungshilfen als „Qualifizierung für Existenzgründungen" umschreibt und sie zwischen der „Qualifizierung für Anschlussbeschäftigung" und „Zumutbare neue Arbeitsmöglichkeiten" einordnet, auch Sell, in: AuB 1999, 101 (102), ordnet die Existenzgründungshilfen in den Transferprozess ein.

1. Grundsatz des Vermittlungsvorrangs

Sinn und Zweck der Einhaltung des selbstgestellten Grundsatzes des Vorrangs der Vermittlung ist es, die beschäftigungswirksamen Instrumentarien möglichst kosten- und zeitsparend einzusetzen[1061]. Dabei kommt die Umsetzung dieser Grundregel sowohl den betroffenen Arbeitnehmern als auch dem Arbeitgeber zu Gute. Ein Einsatz von Transferhilfen nur für die betroffenen Mitarbeiter, die nicht sofort ein Anschlussarbeitsverhältnis finden, spart Kosten für den Arbeitgeber. Denn gegenüber den in ein neues Beschäftigungsverhältnis vermittelten Arbeitnehmern ist der Arbeitgeber nicht zu Leistungen aus einem Sozialplan verpflichtet[1062]. Zwar haben auch diese Arbeitnehmer ausgleichbare wirtschaftliche Nachteile[1063], Arbeitgeber und Einigungsstelle können sie jedoch in zulässiger Weise vom Sozialplan ausschließen[1064]. Warum sollte der Unternehmer dann noch Kosten für deren Qualifizierung oder Orientierung aufwenden? Der Arbeitgeber kann weitere Mitnahmeeffekte dadurch vermeiden, dass Arbeitnehmer, die aufgrund eines Anschlussarbeitsverhältnisses keinen Anspruch auf die Zahlung einer Abfindung hätten, nicht an den Transferhilfen partizipieren, die dann dem neuen Arbeitgeber zugute kommen würden[1065]. Auch den betroffenen Arbeitnehmern, die aus arbeitsmarkttechnischen oder persönlichen Gründen auf die Transferhilfen angewiesen sind, kommt ein Einsatz der beschäftigungswirksamen Maßnahmen nach Maßgabe der Grundregel vom Vorrang der Vermittlung zugute[1066]. Ihnen erspart der Vermittlungsvorrang unter Umständen die Teilnahme an zeitaufwendigen und schlechterdings überflüssigen Beschäftigungsmaßnahmen. Dadurch spart der vom Personalabbau betroffene Mitarbeiter Zeit, die er zum Beispiel in die selbständige Suche nach einer Anschlussbeschäftigung investieren kann[1067].

2. Konzertierte Arbeitsvermittlung

Ziel der Transferphase ist nach dem Transfer-Sozialplan-Konzept die Steigerung der Beschäftigungschancen durch konzertierte Arbeitsvermittlung[1068]. Unter „konzertierter Arbeitsvermittlung" versteht man dabei die Bündelung der Aktivitäten aller am Transfer der betroffenen Mitarbeiter mitwirkenden Beteiligten[1069]. Im Mittelpunkt soll die unbürokratische Vermittlung in ein neues Beschäftigungsverhältnis stehen[1070]. Das ist nach dem

---

[1061] BAVC. e.V., Transfer-Sozialplan, 1998, S.16.

[1062] Verch, Personalabbau und Betriebsverfassung, S.213; Neef/Schrader, NZA 1998, 804 (805); zur ähnlichen Situation des Ausschlusses von Sozialplananspüchen bei Betriebsübergang mit Weiterbeschäftigungsmöglichkeit siehe: Meyer, NZA 2000, 297 (305f.); anders die Situation bei Eigenkündigung des Arbeitnehmers, siehe hierzu: Hümmerich/Spirolke, BB 1995, 42 ff.

[1063] So BAG v. 30.11.1994 (10 AZR 578/93), AP Nr.89 zu § 112 BetrVG 1972; Fitting/Kaiser/Heither/Engels/Schmidt, BetrVG, §§ 112, 112a Rn.160.

[1064] BAG v. 19.06.1996 (10 AZR 23/96), AP Nr.102 zu § 112 BetrVG 1972; vgl. auch Annuß, in: Richardi, BetrVG, § 112 Rn.104.

[1065] BAVC. e.V., Transfer-Sozialplan, 1998, S.16.

[1066] BAVC. e.V., Transfer-Sozialplan, 1998, S.16.

[1067] BAVC. e.V., Transfer-Sozialplan, 1998, S.16.

[1068] BAVC e.V., Transfer-Sozialplan, 2001, S.20 f.

[1069] Sell, in: AuB 1999, 101 (102).

[1070] Wolff, in: NZA 1999, 622 (624).

BAVC e.V. nur dann möglich, wenn Arbeitgeber und Betriebsrat das Angebot des Landesarbeitsamtes zur frühzeitigen Zusammenarbeit in Anspruch nehmen[1071]. Auch besteht nach Vorstellung des BAVC e.V. die Notwendigkeit des Aufbaus eines Informationsnetzes zwischen der beteiligten Industrie, den Sozialpartnern und der Arbeitsverwaltung, damit auf alle Daten der zu vermittelnden Arbeitnehmer von allen Seiten aus ein schneller Zugriff möglich ist[1072]. Auch soll das Know-How von Spezialisten aus den Bereichen des Outplacements, beruflicher Qualifizierung und Weiterbildung, sowie die Kenntnis des örtlichen Arbeitsmarktes durch das regionale Arbeitsamt genutzt werden[1073]. Nur so kann der Transferprozess die Beschleunigung erhalten, die das Transfer-Sozialplan-Konzept anstrebt.

3. Transferketten-Modell

Ursprünglich sah das BAVC e.V.- Konzept die Bündelung der Aktivitäten aller am Transfer Beteiligten dadurch vor, dass alle Einzelmaßnahmen als Glieder einer Kette aufzufassen seien[1074]. Alle Einzelmaßnahmen zusammengenommen bildeten dann die sogenannte Transferkette, an deren Ende die Wiedereingliederung in ein neues Arbeitsverhältnis stand[1075]. Glieder einer solchen Transferkette sollten zum Beispiel die geplante Betriebsänderung, die Auswahl der Mitarbeiter, die Zeugniserstellung, die staatliche Arbeitsvermittlung mit Bewerbertraining und Trainingsmaßnahmen und gesetzlicher Förderung der Beschäftigung bei einem neuen Arbeitgeber sein[1076]. In der überarbeiteten Auflage des Transfer-Sozialplan-Konzepts ist von einer solchen Transferkette zwar nicht mehr die Rede, im Prinzip behält der BAVC e.V. sein Konzept jedoch bei, so dass auch im folgenden noch von einer Aneinanderreihung von beschäftigungswirksamen Maßnahmen gesprochen werden kann[1077]. Sinnvoll erscheint eine Bildung einer solchen fiktiven Transferkette vor allem insoweit zu sein, als dadurch die Möglichkeit besteht, den Transferprozess zu beschleunigen und gegebenenfalls neue Kombinationsmöglichkeiten von Eingliederungsmaßnahmen entwickelt werden können[1078]. Dabei unterscheidet das Transfer-Sozialplan-Konzept zwischen drei verschieden Blöcken, in die sich der Ablauf der Transfers einteilt[1079]. Der BAVC e.V. trennt in seinem Konzept zwischen dem Zeitraum des Ausscheidens aus dem alten Arbeitsverhältnis, der Transferzeit und dem Eintritt in das neue Arbeitsverhältnis[1080].

[1071] BAVC e.V., Transfer-Sozialplan, 2001, S.20.
[1072] Wolff, in: NZA 1999, 622 (624); siehe auch: Stindt, a.a.O, S.119 (130 f.)der eine Nutzung von Möglich-keiten schneller Datenübermittlung vorschlägt und deswegen eine einheitliche Fassung von Daten und Präsentation der Daten empfiehlt.
[1073] Wolff, NZA 1999, 622 (624).
[1074] BAVC. e.V., Transfer-Sozialplan, 1998, S.16; so auch bereits Stindt, Zuschüsse zu Sozialplänen, S. 119 (128), als einer der Vordenker des Transfer-Sozialplan-Konzepts.
[1075] Sell, in: AuB 1999, 101 (102).
[1076] BAVC. e.V., Transfer-Sozialplan, 1998, S.16; Sell, in: AuB 1999, 101 (102).
[1077] BAVC e.V., Transfer-Sozialplan, 2001, S.16 ff.
[1078] So zuvor der BAVC. e.V., Transfer-Sozialplan, 1998, S.16.
[1079] BAVC e.V., Transfer-Sozialplan, 2001, S.21.
[1080] BAVC e.V., Transfer-Sozialplan, 2001, S.21; so auch schon Stindt, Zuschüsse zu Sozialplänen, S.119 (128 ff.).

4. Grundvoraussetzungen einer schnellen Vermittlung

Wie bereits gesagt, ist das Ziel der Transferphase die möglichst schnelle Vermittlung in ein Anschlussarbeitsverhältnis der vom Personalabbau betroffenen Mitarbeiter. Dies setzt jedoch voraus, dass ein neuer Arbeitgeber den aus dem alten Betrieb ausscheidenden Arbeitnehmer einstellt. Darauf wies der BAVC e.V. in seinem ursprünglichen Transfer-Sozialplan-Konzept hin, wenn er ansprach, dass ein konkreter oder potentieller neuer Arbeitgeber das größte Interesse an einer Einstellung des betroffenen Mitarbeiters dann zeigen würde, wenn das Mitarbeiterpotentialprofil des Bewerbers mit seinen Vorstellungen übereinstimmt[1081]. Im weiteren dürften die Entgelterwartungen bzw. die entstehenden Personalkosten die Möglichkeiten des neuen Arbeitgebers nicht übersteigen und die Eingliederung in den neuen Betrieb nicht zu große Schwierigkeiten bereiten, damit der aufnehmende Betrieb wettbewerbsfähig bleibt[1082]. Wird der vom BAVC e.V. in seinem Transfer-Sozialplan-Konzept zugrunde gelegte Grundsatz des Vermittlungsvorrang im oben genannten Sinne beachtet, steht der Bildung einer kostensparenden und zielgerichteten Transferkette nichts mehr im Weg.

II. Vorbereitung eines Transfer-Sozialplans

Im Zeitraum vor Eintritt der Betriebsänderung haben Arbeitgeber und Betriebsrat nach §§ 111 ff. BetrVG einen Interessenausgleich zu versuchen und notfalls unter Einschaltung der Einigungsstelle einen Sozialplan zu beschließen, der die Nachteile der gekündigten Arbeitnehmer mildert[1083]. Zur Vorbereitung effektiver Verhandlungen über Interessenausgleich und Sozialplan schlägt der BAVC e.V. dem Unternehmen vor, zunächst ein Konzept zu erstellen, in dem die ausscheidenden Mitarbeiter den vorgesehenen beschäftigungsfördernden Maßnahmen zugeordnet werden[1084]. Eine Zuteilung der vom Personalabbau betroffenen Arbeitnehmer zu den jeweiligen durchzuführenden Transfermaßnahmen kann sowohl gruppenweise als auch individuell für den einzelnen Mitarbeiter geschehen[1085]. Bereits in dieser Phase erscheint es sinnvoll, so das Transfer-Sozialplan-Konzept, die Beratung vom Landesarbeitsamt und Arbeitgeberverband, in diesem Fall der BAVC e.V., in Anspruch zu nehmen[1086]. Eine Beratung durch erfahrene Fachkräfte noch vor Beginn der Verhandlungen mit dem Betriebspartner über einen Interessenausgleich und einen Sozialplan kann bereits einen günstigen Ausgangspunkt für den Beginn der Verhandlungen schaffen. Dabei weist der BAVC e.V. auch auf die Möglichkeit der Inspruchnahme externer Berater hin, wobei die anfallenden Kosten nach Vorstellung des Arbeitgeberverbandes als Bestandteil des Transfer-Sozialplans gedeckt sind[1087].

[1081] BAVC. e.V., Transfer-Sozialplan, 1998, S.17.
[1082] BAVC. e.V., Transfer-Sozialplan, 1998, S.17.
[1083] Fitting/Kaiser/Heither/Engels/Schmidt, BetrVG, §§ 112, 112a Rn.11; Brox/ Rüthers, Arbeitsrecht, Rn.391 f.; siehe zum Nachteilsausgleich auch: Blomeyer, AuA 1990, 123 (124).
[1084] BAVC. e.V., Transfer-Sozialplan, 1998, S.14; Sell, in: AuB 1999, 101 (102).
[1085] Wolff, in: NZA 1999, 622 (624).
[1086] BAVC e.V., Transfer-Sozialplan, 2001, S.17.
[1087] BAVC e.V., Transfer-Sozialplan, 2001, S.17.

1. Verhandlung über Interessenausgleich

Vor Abschluss des Sozialplans müssen die Betriebspartner über einen Interessenausgleich zumindest verhandelt und im günstigsten Fall auch einen Interessenausgleich abgeschlossen haben. Der BAVC e.V. geht in seinem Transfer-Sozialplan-Konzept nicht näher auf die Notwendigkeit des Abschlusses eines Interessenausgleiches ein, sondern stellt nur fest, dass vor Abschluss eines Transfer-Sozialplans ein Interessenausgleich nach §§ 111 ff. BetrVG versucht worden sein muss[1088]. Im Gegensatz dazu soll nach Wolff ein Interessensausgleich regelmäßig bereits in den Transfer-Sozialplan integriert sein[1089]. Allerdings sieht letzterer auch die Möglichkeit eines getrennten Abschlusses von Interessenausgleich und Sozialplan vor, wobei nach Abschluss des Interessenausgleichs die betroffenen Arbeitnehmern gekündigt werden oder Aufhebungsverträge vereinbart werden sollen[1090]. Ein paralleler Abschluss von Interessenausgleich und Sozialplan ist zwar möglich und in der Praxis scheinbar beliebt[1091], aus dem Transfer-Sozialplan-Konzept ergibt sich jedoch keine Notwendigkeit der Integration des Interessenausgleichs in den Transfer-Sozialplan.

2. Verhandlungen über den Transfer-Sozialplan

Als nächstes Element der Transferphase sieht das BAVC–Konzept Verhandlungen über das Zustandekommen eines Transfer-Sozialplans vor.

a) Ziel des Transfersozialplans

Ziel des Transfer-Sozialplans ist nach Vorstellung des BAVC e.V. die Festlegung von Maßnahmen, welche die Chancen der Arbeitnehmer auf den nahtlosen Übergang in ein Anschlussarbeitsverhältnis oder die Existenzgründung steigern[1092]. An dieser Stelle erfolgt auch ein Hinweis des BAVC e.V. auf die neu in das BetrVG eingefügte Pflicht der Berücksichtigung von Fördermaßnahmen des SGB III durch die Einigungsstelle nach § 112 Abs.5 Nr.2a BetrVG[1093].

b) Beratung durch Landesarbeitsamt und Transferberater

Im Rahmen der Verhandlungen über einen Interessenausgleich und/oder Sozialplan rät das Transfer-Sozialplan-Konzept den beteiligten Parteien möglichst frühzeitig das gemäß § 256 Abs.1 SGB III bestehende Beratungsangebot des Landesarbeitsamtes zu nutzen[1094]. Nicht nur der Arbeitgeber, sondern auch der Betriebsrat hat danach die Möglichkeit, sich

---

[1088] BAVC e.V., Transfer-Sozialplan, 2001, S.17.
[1089] Wolff, NZA 1999, 622 (624).
[1090] Wolff, NZA 1999, 622 (624).
[1091] Siehe auch Verch, Personalabbau und Betriebsverfassung, S.181 f.
[1092] BAVC e.V., Transfer-Sozialplan, 2001, S.17, mit dem Hinweis, dass insbesondere auch Anschlussarbeitsplätze außerhalb der Chemieindustrie in die Planung mit einbezogen werden sollen.
[1093] BAVC e.V., Transfer-Sozialplan, 2001, S.17; siehe zu § 112 Abs.5 Nr.2a BetrVG, Teil 1 § 3 A. II. 2. a. cc).
[1094] BAVC e.V., Transfer-Sozialplan, 2001, S.17; Wolff, in: NZA 1999, 622 (624); Sell, in: AuB 1999, 101 (102).

über die Förderungsmöglichkeiten von Eingliederungsmaßnahmen in Transfer-Sozialplänen beraten zu lassen[1095]. Ziel dieser Beratung ist nach Aussage des ursprünglichen Transfer-Sozialplan-Konzepts eine möglichst zielgerichtete Konzipierung und die Klärung der Finanzierung der Durchführung der Maßnahmen[1096]. Weitergehend empfiehlt der BAVC e.V. bereits in der ersten Auflage seines Konzepts jedoch auch die Hinzuziehung von Transferberatern[1097]. Ein Kontakt mit diesen externen Beratern soll nach Aussage des Transfer-Sozialplan-Konzepts mit Hilfe oder durch Vermittlung des Arbeitgeberverbandes hergestellt werden[1098]. Diese Beratung durch die sogenannten Transferberater soll die Hinzuziehung des Landesarbeitsamtes nicht ersetzen, sondern eine Ergänzung darstellen. Die durch die Beratung externer Fachleute entstehenden Kosten sind Bestandteil des Transfer-Sozialplans[1099]. Wolff geht noch einen Schritt weiter und zieht zusätzlich auch noch eine Beratung durch das zuständige Arbeitsamt in Betracht[1100]. Dieses soll im Rahmen der Sozialplanverhandlung die Betriebsparteien über eine Finanzierungsmöglichkeit der Transfermaßnahmen durch den Bezug von Strukturkurzarbeitergeld gemäß §§ 175 ff. SGB III informieren. Diese Zuschüsse werden allerdings nicht vom Landesarbeitsamt gewährt, wie die Zuschüsse zu Sozialplanmaßnahmen nach §§ 254 ff. SGB III, sondern durch das regional zuständige Arbeitsamt. Demnach kommt unter Umständen noch eine Beratung durch das zuständige Arbeitsamt zu der Beratung durch das Landesarbeitsamt und die Transferberater hinzu.

c) Vorabentscheidung durch das Landesarbeitsamt

Im weiteren verweist das Transfer-Sozialplan-Konzept des BAVC e.V. auf die Möglichkeit einer Überprüfung der Förderungswürdigkeit des Transfer-Sozialplans[1101]. Nach § 256 Abs.2 SGB III kann der Unternehmer oder nach neuer Rechtslage auch die Einigungsstelle nach Abschluss des Transfer-Sozialplans beim zuständigen Landesarbeitsamt einen Antrag auf Vorabentscheidung stellen[1102]. Aus der Vorabentscheidung ergibt sich dann, ob und unter welchen Voraussetzungen die im Sozialplan vereinbarten Transfermaßnahmen vom Landesarbeitsamt gefördert werden können[1103]. Der BAVC e.V. empfiehlt an dieser Stelle möglichst frühzeitig von dieser Möglichkeit Gebrauch zu machen, um zumindest eine gewisse Planungssicherheit in finanziellen Fragen vor Abschluss des Transfer-Sozialplans zu erhalten[1104].

[1095] BAVC. e.V., Transfer-Sozialplan, 1998, S.15.
[1096] BAVC. e.V., Transfer-Sozialplan, 1998, S.15.
[1097] BAVC. e.V., Transfer-Sozialplan, 1998, S.15.
[1098] BAVC e.V., Transfer-Sozialplan 2001, S.17.
[1099] Siehe Erläuterungen oben.
[1100] Wolff, in: NZA 1999, 622 (624).
[1101] BAVC e.V., Transfer-Sozialplan, 2001, S.17.
[1102] BAVC e.V., Transfer-Sozialplan, 2001, S.17; Sell, in: AuB 1999, 101 (102); siehe auch oben Teil 1 § 3 A. II.
[1103] Sell, in: AuB 1999, 101 (102).
[1104] BAVC e.V., Transfer-Sozialplan, 2001, S.17.

d) Finanzierung der Transfermaßnahmen

Der BAVC e.V. geht auch auf die Finanzierungsmöglichkeiten der im Sozialplan festgelegten Transfermaßnahmen ein[1105]. Neben der Eigenbeteiligung des Unternehmens stellt das Transfer-Sozialplan-Konzept zwei grundsätzlich alternativ durchzuführende Finanzierungen vor. Eine Möglichkeit besteht danach in dem Bezug von strukturellem Kurzarbeitergeld nach §§ 175 ff. SGB III, wobei die Arbeitnehmer während der sogenannten „Kurzarbeit null" die Qualifizierungsmaßnahmen durchführen[1106]. Alternativ dazu können Zuschüsse der Arbeitsverwaltung zu den Sozialplanmaßnahmen nach §§ 254 ff. SGB III beantragt werden[1107]. In der überarbeiteten Fassung geht der BAVC e.V. auch auf eine Förderung durch den Europäischen Sozialfond (ESF) bei Transfermaßnahmen während des Bezugs von strukturellem Kurzarbeitergeld nach § 175 SGB III ein[1108]. Die verschiedenen Förderungsmöglichkeiten eines Transfer-Sozialplans durch strukturelles Kurzarbeitergeld gemäß § 175 SGB III oder durch Zuschüsse zu Sozialplanmaßnahmen gemäß §§ 254 ff. SGB III erläutert der Bundesarbeitgeberverband in seinem Transfer-Sozialplan-Konzept auf den Seiten 18 ff.. Im einzelnen erörtert werden die Instrumente in Anhang 3, Zuschüsse zu Sozialplanmaßnahmen und strukturelles Kurzarbeitergeld, des Konzeptes[1109]. Der BAVC e.V. bemüht sich in seinem Konzept den Lesern einen Leitfaden bzw. eine Entscheidungshilfe an die Hand zu geben, in welchen Fällen eine Inanspruchnahme von Sozialplanzuschüssen und wann der Bezug von strukturellem Kurzarbeitergeld in Betracht kommt[1110].

aa) Inanspruchnahme der Zuschüsse zu Sozialplanmaßnahmen gemäß §§ 254 ff. SGB III

So sollen die Zuschüsse zu Sozialplanmaßnahmen gemäß §§ 254 ff. SGB III insbesondere dann als Förderung für die Transfer-Sozialpläne in Betracht kommen, wenn die Arbeitnehmer im Betrieb eingegliedert sind und die Arbeitsleistung grundsätzlich noch bis zum Ablauf der Kündigungsfrist zur Verfügung stellen soll[1111]. In einem solchen Fall ist es besonders sinnvoll, dass sich die Arbeitnehmer aus dem noch bestehenden Arbeitsverhältnis bewerben. Nach Vorstellung des BAVC e.V. erhalten die Arbeitnehmer in diesen Fällen bis zum Ende der Kündigungsfrist das Arbeitsentgelt durch den Arbeitgeber ausgezahlt[1112]. Das muss aber bei einer Förderung durch §§ 254 ff. SGB III nicht grundsätzlich der Fall sein; vielmehr können Zuschüsse der Arbeitsverwaltung auch zur Unterhaltszahlung an die Arbeitnehmer verwendet werden[1113]. Insoweit kann der Darstellung des BAVC e.V. auch nicht zugestimmt werden, wenn diese behauptet, dass sich die Zuschüsse zu Sozialplanmaßnahmen nur auf Maßnahmekosten, wie z.B. Orientierungsberatung oder Bewerbertrai-

---

[1105] BAVC. e.V., Transfer-Sozialplan, 1998, S.15 f.
[1106] BAVC e.V., Transfer-Sozialplan, 2001, S.18 f.; siehe oben Teil 1 § 3 C. II. 2.
[1107] BAVC e.V., Transfer-Sozialplan, 2001, S.19 f.; siehe oben Teil 1 § 3.
[1108] BAVC e.V., Transfer-Sozialplan, 2001, S.19.
[1109] BAVC e.V., Transfer-Sozialplan, 2001, Anhang 3, Zuschüsse zu Sozialplanmaßnahmen und strukturelles Kurzarbeitergeld, S. 48 ff.
[1110] BAVC e.V., Transfer-Sozialplan, 2001, S.19 f.
[1111] BAVC e.V., Transfer-Sozialplan, 2001, S.19.
[1112] BAVC e.V., Transfer-Sozialplan, 2001, S.19.
[1113] Siehe oben unter Teil 1 § 3 C. II. 4. a).

ning beziehen[1114]. Auch ist rätselhaft, wie der Arbeitgeberverband in diesem Zusammenhang auf einen Mindestanteil des Arbeitgebers von 30 % an der Finanzierung der Maßnahmekosten kommt[1115]. Insoweit lässt sich den gesetzlichen Vorschriften der §§ 254 ff. SGB III keine Vorgabe entnehmen. Vielmehr hängt, wie oben bereits dargestellt, die Höhe der Beteiligung des Arbeitgebers an der Durchführung der beschäftigungswirksamen Maßnahmen vom Einzelfall ab[1116].

bb) Strukturelles Kurzarbeitergeld gemäß § 175 SGB III

Indessen soll sich ein Bezug von strukturellem Kurzarbeitergeld nach § 175 SGB III anbieten, wenn eine sofortige Beendigung der Beschäftigungsverhältnisse durch Aufhebungsverträge ohne Einhaltung der Kündigungsfrist und bei zeitgleicher Überführung in eine Transfergesellschaft möglich ist[1117]. Sinnvoll ist der Einsatz dieses Instruments in Betrieben, in denen bereits mit Ausspruch der Kündigung keine Beschäftigungsmöglichkeit für die gekündigten Arbeitnehmer mehr vorhanden ist. Das Instrument ermöglicht nach Aussage des BAVC e.V. die Vermeidung von betriebsbedingten Kündigungen, indem die betroffenen Arbeitnehmer in die Transfergesellschaft aufgrund eines neuen befristeten Arbeitsverhältnisses wechseln[1118]. Der Bundesarbeitgeberverband weist in diesem Zusammenhang darauf hin, dass auch ein Verbleib in der Transfergesellschaft über die Kündigungsfristen hinaus möglich ist, soweit Arbeitnehmer im Einzelfall schwer auf dem ersten Arbeitsmarkt zu vermitteln sind[1119]. Während des Verbleibs in der Transfergesellschaft erhalten die Arbeitnehmer strukturelles Kurzarbeitergeld, das niedriger ist als das vorherige Entgelt, jedoch in den meisten Fällen das Arbeitslosengeld übersteigt[1120]. Der BAVC e.V. weist die Chemiearbeitgeber an dieser Stelle darauf hin, dass letztere in diesen Fällen 80 % der Arbeitgeber- und Arbeitnehmerbeiträge zur Sozialversicherung (ohne Arbeitslosenversicherungsbeiträge), die gesamten Personalkosten für Feier- und Urlaubstage und die tariflichen Zuschüsse nach § 7 II MTV zum Kurzarbeitergeld zu tragen haben[1121]. Der Vorteil für den Arbeitgeber besteht darin, dass er per saldo während der Kündigungsfrist nur noch die Hälfte der Personalkosten zu tragen hat, während der gekündigte Arbeitnehmer die Kündigungsphase dazu nutzen kann, seine Vermittlungschancen zu verbessern. Der Arbeitgeberverband stellt dabei positiv heraus, dass im Fall des Bezuges von Strukturkurzarbeitergeld die Kosten für Qualifizierungsmaßnahmen unter Umständen bis zu einer Höhe von 90 % vom Europäischen Sozialfond gefördert werden können[1122].

[1114] BAVC e.V., Transfer-Sozialplan, 2001, S.19.
[1115] BAVC e.V., Transfer-Sozialplan, 2001, S.19.
[1116] Siehe dazu Teil 1 § 3 B. II. 1. e) cc).
[1117] BAVC e.V., Transfer-Sozialplan, 2001, S.20; zum Begriff und der Tätigkeit von Transfergesellschaften siehe insbesondere Herrmann/Kratz, S.8 ff.
[1118] BAVC e.V., Transfer-Sozialplan, 2001, S.20, mit dem Hinweis, dass bei betriebsinternen Lösungen eine Befristung nur aufgrund eines Sachgrundes zulässig sind.
[1119] BAVC e.V., Transfer-Sozialplan, 2001, S.20.
[1120] BAVC e.V., Transfer-Sozialplan, 2001, S.20.
[1121] BAVC e.V., Transfer-Sozialplan, 2001, S.20, mit dem Hinweis, dass diese Kosten als Remanenzkosten bezeichnet werden.
[1122] BAVC e.V., Transfer-Sozialplan, 2001, S.20.

cc) Schlussfolgerung des BAVC e.V.

Aus dieser Betrachtung zieht der BAVC e.v. die Schlussfolgerung, dass eine Förderung durch Zuschüsse zu Sozialplanmaßnahmen nach §§ 254 ff. SGB III insbesondere dann in Betracht kommt, wenn noch während der laufenden Kündigungsfrist beschäftigungswirksame Maßnahmen durchgeführt werden sollen. Stattdessen sei ein Bezug von strukturellem Kurzarbeitergeld nach §§ 175 ff. SGB III. vor allem dann vorteilhaft, wenn die beschäftigungsfördernden Maßnahmen erst nach Beendigung des Arbeitsverhältnisses erfolgen sollen[1123]. Auch versäumt es der BAVC e.v. nicht darauf hinzuweisen, dass eine parallele Förderung der Transfermaßnahmen durch Sozialplanzuschüsse gemäß §§ 254 ff. SGB III und strukturelles Kurzarbeitergeld nach §§ 175 ff. SGB III bezogen auf ein und denselben Teilnehmer nicht möglich ist. Es bleibt lediglich die Möglichkeit der Hintereinanderschaltung beider Förderinstrumente[1124].

3. Weiteres Vorgehen bzw. Ausspruch von Kündigungen und Abschluss von Aufhebungsverträgen

Ursprünglich ging das Transfer-Sozialplan-Konzept auf die notwendigen Folgen der Einleitung der Betriebsänderung am Ende der Verhandlungsphase ein[1125]. An die Verhandlungsphase sollte sich nach dem Transfer-Sozialplan-Konzept der beschäftigungswirksame Einsatz der neuen Instrumente und somit der Eintritt in die Transferphase anschließen[1126]. Heute sind diese Folgen nach Vorstellung des Arbeitgeberverbandes Teil der Transferphase[1127]. Nach Abschluss des Interessenausgleichs ist der Zeitpunkt zum Ausspruch der Kündigungen der vom Personalabbau betroffenen Arbeitnehmer gekommen[1128]. Bei ausreichendem zeitlichen Vorlauf im Hinblick auf die Kündigungsfristen reicht der Ausspruch der Kündigung auch nach Abschluss des Transfer-Sozialplans[1129]. Alternativ zum Ausspruch der Kündigung kommt auch die Vereinbarung von Aufhebungsverträgen in Betracht. Dabei geht Wolff auch auf sogenannte dreiseitige Aufhebungsverträge ein, die zum Übergang in eine Personalentwicklungsgesellschaft geschlossen werden können[1130].

III. Aufbau und einzelne Maßnahmen der Transferkette (= Steigerung der Beschäftigungschancen durch die konzertierte Arbeitsvermittlung)

Wie oben bereits erörtert wird der Transferprozess von beschäftigungswirksamen Einzelmaßnahmen begleitet, die zusammen eine sogenannte Transferkette bilden[1131]. Welche ge-

---

[1123] BAVC e.V., Transfer-Sozialplan, 2001, S.19.
[1124] BAVC e.V., Transfer-Sozialplan, 2001, S.20.
[1125] BAVC e.V., Transfer-Sozialplan, 1998, S.16.
[1126] BAVC. e.V., Transfer-Sozialplan, 1998, S.16.
[1127] BAVC e.V., Transfer-Sozialplan, 2001, S.17.
[1128] BAVC e.V., Transfer-Sozialplan, 2001, S.17.
[1129] Anders Wolff, in: NZA 1999, 622 (624), der soweit getrennte Abschlüsse von Interessenausgleich und Transfersozialplan vorliegen, den Ausspruch von Kündigungen immer nach Abschluss des Interessenausgleichs ansetzt.
[1130] Wolff, in: NZA 1999, 622 (624).
[1131] Siehe oben unter Teil 2 § 2 B. I. 3.

setzlichen beschäftigungsfördernden Instrumente der BAVC e.V. in seinem ursprünglichen Transfer-Sozialplan-Konzept in der Transferphase zum Einsatz kommen lassen wollte, hatte er zuvor in seinem Konzept im Anhang 4 „Maßnahmen in der Transferphase" im einzelnen vorgestellt[1132]. In der überarbeiteten Version geht der Bundesarbeitgeberverband in seinen Ausführungen zur neu gestalteten Transferphase näher auf die Möglichkeiten zur Steigerung der Vermittlungschancen ein[1133]. Welche gesetzlichen Förderinstrumente der Arbeitsverwaltung nach Vorstellung des BAVC e.V. in die Transferphase integriert werden können, wird im Transfer-Sozialplan-Konzept im Anhang 4 (Maßnahmen in der Transfer- und Integrationsphase) beschrieben[1134]. Dabei legt der Arbeitgeberverband Wert auf die Feststellung, dass eine Steigerung von Beschäftigungschancen nur durch eine Bündelung der Aktivitäten von Arbeitgeber, Betriebsrat, Arbeitsverwaltung und anderen Beratern erfolgen kann[1135]. Daher kommt auch der Ausdruck der „konzertierten Arbeitsvermittlung"[1136]. Statt dem Begriff einer „Transferkette" und einzelnen „Kettengliedern" verwendet das überarbeitete Transfer-Sozialplan-Konzept den Begriff der „Bausteine"[1137]. Diese „Bausteine" von beschäftigungswirksamen Maßnahmen sollen als Kombinationen den Transferprozess beschleunigen.

1. Erstellen von Mitarbeiterpotentialprofilen

Zunächst empfiehlt der BAVC e.V. in seinem Transfer-Sozialplan-Konzept, wie auch schon in seiner früheren Fassung, die Erstellung von aussagekräftigen Mitarbeiterpotentialprofilen[1138]. Wie zuvor bereits erläutert, sind unter Mitarbeiterpotentialprofilen die Zusammenlegung aller Personaldaten des Arbeitnehmers, ein ausführlicher Bericht über die Tätigkeitsstruktur und das Beschäftigungsprofil des Mitarbeiters und eine Prognose seiner Qualifizierungsfähigkeit zu verstehen[1139]. Dabei soll für alle vom Personalabbau betroffenen Arbeitnehmer des Betriebes ein solches Mitarbeiterpotentialprofil erstellt werden, ausgenommen der Mitarbeiter, die sofort vermittelbar sind oder sogar bereits einen Anschlussarbeitsplatz gefunden haben[1140]. Für diese Arbeitnehmer ist die Erstellung eines solchen Mitarbeiterpotentialprofils nicht notwendig, denn in ihren Fällen bedarf es keiner Anreizschaffung für potentielle neue Arbeitgeber mehr.

[1132] BAVC. e.V., Transfer-Sozialplan, 1998, Anhang 4 „Maßnahmen in der Transferphase", S.43 ff..
[1133] BAVC e.V., Transfer-Sozialplan, 2001, S.20 ff.
[1134] BAVC e.V., Transfer-Sozialplan, 2001, Anhang 4, Maßnahmen in der Transfer- und Integrationsphase, S. 54 ff.; bei einem Einsatz von arbeitsförderungsrechtlichen Instrumenten während der Transferphase ist kritisch darauf zu achten, dass sie nicht entgegen § 258 SGB III parallel zur Bezuschussung von Sozialplanmaßnahmen nach §§ 254 ff. SGB III gewährt werden können.
[1135] BAVC e.V., Transfer-Sozialplan, 2001, S.20.
[1136] Siehe oben Teil 2 § 2 B. I. 3.
[1137] BAVC e.V., Transfer-Sozialplan, 2001, S.21.
[1138] Sell, in: AuB 1999, 101 (102); BAVC. e.V., Transfer-Sozialplan, 1998, S.17 und BAVC e.V., Transfer-Sozialplan, 2001, S.21 f.
[1139] Siehe oben unter Teil 2 § 1 A. I.
[1140] BAVC e.V., Transfer-Sozialplan, 2001, S.21.

Zur Erstellung von Mitarbeiterpotentialprofilen empfiehlt der BAVC e.v. die Verwertung der Daten der Personalakte[1141]. Dabei ist jedoch immer auf die Bestimmungen des Datenschutzes Rücksicht zu nehmen, so dass diese Daten nur mit Zustimmung des Arbeitnehmers an Dritte weitergeben werden dürfen[1142]. Bei der Erstellung dieser Leistungsprofile können allerdings nur die betriebsspezifischen Kapazitätsbelange berücksichtigt werden. Somit enthalten die Potentialprofile kein Werturteil dahingehend, dass die in die Sozialauswahl einzubeziehenden Mitarbeiter für den sonstigen internen oder externen Arbeitsmarkt minder qualifiziert sind[1143]. Sinn und Zweck der Erstellung dieser Mitarbeiterpotentialprofile soll es unter anderem sein, später die Gruppenbildung der Mitarbeiter in unterschiedliche Qualifikationsstufen zu erleichtern[1144]. Der BAVC e.V. weist darauf hin, dass die Mitarbeiterpotentialprofile insbesondere auch zukunftsorientierte Aussagen über das Tätigkeitsprofil der Arbeitnehmer machen sollen, um eine Weitervermittlung der Mitarbeiter in Anschlussarbeitsverhältnisse zu erleichtern[1145]. Der Bundesarbeitgeberverband schlägt vor, die Vorgänge des Personalabbaus mit denen der Vermittlung zu vereinen und so Arbeitsschritte zu sparen, z.b. indem die ohnehin nach § 11 IV Ziffer 1 MTV erforderliche Zeugniserstellung und der einhergehende Tätigkeits- und Erfahrungsbericht über den Arbeitnehmer gleichzeitig Bestandteil der Bewerbungsunterlagen werden[1146]. Die dann erstellten Mitarbeiterpotentialprofile sollen nach Vorstellung des BAVC e.V. nach ihrer Erstellung mit dem Betriebsrat beraten werden[1147]. Inwiefern über diese Mitarbeiterpotentialprofile noch ein Beratungsbedarf besteht, gibt das Transfer-Sozialplan-Konzept an dieser Stelle nicht an.

2. Auswahl der betroffenen Mitarbeiter

Ursprünglich ging das Transfer-Sozialplan-Konzept nach Erstellung der Mitarbeiterpotentialprofile zur Auswahl der Mitarbeiter, die vom Personalabbau betroffen sein würden, über[1148]. Der BAVC e.V. empfahl in seinem Transfer-Sozialplan-Konzept die Unterteilung der Auswahl der von der Umstrukturierung betroffenen Mitarbeiter in zwei Runden[1149]. Dabei sollten in der ersten Runde diejenigen Mitarbeiter aus der Auswahl herausgenommen werden, deren Weiterbeschäftigung aufgrund ihrer Kenntnisse, Fähigkeiten und Leistungen für den Betrieb unerlässlich war[1150]. Die zweite Runde stellte dann die Sozialauswahl nach den gesetzlichen Kriterien gemäß § 1 Abs.3 KSchG dar[1151]. In der überarbeiteten Fassung

---

[1141] BAVC e.V., Transfer-Sozialplan, 2001, S.22.
[1142] BAVC e.V., Transfer-Sozialplan, 2001, S.22.
[1143] Stindt, Zuschüsse zu Sozialplänen, S.119 (129).
[1144] Wolff, NZA 1999, 622 (624).
[1145] BAVC e.V., Transfer-Sozialplan, 2001, S.22.
[1146] BAVC e.V., Transfer-Sozialplan, 2001, S.22.
[1147] BAVC e.V., Transfer-Sozialplan, 2001, S.21.
[1148] BAVC. e.V., Transfer-Sozialplan, 1998, S.17, laut BAVC e.V. soll erst die Auswahl der betroffenen Mitarbeiter der Anfang der Transferkette sein; warum der Anfang nicht bereits die Erstellung der Mitarbeiterpotentialprofile ist, wird nicht gesagt.
[1149] BAVC. e.V., Transfer-Sozialplan, 1998, S.17.
[1150] BAVC. e.V., Transfer-Sozialplan, 1998, S.17.
[1151] Der BAVC e.V. spricht an dieser Stelle von „neuen gesetzlichen Kriterien".

geht der BAVC e.v. bereits vor der Erstellung von Mitarbeiterpotentialprofilen auf die Festlegung der vom Personalabbau betroffenen Arbeitnehmer ein[1152]. Dabei soll am Anfang des Transferprozesses die Personalstruktur analysiert werden, wobei Alter, Betriebszugehörigkeit, Familienstand, Kündigungsfrist, Funktion und Qualifikation zu berücksichtigen seien[1153].

Der BAVC e.v. will drei verschiedene Gruppen von Arbeitnehmern bilden, die vom Personalabbau betroffen werden. Während die erste Gruppe aus Arbeitnehmern mit guten Chancen auf eine Direktvermittlung gebildet wird, sind in den Gruppen zwei und drei die Mitarbeiter zusammengefasst, bei denen geringe oder erhebliche Vermittlungshemmnisse bestehen[1154]. Soweit betriebsbedingte Kündigungen nicht vermieden werden können, weist der Arbeitgeberverband auf die dann notwendigerweise durchzuführende Sozialauswahl nach § 1 Abs.3 KSchG hin[1155].

Bei der Auswahl der betroffenen Mitarbeiter sollte nach Vorstellung des ursprünglichen Transfer-Sozialplan-Konzepts auf die bereits vorhandenen Daten für die Zeugniserteilung zurück gegriffen werden[1156]. Auch wenn die überarbeitete Fassung des Konzeptes nicht mehr auf diese Möglichkeit eingeht, so ist ein solcher Rückgriff jedoch sinnvoll.

Eine Sozialauswahl nach § 1 Abs.3 KSchG der zu kündigenden Mitarbeiter erfordert immer eine genaue Datenerhebung und eine Auswertung dieser Daten[1157]. Die Zeugniserteilung nach § 11 Absatz IV Ziffer 1 MTV, die einen ausführlichen Tätigkeits- und Erfahrungsbericht über den ausscheidenden Mitarbeiter enthalten soll, ist obligatorisch. Dabei nutzt der abgebende Arbeitgeber die beim Trennungsvorgang ohnehin anfallenden Arbeitsschritte effektiv für die Durchführung des Transfers[1158]. Die Nutzung der Datenerhebung und des Zeugnisses soll die Vermittlung erleichtern und durch den Arbeitgeber als eigenständige Leistung angeboten werden[1159].

Unter Zuhilfenahme der Mitarbeiterpotentialprofile, der Zeugnisse und weiterer Betriebsdaten kann der Arbeitgeber diejenigen Arbeitnehmer bestimmen, deren Weiterbeschäftigung im Betrieb für ihn unerlässlich ist und diese dann aus der Sozialauswahl herausnehmen. Nach Durchführung der Sozialauswahl nach § 1 Abs.3 KSchG hat der Arbeitgeber dann den Kreis der Mitarbeiter bestimmt, die für der Einsatz von Transferhilfen generell in Betracht kommen.

[1152] BAVC e.V., Transfer-Sozialplan, 2001, S.21.
[1153] BAVC e.V., Transfer-Sozialplan, 2001, S.21.
[1154] BAVC e.V., Transfer-Sozialplan, 2001, S.21.
[1155] BAVC e.V., Transfer-Sozialplan, 2001, S.21.
[1156] BAVC. e.V., Transfer-Sozialplan, 1998, S.17.
[1157] Zwar ist der Arbeitnehmer grundsätzlich darlegungs- und beweispflichtig, der Arbeitgeber sollte sich jedoch bereits im voraus gegen den Vorwurf der Willkürlichkeit schützen; vgl. Zöllner/Loritz, ArbR, § 23 VI. 3.; Etzel, in: KR, § 1 KSchG Rn.260 ff.; Ascheid, in: Erfurter Kommentar, § 1 KSchG, Rn.102 ff.
[1158] BAVC. e.V., Transfer-Sozialplan, 1998, S.17; so auch bereits Stindt, Zuschüsse zu Sozialplänen, S.119 (129).
[1159] Sell, AuB 1999, 101 (102); Stindt, Zuschüsse zu Sozialplänen, S.119 (130).

3. Orientierungsberatung

Im Anschluss an die Auswahl der vom Personalabbau betroffenen Mitarbeiter, schlägt das Transfer-Sozialplan-Konzept für alle noch nicht unmittelbar vermittelten Arbeitnehmer eine Orientierungsberatung vor[1160]. Sinn und Zweck der Orientierungsberatung soll es sein, den Qualifizierungsbedarf der zu kündigenden Arbeitnehmer festzustellen[1161]. Unter der Feststellung des Qualifizierungsbedarfs ist insoweit die Einordnung zu verstehen, welche Qualifizierungsmaßnahme für welchen Mitarbeiter sinnvoll und erforderlich ist[1162]. Zur Beurteilung des Qualifizierungsbedarfs gehört die Einstufung der Qualifizierungsfähigkeit des einzelnen Mitarbeiters, die Zusammenstellung eines individuellen Qualifizierungsplans für den jeweiligen Arbeitnehmer und die Vereinbarung der Form der Qualifizierung[1163]. Letzteres kann zum Beispiel eine Qualifizierung in kleinen Gruppen oder die Verteilung der Arbeitnehmer auf einen oder mehrere betriebliche und/oder außerbetriebliche Qualifizierungsträger sein[1164]. Die Form der Qualifizierung kann bereits Teil des individuellen Qualifizierungsplans für den einzelnen Arbeitnehmer sein.

Das ursprüngliche BAVC e.V.- Konzept wies an dieser Stelle auf die frühzeitig angebrachte Klärung der Finanzierung und etwaige erforderliche Antragsabwicklungen mit der Arbeitsverwaltung beziehungsweise anderen Institutionen hin[1165]. Die Sozialpartner des Betriebes sollen sich nach dem Transfer-Sozialplan-Konzept möglichst früh um finanzielle und formelle Fragen der Durchführung der Transfermaßnahmen kümmern, um nicht Gefahr zu laufen, dass der abgeschlossene Transfersozialplan nicht durchgeführt werden kann. An dieser Stelle schlug das anfängliche Transfer-Sozialplan-Konzept ein weiteres mal vor, etwaige Gruppen-Qualifizierungen doch unter der Zuhilfenahme von Unternehmensberatungen oder Personalentwicklungsgesellschaften durchzuführen[1166]. Die Durchführung der Orientierungsberatung an sich kann nach Vorstellung des BAVC e.V. betriebsintern oder extern und in Gruppen geschehen[1167].

Nach Durchführung der Orientierungsberatung sollte feststehen, für welche vom Personalabbau betroffenen Mitarbeiter sich welche Qualifizierungsmaßnahmen in welchem zeitlichen Rahmen anschließen.

4. Bewerbertraining

Für sinnvoll erachtete das ursprüngliche BAVC e.V. Konzept die Durchführung eines Bewerbertrainings für alle vom Personalabbau betroffenen Mitarbeiter, die keine unmittelbare Anschlussbeschäftigung gefunden haben[1168]. Nunmehr ist eine solche Einschränkung im

---

[1160] BAVC e.V., Transfer-Sozialplan, 2001, S.22; Sell, AuB 1999, 101 (102).
[1161] Sell, in. AuB 1999, 101 (102).
[1162] BAVC e.V., Transfer-Sozialplan, 2001, S.22.
[1163] BAVC e.V., Transfer-Sozialplan, 2001, S.22; Sell, AuB 1999, 101 (102).
[1164] So bereits das ursprüngliche Konzept des BAVC e.V. in: BAVC. e.V., Transfer-Sozialplan, 1998, S.18.
[1165] BAVC. e.V., Transfer-Sozialplan, 1998, S.18. und ebenso die Neuauflage: BAVC. e.V., Transfer-Sozialplan, 2001, S.22.
[1166] BAVC. e.V., Transfer-Sozialplan, 1998, S.7 u. S.18; auch Sell, AuB 1999, 101 (102).
[1167] BAVC e.V., Transfer-Sozialplan, 2001, S.22.
[1168] BAVC. e.V., Transfer-Sozialplan, 1998, S.18; Sell, AuB 1999, 101 (102).

neuen Transfer-Sozialplan-Konzept nicht zu finden. Vielmehr soll das Bewerbertraining allen betroffenen Arbeitnehmern zur Verfügung stehen[1169]. Diese sogenannten professionellen Outplacement- Programme sollen noch vor einer selektiven Qualifizierung einzelner Mitarbeiter durchgeführt werden[1170]. Inhalt eines solchen Bewerbertrainings kann nach Vorstellung des Transfer-Sozialplan-Konzept vor allem die Erstellung von kompletten Bewerbungsunterlagen mit professioneller Hilfe sein[1171]. Das vom Arbeitgeber nach § 11 IV Ziffer 1 MTV zu erteilende Zeugnis soll als Modul dieser Bewerbungsunterlagen eingebracht werden[1172]. Doch nicht nur schriftliche Hilfen soll das professionelle Bewerbertraining den teilnehmenden Arbeitnehmern an die Hand geben, sondern auch mündliche Hilfestellungen gehören nach Vorstellung des BAVC e.V. dazu[1173]. In diesem Zusammenhang weist der BAVC e.V. darauf hin, dass eine Kostenübernahme der Arbeitsverwaltung für die Erstellung und Versendung von Bewerbungsunterlagen, sogenannte Bewerbungskosten, und Reisekosten gemäß §§ 45 ff. SGB III in Betracht kommt[1174]. Dazu gehören nach dem Transfer-Sozialplan-Konzept unter anderem Fahrten zur Berufsberatung oder -vermittlung und Reisen zu Eignungsfeststellungen und Vorstellungsgesprächen[1175]. Des weiteren gehört zu diesem Komplex auch die tariflich in § 11 III Ziffer 6 MTV festgelegte bezahlte Freistellung zur Stellensuche. Der Arbeitgeber soll den Arbeitnehmer aktiv bei der Suche nach einem neuen Arbeitsplatz unterstützen[1176]. Dabei hat der Arbeitgeber dem vom Personalabbau betroffenen Arbeitnehmer bezahlte Freizeit zu gewähren, die zur Bewerbung um ein Anschlussarbeitsverhältnis notwendig ist[1177].

Nach Durchführung eines solchen allgemeinen Bewerbertrainings teilen sich die vom Personalabbau betroffenen Mitarbeiter nach den individuellen Qualifizierungsplänen dann in unterschiedliche Gruppen auf bzw. bekommen eine individuelle Weiterbetreuung.

5. Qualifizierung für Anschlussbeschäftigung

Ein Teil der Transferhilfe bildet laut Transfer-Sozialplan-Konzept die sogenannte Qualifizierung für eine Anschlussbeschäftigung. Bei dieser Form der Qualifizierung unterscheidet der BAVC e.V. in seinem Konzept von Anfang an zwischen drei verschiedenen Gruppen von Mitarbeitern[1178]. Die erste Gruppe bilden diejenigen Arbeitnehmer des Betriebes, die ohne weitere Hilfen direkt in ein Anschlussarbeitsverhältnis übergehen. Diese Gruppe nennt der BAVC e.V. die Gruppe der „Direktvermittlung". In der zweiten Gruppe werden die Mitarbeiter zusammengefasst, die mit einer gezielten Qualifizierungsmaßnahme, wie zum Beispiel der Besuch eines EDV-Kurses oder dem Erwerb eines Führerscheins, ein-

---

[1169] BAVC e.V., Transfer-Sozialplan, 2001, S.22 f.
[1170] Wolff, NZA 1999, 622 (624).
[1171] BAVC e.V., Transfer-Sozialplan, 2001, S.22.
[1172] Sell, AuB 1999, 101 (102).
[1173] BAVC e.V., Transfer-Sozialplan, 2001, S.22.
[1174] Siehe zu §§ 45 ff. SGB III: Gagel, in: Gagel, SGB III, § 45 Rn.1 ff.
[1175] BAVC e.V., Transfer-Sozialplan, 2001, S.23.
[1176] Sell, AuB 1999, 101 (102); vgl. Stindt, Zuschüsse zu Sozialplanmaßnahmen, S.119 (131), als ein weiteres Arbeitgeber-Transfer-Modul.
[1177] BAVC e.V., Transfer-Sozialplan, 2001, S.23.
[1178] Sell, AuB 1999, 101 (102).

deutig bessere Chancen haben, eine Anschlussbeschäftigung zu finden[1179]. Dies ist laut Transfer-Sozialplan-Konzept die Gruppe der „konkret stellenbezogenen Qualifizierung"[1180]. Die dritte Gruppe bilden die Arbeitnehmer, die auch nach einem Bewerbertraining und einer konkret stellenbezogenen Qualifizierung noch weitere Hilfen benötigen, um wieder in ein Beschäftigungsverhältnis integriert zu werden[1181]. Diese letzte Gruppe der Qualifizierung für eine Anschlussbeschäftigung nennt das Transfer-Sozialplan-Konzept „Arbeitsmarktbezogene Qualifizierung"[1182].

Die Qualifizierung für eine Anschlussbeschäftigung soll laut dem Transfer-Sozialplan-Konzept des BAVC e.V. nach Durchführung des allgemeinen Bewerbertrainings stattfinden. Eine Durchführung solcher zusätzlicher Qualifizierungsmaßnahmen ist aber nur für diejenigen Mitarbeiter vorgesehen, aus deren Mitarbeiterpotentialprofil bereits zu erkennen ist, dass ein Einstellungsinteresse von potentiellen Anschlussarbeitgebern erst nach einer weiteren Qualifizierung vorliegen wird.[1183] Im weiteren weist das Transfer-Sozialplan-Konzept an dieser Stelle darauf hin, dass Qualifizierungen immer im Hinblick darauf vorgenommen werden müssen, dass die Beschäftigungsrate in der Industriearbeit in Zukunft abnehmen wird[1184]. Der BAVC e.V. schlägt deshalb in seinem Konzept vor, auch berufliche Qualifizierungen aus der Chemieindustrie hinaus, hinein in andere Beschäftigungssektoren, wie ein Dienstleistungsgewerbe oder ein Handwerk, durchzuführen[1185].

Im Bereich der Qualifizierung für eine Anschlussbeschäftigung ist also immer der Grundsatz der Transferphase „Vermittlung vor Qualifizierung" zu beachten, so dass damit die Gruppen der Mitarbeiter für eine konkret stellenbezogene Qualifizierung oder sogar eine arbeitsmarktbezogene Qualifizierung nach Möglichkeit eng zu ziehen sind.

6. Qualifizierung für Existenzgründungen

Im vom Personalabbau betroffenen Betrieb kann es unter Umständen auch Mitarbeiter geben, die sich in die oben genannten Gruppierungen der Qualifizierung für eine Anschlussbeschäftigung nicht einordnen lassen. Dies kann zum Beispiel daran liegen, dass diese Arbeitnehmer Bestrebungen haben, eine eigene Existenz zu gründen und deswegen keinen Anschlussarbeitsplatz suchen. Auch dieser Gruppe von Arbeitnehmern will das Transfer-Sozialplan-Konzept in der Transferphase Hilfe zukommen lassen. Nach Vorstellung des BAVC e.V. sollen Bestrebungen von Mitarbeitern gefördert werden, die eine eigene Existenz gründen wollen[1186].

Auch im Hinblick der Existenzgründungen in verschiedenen Wirtschaftsbereichen hatte das anfängliche Transfer-Sozialplan-Konzept des BAVC e.V. bestimmte Vorstellun-

---

[1179] Sell, AuB 1999, 101 (102).
[1180] BAVC e.V., Transfer-Sozialplan, 2001, S.23.
[1181] BAVC e.V., Transfer-Sozialplan, 2001, S.23.
[1182] Sell, AuB 1999, 101 (102).
[1183] BAVC e.V., Transfer-Sozialplan, 2001, S.23.
[1184] BAVC e.V., Transfer-Sozialplan, 2001, S.23; Sell, AuB 1999, 101 (102).
[1185] BAVC e.V., Transfer-Sozialplan, 2001, S.23.
[1186] BAVC e.V., Transfer-Sozialplan, 2001, S.24; Sell, AuB 1999, 101 (102); die Idee einer Förderung von Existenzgründungen ist allerdings nicht neu, siehe auch: Klös, Öffentliche Arbeitsmarkt und betriebliche Personalpolitik, S.132 (139 ff.).

gen, welche der geplanten Gründungen gefördert werden sollten. So sollten vor allem Gründungen von Dienstleistungsunternehmungen in den klassischen Service-Berufen, einfache Hilfsdienste und qualifizierte erzieherische, beratende, gesundheitspflegende Dienstleistungen, sowie Forschung, Management und Organisation beratend begleitet werden.[1187] Der BAVC e.V. erörterte in seinem Transfer-Sozialplan-Konzept auch, warum gerade die Gründung von Dienstleistungsunternehmungen förderungswürdig sei[1188]. Begründet wurde die Bevorzugung der Existenzgründungen auf dem Dienstleistungssektor mit den geringen Kapitalanforderungen und dem fehlenden Erfordernis eines Meisterbriefes, wie er im Handwerk zur Ausführung eines Betriebes benötigt wird[1189]. Außerdem verwies das Konzept auf einen gesteigerten Bedarf von Dienstleistungsunternehmen für Vertrieb, Planungsleistungen, Instandhaltungen, Wartungen und Ingenieurleistung, Beratung, Buchhaltung und Abrechnungen, also an handwerks- und produktionsnahen Dienstleistungen[1190]. Aber auch der erlernte oder der zuletzt ausgeübte Beruf des vom Personalabbau betroffenen Arbeitnehmers konnte nach dem Transfer-Sozialplan-Konzept als Grundlage für den Aufbau einer eigenen Existenz in Frage kommen[1191]. Diese Einschränkung findet sich in der überarbeiteten Fassung des BAVC e.V. nicht mehr wieder[1192].

Eine Förderung von konkreten und potentiellen Existenzgründern kann nach dem Konzept des BAVC e.V. dadurch geschehen, dass diesen eine Beratung hinsichtlich Konzepterstellung, Finanzierung, Marketing, Kalkulation und Rechnungswesen zur Verfügung gestellt wird[1193]. Eine Marktanalyse hinsichtlich der Aussichten der gewählten Dienstleistung kann der potentielle Existenzgründer zumeist sogar kostenlos von der zuständigen Industrie- und Handelskammer (IHK) bekommen[1194]. Das Transfer-Sozialplan-Konzept verweist hier auch auf weitere Hilfestellungen für Existenzgründer durch die Arbeitsverwaltung, die Kommunen, private Träger und Vereine zur Existenzgründung[1195].

Aber nicht nur Hilfestellung in konzeptioneller Hinsicht spricht der BAVC e.V. in seinem Konzept an. Auch die Möglichkeit der Finanzierung einer Existenzgründung durch Zuschüsse der Arbeitsverwaltung und Förderprogramme wird im Rahmen der Transferphase erörtert[1196]. Dabei kommen laut Transfer-Sozialplan-Konzept für die Existenzgründer nicht nur Leistungen der Arbeitsverwaltung wie zum Beispiel das Überbrückungsgeld nach § 57 SGB III oder Einstellungszuschüsse gemäß §§ 225 ff. SGB III, sondern auch verschiedene Förderprogramme und Leistungen der Deutschen Ausgleichsbank in Betracht[1197].

Das Transfer-Sozialplan-Konzept sieht allerdings nicht nur Unterstützungsleistungen für den Existenzgründer von außen vor, sondern geht auch auf Hilfe durch den alten Ar-

---

[1187] BAVC. e.V., Transfer-Sozialplan, 1998, S.19.
[1188] BAVC. e.V., Transfer-Sozialplan, 1998, S.19f.
[1189] BAVC. e.V., Transfer-Sozialplan, 1998, S.20.
[1190] BAVC e.V., Transfer-Sozialplan, 1998, S.20.
[1191] BAVC e.V., Transfer-Sozialplan, 1998, S.20.
[1192] BAVC e.V., Transfer-Sozialplan, 2001, S.24.
[1193] BAVC e.V., Transfer-Sozialplan, 2001, S.24.
[1194] BAVC e.V., Transfer-Sozialplan, 2001, S.24.
[1195] BAVC e.V., Transfer-Sozialplan, 2001, S.24.
[1196] BAVC e.V., Transfer-Sozialplan, 2001, S.24.
[1197] Zu § 57 SGB III vlg. auch Estelmann, in: Hennig, SGB III, § 57 Rn.1 ff.; zu §§ 225 ff. SGB III vgl. auch: Menard, in: Niesel, SGB III, § 225 Rn.1 ff.; BAVC e.V., Transfer-Sozialplan, 2001, S.24.

beitgeber ein[1198]. Dabei kann der ursprüngliche Arbeitgeber dem Existenzgründer nicht nur Existenzgründungszuschüsse, Darlehn, Zinszuschüsse für Kredite, Abnahmeverpflichtungsverträge für Produkte, Liefer- und Beratungsverträge oder die Übernahme von Bürgschaften zugute kommen lassen, sondern auch Sachmittel wie Kopiergeräte, EDV-Anlagen bereitstellen. Diese zur Verfügung Stellung ist dann als Transferhilfe im Transfer-Sozialplan festzulegen. Auch die Überführung von vom Personalabbau betroffenen Arbeitnehmern in die Selbständigkeit ist dem Grundsatz nach eine Vermittlung des gekündigten Mitarbeiters in den ersten Arbeitsmarkt.

7. Weitere Beschleunigung des Transfers durch § 121 SGB III

Der BAVC e.V. geht in seinem Transfer-Sozialplan-Konzept in der Transferphase auch noch auf weitere Beschleunigungsmöglichkeiten des Übergangs des gekündigten Mitarbeiters in ein neues Arbeitsverhältnis ein. Dabei handelt es sich weniger um eine Nutzung von beschäftigungswirksamen Instrumenten aus dem Arbeitsförderungsrecht oder dem Tarifvertrag der chemischen Industrie, sondern um die „Neuregelung" der Zumutbarkeitsgrenze bei der Aufnahme eines neuen Arbeitsverhältnisses[1199]. In der Vorschrift des § 121 SGB III wird die Zumutbarkeit einer Arbeitsaufnahme für einen Arbeitslosen im Sinne dieses Gesetzes geregelt[1200]. Im Gegensatz zur früheren Regelung ist durch die Stufenregelung der Zumutbarkeit in § 121 Abs.3 SGB III der persönliche Arbeitsmarkt für den vom Personalabbau betroffenen Arbeitnehmer stark ausgeweitet worden[1201]. Je nach Dauer der Arbeitslosigkeit hat der Arbeitslose nun Einkommenseinbußen bei Aufnahme einer neuen Tätigkeit von 20 % bis 30 % hinzunehmen[1202]. Ab dem siebten Monat der Arbeitslosigkeit gilt sogar die Aufnahme einer Beschäftigung als zumutbar, bei welcher der Arbeitslose weniger verdient, als er an Arbeitslosengeld bekommen hat[1203]. Dadurch vergrößert sich die Anzahl der in Frage kommenden freien Arbeitsplätze, deren Aufnahme ihm zugemutet werden kann erheblich. Folglich wird die Möglichkeit eines Transfers in ein neues Arbeitsverhältnis deutlich erhöht. Allerdings sollen nach Vorstellung des BAVC e.V. die Vermittlungsbemühungen in erster Linie auf eine qualifikationsadäquate Beschäftigung abzielen[1204]. An dieser Stelle ist aber ein weiteres Mal darauf hinzuweisen, dass der Maßstab des § 121 SGB III nicht auf die Voraussetzung der „Bedrohung durch Arbeitslosigkeit" nach § 255 Abs.1 Nr.1 SGB III anzuwenden ist[1205].

[1198] BAVC e.V., Transfer-Sozialplan, 2001, S.24.
[1199] BAVC e.V., Transfer-Sozialplan, 2001, S.24.
[1200] Zu § 121 SGB III siehe Henke, in: Hennig, SGB III, § 121 Rn.1 ff.
[1201] Zur frühere Regelung siehe: Steinmeyer, in: Gagel, SGB III, § 121 Rn.3 und Rn.7 zur Neuregelung.
[1202] Steinmeyer, in: Gagel, SGB III, § 121 Rn.70 ff.
[1203] Brand, in: Niesel, SGB III, § 121 Rn.7; Steinmeyer, in: Gagel, SGB III, § 121 Rn.76.
[1204] BAVC e.V., Transfer-Sozialplan, 2001, S.24.
[1205] Siehe unten Teil 1 § 3 B. II.1.a) aa) (4).

8. Entscheidungskriterien für die Auswahl von Personalentwicklungsgesellschaften (PEG)

Neu ist im Transfer-Sozialplan-Konzept auch, dass der BAVC e.V. auf mögliche Entscheidungskriterien für die Auswahl von Personalentwicklungsgesellschaften (PEG) eingeht[1206]. Sofern der Arbeitgeber die beschäftigungswirksamen Maßnahmen nicht selbst betriebsintern durchführt, sondern einen externen Träger damit beauftragen will, gibt der Arbeitgeberverband ihm insoweit Kriterien an die Hand, nach denen die Betriebspartner einen Maßnahmeträger auswählen können.

Vorgeschlagen wird, bei der Auswahl auf die instrumentellen, förderungsrechtlichen und betriebswirtschaftlichen Kompetenzen der Personalentwicklungsgesellschaften abzustellen und dabei zu berücksichtigen, mit welchem Erfolg die PEG frühere Projekte betreut hat[1207]. Dazu gehört auch die Berücksichtigung, inwiefern die Personalentwicklungsgesellschaft in regionale Strukturen eingebunden ist, weil dies die Vermittlung der Arbeitnehmer erleichtern kann. Der BAVC e.V. weist im weiteren darauf hin, dass die Betriebspartner bei der Auswahl auf Transparenz und Dokumentation der von den Personalentwicklungsgesellschaften durchgeführten Maßnahmen achten sollen, wobei auch die vorherige Information über die Förderangebote eine wichtige Rolle spielt[1208]. Eine Empfehlung spricht der BAVC e.V. dahingehend aus, dass die Vereinbarung zwischen Arbeitgeber und Träger, die möglicherweise eine Honorarvereinbarung darstellt, in jedem Fall eine Erfolgskomponente enthalten sollte, da ansonsten das Ziel der Transfermaßnahmen möglicherweise nicht erreicht werden könnte[1209].

C. Integrationsphase

Im Vergleich zur ersten Auflage des Transfer-Sozialplan-Konzepts hat der BAVC e.V. bei seiner Überarbeitung an die Transferphase, die bislang den Abschluss des Konzepts bildete, die Integrationsphase angehängt[1210]. Teile der neuen Integrationsphase waren vorher der Transferphase zugeordnet gewesen, so zum Beispiel die Einstellungshilfen für den neuen Arbeitgeber[1211]. Im Zuge der Überarbeitung des Transfer-Sozialplan-Konzepts wollte der BAVC e.V. die Phase der Integration beim neuen Arbeitgeber stärker herausarbeiten und sie angesichts ihrer Bedeutung für die Zielerreichung der schnellen Vermittlung der von Arbeitslosigkeit bedrohten Arbeitnehmer in ein neues Arbeitsverhältnis hervorheben[1212]. Dabei sollen nach Vorstellung des BAVC e.V. vor allem die Interessen des möglichen neuen Arbeitgebers durch arbeitsförderungsrechtliche Instrumente zur Erleichterung der Einstellung stärker berücksichtigt werden[1213]. Aber auch eine mögliche Unterstützung von

---

[1206] BAVC e.V., Transfer-Sozialplan, 2001, S.24 f.
[1207] BAVC e.V., Transfer-Sozialplan, 2001, S.24.
[1208] BAVC e.V., Transfer-Sozialplan, 2001, S.25.
[1209] BAVC e.V., Transfer-Sozialplan, 2001, S.25.
[1210] Siehe bereits Erläuterungen oben unter Teil 2 § 2.
[1211] Siehe BAVC. e.V., Transfer-Sozialplan, 1998, S.21.
[1212] BAVC e.V., Transfer-Sozialplan, 2001, S.26.
[1213] BAVC e.V., Transfer-Sozialplan, 2001, S.26.

Arbeitnehmern im Integrationsprozess beim neuen Arbeitgeber durch die Arbeitsförderung soll in der Integrationsphase dargestellt werden[1214].

I. Unterstützung für den neuen Arbeitgeber

Das BAVC e.V. Konzept sieht die Nutzung von Einstellungshilfen für den aufnehmenden Arbeitgeber als Transferhilfe vor. Diese wurden früher vom BAVC e.V. als Teil der Transferphase behandelt[1215] und erst nach der Überarbeitung der eigenständigen Integrationsphase zugeordnet, die zuvor gar nicht bestanden hat[1216].

Ein Ziel der Einstellungshilfen sollten nach ursprünglichem Konzept administrative Erleichterungen für den neuen Arbeitgeber des vom Personalabbau betroffenen Mitarbeiters sein. Eine Erleichterung der Einstellung des gekündigten Arbeitnehmers könnte zum Beispiel in der Überlassung der komplettierten Bewerbungsunterlagen einschließlich des bereits erstellten Mitarbeiterpotentialprofils liegen[1217]. Die Überlassung dieser gesamten Personaldaten an den einstellenden Arbeitgeber sollte der schnelleren und effektiveren individuellen Einarbeitung des Arbeitnehmers an seinem neuen Arbeitsplatz dienen. Voraussetzung für die Durchführung dieser Transferhilfe ist allerdings die Einwilligung des Arbeitnehmers in die Weitergabe seiner Daten an den aufnehmenden Arbeitgeber[1218].

Weitergehend waren schon zu diesem Zeitpunkt die Vorschläge Stindts, der auf Eingliederungsverträge, Eingliederungszuschüsse und die Abkürzung der Einarbeitungszeit während der Schnupperphase im Betrieb des neuen Arbeitgebers verwies[1219]. In der überarbeiteten Fassung des Transfer-Sozialplan-Konzepts nimmt der BAVC e.V. diese Ideen in seine Ausarbeitung des Konzepts auf. So werden nun unter dem Punkt „Unterstützung für den neuen Arbeitgeber" sowohl die Instrumente der Eingliederungszuschüsse nach §§ 217 ff. SGB III, der Einstellungszuschüsse gemäß §§ 225 ff. SGB III, als auch das arbeitsförderungsrechtliche Instrument des Eingliederungsvertrags nach §§ 229 ff. SGB III a.F. im Transfer-Sozialplan-Konzept vorgestellt[1220]. Im Anhang 4 (Maßnahmen in der Transfer- und Integrationsphase) geht der BAVC e.V. näher auf die einzelnen von ihm zur Nutzung vorgeschlagen Instrumente ein und stellt sie vor[1221].

1. Eingliederungszuschüsse gemäß §§ 217 ff. SGB III

Als erstes Instrument zur Erleichterung der Integration der betroffenen Arbeitnehmer bei neuen potentiellen Arbeitgebern schlägt der BAVC e.V. die Nutzung von Eingliederungs-

---

[1214] BAVC e.V., Transfer-Sozialplan, 2001, S.26.
[1215] BAVC. e.V., Transfer-Sozialplan, 1998, S.21; die Idee der Nutzung von Abfindungen als Lohnkostenzuschüsse war schon damals nicht neu, sie findest sich auch bereits bei: Klös, Öffentliche Arbeitsmarktpolitik und betriebliche Personalpolitik, S. 132 (136 ff).
[1216] BAVC e.V., Transfer-Sozialplan, 2001, S.26.
[1217] BAVC. e.V., Transfer-Sozialplan, 1998, S.21.
[1218] BAVC. e.V., Transfer-Sozialplan, 1998, S.21.
[1219] Stindt, Zuschüsse zu Sozialplanmaßnahmen, S.119 (131 f.).
[1220] BAVC e.V., Transfer-Sozialplan, 2001, S.26 f.; wobei der Eingliederungsvertrag nach §§ 229 ff. SGB III a.F. bereits wieder aus dem SGB III herausgenommen wurde.
[1221] BAVC e.V., Transfer-Sozialplan, 2001, Anhang 4, Maßnahmen in der Transfer- und Integrationsphase, S.54 ff.

zuschüssen gemäß §§ 217 ff. SGB vor[1222]. Danach können die aufnehmenden Arbeitgeber von der Arbeitsverwaltung Zuschüsse zu Lohnkosten bei der Eingliederung von Arbeitnehmern erhalten, wenn diese ansonsten nicht dauerhaft in den ersten Arbeitsmarkt eingegliedert werden können[1223]. Interessant wird dieses arbeitsförderungsrechtliche Instrument für den BAVC e.V. im Hinblick auf die Planung von Transfer-Sozialplänen dadurch, dass nicht nur die Eingliederung von bereits Arbeitslosen, sondern auch von Arbeitnehmern gefördert werden kann, die von Arbeitslosigkeit bedroht sind[1224]. Dabei richtet sich die Höhe und die Dauer der jeweils gewährten Zuschüsse nach der zu erwartenden Minderleistung der aufgenommenen Arbeitnehmer während der Einarbeitungszeit[1225]. Zuschüsse der Arbeitsverwaltung werden insoweit aber nur innerhalb der in §§ 220 ff. SGB III vorgesehenen Höchstgrenzen gewährt[1226]. So kann im „Normalfall" für die Einarbeitung eines aufgenommenen Arbeitnehmers dem Arbeitgeber für die Dauer von max. sechs Monaten höchstens 30 % der durchschnittlichen Entlohnung gezahlt werden, während bei Arbeitnehmern, in deren Fällen die Voraussetzungen einer erschwerten Vermittlung vorliegen, bereits bis zu 50 % des Arbeitsentgeltes für die Dauer von bis zu 12 Monaten gezahlt werden. Im Fall der Eingliederung von älteren Arbeitnehmern ab dem 55. Lebensjahr besteht die letzte Möglichkeit sogar für einen Zeitraum von 24 Monaten. Allerdings weist der BAVC e.V. in seinem Anhang 4 seine Leser im Hinblick auf eine mögliche Nutzung des Instruments darauf hin, dass es im Fall der Nichterreichung der dauerhaften Eingliederung zu einer Erstattungspflicht der erhaltenen Zuschüsse kommen kann[1227].

2. Einstellungszuschüsse bei Neugründungen gemäß §§ 225 ff. SGB III

Als weitere Möglichkeit einer Unterstützung der aufnehmenden Arbeitgeber führt der BAVC e.V. in seinem Konzept die Inanspruchnahme von Einstellungszuschüssen gemäß §§ 225 ff. SGB III an[1228]. Interessant ist das Instrument der Einstellungszuschüsse nach §§ 225 SGB III vor allem insofern, als dass sie für die vom Personalabbau betroffenen Arbeitnehmer in zweifacher Hinsicht eine Rolle spielen können. Zum einen können Arbeitnehmer sich nach dem Verlust des Arbeitsplatzes beim alten Arbeitgeber selbständig machen, um dann als Existenzgründer bei der Einstellung von Arbeitskräften eine Förderung durch Einstellungszuschüsse zu erhalten. Zum anderen kann für Arbeitnehmer die Chance auf eine Anschlussbeschäftigung erhöht werden, wenn Existenzgründer durch das Instrument Zuschüsse zum Entgelt der neu eingestellten Arbeitnehmer erhalten.

[1222] Zu den §§ 217 ff. SGB III siehe auch: Winkler, in: Gagel, SGB III, § 217 Rn.1 ff., § 218, §§ 219, 220 Rn.1 ff.

[1223] Feckler in: GK-SGB III, § 217 Rn.12.

[1224] Feckler, in: GK-SGB III, § 217 Rn.17.

[1225] Menard, in: Niesel, SGB III, § 217 Rn.2.

[1226] Zu den Förderhöchstgrenzen gemäß § 220 SGB III siehe: Winkler, in: Gagel, SGB III, § 220 Rn.1 ff.

[1227] BAVC e.V., Transfer-Sozialplan, 2001, S.26, 55.

[1228] BAVC e.V., Transfer-Sozialplan, 2001, S.26; zu den §§ 225 ff. SGB III siehe: Winker, in: Gagel, SGB III, § 225 Rn.1 ff.; Feckler, in: GK-SGB III, § 225 Rn.1 ff.

a) Anschlussbeschäftigung bei einem Existenzgründer

Im Hinblick auf die Erhöhung der Chancen einer Anschlussbeschäftigung bei einem Existenzgründer kommt diese Förderungsmöglichkeit allerdings nur für einen sehr geringen Kreis von aufnehmenden Arbeitgebern in Betracht[1229]. Nach § 225 SGB III können nur diejenigen Arbeitgeber einen Zuschuss zum Arbeitsentgelt bei der Einstellung von förderungsfähigen Arbeitnehmern bekommen, die vor nicht mehr als zwei Jahren eine selbständige Tätigkeit aufgenommen haben und den Arbeitnehmer auf einem neu geschaffenen Arbeitsplatz einstellen[1230]. Außerdem ist der Kreis der förderungsfähigen Arbeitnehmer, zu denen der Arbeitgeber Einstellungszuschüsse bekommen kann, nach § 226 Abs.1 Nr.1 SGB sehr eingegrenzt[1231]. Nach § 226 Abs.1 Nr.1 a) SGB III kommen nur Arbeitnehmer in Betracht, die mindestens drei Monate vor der Einstellung Arbeitslosengeld, Arbeitslosenhilfe oder strukturelles Kurzarbeitergeld bezogen haben[1232]. Nach § 226 Abs.1 Nr.1 c) kommt die Gewährung eines Einstellungszuschusses auch in Betracht, wenn der neu eingestellte Arbeitnehmer an einer nach dem SGB III geförderten Maßnahme der beruflichen Weiterbildung teilgenommen hat[1233]. Fraglich ist insoweit, ob darunter auch die Teilnahme an Maßnahmen fällt, die zwar nicht von der Arbeitsverwaltung organisiert wurden, die jedoch durch Zuschüsse zu Sozialplanmaßnahmen nach §§ 254 ff. SGB III gefördert worden sind. Dann könnten auch für diejenigen Arbeitnehmer, die Teilnehmer von beschäftigungswirksamen Maßnahmen des Sozialplans waren und kein Strukturkurzarbeitergeld bezogen haben, nach Abschluss der Maßnahmen eine Förderung durch Einstellungszuschüsse nach §§ 225 ff. SGB III in Betracht kommen. Ein Bezug vor Abschluss der geförderten Sozialplanmaßnahmen scheidet bereits nach § 258 SGB III aus[1234]. Näher geht das Konzept des BAVC e.V. auf die Möglichkeit der Inanspruchnahme von Einstellungszuschüssen in seinem Anhang 4 (Maßnahmen in der Transfer- und Integrationsphase) ein[1235].

b) Arbeitnehmer als Existenzgründer

Auch hinsichtlich der ersten Möglichkeit der Förderung durch Einstellungszuschüsse gemäß §§ 225 ff. SGB III von Arbeitnehmern, die sich nach dem Verlust ihres Arbeitsplatzes selbständig machen wollen, gibt der BAVC e.V. in seinem Transfer-Sozialplan-Konzept im Anhang 4 Hinweise[1236]. Dort schlägt der BAVC e.V. Existenzgründungen vor allem in den Fällen vor, in denen eine Ausgliederung einer betriebsorganisatorisch eigenständigen Einheit des Betriebes stattgefunden hat und von dem bisherigen „Leiter" als selbständiger Betrieb weitergeführt wird. Dieser bisherige „Leiter" kann als neuer Arbeitgeber bei der Einstellung von neuen Arbeitnehmern unter Umständen Einstellungszuschüsse gemäß

[1229] Vgl. Feckler, in: GK-SGB III, § 225 Rn.6.
[1230] Winkler, in: Gagel, SGB III, § 225 Rn.6.
[1231] Winkler, in: Gagel, SGB III, § 225 Rn.3 ff.
[1232] Menard, in: Niesel, SGB III, § 226 Rn.4.
[1233] Winkler, in: Gagel, SGB III, § 226 Rn.6.
[1234] Siehe dazu bereits Teil 1 § 3 C. II.
[1235] BAVC e.V., Transfer-Sozialplan, 2001, Anhang 4, Maßnahmen in der Transfer- und Integrationsphase, S.54 (56 f.).
[1236] BAVC e.V., Transfer-Sozialplan, 2001, Anhang 4, Maßnahmen in der Transfer- und Integrationsphase, S.54 (57).

§§ 225 ff. SGB III beziehen. Der BAVC e.V. weist in diesem Zusammenhang auf Möglichkeiten hin, wie die Existenzgründung bereits im Transfer-Sozialplan vorbereitet werden kann[1237]. Dabei schlägt er vor, im Transfer-Sozialplan bereits vorgeschaltete Qualifizierungsmaßnahmen zur Vorbereitung der Selbständigkeit, Hilfestellungen bzw. Übernahme von Verwaltungstätigkeiten, Übernahme von Bürgschaften, eine kostengünstige Überlassung von Maschinen und Räumen, sowie eine Gewährung von Existenzgründungszuschüssen (Kredite oder Darlehen) oder die Überlassung von Arbeitnehmern zu vereinbaren. Ebenfalls könnte nach Vorstellung des BAVC e.V. der Transfer-Sozialplan bereits Abnahmeverpflichtungen von Produkten und Lieferverträge beinhalten[1238]. Positiv ist für die Existenzgründer die Tatsache, und darauf weist der BAV e.V. in seinem Konzept ausdrücklich hin, dass etwaige aufgrund des Sozialplans ausgezahlte Abfindungen nicht auf die Einstellungszuschüsse nach §§ 225 ff. SGB III angerechnet werden[1239]. Die Förderhöchstdauer für Einstellungszuschüsse nach §§ 225 ff. SGB III beträgt nach § 227 SGB III zwölf Monate, während die Förderhöchstgrenze 50 % des üblichen Arbeitsentgeltes beträgt und lediglich für höchstens zwei Arbeitnehmer gleichzeitig geleistet werden kann[1240].

3. Weitere Unterstützung für den neuen Arbeitgeber

Als drittes arbeitsförderungsrechtliches Instrument, das die Integrationsphase nach Vorstellung des BAVC e.V. erleichtern sollte, führt das Transfer-Sozialplan-Konzept die Möglichkeit des Abschlusses von Eingliederungsverträgen nach §§ 229 ff. SGB III a.F. an[1241]. Bei den Eingliederungsverträgen nach §§ 229 ff. SGB III a.F. handelt es sich allerdings um ein arbeitsförderungsrechtliches Instrument, dass im Zuge das Job-AQTIV-Gesetzes wieder aus dem SGB III herausgenommen wurde[1242]. Anstelle der ursprünglichen Eingliederungsverträge regeln die §§ 229 ff. SGB III nunmehr die Förderung der beruflichen Weiterbildung durch Vertretung[1243]. Als Grund für die Aufgabe des Eingliederungsvertrags gibt der Gesetzgeber in der Gesetzesbegründung an, dass das Instrument in einem zu geringen Umfang in Anspruch genommen wurde. Dies soll insbesondere daran gelegen haben, dass der Verwaltungsaufwand für die anspruchsberechtigten Betriebe zu kompliziert und aufwändig war[1244]. Die ursprüngliche Möglichkeit des aufnehmenden Arbeitge-

---

[1237] BAVC e.V., Transfer-Sozialplan, 2001, Anhang 4, Maßnahmen in der Transfer- und Integrationsphase, S.54 (57).

[1238] BAVC e.V., Transfer-Sozialplan, 2001, Anhang 4, Maßnahmen in der Transfer- und Integrationsphase, S.54 (57).

[1239] BAVC e.V., Transfer-Sozialplan, 2001, Anhang 4, Maßnahmen in der Transfer- und Integrationsphase, S.54 (57).

[1240] Winkler, in: Gagel, SGB III, § 226 Rn.16; Feckler, in: GK-SGB III, § 227 Rn.1 ff.; so auch der BAVC e.V., Transfer-Sozialplan, 2001, Anhang 4, Maßnahmen in der Transfer- und Integrationsphase, S.54 (57).

[1241] BAVC e.V., Transfer-Sozialplan, 2001, S.27 und Anhang 4, Maßnahmen in der Transfer-und Integrationsphase, S.54 ff. (58 f.); zu §§ 229 SGB III a.F. vgl. Menard, in: Niesel, SGB III, § 225 Rn.1 ff.; Strobel, Der Eingliederungsvertrag, S.145 ff.

[1242] Vgl. Job-AQTIV-Gesetz vom 14.12.2001, BGBl. I S.3445 ff.; Gesetzentwurf zu Art.1 Ziffer 67 BT-Dr. 14/6944 ,S.15 (39).

[1243] Gesetzentwurf BT-Dr.14/6944, S.15 (39 f.).

[1244] Gesetzentwurf BT-Dr.14/6944, S.39.

bers, durch die Vereinbarung von Eingliederungsverträgen gemäß §§ 229 ff. SGB III a.F. den Arbeitnehmer besser kennen lernen zu können ohne von vornherein ein Arbeitsverhältnis zu begründen, ist damit entfallen. Der BAVC e.V. führt jedoch im weiteren die Möglichkeit einer Unterstützung des aufnehmenden Arbeitgebers unabhängig von Förderinstrumenten des SGB III an. So bietet es sich nach Vorstellung des Arbeitgeberverbandes an, den Arbeitnehmer dem potentiellen neuen Arbeitgeber „testweise" für einen bestimmten Zeitraum zur Verfügung zu stellen (natürlich nur mit Zustimmung des Arbeitnehmers), damit sich der aufnehmende Arbeitgeber ein Bild von der Leistungsfähigkeit des Arbeitnehmers machen kann[1245]. Dies kann noch während der Arbeitszeit beim alten Arbeitgeber geschehen, der für den Arbeitnehmer in diesem Zeitraum keine Arbeit mehr anbieten kann, aber dennoch die Vergütung bis zum Ablauf der Kündigungsfrist zu zahlen hat.

II. Unterstützung für den Arbeitnehmer

Außer der Unterstützung für den Arbeitgeber sieht der BAVC e.V. in seinem Transfer-Sozialplan-Konzept auch die Förderung von Arbeitnehmern während der Integrationsphase vor, die entweder eine Anschlussbeschäftigung aufgenommen oder sich selbständig gemacht haben[1246]. Dabei sollen nach Vorstellung des Arbeitgeberverbandes nicht nur die Förderinstrumente des SGB III genutzt werden, sondern auch die Eigeninitiative der Betriebspartner des abgebenden Betriebes soll gefordert sein.

1. Ausgleichszahlungen

So schlägt der BAVC e.V. vor, den Arbeitnehmern, die eine Anschlussbeschäftigung bei einem neuen Arbeitgeber annehmen, für einen begrenzten Zeitraum einen Ausgleich für ein etwaiges geringeres Entgelt beim aufnehmenden Arbeitgeber zu zahlen[1247]. Zur weiteren Unterstützung der Arbeitnehmer bei der Suche nach einem Anschlussarbeitsplatz durch den bisherigen Arbeitgeber siehe unten[1248].

2. Integrationsförderung durch das SGB III

Im Hinblick auf die Nutzung von arbeitsförderungsrechtlichen Instrumenten zur Unterstützung des Arbeitnehmers in der Integrationsphase führt das Transfer-Sozialplan-Konzept die Inanspruchnahme von unterschiedlichen Förderungsmöglichkeiten aus[1249].

a) Mobilitätshilfen

So kann der Arbeitnehmer bei Aufnahme einer versicherungspflichtigen Anschlussbeschäftigung Mobilitätshilfen gemäß §§ 53 ff. SGB III erhalten[1250]. Danach ist es möglich,

---

[1245] BAVC e.V., Transfer-Sozialplan, 2001, S.27.
[1246] BAVC e.V., Transfer-Sozialplan, 2001, S.27.
[1247] BAVC e.V., Transfer-Sozialplan, 2001, S.27, wobei dieser Vorschlag allerdings noch unter dem Punkt „Unterstützung für den neuen Arbeitgeber" gemacht wird.
[1248] Siehe unten zu den Bewerbungskosten nach §§ 45 ff. SGB III.
[1249] BAVC e.V., Transfer-Sozialplan, 2001, S.27.

auch den von Arbeitslosigkeit bedrohten Arbeitnehmern eine Übergangsbeihilfe (§§ 53 Abs.2 Nr.1, 54 Abs.1 SGB III) bis zum Erhalt des ersten Entgeltes zu gewähren, Ausrüstungsbeihilfe zu zahlen (§§ 53 Abs.2 Nr.2, 54 Abs.2 SGB III), Umzugskostenbeihilfe (§§ 53 Abs.2 Nr.3 d), 54 Abs.6 SGB III) oder Fahrtkostenbeihilfen (§§ 53 Abs.2 Nr.3 b), 54 Abs.4 SGB III) zu leisten[1251]. Allerdings bedarf die Inspruchnahme von Mobilitätshilfen nach §§ 53, 54 SGB III der Notwendigkeit zur Aufnahme der Beschäftigung bei gleichzeitiger Unmöglichkeit der Aufbringung der Kosten durch den Arbeitnehmer selbst[1252].

b) Erstattung der Bewerbungskosten

Des weiteren besteht die Möglichkeit der Arbeitnehmer, soweit sie sich noch auf der Suche nach einer Anschlussbeschäftigung befinden, sich nach §§ 45 ff. SGB III von der Arbeitsverwaltung die Kosten für die Bewerbung bei anderen Betrieben und die Reisekosten (die im Zusammenhang mit Vorstellungsgesprächen, Berufsberatungen und ähnlichem stehen) erstatten zu lassen[1253]. Dabei kann der Arbeitnehmer im Hinblick auf die Bewerbungskosten gemäß § 46 Abs.1 SGB III jedoch höchstens einen Betrag von 260 Euro erstattet bekommen[1254]. Der BAVC e.V. weist in seinem Anhang 4 jedoch auch darauf hin, dass diese Erstattungsansprüche nur dann zum Tragen kommen, wenn der potentielle Arbeitgeber sie (voraussichtlich) nicht erbringen wird und der Arbeitnehmer sie auch nicht selbst aufbringen kann[1255]. Im Hinblick auf die Suche nach einer Anschlussbeschäftigung muss jedoch auch der bisherige Arbeitgeber nach der Vorstellung des BAVC e.V. unabhängig von arbeitsförderungsrechtlichen Instrumenten einen Beitrag leisten, indem er den Arbeitnehmern die Möglichkeit gibt, während des Fortlaufs des Arbeitsverhältnisses bereits nach einer Anschlussbeschäftigung zu suchen. Obendrein hält es der Arbeitgeberverband der Chemieindustrie für denkbar, dass im Transfer-Sozialplan bestimmte Etats ausschließlich dafür vorgesehen werden, die Arbeitnehmer auf der Suche nach einer Anschlussbeschäftigung dadurch zu unterstützen, dass diese gestaffelt nach Zeitpunkt des Abschlusses des neuen Arbeitsvertrages entweder Mobilitätshilfen oder Entgeltausgleiche bekommen können[1256].

[1250] BAVC e.V., Transfer-Sozialplan, 2001, S.27, dort noch unter § 52 SGB III a.F., und Anhang 4, Maßnahmen in der Transfer- und Integrationsphase, S.54 (55 f.); siehe zu den §§ 53 ff. SGB III: Menard, in: Niesel, SGB III, §§ 53, 54; Götze, in: GK-SGB III, § 53 Rn.1 ff.; § 54 Rn.1 ff.

[1251] BAVC e.V., Transfer-Sozialplan, 2001, S.27.

[1252] BAVC e.V., Transfer-Sozialplan, 2001, Anhang 4, Maßnahmen in der Transfer- und Integrationsphase, S. 54 (55, 56); Götze, in: GK-SGB III, § 53 Rn.2; Winkler, in: Gagel, SGB III, § 53 Rn.25.

[1253] BAVC e.V., Transfer-Sozialplan, 2001, S.27 und Anhang 4, Maßnahmen in der Transfer- und Integrationsphase, S.54 (55); siehe zu den §§ 45 ff. SGB III: Gagel, in: Gagel, SGB III, § 45 Rn.1 ff.

[1254] BAVC e.V., Transfer-Sozialplan, 2001, S.27; Götze, in: GK-SGB III, § 46 Rn.1a.

[1255] BAVC e.V., Transfer-Sozialplan, 2001, Anhang 4, Maßnahmen in der Transfer- und Integrationsphase, S. 54 (55); Menard, in: Niesel, SGB III, § 45 Rn.10.

[1256] BAVC e.V., Transfer-Sozialplan, 2001, S.27.

c) Überbrückungsgeld für Existenzgründer

Letztlich bleibt zur Unterstützung der Arbeitnehmer in der Integrationsphase, soweit diese eine selbständige Tätigkeit aufnehmen, noch die Möglichkeit einer Inanspruchnahme des in §§ 57 f. SGB III vorgesehenen Überbrückungsgeldes[1257]. Allerdings wird der Kreis der Arbeitnehmer, die diese Art der Förderung erhalten können, relativ gering bleiben, da nach § 57 Abs.2 Nr.1 SGB III nur Arbeitnehmer einen Zuschuss erhalten können, die entweder Entgeltersatzleistungen iSd. SGB III bezogen haben oder die eine Beschäftigung ausgeübt haben, die als Strukturanpassungsmaßnahme gefördert worden ist[1258]. Soweit das Transfer-Sozialplan-Konzept an dieser Stelle noch auf die Möglichkeit des Bezugs von Überbrückungsgeld bei vorherigem vierwöchigen Bezug von Strukturkurzarbeitergeld abstellt, dann stellt sie auf den § 57 SGB III a.F. ab[1259]. Nach den jetzt in §§ 57 f. SGB III geregelten Voraussetzungen erhöht sich die Wahrscheinlichkeit, dass von einem Transfer-Sozialplan erfasste Arbeitnehmer bei einer Existenzgründung Überbrückungsgeld erhalten könnten, denn seit dem 01.01.2002 genügt ein Bezug von Entgeltersatzleistungen im engen Zusammenhang mit der Existenzgründung. Danach genügt es bereits, dass betroffene Arbeitnehmer ohne die Aufnahme einer selbständigen Tätigkeit Entgeltersatzleistungen beziehen könnten[1260].

d) Trainingsmaßnahmen für Arbeitnehmer

Im weiteren weist der BAVC e.V. in seinem Anhang 4 (Maßnahmen in der Transfer- und Integrationsphase) auf die Möglichkeit der Nutzung von Trainingsmaßnahmen nach §§ 48 ff. SGB III hin[1261]. Nach §§ 48 ff. SGB III können Arbeitslose, und nach der Änderung durch das Job-AQTIV-Gesetz auch von Arbeitslosigkeit bedrohte Arbeitnehmer[1262], in sogenannten Trainingsmaßnahmen ihre persönliche Eignung, ihre beruflichen Fähigkeiten und damit im Zusammenhang stehende alternative Beschäftigungsfelder erproben[1263]. Durch die Änderung des § 48 Abs.1 SGB III sollen nach der Gesetzesbegründung auch bereits bei einer Bedrohung durch Arbeitslosigkeit präventive Maßnahmen, wie eben sogenannte Trainingsmaßnahmen, ergriffen werden können, um die Arbeitssuche der Arbeitnehmer bereits im Vorfeld der Arbeitslosigkeit zu unterstützen[1264]. Nach Vorstellung des Gesetzge-

---

[1257] BAVC e.V., Transfer-Sozialplan, 2001, S.28 und Anhang 4, Maßnahmen in der Transfer- und Integrationsphase, S. 54 (56); siehe zu den §§ 57 ff. SGB III: Winkler, in: Gagel, SGB III, § 57 Rn.1 ff.

[1258] Götze, in: GK-SGB III, § 57 Rn.12.

[1259] BAVC e.V., Transfer-Sozialplan, 2001, S.28; die Änderung des § 57 SGB III erfolgte durch das Job-AQTIV-Gesetz vom 14.12.2001, BT-Dr.14/6944, S.10, 33, ohne eine Begründung, warum die Bezieher von Strukturkurzarbeitergeld aus dem Anwendungsbereich des § 57 SGB III herausgenommen wurden.

[1260] Auch zur alten Rechtslage siehe: Winkler, in: Gagel, SGB III, § 57 Rn.12.

[1261] BAVC e.V., Transfer-Sozialplan, 2001, Anhang 4, Maßnahmen in der Transfer- und Integrationsphase, S. 54 (57, 58); siehe zu den §§ 48 ff. SGB III: Fuchsloh, in: Gagel, SGB III, § 48 Rn.1 ff.; Clever, Neue Wege der gesetzlichen Beschäftigungsförderung, S.29 ff.(33f.).

[1262] Änderung eingefügt durch Art.1 Nr.17 b) des Job-AQTIV-Gesetz vom 14.12.2001, BT-Dr.14/6944, S.9, 32.

[1263] Zur alten Rechtslage siehe: Götze, in: GK-SGB III, § 48 Rn.2.

[1264] Gesetzesbegründung zu § 48 SGB III, BT-Dr.14/6944, S.32.

bers können deshalb die Maßnahmen nach §§ 48 ff. SGB III auch bereits vor Beendigung des Beschäftigungsverhältnisses gewährt werden, um eine Arbeitslosigkeit komplett zu vermeiden oder sie jedenfalls abzukürzen[1265].
Problematisch könnte eine Inanspruchnahme der Trainingsmaßnahmen nach §§ 48 ff. SGB III dann werden, wenn sie gemäß § 258 SGB III gesperrt ist, weil der durch §§ 254 ff. SGB III geförderte Transfer-Sozialplan gleichartige Leistungen für die Arbeitnehmer vorsieht[1266]. Typischerweise werden nach §§ 48 ff. SGB Lehrgangsmaßnahmen, Maßnahmen zur Selbstsuche des Arbeitnehmers (z.B. Bewerbertraining) und Weiterbildungs- und Qualifizierungsmaßnahmen gefördert, die zumeist auch Inhalt der beschäftigungswirksamen Maßnahmen eines Transfer-Sozialplans sein könnten[1267]. Falls es zur einer Überschneidung der Maßnahmen kommt, kann eine Inanspruchnahme von Maßnahmen nach §§ 48 ff. SGB III nur für diejenigen Arbeitnehmer in Betracht kommen, die nicht vom Inhalt des Sozialplans erfasst werden oder die beschäftigungswirksame Maßnahmen des Sozialplans nicht wahrnehmen. Die Nichtteilnahme an geplanten Sozialplanmaßnahmen dürfte allerdings kritisch zu würdigen sein, da diese Arbeitnehmer zu diesem Zeitpunkt bereits in die Förderung des Sozialplanes einberechnet worden sind und so bei Inanspruchnahme von Trainingsmaßnahmen als Individualförderung eine Doppelbelastung der Arbeitsverwaltung verursachen würden. In Betracht zu ziehen ist deshalb eine Sperrung der Individualförderung nach § 48 SGB III dann, wenn es den Arbeitnehmern möglich wäre, gleichartige Leistungen auch aus dem Angebot des Transfer-Sozialplans zu erhalten. Der Anwendungsbereich der Trainingsmaßnahmen nach §§ 48 ff. SGB III eröffnet sich folglich nur in den Fällen von Transfer-Sozialplänen, in denen beschäftigungswirksame Maßnahmen nicht durch die Arbeitsförderung nach §§ 254 ff. SGB III gefördert werden oder nach Abschluss solcher Maßnahmen.

[1265] Gesetzesbegründung zu § 48 SBG III, BT-Dr.14/6944, S.32.
[1266] Siehe dazu unter Teil 1 § 3 C. II.
[1267] BAVC e.V., Transfer-Sozialplan, 2001, Anhang 4, Maßnahmen in der Transfer- und Integrationsphase, S.54 (57, 58); Fuchsloh, in: Gagel, SGB III, § 48 Rn.20 ff.

Teil 3: Gegenüberstellung des gesetzlichen Instrumentariums der §§ 254 ff. SGB III und der vom BAVC e. V. vorgesehenen Vorgehensweise

Das vom BAVC e.v. vorgestellte Transfer-Sozialplan-Konzept will, wie oben dargestellt, nicht nur tarifvertragliche Instrumente zur Arbeitsförderung einsetzen, um Arbeitsplätze zu erhalten oder Arbeitnehmer in neue Beschäftigungsverhältnisse zu transferieren, sondern sieht auch die Nutzung von gesetzlichen Förderungsinstrumenten, wie zum Beispiel Zuschüsse zu Sozialplanmaßnahmen gemäß §§ 254 ff. SGB III vor. Um festzustellen inwiefern das Transfer-Sozialplan-Konzept des BAVC e.V. die gesetzlichen Förderungsinstrumentarien in seinem Konzept umgesetzt hat, ob es sich insoweit um eine schlichte Wiederholung der gesetzlichen Vorschriften des SGB III handelt oder ob der BAVC e.v. in seinem Konzept das gesetzliche Förderungsinstrument der Zuschüsse zu Sozialplanmaßnahmen der §§ 254 ff. SGB III in einen ganz neuen Zusammenhang stellt, soll ein Vergleich zwischen dem gesetzlichen Instrument der §§ 254 ff. SGB III und der Transfer-Sozialplan-Konzeption des BAVC e.v. gezogen werden. Kurz gesagt: Was sieht das Gesetz vor und wie wollen es die Chemiepartner umsetzen?

Wichtig ist es in diesem Zusammenhang die Wirkungsfolge der Förderungsinstrumente, ob tariflich oder gesetzlich, immer anhand der chronologischen Abfolge der Betriebsänderung darzustellen, um so einen besseren Überblick über die Einordnung der einzelnen Instrumente und ihre Folgen zu erlangen. Ansatzpunkt für den chronologischen Ablauf soll das Transfer-Sozialplan-Konzept des BAVC e.V. sein, das erste Maßnahmen bereits vor der Notwendigkeit eines Personalabbaus vorsieht, um den Abbau von Arbeitsplätzen zu vermeiden. Daran schließen sich die Zeiträume der Unvermeidbarkeit von Personalabbau und der Durchführung von Personalabbau im Rahmen eines Sozialplans an. Zu diesen einzelnen Abschnitten einer Betriebsänderung ist jeweils festzuhalten, welche beschäftigungsfördernden Möglichkeiten die Zuschüsse zu Sozialplanmaßnahmen im jeweiligen Zeitraum vorsehen und welche Ansätze zur Beschäftigungsförderung das Transfer-Sozialplan-Konzept an der jeweiligen Stelle vorschlägt.

§ 1 Situation im Betrieb: Versuch der Vermeidung von Personalabbau

Der Strukturwandel und die immer schneller werdenden Entwicklungsprozesse machen in den Produktionsbetrieben oft Anpassungsprozesse in der Produktion und in der Belegschaft notwendig. Erstes Ziel aller Beteiligten sollte es in einer solchen Situation gerade auch im Hinblick auf die Verantwortung für Beschäftigung aus § 2 Abs.2 und Abs.4 SGB III sein, einen Personalabbau soweit wie möglich zu vermeiden.

A. Sozialplanzuschüsse ohne Relevanz

Die Zuschüsse zu Sozialplanmaßnahmen nach §§ 254 ff. SGB III sind kein Instrument, das bereits vor der Notwendigkeit von Personalabbau ansetzt. Frühestmöglicher Zeitpunkt, in dem die Zuschüsse nach §§ 254 ff. SGB III ihre Wirkung entfalten, ist die Auszahlung der Zuschüsse zu Beginn der Durchführung der Sozialplanmaßnahmen. Zwar kann die Beratung durch das Landesarbeitsamt nach § 256 Abs.1 SGB III im Hinblick auf die Inanspruchnahme der Zuschüsse zu Sozialplanmaßnahmen bereits vor der Durchführung schon im Zeitpunkt der Verhandlungen über einen Interessenausgleich oder den Sozialplan geleistet werden[1268]. In diesem Zeitraum ist unter Umständen auch noch eine Vermeidung von Personalabbau möglich. Die eigentliche Wirkung des Instruments entfaltet sich aber erst mit der Durchführung der beschäftigungswirksamen Maßnahmen, die in dem geförderten Sozialplan vereinbart wurden. Ziel der Zuschüsse zu Sozialplanmaßnahmen durch die Arbeitsverwaltung ist demnach nicht die Vermeidung von Personalabbau in den einzelnen Betrieben. Dieser ist, wie schon der Anknüpfungspunkt „Sozialplan" signalisiert, bereits geschehen. Vielmehr soll die Nutzung der Sozialplanmittel zum schnellen Transfer der von Arbeitslosigkeit bedrohten Arbeitnehmer in Anschlussarbeitsplätze beitragen[1269].

Wenn auch die Sozialplanzuschüsse gemäß §§ 254 ff. SGB III kein gesetzliches Instrument zur Vermeidung von Entlassungen sind, so hält das Arbeitsförderungsrecht jedoch andere Möglichkeiten zur Förderung der Erhaltung der Beschäftigung in dieser Phase bereit. Durch die Förderung der beruflichen Weiterbildung gemäß §§ 77 ff. SGB III können Mitarbeiter, die aufgrund der Betriebsänderung von Arbeitslosigkeit bedroht sind, vom Arbeitsamt mit Maßnahmen der beruflichen Weiterbildung gefördert werden, um so ihren Arbeitsplatz zu erhalten und sich den Anforderungen entsprechend zu qualifizieren[1270]. Auch besteht die Möglichkeit durch den Bezug von konjunkturellen Kurzarbeitergeld gemäß §§ 169 ff. SGB III, einen vorübergehenden Arbeitsausfall durch Kurzarbeit auszugleichen und somit einen Personalabbau hinfällig zu machen[1271]. Die letzteren zwei Instrumente der Arbeitsförderung sind zwar zum richtigen Zeitpunkt, also der Vermeidung von Personalabbau, einsetzbar. Sie haben jedoch keinen Bezugspunkt zu den Zuschüssen zu Sozialplanmaßnahmen nach §§ 254 ff. SGB III.

Die Zuschüsse zu Sozialplanmaßnahmen gemäß §§ 254 ff. SGB III als gesetzliches Instrument der Arbeitsförderung haben mithin in der Phase der Vermeidung von Personalabbau keine Relevanz.

B. „Anpassungsphase" BAVC e. V.–Konzept

Wie oben näher ausgeführt, sieht das Transfer-Sozialplan-Konzept des BAVC e.V. in der Phase vor dem Notwendigwerden von betriebsbedingten Entlassungen den Versuch der Vermeidung von Personalabbau vor[1272]. So schlägt der BAVC e.V. in dem von ihm „Anpas-

---

[1268] Siehe oben unter Teil 1 § 3 A I.
[1269] Siehe Gesetzentwurf SGB III, BT-Dr.13/4941, S.149.
[1270] Menard, in: Niesel, SGB III, § 77 Rn.3 ff.
[1271] Ulber, in: Frankfurter-Kommentar zum SGB III, Vor § 169 Rn.1 ff.
[1272] Siehe oben unter Teil 2 § 2 A.

sungsphase" genannten Zeitraum die Nutzung von gesetzlichen und tariflichen Instrumenten zur Erhaltung der Beschäftigung vor. Die vorgeschlagene Nutzung von gesetzlichen Instrumenten überschneidet sich teilweise mit den nach dem SGB III möglichen beschäftigungsfördernden Instrumenten, die bereits vor dem Eintritt der Arbeitslosigkeit greifen. So wie oben erläutert gehören hierzu die Förderung der beruflichen Weiterbildung gemäß §§ 77 ff. SGB III und der Bezug von konjunkturellem Kurzarbeitergeld gemäß §§ 169 ff. SGB III[1273]. Aber neben diesen arbeitsförderungsrechtlichen Instrumentarien geht der BAVC e.V. in seiner Anpassungsphase auch auf die Möglichkeit der Nutzung von betriebsverfassungsrechtlichen Instrumenten ein. So soll die Förderung der Berufsbildung nach §§ 81 ff., 96 ff. BetrVG, bei der sowohl ein Einzelgespräch des Arbeitnehmers mit dem Arbeitgeber als auch ein Mitbestimmungsrecht des Betriebsrates bei Maßnahmen beruflicher Bildung vorgesehen ist, zur Steigerung der Effektivität von Umgestaltungsprozessen genutzt werden[1274].

Die vom BAVC e.V. vorgeschlagene Nutzung von tariflichen Instrumentarien zur Vermeidung von Personalabbau während eines Strukturwandels und Veränderung der Betriebsstruktur sind überaus vielfältig. Die Tarifverträge des BAVC e.V. mit der IG BCE bieten den Betriebspartnern in Krisensituationen mithin viele Möglichkeiten, Anpassungen an veränderte Arbeitsanforderungen und Arbeitszeitvolumen vorzunehmen. So schlägt der BAVC e.V. in seinem Transfer-Sozialplan-Konzept die Nutzung von Verteilzeiträumen zur Arbeitszeitflexibilisierung, von Arbeitszeitkorridoren, von Freizeitausgleich bei Mehrarbeit und der Einführung oder Ausweitung von Teilzeitarbeit vor. Ebenso beinhaltet der Vorschlag die Nutzung der tarifvertraglichen Möglichkeiten der Einführung von Altersteilzeit, Entgeltkorridoren und der Anpassung der tariflichen Einmalzahlungen und den Gebrauch von den Öffnungsklauseln zur Sicherung der Beschäftigung und Verbesserung der Wettbewerbsfähigkeit[1275].

Eine Nutzung von Zuschüssen zu Sozialplanmaßnahmen gemäß §§ 254 ff. SGB III sieht das Transfer-Sozialplan-Konzept an dieser Stelle des Verfahrens jedoch nicht vor. Aus den oben genannten Gründen wäre dies auch nicht möglich, da das Instrument gar nicht auf eine Vermeidung von Arbeitsplatzabbau zielt.

C. Zwischenergebnis

Beim anfänglichen Versuch der Vermeidung von Personalabbau spielen die Zuschüsse zu Sozialplanmaßnahmen nach §§ 254 ff. SGB III gesehen keine Rolle. Auch der BAVC e.V. erwähnt in seinem Transfer-Sozialplan-Konzept die Nutzung von Zuschüssen zu beschäftigungswirksamen Maßnahmen in der Anpassungsphase noch nicht. Dies ist auch nicht weiter verwunderlich, da zu diesem Zeitpunkt der Veränderung des Betriebes noch nicht feststeht, ob es überhaupt zu Entlassungen von Arbeitnehmern kommen wird und ob somit unter Umständen eine Verpflichtung des Arbeitgebers zum Abschluss eines Sozialplanes besteht. Im Hinblick auf die Vermeidung von Personalabbau kommt es in dieser Phase vielmehr vermehrt auf Instrumente an, die es den Betriebspartnern ermöglichen, die jetzige

---

[1273] Siehe oben Teil 2 § 2 A.V. 2.
[1274] Siehe insoweit bereits Ausführungen oben unter Teil 2 § 2 A. III. 2. a).
[1275] Siehe oben unter Teil 2 § 2 A. III. 1.

Belegschaft an die veränderte Betriebsstruktur anzupassen. Soweit es sich nur um einen kurzfristigen konjunkturbedingten Auftragsmangel handelt, ist der Bezug von konjunkturellem Kurzarbeitergeld nach §§ 169 ff. SGB III zu empfehlen. Auch die oben genannten tariflichen Instrumente eignen sich zum größten Teil vor allem dazu, kurzfristig notwendig werdende Anpassungsmaßnahmen vorzunehmen. Längerfristige Veränderungen, die ein verändertes Anforderungsprofil an die Mitarbeiter des Betriebes stellen und auf welche die Mitarbeiter aufgrund mangelnder Ausbildung oder Qualifikation nicht reagieren können, sind durch Förderung der beruflichen Weiterbildung gemäß §§ 77 ff. SGB III aufzufangen. Letztendlich bleibt festzustellen, dass ein Vergleich zwischen dem Transfer-Sozialplan-Konzept des BAVC e.V. und dem gesetzlichen Instrument der Zuschüsse zu Sozialplanmaßnahmen nach §§ 254 ff. SGB III in der Phase des Versuchs einer Vermeidung von Personalabbau nicht sinnvoll ist. Beim Versuch der Vermeidung von Personalabbau kann das arbeitsförderungsrechtliche Instrumentarium bereits von seiner Konzeption her keine Auswirkungen haben, so dass ein Vergleich mit den in der Anpassungsphase des BAVC e.V.-Konzepts vorgesehenen Maßnahmen leer laufen muss.

§ 2 Situation im Betrieb: Personalabbau unvermeidbar

Soweit feststeht, dass weder durch tarifliche noch durch gesetzliche Instrumente ein Personalabbau gänzlich verhindert werden kann, ist es Aufgabe der Betriebspartner, die Veränderung möglichst schonend durchzuführen. Ziel muss es in dieser Phase sein, möglichst viele Arbeitnehmer vor einem Eintritt in die Arbeitslosigkeit zu bewahren. Das bedeutet aber nicht, dass die Verantwortung ausschließlich auf Seiten der Arbeitgeber zu suchen ist, denn auch die Arbeitnehmer sind gemäß § 2 SGB III und § 75 Abs.2 BetrVG verpflichtet Flexibilisierungsbemühungen, soweit zumutbar, mitzutragen[1276].

A. Förderungsfähige Sozialpläne – Instrument der §§ 254 ff. SGB III

Das arbeitsförderungsrechtliche Instrument der Zuschüsse zu Sozialplanmaßnahmen sieht in dieser Phase der betrieblichen Veränderung Möglichkeiten für den Arbeitgeber und den Betriebsrat vor, sich über eine eventuelle Förderung nach den §§ 254 ff. SGB III beraten zu lassen. So haben der Arbeitgeber und der Betriebsrat nach § 256 Abs.1 SGB III einen Anspruch auf Beratung über eine mögliche Förderung von beschäftigungswirksamen Sozialplanmaßnahmen durch das Landesarbeitsamt[1277]. Dieser Anspruch auf eine Beratung besteht laut Wortlaut des § 256 Abs.1 SGB III während der Sozialplanverhandlungen. Wie oben gesehen ist es unter Umständen aber sinnvoll, bereits vor dem Eintritt in die Sozialplanverhandlungen beide Betriebspartner über die Möglichkeiten einer Inanspruchnahme von Zuschüssen zu Sozialplanmaßnahmen nach §§ 254 ff. SGB III zu beraten[1278]. Nach obiger Feststellung kann ein Anspruch des Arbeitgebers und des Betriebsrats auf eine Bera-

---

[1276] Vgl. dazu bereits Teil 1 § 1 A; Eichenhofer, in: Wannagat, SGB III, § 2 SGB III Rn.15; Löwisch, NZA 1998, 729 ff.
[1277] Siehe dazu oben Teil1 § 3 A. I. 2.
[1278] Siehe oben unter Teil 1 § 3 A. I.

tung durch das Landesarbeitsamt analog § 256 Abs.1 SGB III auch im Zeitpunkt der Verhandlungen über einen Interessenausgleich oder bereits davor bestehen, wenn bei Arbeitgeber und Betriebsrat ein berechtigtes Interesse an einer Information über geförderte Sozialpläne vorhanden ist[1279].

Das Instrument der Zuschüsse zu Sozialplanmaßnahmen nach §§ 254 ff. SGB III bietet in der Phase der Veränderung des Betriebes durch Entlassungen von Mitarbeitern jedoch weitere Möglichkeiten, um die Anpassung möglichst schonend zu gestalten. So kann der Unternehmer oder die Einigungsstelle nach § 256 Abs.2 SGB III einen Antrag beim Landesarbeitsamt auf Vorabentscheidung über die Sozialplanförderung stellen[1280]. Dann entscheidet das Landesarbeitsamt nach Vorlage aller relevanten Daten darüber, ob und unter welchen Voraussetzungen eine Förderung des Sozialplans in Betracht kommt.

Eine Förderung des beschäftigungswirksamen Sozialplans nach den §§ 254 ff. SGB III ist immer dann möglich, wenn die Voraussetzungen der §§ 254, 255 SGB III erfüllt sind. Dazu sind unter anderem, wie oben näher im einzelnen erläutert, der Versuch eines Interessenausgleichs (§ 255 Abs.1 Nr.2 SGB III), die Vereinbarung von zweckmäßigen beschäftigungswirksamen Maßnahmen (§ 255 Abs.1 Nr.4 SGB III), eine angemessene Eigenbeteiligung des Unternehmers (§ 255 Abs.1 Nr.5 SGB III), sowie eine Sicherung der Durchführung der Maßnahmen (§ 255 Abs.1 Nr.6 SGB III) notwendig[1281]. Liegen alle Voraussetzungen gemäß §§ 254 ff. SGB III für die Förderung eines beschäftigungswirksamen Sozialplanes vor, dann entscheidet das Landesarbeitsamt auf Antrag des Unternehmers (§ 323 Abs.1 Satz 1 SGB III) über die Bezuschussung der Eingliederungsmaßnahmen.

Hervorzuheben aus dem Gesamtinstrument der Zuschüsse zu Sozialplanmaßnahmen gemäß §§ 254 ff. SGB III sind in dieser Phase der Erstellung eines Konzepts eines möglichst schonenden Personalabbaus vor allem die Beratung nach § 256 Abs.1 SGB III und die Möglichkeit der Vorabentscheidung nach § 256 Abs.2 SGB III. Diese beiden Angebote des Landesarbeitsamtes sind herausragende Möglichkeiten der Arbeitsverwaltung, auf die Entscheidungsprozesse während eines Personalabbaus in den einzelnen Betrieben einzuwirken. Wenn zuvor sowohl Arbeitgeber als auch Betriebsrat noch Anhänger von abfindungsorientierten Sozialplänen waren, kann das Landesarbeitsamt durch eine Beratung nach § 256 Abs.1 SGB III, die unter Umständen schon sehr früh in der Verhandlungsphase geschehen kann, möglicherweise eine Umkehr zu einem beschäftigungswirksamen Sozialplan einleiten. Somit hat das Instrument der Zuschüsse zu Sozialplanmaßnahmen auch schon in der Phase vor Vereinbarung eines Sozialplanes und eigentlicher Bezuschussung durch seine Beratungsmöglichkeit nach § 256 Abs.1 SGB III Einfluss auf die Form des Sozialplans. Die Vorabentscheidung nach § 256 Abs.2 SGB III kann zur finanziellen Sicherheit der Arbeitgeber beitragen, die aus den beschäftigungswirksamen Sozialplänen verpflichtet werden, in dem sie als Zusicherung gemäß § 34 SGB X eine gewisse Rechtssicherheit bietet[1282]. Das kann Arbeitgeber unter Umständen dazu bewegen, sich doch für den Abschluss eines beschäftigungswirksamen Sozialplans anstelle eines Abfindungssozialplans einzusetzen. Soweit eine solche Umkehr allein durch die Möglichkeit einer Vorabentscheidung nach § 256 Abs.2 SGB III oder eine Inanspruchnahme dieser Antragsmög-

---

[1279] Zur Analogie zu § 256 Abs.1 SGB III siehe oben Teil 1 § 3 A. I. 3 b).
[1280] Siehe oben unter Teil 1 § 3 A. II.
[1281] Siehe zu den Voraussetzungen einer Förderung im Einzelnen Teil 1 § 3 B.
[1282] Zur Rechtsnatur der Vorabentscheidung siehe oben unter Teil 1 § 3 A. II. 1.b).

lichkeit in Gang gesetzt wird, dann wirkt sich das Instrument der Zuschüsse zu Sozialplanmaßnahmen insoweit bereits vor der eigentlichen Zahlung von Förderungsmitteln positiv auf die Beschäftigungsmöglichkeiten der betroffenen Arbeitnehmer aus.

Damit ist festzustellen, dass das Instrument der Sozialplanzuschüsse gemäß §§ 254 ff. SGB III in der Phase der Vorbereitung eines Personalabbaus bereits Einfluss hat, noch bevor es zu einer etwaigen Förderung des beschäftigungswirksamen Sozialplanes durch Zuschüsse kommt.

B. „Transferphase" BAVC e. V.-Konzept

Im Mittelpunkt der Transferphase des Transfer-Sozialplan-Konzepts stellt der BAVC e.V. die sogenannte „konzertierte Arbeitsvermittlung". Konzertiert bedeutet in diesem Zusammenhang, dass bezüglich der Arbeitsvermittlung ein gemeinsames Vorgehen der verantwortlichen Personen oder Personengruppen angestrebt wird. Damit ist in diesem Fall eine Zusammenarbeit von Arbeitgeber, Arbeitnehmer und Arbeitsverwaltung (sowohl Arbeitsamt als auch Landesarbeitsamt) gemeint, die im Hinblick auf einen möglichst schonenden Personalabbau nach Vorstellung des BAVC e.V. eine Steigerung der Beschäftigungschancen zur Folge hat[1283]. Die Transferphase hat die Aufgabe, für alle vom Personalabbau betroffenen Arbeitnehmer einen möglichst schnellen Transfer in ein neues Beschäftigungsverhältnis zu ermöglichen, wobei sowohl der Übergang in ein Anschlussverhältnis als auch die Existenzgründung in Betracht zu ziehen sind. Dabei ist nach Vorstellung des BAVC e.V. immer der Vorrang der Vermittlung vor der Qualifizierung zu beachten. Die Transferphase des Transfer-Sozialplan-Konzepts beinhaltet danach sowohl die Auswahl der vom Personalabbau betroffenen Mitarbeiter, als auch die Entscheidung, welche der ausgewählten Mitarbeiter an Eingliederungsmaßnahmen teilnehmen können. Ein wichtiger Bestandteil dieses Entscheidungsprozesses ist die Erstellung von Mitarbeiterpotentialprofilen, die nicht nur dem Arbeitnehmer später als Teil der Bewerbungsunterlagen bei Einstellungsgesprächen helfen sollen eine Anschlussbeschäftigung zu finden, sondern auch die Auswahl derjenigen Arbeitnehmer erleichtern, für die eine Teilnahme an beschäftigungswirksamen Maßnahmen sinnvoll ist. Als Transfermaßnahmen schlägt der BAVC e.V. dann eine Vielzahl von Möglichkeiten vor, die betriebsintern oder betriebsextern durchgeführt werden können. Die vorgestellten Möglichkeiten reichen von der Orientierungsberatung, über das Bewerbertraining und die Qualifizierung für Anschlussbeschäftigungen bis hin zu einer Existenzgründerberatung[1284].

Der Bundesarbeitgeberverband will laut seinem Transfer-Sozialplan-Konzept diese Phase des betriebsbedingten Personalabbaus durch zwei arbeitsförderungsrechtliche Instrumente stützen lassen. Zum einen sollen die beschäftigungswirksamen Maßnahmen, die im Transfersozialplan vereinbart werden, durch Zuschüsse zu Sozialplanmaßnahmen gemäß §§ 254 ff. SGB III gefördert werden. Zum anderen wird alternativ eine Konstruktion der Durchführung von Eingliederungsmaßnahmen über den Bezug von strukturellem Kurzarbeitergeld gemäß §§ 175 ff. SGB III vorgeschlagen[1285].

[1283] Siehe oben unter Teil 2 § 2 B. II. 2. b).
[1284] Siehe im einzelnen zu den vorgeschlagenen Transfermaßnahmen oben unter Teil 2 § 2 B. II.
[1285] Zur Finanzierung der Transferphase siehe oben unter Teil 2 § 2 B. II. 2. d).

Dabei geht der BAVC e.V. davon aus, dass Transfermaßnahmen im Rahmen der Förderung durch Sozialplanzuschüsse während eines noch bestehenden Arbeitsverhältnisses erfolgen und bis zum Ablauf der Kündigungsfrist beendigt sein sollen[1286]. Dies ist aber nach dem gesetzlichen Instrument der Sozialplanzuschüsse nicht zwingend. Vielmehr können Sozialplanzuschüsse auch für Arbeitnehmer nach Beendigung ihrer Arbeitsverhältnisse geleistet werden, wenn sie zuvor aufgrund der Betriebsänderung ihren Arbeitsplatz verloren haben und nun an den Eingliederungsmaßnahmen aufgrund des Sozialplans teilnehmen. Die Annahme des BAVC e.V., dass Sozialplanzuschüsse gem. §§ 254 ff. SGB III nur im Fall der noch bestehenden Arbeitsverhältnisse wahrgenommen werden sollen, liegt in der taktischen Überlegung begründet, dass in den Fällen der Beendigung des Arbeitsverhältnisses und des Übergangs in eine betriebsorganisatorisch eigenständige Einheit eher der Bezug von strukturellem Kurzarbeitergeld gemäß §§ 175 ff. SGB III empfohlen werden kann. Zum einen kommt beim Bezug von Strukturkurzarbeitergeld zusätzlich eine Förderung durch den Europäischen Sozialfonds in Betracht[1287]. Zum anderen ist der Bezug von strukturellen Kurzarbeitergeld auch dann möglich, wenn keine Eingliederungsmaßnahmen für die betroffenen Arbeitnehmer durchgeführt werden[1288]. Die ausgedehnte Behandlung von beschäftigungswirksamen Maßnahmen und Qualifizierungsmaßnahmen im Transfer-Sozialplan-Konzept des BAVC e.V. spricht allerdings gegen die Vermutung, dass der Arbeitgeberverband indirekt einen Bezug von strukturellem Kurzarbeitergeld ohne gleichzeitige Durchführung von Eingliederungsmaßnahmen vorschlagen wollte.

Das Transfer-Sozialplan-Konzept gibt den Betriebspartnern in der Transferphase auch noch weitere Informationen an die Hand. So weist der BAVC e.V. auf die Zumutbarkeitsregelung des § 121 SGB III hin, welche eine Vermittlung der betroffenen Arbeitnehmer in Anschlussarbeitsverhältnisse beschleunigen kann und dem Unternehmen so unter Umständen die Zahlung von Abfindungen erspart[1289]. Ebenfalls gibt der Bundesarbeitgeberverband den gestaltenden Parteien der beschäftigungswirksamen Sozialpläne Entscheidungskriterien für die Auswahl von Personalentwicklungsgesellschaften an die Hand, so dass bei einer betriebsexternen Lösung die Betriebspartner das beschäftigungswirksamste Angebot wählen können[1290].

C. Zwischenergebnis

Die Zuschüsse zu Sozialplanmaßnahmen nach §§ 254 ff. SGB III stellen nur einen Teilaspekt der Transferphase des Transfer-Sozialplan-Konzepts des BAVC e.V. dar. Laut Bundesarbeitgeberverband der Chemie sind die Sozialplanzuschüsse lediglich eine mögliche zusätzliche Finanzierung der von ihnen vorgesehenen Eingliederungsmaßnahmen. So greift das Transfer-Sozialplan-Konzept, wie soeben gesehen, in der Transferphase auch den weiteren möglichen Finanzierungsaspekt einer Förderung durch den Bezug von Struk-

---

[1286] BAVC e.V., Transfer-Sozialplan, 2001, S.18.
[1287] Siehe oben Teil 1 § 3 C. II. 2.
[1288] Dies ist möglich, da es gegen eine zielwidrige Nutzung der StruKuG keine wirksamen Sanktionen gibt, siehe Kirsch u.a., Zuschüsse zu Sozialplanmaßnahmen, S.135.
[1289] Siehe oben unter Teil 2 § 2 B. III. 7.
[1290] Siehe auch bereits oben unter Teil 2 § 2 B. III. 8.

turkurzarbeitergeld nach §§ 175 ff. SGB III auf. Auch die weiteren vom BAVC e.V. in der Transferphase aufgegriffenen Aspekte gehen auf den ersten Blick weit über das von den Zuschüssen zu Sozialplanmaßnahmen nach §§ 254 ff. SGB III Verlangte und Geleistete hinaus. Wenn der Arbeitgeberverband der Chemie von der Steigerung der Beschäftigungschancen durch konzertierte Arbeitsvermittlung, die Festlegung der betroffenen Mitarbeiter, das Erstellen von Mitarbeiterpotenzialprofilen, Orientierungsberatung, Bewerbertraining und die Qualifizierung für Anschlussbeschäftigung oder Existenzgründung spricht, dann führt dies über die Leistung der §§ 254 ff. SGB III im Rahmen von Beratung nach § 256 Abs.1 SGB III und Vorabentscheidung nach §§ 256 Abs.2 SGB III hinaus.

I. Konkretisierung des gesetzlichen Förderinstruments

Dabei soll aber zu bedenken gegeben werden, dass viele dieser weiteren Leistungen des Transfer-Sozialplan-Konzepts im Grunde genommen gleichzeitig auch Bestandteil bzw. Voraussetzung einer Förderung durch Sozialplanzuschüsse gemäß §§ 254 ff. SGB III sind. So ist die Förderung eines Transfer-Sozialplans ohne eine konzertierte Arbeitsvermittlung gar nicht denkbar, denn ohne eine Zusammenarbeit von Landesarbeitsamt gemäß §§ 254 ff. SGB III, von regionalen Arbeitsämtern hinsichtlich der Erstellung von Vermittlungsprognosen und den Betriebspartnern, sowie unter Umständen auch den neuen potentiellen Arbeitgebern der betroffenen Arbeitnehmern kann ein förderungsfähiger Sozialplan gar nicht erst vereinbart werden. Auch die Festlegung der vom Personalabbau betroffenen Mitarbeiter ist vom Instrument der Zuschüsse zu Sozialplanmaßnahmen ebenfalls vorgesehen, soweit § 255 Abs.1 Nr.1 und Nr.3 SGB III von den „zu fördernden Arbeitnehmern" spricht. Ohne eine solche Festlegung der teilnehmenden, vom Personalabbau betroffenen Arbeitnehmer kann es folglich nicht zum Abschluss eines förderungsfähigen Sozialplans kommen[1291]. Auch die vom BAVC e.V. vorgeschlagene Erstellung von Mitarbeiterpotentialprofilen stellt im Hinblick auf die Zuschüsse zu Sozialplanmaßnahmen keine Neuerung dar. So sind diese Potentialprofile der Arbeitnehmer auch hinsichtlich der Frage der Förderungsfähigkeit des Sozialplans entscheidend, wenn gemäß § 255 Abs.1 Nr.5 SGB III über die arbeitsmarktliche Zweckmäßigkeit einer Eingliederungsmaßnahme für einen bestimmten Arbeitnehmer entschieden wird[1292]. Die in der Transferphase des Transfer-Sozialplan-Konzepts vorgestellten Maßnahmen der Orientierungsberatung, des Bewerbertrainings und der Qualifizierung für Anschlussbeschäftigungen oder Existenzgründungen sind im Hinblick auf das Instrument der Sozialplanzuschüsse keine Erweiterung des Modells, sondern lediglich Beispiele für Maßnahmen im Sinne des § 254 SGB III. Wenn § 254 SGB III von „Maßnahmen zur Eingliederung von Arbeitnehmern in den Arbeitsmarkt" spricht, dann sind eben diese, vom BAVC e.V. angebrachten Eingliederungsmaßnahmen gemeint. Insofern ist die Transferphase, soweit sie Beispiele für beschäftigungswirksame Maßnahmen nennt, nur eine Ausfüllung des eher unbestimmten gesetzlichen Instruments.

So sind die Zuschüsse zu Sozialplanmaßnahmen nach §§ 254 ff. SGB III aus Sicht des BAVC e.V. zwar vor allem eine Möglichkeit beschäftigungswirksame Sozialpläne zu finanzieren, allerdings lässt sich nicht abstreiten, dass der Aufbau der Transferphase des

---

[1291] Siehe dazu auch oben Teil 1 § 3 B. II. 1. a) und c).
[1292] Zur arbeitsmarktlichen Zweckmäßigkeit siehe auch Teil 1 § 3 B. II. 1. d) aa).

Transfer-Sozialplan-Konzepts stark an dem Instrument der Sozialplanzuschüsse nach dem SGB III orientiert ist.

II. Erweiterung des gesetzlichen Förderinstruments

Eindeutig über die Zuschüsse zu Sozialplanmaßnahmen nach §§ 254 ff. SGB III hinaus geht das Transfer-Sozialplan-Konzept des BAVC e.V., wenn es den Betriebspartnern Entscheidungskriterien für die Auswahl von Personalentwicklungsgesellschaften in der Transferphase empfiehlt. Auch der Hinweis auf die Zumutbarkeit neuer Arbeitsmöglichkeiten nach dem Maßstab des § 121 SGB III ist unabhängig von den Sozialplanzuschüssen zu beurteilen, denn die in § 255 Abs.1 Nr.1 SGB III geforderte Bedrohung durch Arbeitslosigkeit orientiert sich nicht an § 121 SGB III[1293].

III. Doppelfunktion des Transfer-Sozialplan-Konzepts

Letztlich bleibt festzustellen, dass die Transferphase des Transfer-Sozialplan-Konzepts des BAVC e.V. in großen Teilen eine Konkretisierung des Instruments der Zuschüsse zu Sozialplanmaßnahmen gemäß §§ 254 ff. SGB III darstellt. Diese Feststellung ist nicht als Kritik am Transfer-Sozialplan-Konzept zu verstehen, denn die Förderung der Sozialplanmaßnahmen im SGB III ist vom Gesetzgeber bewusst als ein sehr flexibles Arbeitsförderungsinstrument ausgestaltet worden, in der Hoffnung den Unternehmen dadurch die Nutzung des Instruments zu erleichtern. Vielfach scheint aber gerade diese Unbestimmtheit des Instruments die Betriebspartner von der Nutzung abgeschreckt zu haben, was auch die geringe Inanspruchnahme in den letzten Jahren vermuten lässt[1294]. Insofern verlangt die Förderung von Sozialplanmaßnahmen förmlich nach einer Ausgestaltung und Konkretisierung des gesetzlichen Instruments. Eben dies hat der BAVC e.V. in seinem Transfer-Sozialplan-Konzept, insbesondere in der Transferphase geleistet. Er nennt an dieser Stelle nicht nur mögliche Eingliederungsmaßnahmen, auf welche die gesetzlichen Vorschriften nicht eingehen, sondern konkretisiert auch die Voraussetzungen des § 255 SGB III, in dem er auf die Erstellung von Mitarbeiterpotentialprofilen und die Auswahl der betroffenen Mitarbeiter verweist.

Hinsichtlich der zuletzt genannten Aspekte stellt die Transferphase des Transfer-Sozialplans-Konzepts somit lediglich eine Konkretisierung des gesetzlichen Instruments der Zuschüsse zu Sozialplanmaßnahmen gemäß §§ 254 ff. SGB III dar. Lediglich im Hinblick auf die Darlegung von Entscheidungskriterien für die Auswahl von Personalentwicklungs-gesellschaften und dem Hinweis auf den Zumutbarkeitsmaßstab des § 121 SGB III geht das Konzept des BAVC e.V. über das arbeitsförderungsrechtliche Instrument hinaus.

[1293] Siehe zum Maßstab des § 121 SGB III innerhalb des § 255 Abs.1 Nr.1 SGB III oben unter Teil 1 § 3 B. II. 1. a) aa) (4).
[1294] Siehe dazu auch Heither, Sozialplan und Sozialrecht, S.213 ff.

§ 3 Situation im Betrieb: Durchführung geförderter Sozialpläne

Sobald die Betriebsänderung angefangen hat und mit der Durchführung der beschäftigungswirksamen Maßnahmen begonnen wurde, haben alle Beteiligten auf eine sorgfältige und effektive Durchführung der Maßnahmen zu achten. Sowohl das gesetzliche Instrument der Sozialplanzuschüsse gemäß §§ 254 ff. SGB III, als auch das Transfer-Sozialplan-Konzept setzt sich mit der Phase des betriebsbedingten Personalabbaus auseinander. Dazu gehören bei den Zuschüssen zu Sozialplanmaßnahmen alle gesetzlichen Regelungen, die sich mit der Durchführung von geförderten beschäftigungswirksamen Sozialplänen beschäftigen. Im Transfer-Sozialplan-Konzept des BAVC e.V. wird die Durchführung von beschäftigungswirksamen Sozialplänen in der sogenannten Integrationsphase berücksichtigt.

A. Durchführung nach §§ 254 ff. SGB III

Sobald alle Voraussetzungen einer Förderung durch Zuschüsse zu Sozialplanmaßnahmen vorliegen und der Unternehmer gemäß § 323 Abs.1 Satz 1 SGB III einen Antrag auf Förderung des beschäftigungswirksamen Sozialplans gestellt hat, kann das zuständige Landesarbeitsamt eine Bezuschussung gemäß §§ 254 ff. SGB III bewilligen. Nach § 257 SGB III ist das Landesarbeitsamt nur ermächtigt, Zuschüsse zu Sozialplanmaßnahmen bis zur Förderhöchstgrenze zu genehmigen. Diese errechnet sich, wie oben ausführlich erläutert, aus dem durchschnittlichen Nettoarbeitslosengeld aller an den Maßnahmen teilnehmenden Arbeitnehmer für ein Jahr[1295]. An die Modalitäten der Auszahlung der Zuschüsse hat der Gesetzgeber im Gesetz keine besonderen Anforderungen geknüpft. So kann die Förderung sowohl in monatlichen Abschlagszahlungen als auch am Stück geleistet werden[1296]. Allerdings ist zu beachten, dass eine Auszahlung der Förderungsleistungen der §§ 254 ff. SGB III nur dann erfolgt, wenn die Durchführung der Maßnahmen gesichert ist. Wichtig ist in dieser Phase der Durchführung der geförderten Eingliederungsmaßnahmen auch der Ausschluss von anderen Leistungen der aktiven Arbeitsförderung nach § 258 SGB III[1297]. Nach Abschluss der Eingliederungsmaßnahmen erfolgt eine Gesamtabrechnung gemäß § 326 SGB III, in der über die Gesamthöhe der Zuschüsse zu den Sozialplanmaßnahmen endgültig beschieden wird[1298].

B. „Integrationsphase" BAVC e. V. - Konzept

Die Integrationsphase des Transfer-Sozialplan-Konzepts ist in zwei unterschiedliche Bereiche eingeteilt. Zum einen enthält es Maßnahmen zur Unterstützung des neuen (aufnehmenden) Arbeitgebers und zum anderen Eingliederungshilfen für die betroffenen Arbeit-

---

[1295] Siehe dazu Ausführungen oben unter Teil 1 § 3 C. I. 2.
[1296] Eine Konkretisierung der Durchführung der Auszahlung findet allerdings in den Verwaltungsvorschriften der Bundesanstalt für Arbeit statt, siehe BA-Runderlass zu den §§ 254 ff. SGB III vom 26.02.2002; siehe auch oben unter Teil 1 § 3 C. I. 4.
[1297] Siehe dazu auch oben unter Teil 1 § 3 C. II.
[1298] Siehe oben unter Teil 1 § 3 C. IV.

nehmer[1299]. Als Hilfen für den aufnehmenden Arbeitgeber schlägt der BAVC e.V. die Nutzung der arbeitsförderungsrechtlichen Instrumente der Eingliederungszuschüsse nach §§ 217 ff. SGB III oder der Einstellungszuschüsse bei Neugründungen gemäß §§ 225 ff. SGB III vor. Der im Tranfer-Sozialplan-Konzept noch erwähnte Eingliederungsvertrag nach §§ 229 ff. SGB III ist inzwischen aus dem SGB III verschwunden[1300]. Unabhängig von einer Unterstützung durch die Arbeitsverwaltung geht der BAVC e.V. in seinem Konzept auf die Möglichkeiten des bisherigen Arbeitgebers ein, den zukünftigen Arbeitgeber in der Integrationsphase zu unterstützen. Im Einverständnis mit dem Arbeitnehmer könnte dieser für einen begrenzten Zeitraum probeweise beim potentiellen neuen Arbeitgeber arbeiten, noch während die Kündigungsfrist beim bisherigen Arbeitgeber läuft. So könnten Arbeitnehmer und neuer Arbeitgeber einander ohne Risiko „beschnuppern".

Als Unterstützungsmaßnahmen für den Arbeitnehmer beim Übergang in ein Anschlussarbeitsverhältnis sieht der BAVC e.V. die Inanspruchnahme von Mobilitätshilfen nach §§ 52 ff. SGB III, die Rückerstattung von Bewerbungskosten gemäß §§ 45 ff. SGB III oder eine Hilfestellung der Arbeitsverwaltung bei Existenzgründungen durch ein Überbrückungsgeld nach §§ 57 f. SGB III vor. Ebenso wird im Transfer-Sozialplan-Konzept eine Unterstützung des Arbeitnehmers insofern angedacht, als dass ihm ein Ausgleich durch den alten Arbeitgeber für ein geringes Entgelt beim zukünftigen Arbeitgeber für einen gewissen Zeitraum gewährt werden könnte. Auch schlägt der BAVC e.V. eine von der Arbeitsförderung unabhängige Unterstützung des Arbeitnehmers insofern vor, als dass im Transfer-Sozialplan die Zahlung von Mobilitätsprämien oder Entgeltausgleich gestaffelt nach Zeitpunkt des Abschlusses eines Arbeitsvertrages über ein Anschlussarbeitsverhältnis vorgesehen werden könnte.

C. Zwischenergebnis

In der letzten Phase des betriebsbedingten Personalabbaus mit einhergehenden beschäftigungswirksamen Sozialplänen ist festzustellen, dass der BAVC e.V. seine sogenannte „Integrationsphase" nicht mehr an dem Konzept der Zuschüsse zu Sozialplanmaßnahmen ausgerichtet hat. Das ist vor allem daran zu erkennen, dass im Transfer-Sozialplan-Konzept die Nutzung von arbeitsförderungsrechtlichen Instrumenten für die Arbeitnehmer vorgeschlagen wird, wie die Inanspruchnahme von Mobilitätshilfen nach §§ 52 ff. SGB III oder die Übernahme von Bewerbungskosten nach §§ 45 ff. SGB III, ohne dass der BAVC e.V. auf die Vorschrift des § 258 SGB III eingeht[1301]. Nach § 258 SGB III können aber die Teilnehmer beschäftigungsfördernder Maßnahmen, die durch die §§ 254 ff. SGB III gefördert werden, nicht gleichzeitig andere Leistungen der aktiven Arbeitsförderung mit gleichartiger Zielsetzung in Anspruch nehmen[1302]. Die vom BAVC e.V. vorgeschlagenen Unterstützungsmaßnahmen, wie Mobilitätshilfen (§§ 52 ff. SGB III) und Erstattung von Bewerbungskosten (§§ 45 ff. SGB III), dienen jedoch gerade dem Ziel der Eingliederung der Ar-

---

[1299] Ausführlich zur Integrationsphase siehe Teil 2 § 2 C.
[1300] Siehe oben Teil 2 § 2 C. I. 3.
[1301] BAVC e.V.,Transfer-Sozialplan 2001, S.26 ff.
[1302] Siehe dazu auch oben unter Teil 1 § 3 C. II.

beitnehmer in den Arbeitsmarkt. Eben dieses Ziel verfolgen auch die Zuschüsse zu Sozialplanmaßnahmen, so dass im Fall eines nach §§ 254 ff. SGB III geförderten Sozialplans die Integrationsphase des Transfer-Sozialplan-Konzepts zumindest im Hinblick auf die Arbeitnehmerseite gegenstandslos ist. Für die Integrationshilfen der aufnehmenden Arbeitgeber, die der BAVC e.V. vorsieht, ist der § 258 SGB III nicht anwendbar, so dass diese Hilfen auch im Fall eines durch die §§ 254 ff. SGB III geförderten Sozialplans gewährt werden können. Angesichts dieser Tatsache ist folglich festzustellen, dass das Transfer-Sozialplan-Konzept in der abschließenden Integrationsphase weitestgehend nicht von dem Instrument der Zuschüsse zu Sozialplanmaßnahmen beeinflusst worden ist. Es stellt vielmehr ein eigenständiges Konzept für die Fälle dar, in denen ein beschäftigungswirksamer Personalabbau, wenn auch nur für wenige Arbeitnehmer, auf eine andere Weise als durch geförderte Transfersozialpläne durchgeführt wird. Die in der Integrationsphase vorgeschlagene Nutzung der arbeitsförderungsrechtlichen Instrumente kommt zum Beispiel bei einem Personalabbau über die Zusammenfassung der betroffenen Mitarbeiter in einer betriebsorganisatorisch eigenständigen Einheit bei gleichzeitigem Bezug von strukturellen Kurzarbeitergeld nach §§ 175 ff. SGB III in Betracht. Insofern besteht keine gesetzliche Ausschlussklausel, die während des Bezugs von Strukturkurzarbeitergeld andere Leistungen der aktiven Arbeitsförderung ausschließen würde. In diesen Fällen kommt die Integrationsphase des BAVC e.V. komplett zur Anwendung. Auch soweit sich die Integrationsmaßnahmen des Transfer-Sozialplan-Konzepts auf Arbeitnehmer beziehen, die nicht an den im Sozialplan vereinbarten Eingliederungsmaßnahmen teilnehmen, ist eine Umsetzung der Integrationsphase in Fällen geförderter Sozialpläne in Bezug auf diese Arbeitnehmer möglich.

Im Hinblick auf die letzte Phase der Durchführung geförderter Sozialpläne ist mithin festzustellen, dass die Integrationsphase des Transfer-Sozialplan-Konzepts über eine bloße Umsetzung des Instruments der Sozialplanzuschüsse hinausgeht. Während sich in den Fällen der Förderung von Transfersozialplänen gemäß §§ 254 ff. SGB III zumeist lediglich die Unterstützung für den Arbeitgeber als Teil der Integrationsphase des Transfer-Sozialplan-Konzeptes als umsetzbar erweist, können in allen anderen Fällen, in denen § 258 SGB III keine Anwendung findet, die vom BAVC e.V. vorgeschlagenen Maßnahmen der Integrationsphase komplett angewendet werden. Das Transfer-Sozialplan-Konzept zeigt somit in dieser Phase Alternativen zum schonenden Personalabbau durch geförderte Sozialpläne auf und macht Vorschläge hinsichtlich der Integration von Arbeitnehmern in Anschlussarbeitsverhältnisse unabhängig von geförderten Transfersozialplänen. Insoweit ist das Transfer-Sozialplan-Konzept in seiner Integrationsphase mehr als eine bloße Konkretisierung des gesetzlichen Förderungsinstruments der Zuschüsse zu Sozialplanmaßnahmen nach §§ 254 ff. SGB III.

§ 4 Ergebnis des Vergleichs von gesetzlichem Förderungsinstrument und dem Transfer-Sozialplan-Konzept des BAVC e.V.

Ein Vergleich zwischen dem gesetzlichen Förderungsinstrument der Zuschüsse zu Sozialplanmaßnahmen gemäß §§ 254 ff. SGB III und dem Transfer-Sozialplan-Konzept des BAVC e.V. zeigt, dass arbeitsförderungsrechtliche Instrumente immer nur Teilaspekte eines betrieblichen Personalabbaus erfassen und mildern können. Das Transfer-Sozialplan-

Konzept des Bundesarbeitgeberverbandes der Chemieindustrie orientiert sich dagegen in seiner Gesamtheit an dem chronologischen Ablauf einer Betriebsänderung mit einhergehendem Personalabbau, woraus auch die Einteilung des Konzeptes in drei verschiedene Phasen resultiert.

A. Vergleich der einzelnen Phasen

Solange der Personalabbau noch nicht feststeht und betriebsintern mit allen beteiligten Parteien versucht wird, Entlassungen von Arbeitnehmern zu vermeiden, spielt das gesetzliche Instrument der Zuschüsse zu Sozialplanmaßnahmen nach §§ 254 ff. SGB III keine Rolle. Das ergibt auch der Vergleich mit der Anpassungsphase des Transfer-Sozialplan-Konzepts, das in dieser Phase eines möglichen betriebsbedingten Personalabbaus die Förderung von Sozialplänen nach §§ 254 ff. SGB III noch gar nicht erwähnt[1303]. Dieses Ergebnis verwundert aber nicht, da das Instrument der Zuschüsse zu Sozialplanmaßnahmen bereits von seiner Konzeption nicht zur Anpassungsphase passt, in der noch nicht mal feststeht, ob es überhaupt zu einem Personalabbau kommen wird oder dieser noch verhindert werden kann. Versucht man das Instrument in ein Stadium der Intervention in den Arbeitslosigkeitsprozess einzuordnen, bleibt festzustellen, dass die Anpassungsphase ein Stadium des Einsatzes präventiver Instrumente ist, während aber die Zuschüsse zu Sozialplanmaßnahmen nach §§ 254 ff. SGB III ein proaktives Instrument der Arbeitsförderung darstellen[1304]. Die vom BAVC e.V. entwickelte Anpassungsphase ist somit vollkommen isoliert von den Zuschüssen zu Sozialplanmaßnahmen nach §§ 254 ff. SGB III zu betrachten und trägt durch die von ihr angetragene Nutzung von tariflichen und gesetzlichen Instrumenten unter Umständen zur völligen Vermeidung eines Personalabbaus bei. Dies war aber gar nicht Ziel der §§ 254 ff. SGB III. Die Vorschriften sollen Entlassungen nicht verhindern, sondern einen Übergang in neue Arbeitsverhältnisse beschleunigen und unterstützen.

Im Hinblick auf die Transferphase des Transfer-Sozialplan-Konzepts des BAVC e.V. stellen die Zuschüsse zu Sozialplanmaßnahmen nach §§ 254 ff. SGB III auf den ersten Blick, als mögliche zusätzliche Finanzierungsmöglichkeit eines Sozialplans, lediglich einen Teilaspekt des Transfer-Sozialplan-Konzepts dar. Auf den zweiten Blick jedoch offenbart sich die Transferphase des BAVC e.V. in großen Teilen als eine Konkretisierung des gesetzlichen Instruments der §§ 254 ff. SGB III. Der Gesetzgeber hat in der Absicht, ein sehr flexibles Instrument der Arbeitsförderung zu schaffen, die Vorschriften über die Zuschüsse zu Sozialplanmaßnahmen bewusst sehr unbestimmt gelassen. Die Transferphase des Transfer-Sozialplan-Konzepts ist in weiten Teilen als Ausfüllung des gesetzlichen Instruments zu begreifen, insbesondere dann, wenn es einzelne mögliche Eingliederungsmaßnahmen aufzählt oder eine Konkretisierung der gesetzlichen Voraussetzungen des § 255 SGB III vornimmt. Nur in einzelnen wenigen Punkten geht die Transferphase über die bereits in den §§ 254 ff. SGB III angelegten Maßnahmen hinaus.

[1303] Siehe dazu oben Teil 3 § 1.
[1304] Zu den Begriffen „präventiv", „proaktiv" und zu den Stadien der Intervention in den Arbeitslosigkeitsprozess siehe Kirsch u.a., Zuschüsse zu Sozialplanmaßnahmen, S.5 f.

Die Integrationsphase des Transfer-Sozialplan-Konzeptes stellt dagegen nicht nur keine Konkretisierung des gesetzlichen Instruments dar, sondern ist an sich schon nicht mehr am Konzept der Zuschüsse zu Sozialplanmaßnahmen ausgerichtet. Dies ist insbesondere bei der Heranziehung des Leistungsausschlusses gemäß § 258 SGB III zu erkennen[1305]. Die Integrationsphase des Transfer-Sozialplan-Konzeptes geht mithin weit über die bloße Umsetzung des gesetzlichen Instruments der Sozialplanzuschüsse nach §§ 254 ff. SGB III hinaus. Die Ausführungen des BAVC e.V. in dieser Phase sind nicht lediglich eine Konkretisierung der §§ 254 ff. SGB III, sondern zeigen den Betriebspartnern, wenn auch unter Umständen indirekt, Alternativen zum schonenden Personalabbau auf.

B. Konkretisierung oder Erweiterung?

Zusammenfassend ist festzustellen, dass das Transfer-Sozialplan-Konzept des BAVC e.V. in seiner Anpassungsphase und der Integrationsphase über das gesetzliche Instrument der Zuschüsse zu Sozialplanmaßnahmen gemäß §§ 254 ff. SGB III hinaus, Programmpunkte für einen möglichst schonenden Personalabbau zusammenstellt. Während die Sozialplanzuschüsse bereits von ihrer Konzeption nicht in die Anpassungsphase passen, geht die Integrationsphase auch bezüglich der Vorschläge von Eingliederungshilfen einen anderen Weg als den der alleinigen Durchführung von geförderten Sozialplänen. Davon abweichend stellt die Transferphase des Transfer-Sozialplan-Konzept in weiten Teilen lediglich eine Konkretisierung des gesetzlich Instruments der §§ 254 ff. SGB III dar.

Der Grund für eine mangelnde Vergleichbarkeit der einzelnen Phasen des Transfer-Sozialplan-Konzepts mit dem Instrument der Zuschüsse zu Sozialplanmaßnahmen liegt im unterschiedlichen Aufbau der zwei Konzepte. Während das Transfer-Sozialplan-Konzept einen betriebsbedingten Personalabbau von Anfang bis Ende begleiten will und deswegen drei Phasen beinhaltet, sind die Sozialplanzuschüsse als proaktives Instrument der Arbeitsförderung auf einen bestimmten Teil der Begleitung dieses Personalabbaus beschränkt. Eine präventive Verhinderung des Personalabbaus, wie es der BAVC e.V. in der Anpassungsphase vorsieht, können die §§ 254 ff. SGB III nicht leisten.

C. Zielerreichung durch das Transfer-Sozialplan-Konzept

Der BAVC e.V. hat die Zuschüsse zu Sozialplanmaßnahmen in seinem Transfer-Sozialplan-Konzept vor allem in der Transferphase integriert und konkretisiert. Er versucht durch seine Vorgaben den Chemiebetriebspartnern die Inanspruchnahme des arbeitsförderungsrechtlichen Instruments der §§ 254 ff. SGB III zu erleichtern und verständlicher zu machen. Indem der Bundesarbeitgeberverband die Nutzung der Sozialplanzuschüsse in einem Gesamtzusammenhang der Betriebsänderung darstellt, erleichtert dies den betroffenen Unternehmern und Betriebsräten die Planung eines beschäftigungsfördernden Strukturwandels. Die Umsetzung des gesetzlichen Instruments der Zuschüsse zu Sozialplanmaßnahmen gemäß §§ 254 ff. SGB III ist dem BAVC e.V. in seinem Transfer-Sozialplan-

---

[1305] Siehe oben unter Teil 3 § 3 C.

Konzept zu großen Teilen gelungen. Dabei ist aber darauf hinzuweisen, dass das Ziel des BAVC e.V. weit über eine bloße Umsetzung der gesetzlichen Vorschriften des SGB III hinausgeht und auch die Konzeption eines schonenden Personalabbaus unter zur Hilfenahme aller in Betracht kommenden tariflichen und gesetzlichen Möglichkeiten enthält. Lediglich in der Integrationsphase, die überhaupt keinen Bezug mehr zu den Sozialplanzuschüssen gemäß §§ 254 ff. SGB III herstellt, ist das Transfer-Sozialplan-Konzept des BAVC e.V. etwas zu oberflächig geraten. Wenn schon zuvor die Inanspruchnahme von Zuschüssen zu Sozialplänen propagiert wird, dann sollten zumindest auch die Folgen einer solchen Förderung, wie der Leistungsausschluss nach § 258 SGB III, in der Integrationsphase dargestellt werden. Soweit dies im Transfer-Sozialplan-Konzept nicht geschehen ist, kann die Integrationsphase als teilweise unvollständig gelten.

Der BAVC e.V. nimmt für sein Transfer-Sozialplan-Konzept allerdings auch keine Vollständigkeit in Anspruch. Vielmehr sollte das Transfer-Sozialplan-Konzept lediglich ein Modell für eine mögliche Vorgehensweise bei einem betriebsbedingten Personalabbau sein. Insofern bleibt festzuhalten, dass das Transfer-Sozialplan-Konzept keine bloße Umsetzung des gesetzlichen Instruments der Sozialplanzuschüsse darstellt, sondern teilweise eine Konkretisierung der Förderungsvoraussetzungen der §§ 254 ff. SGB III zur besseren Orientierung und darüber hinausgehend auch die Phasen vor und nach der Durchführung von geförderten Sozialplänen enthält. Dabei ist nach dem BAVC e.V. die Inanspruchnahme von Sozialplanförderungen nicht die einzige Möglichkeit eines schonenden Beschäftigungsabbaus, so dass auch Alternativen, wie zum Beispiel der Bezug von strukturellem Kurzarbeitergeld nach §§ 175 ff. SGB III, Einzug in das Transfer-Sozialplan-Konzept finden.

Teil 4: Zusammenfassung und Ausblick

Ausgangspunkt der vorliegenden Darstellung war die Frage, ob das Transfer-Sozialplan-Konzept des BAVC e.V. eine konsequente Umsetzung des gesetzlichen Förderinstruments der Zuschüsse zu Sozialplanmaßnahmen gemäß §§ 254 ff. SGB III darstellt, oder ob das „3-Phasen-Modell" des Bundesarbeitgeberverbandes der Chemieindustrie nicht sogar darüber hinausgeht. Wie oben im Ergebnis des Vergleichs von gesetzlichem Förderungsinstrument und der Transfer-Sozialplan-Konzeption des BAVC e.v. dargestellt, stimmt im Grunde genommen beides[1306]. Soweit die Transferphase des Konzepts des BAVC e.V. isoliert betrachtet wird, kann man von einer konsequenten Umsetzung des vom Gesetz vorgegebenen Instruments der Zuschüsse zu Sozialplanmaßnahmen gemäß §§ 254 ff. SGB III sprechen. In dieser Phase wird das gesetzliche Förderinstrument nicht nur in seinen einzelnen Teilen dargelegt, sondern insbesondere auch konkretisiert. Insofern ist auch Wolff zuzustimmen, wenn er sagt, dass das Transfer-Sozialplan-Konzept auf der Gesetzesänderung des SGB III und somit auch der Einführung der Sozialplanzuschüsse nach §§ 254 ff. SGB III „fußt"[1307]. Der Aufbau der Transferphase des Transfer-Sozialplan-Konzept macht deutlich, wie sehr sich der BAVC e.V. bei der Gestaltung seines Konzepts am gesetzlichen Instrument der Sozialplanzuschüsse orientiert hat[1308].

§ 1 Beschäftigungsfördernde Wirkung des Transfer-Sozialplan-Konzepts

Eine Gesamtbetrachtung des Transfer-Sozialplan-Konzepts lässt jedoch erkennen, dass die Konzeption des BAVC e.V. über eine bloße Umsetzung des gesetzlichen Instruments hinaus geht. In Anbetracht der Anpassungsphase und der Integrationsphase ist der Aussage von Heinze zuzustimmen, wenn dieser darauf hinweist, dass das Modell der Transfer-Sozialpläne der Chemie „noch über den Gesetzeswortlaut hinaus beschäftigungsfördernde Wirkung im Sinne des § 2 SGB III entfalten" wird[1309]. Bereits vor Entstehung des Transfer-Sozialplan-Konzepts wurde von Konzept-Mitbegründer Stindt der höhere Wirkungsgrad von Fördermaßnahmen betont, der dadurch entstehen könnte, wenn der Arbeitgeber Leistungen beisteuern würde, die der Arbeitsverwaltung als solcher nur schwer zugänglich sind[1310]. Eben diese Einbeziehung des Arbeitgebers in die Beschäftigungsverantwortung wird durch das Transfer-Sozialplan-Konzept unterstützt, indem in der Anpassungsphase die Ausnutzung aller tariflichen und gesetzlichen Instrumente zur Vermeidung von Personalabbau vorgeschlagen wird. Auch die Fortgeltung der Verantwortung des Arbeitgebers bis in die Phase der Aufnahme einer Anschlussbeschäftigung hinein, wird vom BAVC e.V. in der Integrationsphase herausgearbeitet. In Anbetracht dessen, dass das Transfer-Sozialplan-Konzept nicht nur die Transferphase, sondern auch die Anpassungs- und die Integra-

---

[1306] Siehe dazu oben Teil 3 § 4.
[1307] Wolff, NZA 1999, 622 (624).
[1308] Siehe dazu auch Ausführungen oben unter Teil 3 § 2 C.
[1309] Heinze, SGB 2000, 241 (245).
[1310] Stindt, Zuschüsse zu Sozialplanmaßnahmen, S.119 (127).

tionsphase beinhaltet, in denen sie außer auf die gesetzlichen Förderinstrumente auch auf Möglichkeiten der Nutzung von tariflichen Öffnungsklauseln und betriebsinternen Maßnahmen verweist, ist festzustellen, dass das Konzept des BAVC e.V. nicht nur eine konsequente Umsetzung des Instruments der Sozialplanzuschüsse nach §§ 254 ff. SGB III darstellt, sondern darüber hinaus auch viele neue Ansätze bietet, die vorher noch nicht in einem Konzept zusammengefasst worden waren.

Wie bereits hinsichtlich des Instruments der Zuschüsse zu Sozialplanmaßnahmen gemäß §§ 254 ff. SGB III festgestellt worden ist[1311], kann auch das Tranfer-Sozialplan-Konzept des BAVC e.V. an der bereits bestehenden Arbeitslosigkeit nichts verändern. Im Hinblick auf die Chemiearbeitnehmer kann das oben genannte Konzept jedoch dazu beitragen, die Entstehung neuer Arbeitslosigkeit aufgrund betrieblicher Umstrukturierung auf diesem Gebiet zu verhindern oder zu mindern.

§ 2 Übertragbarkeit des Transfer-Sozialplan-Konzepts

Eine Übertragbarkeit des Transfer-Sozialplan-Konzepts des BAVC e.V. auf andere Branchen scheint meines Erachtens schwierig zu sein. Zu spezifisch sind die Ausführungen insbesondere in der Anpassungsphase an den Tarifverträgen der Chemieindustrie ausgerichtet worden, als dass sie sich eins zu eins auf andere Wirtschaftszweige übertragen ließen. Allerdings lässt sich das Grundprinzip eines beschäftigungsfördernden Strukturwandels ohne weiteres auch in anderen Branchen anwenden. Die vom BAVC e.V. gewählte Einteilung der Betriebsänderung mit einhergehendem Personalabbau in drei Phasen, der Anpassungs-, der Transfer- und der Integrationsphase, lässt sich branchenunabhängig in anderen Betrieben in einer solchen Situation durchführen. Diese branchenfremden Unternehmen müssen dann ihre tariflichen Möglichkeiten eines schonenden Personalabbaus prüfen, um diese in die einzelnen Phasen des Konzepts einzubauen und mit den gesetzlichen Instrumenten zu kombinieren. Das Grundprinzip der Transfer-Sozialplan-Konzeption lässt sich folglich auf die meisten Betriebe übertragen. Es wäre wünschenswert, wenn andere Arbeitgeberverbände und/oder Gewerkschaften am Beispiel des Konzepts des BAVC e.V. eigene, für ihre Branchen passende Konzepte für einen schonenden Personalabbau entwickeln würden. Das könnte auch zur Steigerung der Inanspruchnahme des gesetzlichen Förderungsinstruments der Sozialplanzuschüsse gemäß §§ 254 ff. SGB III beitragen. Letzteres wäre ebenfalls im Sinne des Gesetzgebers, dessen Begleitforschung zu den Zuschüssen zu Sozialplanmaßnahmen die geringe Inanspruchnahme des Förderungsinstruments bemängelt hatte[1312].

§ 3 Alternativen

Soweit in vom Personalabbau bedrohten Betrieben der Abschluss von beschäftigungswirksamen Transfer-Sozialplänen nicht möglich ist oder nicht zustande kommt, ist über Alternativen nachzudenken. Interessant erscheint mir in dieser Hinsicht vor allem die Gestal-

---

[1311] Strobel, Die sozialrechtliche Flankierung des Transfer-Sozialplans, S.95 (99); Kirsch u.a., Zuschüsse zu Sozialplanmaßnahmen, S.2.

[1312] Kirsch u.a., Zuschüsse zu Sozialplanmaßnahmen, S.131.

tung von Vergleichen, wie Kraushaar sie vorschlägt[1313]. In einem beispielhaft vorgestellten Vergleich einigten sich die Parteien auf den Verzicht einer Abfindungszahlung, soweit die vom Personalabbau betroffenen Mitarbeiter durch den Arbeitgeber in ein neues Arbeitsverhältnis vermittelt werden konnten oder der Mitarbeiter drei zumutbare Angebote des Arbeitgebers auf Weiterbeschäftigung in einem anderem Betrieb ablehnte[1314]. Die in Individualverfahren abgeschlossenen Vergleiche haben nach Aussage Kraushaars eine den Transfer-Sozialplänen vergleichbare beschäftigungsfördernde Wirkung. So seien in einem Fall allen vom Personalabbau betroffenen Arbeitnehmern, die den Wunsch nach einer Vermittlung an einen neuen Arbeitsplatz gehabt hätten, ein zumutbarer Anschlussarbeitsplatz im Zuge der Erfüllung des Vergleichs vermittelt worden[1315].

§ 4 Ausblick und Thesen

Aktive Sozialpläne als Alternative zu passiven Sozialplänen sollen auch in Zukunft eine wichtige Rolle spielen. Der Gesetzgeber plant trotz der geringen Inanspruchnahme des Instruments keine inhaltlichen Änderungen der Sozialplanförderung. Hinsichtlich des Ergebnisses der Hartz-Kommision könnte es zukünftig lediglich zu Verfahrensänderungen bei der Bewilligung der Zuschüsse kommen. So geht aus dem Bericht der Hartz-Kommission hervor, dass einhergehend mit dem Umbau der Landesarbeitsämter in sogenannte Kompetenzcenter zwar die Beratung weiterhin durch die Landesarbeitsämter erfolgen soll; dass die Verfahrensvorgänge der Prüfung, Bewillung und der Schlussabrechnung aber zukünftlich in die Zuständigkeit der regionalen Arbeitsämter fallen sollen[1316]. Wie die Umverteilung der Kompetenzen ausgestaltet werden soll, ist zu diesem Zeitpunkt aber noch nicht entschieden.

Ansonsten gilt, dass weder das Transfer-Sozialplan-Konzept des BAVC e.V. noch das gesetzliche Instrument der Zuschüsse zu Sozialplanmaßnahmen gemäß §§ 254 ff. SGB III werden dem Arbeitgeber die finanzielle Verantwortung beim Abschluss von Sozialplänen abnehmen werden. Ob sie zu einer verminderten Belastung durch Sozialplanausgaben führen, hängt immer im Einzelfall von der Ausgestaltung des beschäftigungswirksamen Sozialplans ab. Soweit das arbeitsförderungsrechtliche Instrument der Sozialplanzuschüsse nach §§ 254 ff. SGB III den Betriebspartnern noch zu wenige Anreize für eine Inanspruchnahme der Förderung bietet[1317], kann das Transfer-Sozialplan-Konzept zumindest den Betriebspartnern der Chemieindustrie Wege und Möglichkeiten aufzeigen, wie durch die Nutzung der Sozialplanförderung Transfer-Sozialpläne mithelfen können, einen schonenden Personalabbau durchzuführen[1318].

[1313] Anmerkung von Kraushaar zu ArbG Reutlingen Vergleich v. 15.07.1997 (1 Ca 154/97) (BB 1997, 1848 f.) BB 1997, 1849; weiterführend siehe auch: Kraushaar, BB 2000, 1622 ff.
[1314] Der Wortlaut des Vergleichs ist abgedruckt in: BB 1997, 1848.
[1315] Kraushaar, BB 2000, 1622 (1626).
[1316] Hartz-Kommission, Bericht, S.231 ff.
[1317] So wie die Begleitforschung zu den Zuschüssen zu Sozialplanmaßnahmen festgestellt hat, siehe Kirsch u.a., Zuschüsse zu Sozialplanmaßnahmen, S.131.
[1318] Selbst das Transfer-Sozialplan-Konzept erscheint in Teilen noch „zu flexibel" für eine breite Anerkennung zu sein; so Blatt/Kriegesmann/Kottmann, PersF 2002, S.60 (62).

Das Transfer-Sozialplan-Konzept des BAVC e.V. stellt in seiner Transferphase in großen Teilen eine Umsetzung des gesetzlichen Instruments der Zuschüsse zu Sozialplanmaßnahmen gemäß §§ 254 ff. SGB III dar.

In der Transferphase seines Transfer-Sozialplan-Konzeptes konkretisiert der Bundesarbeitgeberverband der Chemie das Instrument der Sozialplanzuschüsse nach §§ 254 ff. SGB III, indem er Beispiele für Eingliederungsmaßnahmen nennt und die Voraussetzungen anhand konkreter Beispiele verdeutlicht.

Das Transfer-Sozialplan-Konzept des BAVC e.V. stellt mehr als eine bloße Umsetzung des gesetzlichen Förderungsinstruments der §§ 254 ff. SGB III dar, indem es die Betriebsänderung, die den Personalabbau bedingt, ganzheitlich betrachtet und in Anpassungs-, Transfer- und Integrationsphase nicht nur gesetzliche sondern auch tarifliche und betriebliche Fördermaßnahmen berücksichtigt.

Das Transfer-Sozialplan-Konzept stellt einen Anreiz für die Betriebspartner der Chemieindustrie dar, nicht länger ausschließlich Abfindungssozialpläne sondern auch beschäftigungsfördernde Transfersozialpläne abzuschließen.

Eine Übertragung des Transfer-Sozialplan-Konzepts des BAVC e.V. auf andere Branchen ist mit Schwierigkeiten verbunden, soweit der Bundesarbeitgeberverband der Chemieindustrie in seinem „3-Phasen-Modell" auf tarifliche und betriebliche Besonderheiten der Chemieindustrie eingeht.

Das Prinzip der Förderung von Beschäftigung innerhalb der Durchführung eines Personalabbaus durch die Umsetzung eines Transfer-Sozialplan-Konzepts und der einhergehenden Einteilung in drei Phasen der Betriebsänderung lässt sich jedoch im Grundsatz auf branchenfremde Unternehmen übertragen.

Das Transfer-Sozialplan-Konzept des BAVC e.V. kann als Vorbild für andere Branchen gesehen werden und somit Anreize für Arbeitgeberverbände und/oder Gewerkschaften schaffen, eigene Konzepte für die Durchführung von beschäftigungswirksamen Personalabbau zu erstellen.

Durch die Umsetzung und Konkretisierung des gesetzlichen Instruments der Sozialplanzuschüsse gemäß §§ 254 ff. SGB III erleichtert das Transfer-Sozialplan-Konzept des BAVC e.V. den Betriebspartnern die Planung und Durchführung von Transfer-Sozialplänen und kann somit zur Steigerung der Inanspruchnahme des gesetzlichen Förderinstruments der Zuschüsse zu Sozialplanmaßnahmen beitragen.

Das Transfer-Sozialplan-Konzept des BAVC e.V. ändert, ebenso wie die Zuschüsse zu Sozialplanmaßnahmen gemäß §§ 254 ff. SGB III, nicht die bestehende Arbeitslosigkeit, kann jedoch bei richtiger Umsetzung zur Verhinderung der Entstehung neuer Arbeitslosigkeit beitragen.

Literaturverzeichnis

Ammermüller, Martin: Grundlinien (zum neuen Arbeitsförderungsrecht); in: Bundesarbeitsblatt 1997, Heft 7-8, S.1 ff.; zitiert: Ammermüller, BABl. 1997.

Annuß, Georg: Mitwirkung und Mitbestimmung der Arbeitnehmer im Regierungsentwurf eines Gesetzes zur Reform des BetrVG; in: Neue Zeitschrift für Arbeitsrecht 2001, S.367 ff.; zitiert: Annuß, NZA 2001.

Appelt, Dieter; Lobodda, Gerd; Neumann, Horst: Perspektive Beschäftigungsplan: Ausbau der Mitbestimmung zum Schutz der Arbeitsplätze; in: BetrVG `90 – Der Konflikt um eine andere Betriebsverfassung, Köln 1988; zitiert: Appelt/Lobodda/Neumann.

Arbeitskreis für Insolvenz- und Schiedsgerichtswesen e.V. (Hrsg.): Kölner Schrift zur Insolvenzordnung – Das neue Insolvenzrecht in der Praxis; 2., aktualisierte und wesentlich erweiterte Auflage, Köln 2000; zitiert: Bearbeiter, in: Kölner Schrift zur Insolvenzordnung.

Bachner, Michael; Schindele, Friedrich: Beschäftigungssicherung durch Interessensausgleich und Sozialplan; in: Neue Zeitschrift für Arbeitsrecht 1999, S.130 ff.; zitiert: Bachner/Schindele, NZA 1999.

Bauer, Jobst-Hubertus; Haussmann, Katrin: Die Verantwortung des Arbeitgebers für den Arbeitsmarkt; in: Neue Zeitschrift für Arbeitsrecht 1997, S.1100 ff.; zitiert: Bauer/Haussmann, NZA 1997.

Bauer, Jobst-Hubertus: Neues Spiel bei der Betriebsänderung und der Beschäftigungssicherung; in: Neue Zeitschrift für Arbeitsrecht 2001, S.375 ff.; zitiert: Bauer, NZA 2001.

Bauer, Jobst-Hubertus: Aktuelle Probleme des Personalabbaus im Rahmen von Betriebsänderungen (Teil 1); in: Der Betrieb 1994, S.217 ff.; zitiert: Bauer, DB 1994.

Bauer, Jobst-Hubertus: Aktuelle Probleme des Personalabbaus im Rahmen von Betriebsänderungen (Teil 2); in: Der Betrieb 1994, S.274 ff.; zitiert: Bauer, DB 1994.

Bauer, Jobst-Hubertus; Röder, Gerhard: Die Reform der Reform: Abfindungsanrechnung nach dem 1.SGB III – Änderungsgesetz; in: Betriebsberater 1997, S.2588 ff.; zitiert: Bauer/Röder, BB 1997.

Becker, Friederich (Hrsg.); Hillebrecht, Wilfried: Gemeinschaftskommentar zum Kündigungsschutzgesetz und zu sonstigen kündigungsrechtlichen Vorschriften; 6.Auflage, Neuwied, Kriftel 2002; zitiert: Becker/Hillebrecht, KR, § Rn.

Beckschulze, Martin: Auswirkungen des § 2 SGB III auf das Arbeitsrecht; in: Betriebsberater 1998, S.791 ff.; zitiert: Beckschulze, BB 1998.

Bepler, Klaus: Sozialrechtliche Gestaltung des laufenden Arbeitsverhältnisses durch das neue SGB III – Kündigungsschutz, Sozialplanförderung, Eingliederungsvertrag; in: Arbeit und Recht 1999, S.219 ff.; zitiert: Bepler, AuR 1999.

Bieback, Klaus-Jürgen: Sozialrechtliche Gestaltung des laufenden Arbeitsverhältnisses durch das neue SGB III – Allgemeine Grundsätze und Pflichten, Kurzarbeitergeld und subventionierte Beschäftigung; in: Arbeit und Recht 1999, S.209 ff.; zitiert: Bieback, AuR 1999.

Blatt, Hans-Josef; Kriegesmann, Bernd; Kottmann, Marcus: Der Transfer-Sozialplan als Alternative zur Abfindung; in: Personalführung 2002, Heft 1, S.60 ff.; zitiert: Blatt/Kriegesmann/Kottmann, PersF 2002.

Bleckmann, Albert: Europarecht, Das Recht der Europäischen Gemeinschaft; 6. Auflage, Köln, Berlin, Bonn, München 1997; zitiert: Bleckmann, Europarecht.

Blomeyer, Wolfgang: Die arbeitsplatzsichernde Funktion von Interessenausgleich und Sozialplan; in: Arbeit und Arbeitsrecht 1990, S.123 ff.; zitiert: Blomeyer, AuA 1990.

Brox, Hans; Rüthers, Bernd: Arbeitsrecht; 15.Auflage, Stuttgart, Berlin, Köln 2002; zitiert: Brox/Rüthers.

Buchner, Herbert: Betriebsverfassungs-Novelle auf dem Prüfstand; in: Neue Zeitschrift für Arbeitsrecht 2001, S.633 ff.; zitiert: Buchner, NZA 2001.

Bundesanstalt für Arbeit (Hrsg.): Zuschüsse zu Sozialplanmaßnahmen nach §§ 254 ff. SGB III; Runderlass vom 31.07.1997 – lb1 – 5507; zitiert: BA, Runderlass v. 31.07.1997.

Bundesanstalt für Arbeit (Hrsg.): Zuschüsse zu Sozialplanmaßnahmen nach §§ 254 ff. SGB III; Runderlass vom 26.02.2002 – lb1 – 5507.1; zitiert: BA, Runderlass v. 26.02.2002.

Bundesanstalt für Arbeit (Hrsg.): Zuschüsse zu Sozialplanmaßnahmen nach §§ 254 ff. SGB III; Runderlass vom 19.12.2001 – lb1 – 5507.1 -, Betreff: Förderhöchstbetrag nach § 257 Abs.2 SGB III; zitiert: BA, Runderlass v. 19.12.2001.

Bundesanstalt für Arbeit (Hrsg.): Zuschüsse zu Sozialplanmaßnahmen nach §§ 254 ff. SGB III; Runderlass vom 31.10.1997 – lb1 – 5507; zitiert: BA, Runderlass v. 31.10.1997.

Bundesanstalt für Arbeit (Hrsg.): Sozialplan einmal anders – Was Arbeitgeber und Betriebsräte tun können; Broschüre der Bundesanstalt für Arbeit zu den §§ 254 ff. SGB III – Referat Presse- und Öffentlichkeitsarbeit, Stand April 2001; zitiert: BA, Broschüre.

Bundesarbeitgeberverband der Chemie e.V. (BAVC e.V.) (Hrsg.): Transfer-Sozialplan: Neues Denken und neue Wege zur gemeinsamen Gestaltung des Strukturwandels in der chemischen Industrie; Wiesbaden 1998; zitiert: BAVC e.V., Transfer-Sozialplan 1998.

Bundesarbeitgeberverband der Chemie e.V. (BAVC e.V.) (Hrsg.): Transfer-Sozialplan: Veränderungen anders gestalten; 2., überarbeitete Auflage, Wiesbaden 2001; zitiert: BAVC e.V., Transfer-Sozialplan 2001.

Bundesarbeitgeberverband der Chemie e.V. (BAVC e.V.) (Hrsg.): Transfer-Sozialplan: Veränderungen anders gestalten; 3., überarbeitete Auflage, Wiesbaden 2003; zitiert: BAVC e.V., Transfer-Sozialplan 2003.

Clever, Peter: Sozialgesetzbuch III – Das neue Recht der Arbeitsförderung; in: Zeitschrift für Sozialhilfe und Sozialgesetzbuch 1998, S.3 ff.; zitiert: Clever, ZfSH/SGB 1998.

Clever, Peter: Neue Wege der gesetzlichen Beschäftigungsförderung; in: Beschäftigungsförderung durch neues Arbeits- und Sozialrecht, Schriftenreihe der Bayer-Stiftung für deutsches und internationales Arbeits- und Wirtschaftsrecht, Band 4, herausgegeben von Lieb, Manfred; München 1998, S.29 ff.; zitiert: Clever, Neue Wege der gesetzlichen Beschäftigungsförderung.

Däubler, Wolfgang; Kittner, Michael; Klebe, Thomas (Hrsg.): Betriebsverfassungsgesetzkommentar mit Wahlordnung; 8.Auflage, Frankfurt a.M. 2002; zitiert: Bearbeiter, Däubler/Kittner/Klebe, BetrVG, § Rn.

Däubler, Wolfgang: Betriebliche Weiterbildung als Mitbestimmungsproblem – Status quo und rechtspolitische Perspektiven; in: Der Betriebsberater 2000, S.1190 ff.; zitiert: Däubler, DB 2000.

Däubler, Wolfgang: Das Gesetz zu Korrekturen in der Sozialversicherung und zur Sicherung der Arbeitnehmerrechte; in: Neue Juristische Wochenschrift 1999, S.601 ff.; zitiert: Däubler, NJW 1999.

Däubler, Wolfgang: Eine bessere Betriebsverfassung – Erste Anwendungsprobleme; in: Arbeit und Recht 2001, S.285 ff.; zitiert: Däubler, AuR 2001.

Dieterich, Thomas; Hanaus, Peter; Schaub, Günter (Hrsg.): Erfurter Kommentar zum Arbeitsrecht; 2. neubearbeitete Auflage, München 2000; zitiert: Bearbeiter, Erfurter Kommentar, § Rn.

Dieterich, Thomas; Neef, Klaus; Schwab, Brent (Hrsg.): Arbeitsrecht-Blattei – Systematische Darstellungen; Loseblattsammlung, Heidelberg 2002; zitiert: Bearbeiter, AR-Blattei SD.

Düwell, Franz-Josef: Arbeitsrechtliche Chancen und Risiken von Outsourcing; in: Festschrift für Thomas Dieterich zum 65.Geburtstag; herausgegeben von Hanau, Peter; Heither, Friedrich; Kühlin, Jürgen; München 1999, S.101 ff.; zitiert: Düwell, FS Dieterich.

Eichenhofer, Eberhard: Neue Grundsätze der Arbeitsförderung; in: Die Sozialgerichtsbarkeit 2000, S.289 ff.; zitiert: Eichenhofer, SGB 2000.

Engels, Gerd; Trebinger, Yvonne; Löhr-Steinhaus, Wilfried: Regierungsentwurf eines Gesetzes zur Reform des Betriebsverfassungsgesetzes – Überblick über die wesentlichen Änderungen; in: Der Betrieb 2001, S.532 ff.; zitiert: Engels/Trebinger/Löhr-Steinhaus, DB 2001.

Etzel, Gerhard: Handbuch zum Arbeitsrecht, Arbeitsrecht in der Praxis; herausgegeben von Leinemann, Wolfgang; Gruppe 19, Teilbereich 1: Betriebsverfassungsrecht; Loseblatt, Stand 2 / 2002; Neuwied 2002; zitiert: Etzel, HzA.

Fahlbusch, Detlef: Neue rechtliche Instrumente zur Förderung der internen Flexibilität; in: Beschäftigungsförderung durch neues Arbeits- und Sozialrecht, Schriftenreihe der Bayer-Stiftung für deutsches und internationales Arbeits- und Wirtschaftsrecht, Band 4, herausgegeben von Lieb, Manfred; München 1998, S.81 ff.; zitiert: Fahlbusch, Neue rechtliche Instrumente zur Förderung der internen Flexibilität.

Fischer, Ulrich: Die Änderungskündigung in der Insolvenz; in: Neue Zeitschrift für Arbeitsrecht 2002, S.536 ff.; zitiert: Fischer, NZA 2002.

Fischer, Wolfram; Hax, Herbert; Schneider, Hans - Karl (Hrsg.): Treuhandanstalt – Das Unmögliche wagen; Berlin 1993; zitiert: Fischer/ Hax/ Schneider, Treuhandanstalt.

Fitting, Karl; Kaiser, Heinrich; Heither, Friedrich; Engels, Gerd: Betriebsverfassungsgesetz: Handkommentar, 21.Auflage, München 2002; zitiert: Fitting/Kaiser/Heither/Engels, BetrVG, § Rn.

Fleckhaus, Hans-Jürgen; Hartmann, Friedrich; Pott, Eberhard: Arbeit statt Abfindung – Qualifizierung als Chance; in: Personalführung 2000, Heft 10, S.66 ff.; zitiert: Fleckhaus/Hartmann/Pott, PersF 2000.

Franzen, Martin: Das Mitbestimmungsrecht des Betriebsrats bei der Einführung von Maßnahmen in der betrieblichen Berufsbildung nach § 97 Abs.2 BetrVG; in: Neue Zeitschrift für Arbeitsrecht 2001, S.865 ff.; zitiert: Franzen, NZA 2001.

Frey, Hans Paul: Transfer-Sozialplan – Neues Denken und neue Wege zur gemeinsamen Gestaltung des Strukturwandels in der chemischen Industrie; in: Der Transfer-Sozialplan; Schriftenreihe der Bayer-Stiftung für deutsches und internationales Arbeits- und Wirtschaftsrecht, Hrsg. Lieb, Manfred; München 2000, S.15 ff.; zitiert: Frey, Transfer-Sozialplan.

Fuchs, Harald: Der Sozialplan nach dem Betriebsverfassungsgesetz 1972; Köln 1977; zitiert: Fuchs, Sozialplan.

Gagel, Alexander: Die Umsetzung sozialrechtlicher Ziele über Betriebsvereinbarungen und Tarifverträge – Eine Untersuchung zur Verantwortung von Arbeitgebern nach § 2 Abs.1 SGB III; in: Festschrift für Thomas Dieterich zum 65.Geburtstag, herausgegeben von Hanau, Peter; Heither, Friedrich; Kübling, Jürgen; München 1999, S.169 ff.; zitiert: Gagel, FS Dieterich.

Gagel, Alexander: Sozialgesetzbuch III – Arbeitsförderung – Kommentar; Band 1: § 1 – Anhang 2 zu § 216 SGB III; Loseblatt, 18.EL., Stand: März 2002; München 2002; zitiert: Bearbeiter, in: Gagel, SGB III, § Rn.

Gagel, Alexander: Sozialgesetzbuch III – Arbeitsförderung – Kommentar; Band 2: Vor § 217 – Anhang SGB III; Loseblatt, 18.EL., Stand: März 2002; München 2002; zitiert: Bearbeiter, in: Gagel, SGB III, § Rn.

Gagel, Alexander: § 2 SGB III: Schlüssel zum eingliederungsorientierten Kündigungsrecht und zu Transfer-Sozialplänen; in: Betriebsberater 2001, S.358 ff.; zitiert: Gagel, BB 2001.

Gagel, Alexander: Die Wirkung von Konfliktlösungen im Arbeitsrecht aus sozialrechtlichen Rechtsbeziehungen; in: Festschrift für Peter Hanau; herausgegeben von Isenhardt, Udo; Preis, Ulrich; Köln 1999, S.649 ff.; zitiert: Gagel, FS Hanau.

Gajewski; Peter: Rechtsprobleme bei der Sozialplan-gestaltung; in: Festschrift für Dieter Gaul zum 70.Geburtstag; herausgegeben von Boewer, Dietrich; Gaul, Björn; München 1992, S.189 ff.; zitiert: Gajewski, FS Gaul.

Gaul, Björn: Reformgesetz zum Arbeitsförderungs-gesetz; in: Neue Juristische Wochenschrift 1997, S.1465 ff.; zitiert: Gaul, NJW 1997.

Gaul, Björn: Zuschüsse zu Sozialplänen; in: Arbeit und Arbeitsrecht 1998, S.336 ff.; zitiert: Gaul, AuA 1998.

Gaul, Björn: Neues im Arbeitsförderungsrecht nach dem Ersten SGB III–Änderungsgesetz, in: Neue Juristische Wochenschrift 1998, S.644 ff.; zitiert: Gaul, NJW 1998.

Gaul, Björn: Die wichtigsten Änderungen im Arbeits- und Sozialversicherungsrecht nach der Bundestagswahl; in: Der Betrieb 1998, S.2467 ff.; zitiert: Gaul, DB 1998.

Gemeinschaftskommentar: zum Arbeitsförderungsrecht (GK-SGB III), Band 2: Kommentierung §§ 1 – 147; bearbeitet von Feckler, Klaus; u.a.; Loseblattsammlung; Stand: Juli 2002, 59.EL.; Neuwied, Kriftel, Berlin 1998; zitiert: Bearbeiter, in: GK-SGB III, § Rn.

Gemeinschaftskommentar: zum Arbeitsförderungsrecht (GK-SGB III), Band 3: Kommentierung §§ 147 a – 279; bearbeitet von Ambs, Friedrich; Feckler, Klaus; Götze, Bernd; Loseblattsammlung; Stand: Juli 2002, 59.EL.; Neuwied, Kriftel, Berlin 1998; zitiert: Bearbeiter, in: GK-SGB III, § Rn.

Gemeinschaftskommentar: zum Arbeitsförderungsrecht (GK-SGB III), Band 4: Kommentierung §§ 280 – 435; bearbeitet von Ambs, Friedrich; Feckler, Klaus; u.a.; Loseblattsammlung; Stand: Juli 2002, 59.EL.; Neuwied, Kriftel, Berlin 1998; zitiert: Bearbeiter, in: GK-SGB III, § Rn.

Gitter, Wolfgang: Sozialrecht, 5.Auflage, 2001; zitiert: Gitter.

Hadeler, Indra; Podewin, Anke; Prinz, Thomas; Schöne, Steffen; Wienke, Frank Dieter; Wolf, Roland: Das neue Betriebsverfassungsrecht, Textausgabe mit gekennzeichneten Änderungen, Kommentierung der neuen Vorschriften, Auswirkungen auf die betriebliche Praxis; Reihe Praxishandbuch Band 3; Berlin 2001;zitiert: Hadeler/Podewin/Prinz/Schöne/ Wienke/Wolf, Das neue Betriebs-verfassungsrecht.

Hamm, Ingo; Rupp, Rudi: Betriebsänderungen – Interessenausgleich – Sozialplan; Neuwied, Kriftel, Berlin 1997; zitiert: Hamm/Rupp.

Hammer, Roswitha; Weiland, Martin J.: Neuregelungen beim Kurzarbeitergeld im Dritten Buch des Sozialgesetzbuches (SGB III); in: Betriebsberater 1997, S.2582 ff.; zitiert: Hamm/Weiland, BB 1997.

Hanau, Peter: Die Anrechnung von Entlassungsentschädigungen auf Arbeitslosengeld (§ 140 SGB III) kommt näher; in: Recht der Arbeit 1998, S.296 ff.; zitiert: Hanau, RdA 1998.

Hanau, Peter: Welche arbeits- und ergänzenden sozialrechtlichen Regelungen empfehlen sich zur Bekämpfung der Arbeitslosigkeit?; in: Gutachten zum 63.Deutschen Juristentag – Leipzig 2000; München 2000; zitiert: Hanau, Gutachten 2000.

Hanau, Peter: Soziale Regulierung der Treuhandtätigkeit; in: Treuhandanstalt – Das Unmögliche wagen; Berlin 1993, S.444 ff.; zitiert: Hanau, Soziale Regulierung der Treuhandtätigkeit.

Hanau, Peter: Denkschrift zu dem Regierungsentwurf eines Gesetzes zur Reform des Betriebsverfassungsgesetzes; in: Recht der Arbeit 2001, S.65 ff.; zitiert: Hanau, RdA 2001.

Hanau, Peter; Peters-Lange, Susanne: Schnittstellen von Arbeits- und Sozialrecht; in: Neue Zeitschrift für Arbeitsrecht 1998, S.785 ff.; zitiert: Hanau/Peters-Lange, NZA 1998.

Hase, Detlef; Neumann-Cosel, Reino von; Rupp, Rudi: Handbuch Interessenausgleich und Sozialplan – Handlungsmöglichkeiten bei Umstrukturierung von Unternehmen und Betrieb; 3.Auflage, Frankfurt a.M. 2000; zitiert: Hase/Neumann-Cosel/Rupp.

Hartz, Peter; u.a.: Moderne Dienstleistungen am Arbeitsmarkt, Vorschläge der Kommission zum Abbau der Arbeitslosigkeit und zur Umstrukturierung der Bundesanstalt für Arbeit; Berlin 2002; zitiert: Hartz-Kommission, Bericht.

Hauck, Friedrich: Der Inhalt von Sozialplänen auf dem Prüfstand des Bundesarbeitsgerichts; in: Arbeit und Arbeitsrecht 1998, S.69 ff.; zitiert: Hauck, AuA 1998.

Hauck; Karl; Noftz, Wolfgang (Hrsg.): Sozialgesetzbuch – Gesamtkommentar – SGB III – Arbeitsförderung – Kommentar; Band 2: Kommentierung §§ 153 – 434b, Materialien; Berlin 1997; zitiert: Bearbeiter, in: Hauck/Noftz, SGB III, § Rn.

Heckelmann, Günther: Der Sozialplan; in: Arbeitsrecht-Blattei Systematische Darstellung, Loseblattsammlung, 15. EL; November 1998; zitiert: Heckelmann, AR-Blattei SD.

Heinze, Meinhard: Das Verhältnis des öffentlich-rechtlichen Sozialrechts zum privatrechtlichen Arbeitsrecht; in: Die Sozialgerichtsbarkeit 2000, S.242 ff.; zitiert: Heinze, SGB 2000.

Heinze, Meinhard: Einwirkungen des Sozialrechts ins Arbeitsrecht?; in: Neue Zeitschrift für Arbeitsrecht 2000, S.5 ff.; zitiert: Heinze, NZA 2000.

Heither, Martin: Sozialplan und Sozialrecht, Der Einfluss von Förderungsmöglichkeiten auf die Gestaltung von Interessenausgleich und Sozialplan; Berlin 2000; zitiert: Heither, Sozialplan und Sozialrecht.

Hemmer, Edmund: Sozialpläne und Personalanpassungsmaßnahmen – Eine empirische Untersuchung; Köln 1997; zitiert: Hemmer, Sozialpläne.

Henkes, Andreas: Vom Entwurf zum Gesetz; in: Bundesarbeitsblatt 1997, Heft 7 – 8; S.13 ff.; zitiert: Henkes, BABl. 1997.

Henkes, Andreas; Baur, Ulrich; Kopp, Joachim; Polduwe, Christiane (Hrsg.): Handbuch Arbeitsförderung – SGB III; München 1999; zitiert: Henkes/Baur/Kopp/Polduwe, Hdb. SGB III.

Hennig, Werner; Henke, Norbert; Schlegel, Rainer; Theuerkauf, Walter; Estelmann, Martin (Hrsg.): Sozialgesetzbuch Drittes Buch – Arbeitsförderung – Kommentar mit Nebenrecht; Band 1: Kommentar §§ 1 – 146 (SGB III); 32.EL, Stand: April 2002; Neuwied, Kriftel, Berlin 2001; zitiert: Bearbeiter, in: Hennig, SGB III. § Rn.

Hennig, Werner; Henke, Norbert; Schlegel, Rainer; Theuerkauf, Walter; Estelmann, Martin (Hrsg.): Sozialgesetzbuch Drittes Buch – Arbeitsförderung – Kommentar mit Nebenrecht; Band 2: Kommentar §§ 147 – 303 (SGB III); 32.EL, Stand: April 2002; Neuwied, Kriftel, Berlin 2001; zitiert: Bearbeiter, in: Hennig, SGB III. § Rn.

Herrmann, Gerhard; Kratz, Arnold: Arbeitsmarktpolitische Instrumente zum Beschäftigungstransfer, Arbeitspapiere 8; herausgegeben von der Gesellschaft für innovative Beschäftigungsförderung NRW (G.I.B.); Bottrop 2000; zitiert: Herrmann/Kratz.

Hoffmann, Marc: Die Förderung von Transfer-Sozialplänen – Zuschüsse zu beschäftigungswirksamen Sozialplanmaßnahmen nach den §§ 254 ff. SGB III; Köln 2002; zitiert: Hoffmann, Die Förderung von Transfersozialplänen.

Hofmann, Claus F.: Zukunftsweisendes Instrument der Arbeitsmarktpolitik; in: Arbeitgeber 1997, S.232 ff.; zitiert: Hofmann, Arbeitgeber 1997.

Hoyningen-Huene, Gerrick von: Betriebsverfassungsrecht, 5., neubearbeitete Auflage, München 2002; zitiert: Hoyningen-Huene, BetrVG.

Hümmerich, Klaus; Spirolke, Matthias: Eigenkündigung des Arbeitnehmers und Sozialplanabfindung; in: Betriebsberater 1995, S.42 ff.; zitiert: Hümmerich/Spirolke, BB 1995.

Klebe, Thomas; Wedde, Thomas: Recht und soziale Arbeitswelt, Festschrift für Wolfgang Däubler zum 60.Geburtstag; Frankfurt a.M. 1999; zitiert: Klebe/Wedde, FS Däubler.

Klebe, Thomas; Roth, Siegfried: Beschäftigungsplan statt Sozialplan: Zwischenlagerung eines Problems oder Perspektive? – Betriebsverfassungs- rechtliche Aspekte und Durchsetzungsbedingungen; in: Der Betrieb 1989, S.1518 ff.; zitiert: Klebe/Roth, DB 1989.

Klös, Hans-Peter: Öffentliche Arbeitsmarktpolitik und betriebliche Personalpolitik; in: Reform der Arbeitsmarktpolitik; herausgegeben von Seifert; S.132 ff.; zitiert: Klös, Öffentliche Arbeits-marktpolitik und betriebliche Personalpolitik.

Kirsch, Johannes; Knuth, Matthias; Krone, Sirikit; Mühge, Gernot; Müller, Angelika: Zuschüsse zu Sozialplanmaßnahmen – Langsame Fortschritte bei der Gestaltung betrieblicher und beruflicher Umbrüche; Beiträge zur Arbeitsmarkt- und Berufsforschung der Bundesanstalt für Arbeit; Nürnberg 2001; zitiert: Kirsch u.a.; Zuschüsse zu Sozialplanmaßnahmen.

Knuth, Matthias (Hrsg.): Ein Instrument mit vielen Gesichtern – Zweiter Zwischenbericht der Begleitforschung zu den Zuschüssen zu Sozialplanmaßnahmen nach §§ 254 ff. SGB III; IAB – Werkstattbericht; Diskussionsbeiträge des Instituts für Arbeitsmarkt und Berufsforschung der Bundesanstalt für Arbeit, Ausgabe Nr.7; 18.07.2000; Nürnberg 2000; zitiert: Knuth, 2.Zwischenbericht.

Knuth, Matthias (Hrsg.): Vorerst geringe Inanspruchnahme, Konzentration auf Kleinbetriebe, Nothilfe in Konkursfällen; Erster Zwischenbericht der Begleitforschung zu den Zuschüssen zu Sozialplanmaßnahmen nach §§ 254 ff. SGB III; IAB-Werkstattbericht; Diskussionsbeiträge des Instituts für Arbeitsmarkt- und Berufsforschung der Bundesanstalt für Arbeit; Ausgabe Nr.5, 19.04.1999, Wissenschaftszentrum Nordrhein-Westfalen, Institut für Arbeit und Technik, Gelsenkirchen 1999; zitiert: Knuth, 1.Zwischenbericht.

Knuth, Matthias (Hrsg.): Sozialplanzuschüsse in der betrieblichen Praxis und im internationalen Vergleich von Instrumenten des Beschäftigungstransfers – Ergänzender Bericht der Begleitforschung zu den Zuschüssen zu Sozialplanmaßnahmen nach §§ 254 ff. SGB III; IAB-Projekt Nr.10 – 508, Gelsenkirchen 2001; zitiert: Knuth, Ergänzender Projektbericht.

Kopp, Joachim: Reform der Arbeitsförderung, Neue Förderungsmöglichkeiten für Betriebe und wichtige Neuregelungen im Versicherungs- und Leistungsrecht der Arbeitslosenversicherung; in: Neue Zeitschrift für Sozialrecht 1997, S.456 ff.; zitiert: Kopp, NZS 1997.

Kowalski, Nina: Der Transfersozialplan in der Insolvenz – Beschäftigungswirksame Sozialpläne in der Durchführung eines Insolvenzverfahrens; in: Zeitschrift für Insolvenzrecht (KTS) 2002, Heft 2, S.261 ff; zitiert: Kowalski, KTS 2002/2.

Kraushaar, Bernhard: Sozialpläne müssen nicht immer soviel Geld kosten!; in: Betriebsberater 2000, S.1622 ff.; zitiert: Kraushaar, BB 2000.

Kraushaar, Bernhard: Anmerkung zu ArbG Reutlingen, Vergleich vom 15.07.1997; in: Betriebsberater 1997, S.1849; zitiert: Kraushaar, BB 1997.

Larenz, Karl; Canaris, Claus-Wilhelm: Methodenlehre der Rechtswissenschaft; 3.Auflage, Berlin, Heidelberg, New York 1995; zitiert: Larenz/Canaris, Methodenlehre.

Leinemann, Wolfgang (Hrsg.): Handbuch zum Arbeitsrecht; Loseblatt; Neuwied 2002; zitiert: Bearbeiter, HzA.

Lieb, Manfred (Hrsg.): Beschäftigungsförderung durch neues Arbeits- und Sozialrecht; Fachtagung der Bayer-Stiftung für deutsches und internationales Arbeits- und Wirtschaftsrecht am 07.11.1997; Schriftenreihe der Bayer-Stiftung für deutsches und internationales Arbeits- und Wirtschaftsrecht, München 1998; zitiert: Lieb, Beschäftigungsförderung durch neues Arbeits- und Sozialrecht.

Lieb, Manfred (Hrsg.): Der Transfer-Sozialplan, Neuer Rechtsrahmen zur Beschäftigungssicherung in Krisenzeiten; Fachtagung der Bayer-Stiftung für deutsches und internationales Arbeits- und Wirtschaftsrecht am 06./07.05.1999; Schriftenreihe der Bayer-Stiftung für deutsches und internationales Arbeits- und Wirtschaftsrecht, München 2000; zitiert: Lieb, Der Transfer-Sozialplan.

Linderkamp, Rita: Berufliche Bildung und Personalplanung – Die Novellierung des BetrVG sinnvoll nutzen; in: Arbeitsrecht im Betrieb 2001, S.641 ff.; zitiert: Linderkamp, AiB 2001.

Lohre, Werner; Mayer, Udo; Stevens-Bartol, Eckhart, (Hrsg.): Arbeitsförderung – Sozialgesetzbuch III, Frankfurter Kommentare, 2., überarbeitete Auflage; Franfurt a.M. 1999; zitiert: Bearbeiter, in: Frankfurter Kommentar zum SGB III, § Rn.

Löwisch, Manfred: Die Flankierung von Sozialplänen durch die BA (§§ 254 ff. SGB III); in: Recht der Arbeit 1997, S.287 ff.; zitiert: Löwisch, RdA 1997.

Löwisch, Manfred; Kaiser, Dagmar: Betriebsverfassungsgesetz: Kommentar; 5. und erweiterte Auflage, Heidelberg 2002; zitiert: Löwisch/Kaiser, BetrVG, § Rn.

Löwisch, Manfred: Der arbeitsrechtliche Teil des sogenannten Korrekturgesetzes; in: Betriebsberater 1999, S.102 ff.; zitiert: Löwisch, BB 1999.

Löwisch, Manfred: Arbeitsrechtliche Fragen des Transfer-Sozialplans, in: Der Transfer-Sozialplan – Neuer Rechtsrahmen zur Beschäftigungssicherung in Krisenzeiten; Schriftenreihe der Bayer-Stiftung für deutsches und internationales Arbeits- und Wirtschaftsrecht, Band 6, Hrsg. Lieb, Manfred; München 2000, S.33 ff.; zitiert: Löwisch, Arbeitsrechtliche Fragen des Transfer-Sozialplans.

Löwisch, Manfred: Änderung der Betriebsverfassung durch das Betriebsverfassungs-Reformgesetz – Teil II: Die neuen Regeln zur Mitwirkung und Mitbestimmung; in: Betriebsberater 2001, S.1790 ff.; zitiert: Löwisch, BB 2001.

Löwisch, Manfred: Die besondere Verantwortung der „Arbeitnehmer" für die Vermeidung von Arbeitslosigkeit; in: Neue Zeitschrift für Arbeitsrecht 1998, S.729 ff.; zitiert: Löwisch, NZA 1998.

Löwisch, Manfred: Probleme des Interessenausgleichs; in: Recht der Arbeit 1989, S.216 ff.; zitiert: Löwisch, RdA 1989.

Luthe, Ernst-Wilhelm: Das Job-AQTIV-Gesetz; in: Die Sozialgerichtsbarkeit 2002, S.136 ff.; zitiert: Luthe, SGb 2002.

Lutter, Marcus; Hommelhoff, Peter: GmbH-Gesetz, Kommentar, 15., neubearbeitete und erweiterte Auflage, Köln 2000; zitiert: Lutter/Hommelhoff, GmbHG, § Rn.

Marburger, Horst: Das Recht der Arbeitsförderung im Dritten Buch des Sozialgesetzbuches – Ein Überblick; in: Betriebsberater 1998, S.266 ff.; zitiert: Marburger, BB 1998.

Matthes, Hans-Christoph: Neue Funktionen für Interessenausgleich und Sozialplan; in: Recht der Arbeit 1999, S.178 ff.; zitiert: Matthes, RdA 1999.

Matthes, Hans-Christoph: Rechtsfragen zum Interessenausgleich; in: Festschrift für Ottfried Wlotzke zum 70. Geburtstag; herausgegeben von Antzinger, Rudolf; Wank, Rolf; München 1996, S.393 ff.; zitiert: Matthes, FS Woltzke.

Maydell, Bernd von: Zum Verhältnis von Arbeitsrecht und Sozialrecht – Plädoyer für eine Neubesinnung; in: Festschrift für Otto Rudolf Kissel zum 65. Geburtstag, herausgegeben von Heinze, Meinhard; Söllner, Alfred; München 1994, S.761 ff.; zitiert: Maydell, FS Kissel.

Merkel, Anette: Zuschüsse zu Sozialplanmaßnahmen; in: Arbeitsrecht im Betrieb 2002, S.499 f.; zitiert: Merkel, AiB 2002.

Meyer, Cord: Zuschüsse zu Sozialplänen nach §§ 254 ff. SGB III, in: Neue Zeitschrift für Arbeitsrecht 1998, S.403 ff. und S.513 ff.; zitiert: Meyer, NZA 1998.

Meyer, Cord: Sozialplangestaltungen bei nachträglichem Betriebsübergang; in: Neue Zeitschrift für Arbeitsrecht 2000, S.297 ff.; zitiert: Meyer, NZA 2000.

Meyer, Cord: Die Sozialplanrichtlinien der Treuhandanstalt; Schriftenreihe der Kommission für die Erforschung des sozialen und politischen Wandels in den neuen Bundesländern; Opladen 1996; zitiert: Meyer, Die Sozialplanrichtlinien.

Meyer, Cord: Abänderung von Sozialplanregelungen; in: Neue Zeitschrift für Arbeitsrecht 1995, S.974 ff.; zitiert: Meyer, NZA 1995.

Meyer, Cord: Transfergesellschaften an der Schnittstelle zwischen Arbeits- und Sozialrecht; in: Neue Zeitschrift für Sozialrecht 2002, S.578 ff.; zitiert: Meyer, NZS 2003.

Meyer, Cord: Erzwingbarkeit von Eingliederungsmaßnahmen nach SGB III im Sozialplan; in: Der Betrieb 2003, S.206 ff.; zitiert: Meyer, DB 2003.

Müller, Angelika: Personalentwicklung und Beschäftigungstransfer bei betrieblichen Umstrukturierungen – Das Beispiel BASF Köln-Bickendorf; Arbeitspapier 15; herausgegeben von der Hans-Böckler-Stiftung, Düsseldorf 2000; zitiert: Müller, Beispiel BASF.

Müller-Roden, Helge: Die Erstattungspflicht des Arbeitgebers gem. § 128 AFG; in: Neue Zeitschrift für Arbeitsrecht 1990, S.334 ff.; zitiert: Müller-Roden, NZA 1990.

Neef, Klaus; Schrader, Peter: Betriebsübergang und Sozialplanregelung; in: Neue Zeitschrift für Arbeitsrecht 1998, S.804 ff.; zitiert: Neef/Schrader, NZA 1998.

Neef, Klaus; Schrader, Peter: Die Behandlung der Abfindung nach dem SGB III; in: Der Betrieb 1999, S.281 ff.; zitiert: Neef/Schrader, DB 1999.

Nielebock, Helga: Das Arbeitsrechtliche Beschäftigungsförderungsgesetz – Handlungsmöglichkeiten des Betriebsrats; in: Arbeitsrecht im Betrieb 1997, S.88 ff.; zitiert: Nielebock, AiB 1997.

Nielebock, Helga: Praktische Probleme bei der Betriebsänderung und deren soziale Gestaltung; in: Arbeit und Recht 1999, S.329 ff.; zitiert: Nielebock, AuR 1999.

Niesel, Klaus (Hrsg.): Sozialgesetzbuch, Arbeitsförderung – SGB III – Kommentar; 2.Auflage, München 2001; zitiert: Bearbeiter, in: Niesel, SGB III, § Rn.

Niesel, Klaus (Hrsg.): AFG, Arbeitsförderungsgesetz-Kommentar, unter Mitarbeit von Brand, Jürgen; Düe, Wolfgang; Kärcher, Konrad; Menard, Lutz; Schmidt, Rainer; München 1995; zitiert: Bearbeiter, in: Niesel, AFG, § Rn.

Niesel, Klaus: Die wichtigsten Änderungen des Arbeitsförderungsrechts durch das Arbeitsförderungs-Reformgesetz (AFRG); in: Neue Zeitschrift für Arbeitsrecht 1998, S.580 ff.; zitiert: Niesel, NZA 1998.

Obermüller, Manfred; Hess, Harald: Insolvenzordnung – Eine systematische Darstellung der Insolvenzordnung unter Berücksichtigung kreditwirtschaftlicher und arbeitsrechtlicher Aspekte; Heidelberg 1995; zitiert: Obermüller/Hess, Insolvenzordnung.

Ohl, Heinrich: Der Sozialplan – Recht und Praxis kompensatorischer Leistungen für den Verlust des Arbeitsplatzes; Karlsruhe 1977; zitiert: Ohl, Der Sozialplan.

Ost, Wolfgang; Mohr, Gerhard; Estelmann, Martin: Grundzüge des Sozialrechts; 2., neubearbeitete und erweiterte Auflage, München 1998; zitiert: Ost/Mohr/Estelmann, Sozialrecht.

Palandt, Otto: Palandt, Bürgerliches Gesetzbuch, Beck'sche Kurzkommentare; bearbeitet von Bassenge; Brudermüller u.a.; 61., neubearbeitete Auflage, München 2002; zitiert: Bearbeiter, in: Palandt, § Rn.

Palandt, Otto: Gesetze zur Modernisierung des Schuldrechts; Ergänzungsband zu Palandt, Bürgerliches Gesetzbuch, 61.Auflage, mit Unterlassungsklage, Gewaltschutzgesetz (Auszug); München 2002; zitiert: Bearbeiter, in: Palandt/Ergänzungs- band, § Rn.

Piehler, Thomas; Muuss, Peter: Qualifizierung statt Abfindung; in: Personalführung Plus 1999, S.18 ff.; zitiert: Piehler/Muuss, PersF Plus 1999.

Preis, Bernd: Stellenabbau als unternehmerische Entscheidung? – Kritik der Entscheidung des BAG vom 17.06.1999 und der Versuch einer Neuorientierung im Spannungsfeld von unternehmerischer Entscheidungsfreiheit und Arbeitsplatzschutz; in: Der Betrieb 2000, S.1122 ff.; zitiert: Preis, DB 2000.

Preis, Ulrich: Die Verantwortung des Arbeitgebers und der Vorrang betrieblicher Maßnahmen vor Entlassungen (§ 2 Abs.1 Nr.2 SGB III) – Programmsatz oder verbindlicher Rechtssatz?; in: Beschäftigungsförderung durch neues Arbeits- und Sozialrecht, Schriftenreihe der Bayer-Stiftung für deutsches und internationales Arbeits- und Wirtschaftsrecht, Band 4, herausgegeben von Lieb, Manfred; München 1998, S.55 ff.; zitiert: Preis, Die Verantwortung des Arbeitgebers.

Preis, Ulrich: Die Verantwortung des Arbeitgebers und der Vorrang betrieblicher Maßnahmen vor Entlassungen (§ 2 I Nr.2 SGB III); in: Neue Zeitschrift für Arbeitsrecht 1998, S.449 ff.; zitiert: Preis, NZA 1998.

Pröbsting, Karl: Die Konversion der Sozialpläne in Transfer-Sozialpläne – Hilfen zur Strukturanpassung; in: Beschäftigungsförderung durch neues Arbeits- und Sozialrecht, Schriftenreihe der Bayer-Stiftung für deutsches und internationales Arbeits- und Wirtschaftsrecht, Band 4, herausgegeben von Lieb, Manfred; München 1998, S.111 ff.; zitiert: Pröbsting, Die Konversion der Sozialpläne.

Pröpper, Martin: Steuerfreie Abfindungen gem. § 3 Nr.9 EstG auch bei Transfersozialplan und Beschäftigungs- und Qualifizierungs-gesellschaft?; in: Der Betrieb 2001, S.2170 ff.; zitiert: Pröpper, DB 2001.

Projektgruppe videocolor am Institut für Soziologie der Universität Münster: „Der Sozialplan ersetzt mir ja nicht den Arbeitsplatz" – Betriebsschließung und Besetzungsstreik bei videocolor Ulm; Köln 1987; zitiert: Projektgruppe videocolor.

Pitterle, Richard: Anmerkung zu „Steuerfreie Abfindungen gem. § 3 Nr.9 EstG auch bei Transfersozialplan und Beschäftigungs- und Qualifizierungsgesellschaft?", Ergänzung zu dem Beitrag von Pröpper, DB 2001, S.2170 ff.; in: Der Betrieb 2002, S.762 ff.; zitiert: Pitterle, DB 2002.

Reuter, Dieter: Der Sozialplan – Entschädigung für Arbeitsplatzverlust oder Steuerung unternehmerischen Handelns?; Bielefeld 1983; zitiert: Reuter, Der Sozialplan.

Richardi, Reinhard (Hrsg.): Betriebsverfassungsgesetz: Kommentar; 8.Auflage, München 2002; zitiert: Richardi, BetrVG.

Richardi, Reinhard: Die neue Betriebsverfassung – Ein Grundriss; 2., neubearbeitete Auflage, München 2002; zitiert: Richardi, Die neue Betriebsverfassung.

Richardi, Reinhard; Wlotzke, Otfried (Hrsg.): Münchener Handbuch zum Arbeitsrecht, Band 3, Kollektives Arbeitsrecht, 2.Auflage, München 2000; zitiert: Bearbeiter, in: Münchener Hdb.

Richardi, Reinhard: Der Interessenausgleich bei Betriebsänderungen nach dem Arbeitsrechtlichen Beschäftigungsförderungsgesetz 1996; in: Festschrift für Günther Wiese zum 70. Geburtstag; herausgegeben von Hanau, Peter; Lorenz, Egon; Matthes, Hans-Christoph, Neuwied, Kriftel 1998, S.441 ff.; zitiert: Richardi, FS Wiese.

Richardi, Reinhard: Reform des Betriebsverfassungsgesetzes?; in: Neue Zeitschrift für Arbeitsrecht 2000, S.161 ff.; zitiert: Richardi, NZA 2000.

Römer, Georg: Interessenausgleich und Sozialplan bei Outsourcing und Auftragsneuvergabe; Berlin 2001; zitiert: Römer.

Rolfs, Christian: Arbeitsrechtliche Aspekte des neuen Arbeitsförderungsrechts; in: Neue Zeitschrift für Arbeitsrecht 1998, S.17 ff.; zitiert: Rolfs, NZA 1998.

Rolfs, Christian: Abfindung; in: Arbeitsrecht-Blattei Systematische Darstellung (AR-Blattei SD); herausgegeben von Dieterich, Thomas, Neef, Klaus; Schwab, Brent; Loseblatt, 66.EL Juli 1999; zitiert: Rolfs, AR-Blattei SD.

Rockstroh, Matthias; Polduwe, Christiane: Neuregelung der Berücksichtigung von Abfindungen beim Arbeitslosengeld; in: Der Betrieb 1999, S.529; zitiert: Rockstroh/Polduwe, DB 1999.

Schaub, Günter: Arbeitsrechtshandbuch: systematische Darstellung und Nachschlagewerk für die Praxis; 9.Auflage, München 2000; zitiert: Schaub, ArbRHdb.

Schaub, Günter: Interessenausgleich; in: Festschrift für Wolfgang Däubler zum 60.Geburtstag, herausgegeben von Heinze, Meinhard; Söllner, Alfred; Frankfurt a.M. 1999, S.347 ff.; zitiert: Schaub, FS Däubler.

Schaub, Günter: Die besondere Verantwortung von Arbeitgeber und Arbeitnehmer für den Arbeitsmarkt – Wege aus der Krise oder rechtlicher Sprengstoff; in: Neue Zeitschrift für Arbeitsrecht 1997, S.810 ff.; zitiert: Schaub, NZA 1997.

Schaub, Günter; Schindele, Friederich: Kurzarbeit, Massenentlassung, Sozialplan; München 1993; zitiert: Schaub/Schindele.

Schaub, Günter: Steuerrechtliche und sozialversicherungs-rechtliche Behandlung der Abfindung; in: Betriebsberater 1999, S.1058 ff.; zitiert: Schaub, BB 1999.

Schmalz, Dieter: Methodenlehre für das juristische Studium, 4.Auflage, Baden-Baden 1998; zitiert: Schmalz, Methodenlehre.

Schmidt, Ingrid: Arbeitsrecht und Sozialrecht; in: Recht der Arbeit 1999, S.124 ff.; zitiert: Schmidt, RdA 1999.

Schmoldt, Hubertus: Vom Sozialplan zum Transfer-Sozialplan; in: Der Transfer-Sozialplan – Neuer Rechtsrahmen zur Beschäftigungssicherung in Krisenzeiten; Schriftenreihe der Bayer-Stiftung für deutsches und internationales Arbeits- und Wirtschaftsrecht, Band 6, Hrsg. Lieb, Manfred; München 2000, S.25 ff.; zitiert: Schmoldt, Vom Sozialplan zum Transfer-Sozialplan.

Schönefelder, Erwin; Kranz, Günter; Wanka, Richard: Sozialgesetzbuch III – Arbeitsförderung, Kommentar; bearbeitet von: Litzka, Peter; Braun, Hans-Dieter; Breunig, Wolfgang; u.a.; 3.Auflage, Loseblatt, Stand: Juli 2001, 6.EL., Stuttgart, Berlin, Köln 2001; zitiert: Schönefelder/Kranz/Wanka, SGB III, § Rn.

Schwalb, Harm: Neuregelung des Arbeitsförderungsrechts im Sozialgesetzbuch III; in: Neue Zeitschrift für Arbeitsrecht 1998, S.412 ff.; zitiert: Schwalb, NZA 1998.

Schweitzer, Michael; Hummer, Waldemar: Europarecht; 5.Auflage, Neuwied, Kriftel, Berlin 1996; zitiert: Schweitzer/Hummer, Europarecht.

Seifert, Hartmut (Hrsg.): Reform der Arbeitsmarktpolitik – Herausforderung für Politik und Wirtschaft – Mit Vorschlägen zur Änderung des AFG; Köln 1995; zitiert: Seifert, Reform der Arbeitsmarktpolitik.

Sell, Stefan: Der „Transfer-Sozialplan" in der chemischen Industrie als Beispiel für eine aktivierende Arbeitsmarktpolitik; in: Arbeit und Beruf 1999, S.101 ff.; zitiert: Sell, AuB 1999.

Stege, Dieter; Weinspach, F.K.: Betriebsverfassungsgesetz, Handkommentar für die betriebliche Praxis; 8., völlig überarbeitete und erweiterte Auflage; Köln 1999; zitiert: Stege/Weinspach, BetrVG.

Stindt, Heinrich Meinhard: Der Transfer-Sozialplan: ein innovatives Verbundprodukt aus Betriebsverfassungsrecht und Arbeitsförderungsrecht, in: Europäisches Arbeits- und Sozialrecht 2003, S.75 ff., zitiert: Stindt, EuroAS 2003.

Stindt, Heinrich Meinhard: Zuschüsse zu Sozialplänen nach §§ 254 ff. SGB III – Gesetzlicher Anstoß der Konversion vom Sozialplan zum Transfer-Sozialplan; in: Beschäftigungsförderung durch neues Arbeits- und Sozialrecht; Schriftenreihe der Bayer-Stiftung für deutsches und internationales Arbeits- und Wirtschaftsrecht, Band 4, herausgegeben von Lieb, Manfred; München 1998, S.119 ff.; zitiert: Stindt, Zuschüsse zu Sozialplänen.

Stoppkotte, Eva- Maria: Sozialplan mit ergänzenden Transfer-Maßnahmen – Beispiel der Stilllegung eines Standorts innerhalb eines Chemiekonzerns; in: Arbeitsrecht im Betrieb 2002, S.500 ff.; zitiert: Stoppkotte, AiB 2002.

Strobel, Eva: Die sozialrechtliche Flankierung des Transfer-Sozialplans aus der Sicht der Arbeitsverwaltung, in: Der Transfer-Sozialplan, Schriftenreihe der Bayer-Stiftung für deutsches und internationales Arbeits- und Wirtschaftsrecht, Band 6, Hrsg. Lieb, Manfred; München 2000, S.95 ff.; zitiert: Strobel, Die sozialrechtliche Flankierung des Transfer-Sozialplans.

Strobel, Eva: Der Eingliederungsvertrag zur Integration von Arbeitslosen; in: Beschäftigungsförderung durch neues Arbeits- und Sozialrecht; Schriftenreihe der Bayer-Stiftung für deutsches und internationales Arbeits- und Wirtschaftsrecht, Band 4, herausgegeben von Lieb, Manfred; München 1998, S.145 ff.; zitiert: Strobel, Der Eingliederungsvertrag.

Thannheiser, Achim: Moderne Sozialplangestaltung mit Hilfe des SGB III (1.Teil); in: Arbeitsrecht im Betrieb 1999, S.89 ff.; zitiert: Thannheiser, AiB 1999.

Thannheiser, Achim: Moderne Sozialplangestaltung mit Hilfe des SGB III (2.Teil); in: Arbeitsrecht im Betrieb 1999, S.153 ff.; zitiert: Thannheiser, AiB 1999.

Toparkus, Karsten: Die wichtigsten Neuerungen des reformierten AFG (SGB III); in: Zeitschrift für Sozialhilfe und Sozialgesetzbuch 1997, S.397 ff.; zitiert: Toparkus, ZfSH/SGB 1997.

Verch, Volker: Personalabbau und Betriebsverfassung – Betriebsänderung, Interessenausgleich, Sozialplan, Nachteilsausgleich, §§ 111 – 113 BetrVG; Köln 2001; zitiert: Verch, Personalabbau und Betriebsverfassung.

Vogelsang, Klaus; Freischmidt, Dieter; Recht, Georg; Rombach, Wolfgang (Hrsg.): Sozialgesetzbuch Hauck/Haines, Gesamtkommentar, SGB X/ 1,2: Verwaltungsverfahren und Schutz der Sozialdaten; Loseblatt; Berlin 1999; zitiert: Bearbeiter, in: Hauck/Haines, SGB X, § Rn.

Waltermann, Raimund: Sozialrecht; 2., neubearbeitete und erweiterte Auflage, Heidelberg 2001;zitiert: Waltermann, Sozialrecht.

Wannagat, Georg; Eichenhofer, Eberhard (Hrsg.): Wannagat Sozialgesetzbuch, Kommentar zum Recht des Sozialgesetzbuches Arbeitsförderungsrecht SGB III; 3.EL SGB III Arbeitsförderung; Köln, Berlin, Bonn, München 2001; zitiert: Bearbeiter, in: Wannagat, SGB III, § Rn.

Weber, Ulrich; Burmester, Antje: Die Ermessensentscheidung der Einigungsstelle bei Sozialplänen und ihre arbeitsgerichtliche Überprüfung; in: Betriebsberater 1995, S.2268 ff.; zitiert: Weber/Burmester, BB 1995.

Weiss, Manfred; Weyand, Joachim: Betriebsverfassungsgesetz, 3.Auflage, Baden-Baden 1994; zitiert: Weiss/Weyand, BetrVG, § Rn.

Wissmann, Hellmut: Der Sozialplan und sein Weiterentwicklung aus der Sicht der Rechtssprechung; in: Der Transfer-Sozialplan, Schriftenreihe der Bayer-Stiftung für deutsches und internationales Arbeits- und Wirtschaftsrecht, Band 6, Hrsg. Lieb, Manfred; München 2000, S.81 ff.; zitiert: Wissmann, Der Sozialplan.

Wlotzke, Otfried: Betriebsverfassungsgesetz; 2., neubearbeitete Auflage, München 1992; zitiert: Wlotzke, BetrVG.

Wolf, Roland: Gemeinsame Verantwortung für den Arbeitsmarkt; in: Arbeit und Arbeitsrecht 1998, S.7 ff.; zitiert: Wolf, AuA 1998.

Wolf, Roland: Abfindung und kein Ende; in: Arbeit und Arbeitsrecht 1998, S.195 ff.; zitiert: Wolf, AuA 1998.

Worzalla, Michael; Will, Patricia: Das neue Betriebsverfassungsrecht – Mit Wahlordnung und Mitbestimmungs-beschleunigungsgesetz; Köln 2002; zitiert: Worzalla/Will.

Wulffen, Matthias von: SGB X, Sozialverwaltungsverfahren und Sozialdatenschutz, bearbeitet von Engelmann, Klaus; Roos, Elke; Schmalz, Ursula; Wiesner, Siegfried; 4., neu-bearbeitete Auflage; München 2001; zitiert: Bearbeiter, in: von Wulffen, SGB X, § Rn.

Zöllner, Wolfgang; Loritz, Karl-Georg: Arbeitsrecht: ein Studienbuch; 5., neubearbeitete Auflage, München 1998; zitiert: Zöllner/Loritz, ArBR.

Zwanziger, Bertram: Der Interessenausgleich – betriebliches Regelungsinstrument oder Muster ohne kollektiven Wert?; in: Betriebsberater 1998, S.477 ff.; zitiert: Zwanziger, BB 1998.

FORUM ARBEITS- UND SOZIALRECHT

Ascheid, Reiner
Beweislastfragen im Kündigungsschutzprozeß
Bd. 1, 1989, 215 + XIX S., ISBN 978-3-89085-268-3, 24,54 € *(vergriffen)*

Braunert, Ulrich:
Schranken der kollektivrechtlichen Regelung flexibler Arbeitszeitverträge
Bd. 2, 1990, 298 S., ISBN 978-3-89085-490-8, 35,28 €

Oberklus, Volkmar
Die rechtlichen Beziehungen des zu einem Tochterunternehmen im Ausland entsandten Mitarbeiters zum Stammunternehmen
Bd. 3, 1991, 223 + XLVI S., ISBN 978-3-89085-510-3, 22,50 €

Urbatsch, Peter
Grundzüge der betrieblichen Altersversorgung und des Versorgungsausgleichs. Unter besonderer Berücksichtigung der neueren Änderungen im Recht der Scheidungsfolgen sowie der Reform der Hinterbliebenenversorgung in der gesetzlichen Rentenversicherung
Bd. 4, 1991, 514 + LII S., ISBN 978-3-89085-603-2, 29,65 €

Hübner, Betina
Die individualrechtliche Versetzungsbefugnis und Versetzungspflicht des Arbeitgebers unter besonderer Berücksichtigung von Schwerbehinderten und älteren Arbeitnehmern
Bd. 5, 1992, 233 + XXXV S., ISBN 978-3-89085-636-0, 24,54 €

Boerner, Dietmar
Altersgrenzen für die Beendigung von Arbeitsverhältnissen in Tarifverträgen und Betriebsvereinbarungen
Bd. 6, 1992, 356 S., ISBN 978-3-89085-705-3, 35,28 €

Schartel, Klaus
Rechtsprobleme unternehmensübergreifender Sozialplandotierung
Bd. 7, 1992, 205 + XXXV S., ISBN 978-3-89085-711-4, 29,65 €

Fecker, Jörg
Rechte, Pflichten und Regelungsmöglichkeiten des privaten Arbeitgebers im Hinblick auf Alkoholkonsum von Arbeitnehmern. Unter Berücksichtigung der Alkoholkrankheit
Bd. 8, 1992, 297 + LX S., ISBN 978-3-89085-709-1, 34,77 €

Schulenburg, Werner Graf von der
Der tarifliche Rationalisierungsschutz im deutschen und schweizerischen privaten Bankgewerbe
Bd. 9, 1993, 239 S., ISBN 978-3-89085-718-3, 29,65 €

Federlin, Ulrich
Der kollektive Günstigkeitsvergleich
Bd. 10, 1993, 207 + XXX S., ISBN 978-3-89085-762-6, 29,65 €

CENTAURUS VERLAG

FORUM ARBEITS- UND SOZIALRECHT

Ricken, Oliver
Rechtliche Probleme bei der Standortplanung von medizinisch-technischen Großgeräten. Eine Untersuchung unter Berücksichtigung der Vorschriften des Gesundheits-Reformgesetzes und des Gesundheitsstrukturgesetzes
Bd. 11, 994, 224 S., ISBN 978-3-89085-979-8, 35,28 €

Robben-Vahrenhold, Andrea
Die Haftung der Treuhandanstalt für Sozialplanansprüche der Arbeitnehmer
Bd. 12, 1995, 142 S., ISBN 978-3-89085-998-9, 29,65 €

Lohse, Eva
Grenzen gesetzlicher Mitbestimmung. Eine Untersuchung neuerer Tendenzen der Rechtsprechung zur Mitbestimmung in Arbeitszeitfragen
Bd. 13, 1995, 194 + XXXIV S., ISBN 978-3-8255-0053-5, 34,77 €

Poletti, Elisabeth
Auswirkungen fehlender oder fehlerhafter Beteiligung des Betriebsrats bei der Versetzung auf das Einzelarbeitsverhältnis
Bd. 14, 1996, 226 + XXII S., ISBN 978-3-8255-0057-3, 35,28 €

Sievers, Jochen
Die mittelbare Diskriminierung im Arbeitsrecht
Bd. 15, 1997, 192 S., ISBN 978-3-8255-0136-5, 35,28 €

Trefz, Ulrich
Der Rechtsschutz gegen die Entscheidung der Schiedsstellen nach § 18 a KHG
Bd. 16, 2002, 386 S., ISBN 978-3-8255-0385-7, 34,80 €

Schneider, Monika
Die Koordinierung der Leistungen der sozialen Pflegeversicherung in der Europäischen Union
Bd. 17, 2003, 202 S., ISBN 978-3-8255-0423-6, 26,90 €

Schumacher-Mohr, Marion
Die vorzeitige Beendbarkeit des Anstellungsverhältnisses eines AG-Vorstandes gegen seinen Willen
Bd. 19, 2004, ca. 230 S., ISBN 978-3-8255-0473-1, ca. 27,- €

Seeger, Silke
Organisationskonflikte und Tarifvertrag
Bd. 20, 2004, ca. 220 S., ISBN 978-3-8255-0474-8, ca. 27,- €

Fandel, Stefan
Die Angabepflicht nach § 5 Abs. 1 Nr. 9 UmwG
Bd. 21, 2004, ca. 200 S., ISBN 978-3-8255-0483-0, ca. 26,- €

CENTAURUS VERLAG

MIX
Papier aus verantwortungsvollen Quellen
Paper from responsible sources
FSC® C105338

If you have any concerns about our products,
you can contact us on
ProductSafety@springernature.com

In case Publisher is established outside the EU,
the EU authorized representative is:
**Springer Nature Customer Service Center GmbH
Europaplatz 3, 69115 Heidelberg, Germany**

Printed by Libri Plureos GmbH
in Hamburg, Germany